物流系统工程

——理论、方法与案例分析

（第4版）

张梦雅　张庆英　主　编

辜　勇　张　莹　副主编

電子工業出版社
Publishing House of Electronics Industry
北京·BEIJING

内 容 简 介

本书为“十二五”普通高等教育本科国家级规划教材，也是国家精品在线开放课程“物流系统工程”的建设成果，以及湖北省精品课程、湖北省精品资源共享课程专用教材，获武汉理工大学本科教材建设专项基金项目资助。本书以基础性、实用性为原则，在介绍基本原则与方法的同时，结合相应的实证与案例分析，帮助读者学习并运用系统工程的思想和方法解决物流中的实际问题。具体内容包括物流系统工程概述、系统工程的基本内容与方法、物流系统分析、物流系统预测、物流系统建模、物流系统仿真、物流系统规划、物流系统评价，以及物流系统决策，共九章。每章都有一个大型案例分析，且有一定数量的思考题与习题。为帮助读者更好地理解重点内容，本书还配备了教学视频，扫描相应二维码即可观看。本书提供电子课件，任课教师可登录华信教育资源网免费下载使用。

本书可作为高等院校物流工程、物流管理、供应链管理等专业本科生、研究生教学用书，也可作为物流行业的管理、科研、营销及其他从业人员学习参考用书。

图书在版编目（CIP）数据

物流系统工程 : 理论、方法与案例分析 / 张梦雅，张庆英主编. -- 4版. -- 北京 : 电子工业出版社，2025. 4. -- ISBN 978-7-121-50145-6

Ⅰ. F252

中国国家版本馆CIP数据核字第20252SH775号

责任编辑：秦淑灵
印　　刷：三河市华成印务有限公司
装　　订：三河市华成印务有限公司
出版发行：电子工业出版社
　　　　　北京市海淀区万寿路173信箱　　邮编：100036
开　　本：787×1092　1/16　　印张：16.5　　字数：422.4千字
版　　次：2011年10月第1版
　　　　　2025年4月第4版
印　　次：2025年4月第1次印刷
定　　价：49.90元

凡所购买电子工业出版社图书有缺损问题，请向购买书店调换。若书店售缺，请与本社发行部联系，联系及邮购电话：(010)88254888，88258888。

质量投诉请发邮件至zlts@phei.com.cn，盗版侵权举报请发邮件至dbqq@phei.com.cn。

本书咨询联系方式：qinshl@phei.com.cn。

前　言

在物流工程的管理与决策中，需要运用系统工程的思想和方法去处理各种复杂问题。本书注重理论研究、方法运用与案例的分析，从系统化的视角，运用科学技术及管理的理念探讨物流系统各要素及其内在联系。旨在通过基本理论与方法的系统阐述，使读者掌握现代物流管理的分析方法与决策手段，学会运用系统、科学的观念进行物流的管理与决策。

物流系统工程的基本思想是运用系统工程的理论，从物流系统的整体出发，把物流和信息流融为一体，将生产、流通和消费全过程看作一个整体，运用系统工程的理论和方法进行物流系统的分析、预测、建模、仿真、规划、评价，选择最优方案做出决策，以低的物流费用、高的物流效率、好的顾客服务，达到提高社会经济效益和企业经济效益的目的。

本书为“十二五”普通高等教育本科国家级规划教材，也是国家精品在线开放课程“物流系统工程”的建设成果，以及湖北省精品课程、湖北省精品资源共享课程专用教材。本书以基础性、实用性为原则，主要内容包括物流系统工程概述、系统工程的基本内容与方法、物流系统分析、物流系统预测、物流系统建模、物流系统仿真、物流系统规划、物流系统评价、物流系统决策，共九章。每章都有一个大型案例分析，且有一定数量的思考题与习题。为帮助读者更好地理解重点内容，本书还配备了教学视频，扫描相应的二维码即可观看。本书提供电子课件，任课教师可登录华信教育资源网免费下载使用。

本书侧重系统论与方法论的应用，在介绍基本原则与方法的同时，结合相应的实证分析与案例分析，可帮助读者学习并采用系统工程的思想和方法解决物流中的实际应用问题。系统工程方法论也可助力读者解决其他工程与社会问题。

本书由武汉理工大学张梦雅副教授和张庆英教授任主编，辜勇副教授和张莹副教授任副主编，其他参与编写的老师有武汉理工大学王正国、张鹏老师，武汉工商学院王猛、操露、周小芬、王胜楠等老师，河南工业大学卫宏老师，华东师范大学江霞老师，贵州民族学院范海芹老师，以及广州城市理工学院张磊老师。费玮桢、王聪、李雪妍、马伟明、闫梦瑶、李伟佳、刘渐栋、房国昕等同学为本书的资料整理提供了帮助，在此一并表示感谢。

在本书的编写过程中参考和借鉴了很多专业书籍和网站的资料，编者已尽可能全面地列于参考文献中。若有疏漏，敬请谅解，并向各位作者致敬、致谢！

由于编者水平所限，加之时间紧迫，书中疏漏之处在所难免，敬请广大读者斧正。作者E-mail：kathy8899@126.com。

目　　录

第 1 章　物流系统工程概述

本章导读：

系统的定义、基本特征和一般形态，系统观念的历史发展；物流的含义、功能、作用和地位，国内外物流业的发展及现状，现代物流的发展趋势；物流系统的组成、特点、目标、要素分类，物流的子系统与物流要素集成化的基本内容，物流系统中的效益背反；物流系统工程的概念与内容。

1.1　系统概述

1.1.1　系统的定义

系统（System）有很多不同的定义与解释。《韦氏词典》（*Websster*）中的定义是：A group of interacting, interrelated, or interdependent elements forming a complex whole，即系统是组成一个复杂的整体的一组互相作用、互相联系或互相依存的元素。

《现代汉语大词典》中对于系统的三个基本解释是：① 自成体系的组织，同类事物按一定秩序和内部联系组合成的整体；② 始终一贯的条理，有条不紊的顺序；③ 生物机体内能够完成共同生理功能而组成的多个器官的总称。

人体是一个由神经系统、呼吸系统、消化系统、循环系统、生殖系统等子系统构成的有机的系统。一个大的系统里面，可以有若干子系统，还可以层层分解，形成树状结构。

一部机器也是一个系统，由动力系统、传动系统、控制系统等子系统构成。

一个国家的交通运输系统是由铁路运输、公路运输、水路运输、航空运输、管道运输这些子系统构成的大系统。

尽管不同类型的系统具有各不相同的形态和性质，但它们都具有一些共同的特性，具体如下。

（1）系统是由两个以上的要素组成的整体。要素是构成系统的最基本的部分，没有要素就无法构成系统，单个要素也无法构成系统。

（2）系统的各要素之间、要素与整体之间、整体与环境之间存在着一定的有机联系。若要素之间没有任何联系和相互作用，则不能称其为系统。

（3）系统各要素之间的联系与相互作用，使系统作为一个整体具有特定的功能或效能，这是各要素个体单独存在时所不具备的功能。

另一种关于系统的描述性定义是：系统是相互关联的若干要素的集合体。按“集合体”去理解系统，其特征也可概括为三点：① 具有相互联系和彼此影响的要素，它强调了系统内部的可认识与可描述的存在方式；② 要素之间相互关联；③ 具有一定的边界，按边界把系统从无限的存在中划分出来，系统以整个单位的形式与环境发生关系。

一所学校、一个部门、一个企业作为系统是很容易被认同的，人体、家庭、社会，当然也是系统。但一支笔的笔套通常不被认定为系统，尽管它具有独立的物质存在形式，但它并不是与环境发生关系的整体单位，一般不会把它当作一个独立的分析对象。

图 1-1 中的输入区包括输入因素与环境因素。一般把影响系统行为但不被系统行为所影响的输入称为系统的环境因素，包括经济环境、社会环境、自然环境、国际环境和政治环境等。

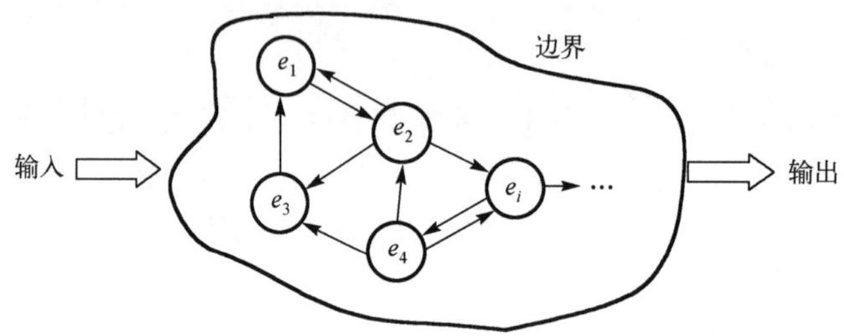

图 1-1　系统的存在形式

系统的输入—输出过程可以理解为：输入 X，经系统 S 作用后产生输出 Y，若 e 为环境因素，则可表示为 $Y=S(X,e)$。

一组输入在一定环境因素中导致了系统相应的输出，系统的这种输入—输出过程称为系统行为。全体行为的集合记录了系统与环境、输入与输出的全部关系。系统的功能是指系统与环境相互联系和作用的能力，功能指行为集合的特征。

系统是有目的的。通常情况下，人们会关心系统在特定环境中特定的输入类型、某一部分输出的质和量，全体行为集合的一个子集或这一子集的一个切面，也就是某一部分功能。

例如，一个企业有制造产品和创造利润的功能，也有产生污染物的功能（或结果），这些都是对企业这个系统全体行为集合的某一方面或某一侧面的描述，即功能的某一方面或某些功能的特征。

完整地了解一个系统的全部功能是困难的。人们往往用特定的指标、特定的输入产生的特定输出、特定的环境因素下系统的行为或结果等来说明系统功能。

任何一个系统中被人认识的功能往往只是这个系统功能的一部分，没有被人认识的功能可能更多。例如，一种农药有杀死害虫的功能，也有杀死益虫的功能，还有在植物中残留进而危害人类的功能。人们可能无法了解系统的全部功能，但必须关注这个问题。

系统在一定环境或条件下存在。输出需要输入经过系统的转换处理才能得到；输出是处理的结果，代表系统的目的；转换处理是使输入变为输出的一种活动，一般由人与设备分别或联合参与。输入、转换处理、输出是组成系统的三个基本要素，加上反馈，就构成了一个完整的系统。系统是存在于一个环境当中的，外界的干扰也会对系统的过程与结果产生影响。系统的基本组成如图1-2 所示。

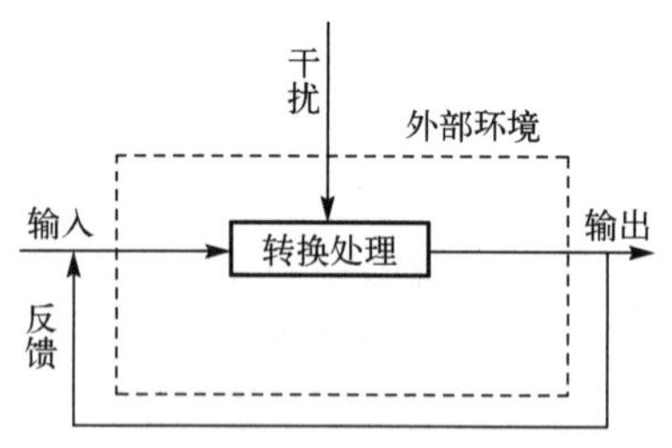

图 1-2　系统的基本组成

把一个对象当作系统，意味着要从内部、外部联系中去研究这一对象。人们以特定的目的去认识一个对象时是带有主观性的。例如，太阳系是一个系统，但也可看作银河系中的一个要素。系统的概念是与认识的层次有关的。

人们对系统的定义虽然形形色色，但基本上都包含了“输入”“输出”“转换处理”三个要素，可以说，它们是定义“系统”的基本出发点。

根据《牛津大辞典》的解释，系统是由互相连接或互相依存的事物按照一定的方式有秩序地组合而成的复杂统一体。

系统论的创始人 L.V.贝塔朗菲（L.V. Bertalanffy）把系统定义为“处于一定的相互关系中，并与环境发生关系的各组成部分的综合体”。

钱学森给出的系统的定义是，系统是由相互作用和相互依赖的若干组成部分结合而成的、具有特定功能的有机整体。

从上面各个不同的系统定义中可以归结出，一个系统是由许多要素构成的整体，从系统功能看，它是一个不可分割的整体。在物质世界中，一个系统的任何一部分都可以被看成一个子系统，而每一个系统又可以成为一个更大规模的系统的子系统。

1.1.2　系统的基本特征

在对系统进行分析的时候，一般较为注重系统的整体性、目的性、相关性、动态性和环境适应性五个基本特征。

（1）整体性。系统由两个或两个以上有一定区别又有一定关联的要素组成。系统的整体功能并不是各组成要素功能的简单叠加，而是呈现出各组成要素分散存在时所没有的功能，概括地表述为“整体大于部分之和”。

（2）目的性。系统的组织结构及其内部各要素的联系方式是按照系统的不同功能（目的）要求而建立的。对于人造系统而言更是如此，它们是由多个要素在一定目的下组成的一个整体，通常具有多重目的。例如，在有限的资源和现有职能结构下，企业经营管理系统的目的是完成或超额完成生产经营计划，实现规定的质量、品种、成本、利润等多重指标。

（3）相关性。系统各要素之间存在相互联系、相互作用和相互影响的关系。在一个有效的系统中，各要素之间互补增强，使系统保持稳定性和生命力。要做到这一点，系统必须具备结构上的有序性。多个要素存在于一个结构良好的系统中，就会体现出更强的系统总体功能。

（4）动态性。事物都是不断变化的。系统的发展是一个有方向的动态过程。系统的动态性也称作时变性，是系统随时间变化的一种属性。系统作为一个运动着的有机体，其稳定状态若是相对的，其运动状态则是绝对的。系统不仅作为一个功能实体而存在，还作为一种运动而存在。系统的功能是时间的函数，运动是系统的生命。

（5）环境适应性。系统存在一个边界，它将系统本身与环境区分开来。环境是指系统以外的事物（物质、能量、信息）的总称。相对于系统而言，环境实际上是一个更高级、更复杂的系统。系统时时刻刻存在于环境之中，与环境相互依存。因此，系统必须适应外部环境的变化，能够经常与外部环境保持最佳的适应状态。

通过一定关系连接在一起的子系统在组成一个新的系统后，便可能产生各个子系统在孤立情况下不能达到的效果，体现出新的功能。

设系统由 m 个子系统组成。子系统是在孤立状态时具有属性的全体所组成的集合（$i=1,2,\cdots,m$），用 A 表示系统属性的全体所组成的集合，则 $A\subset\bigcup_{i=1}^{m}A_i$，且不会有 $A\supset\bigcup_{i=1}^{m}A_i$，这个关系对任何系统都是成立的。

系统的这个新属性是组成系统的各个子系统连接在一起后共同作用的结果。从哲学上讲，系统是世界上不同事物互相联系、互相影响、共同作用的基本形式，但对某一个具体的属性来说，情况就要复杂得多。

设同一单位度量系统的某一属性，数量为 a，度量系统中第 i（$i=1,2,\cdots,m$）个组成部分的这一属性，数量为 a_i。a 和 $\sum_{i=1}^{m}a_i$ 的关系有以下三种可能。

（1）$a>\sum_{i=1}^{m}a_i$。如 3 个人互不协作，各自为政，1 人只能看管 6 台机床，3 人总共能看管 18 台机床。如果把这 3 个工人组成一个系统，相互协作，实行联合管理，就有可能看管 20 台机床。

（2）$a=\sum_{i=1}^{m}a_i$。这种关系人们最熟悉，也认识得最早，数学定理和日常生活中所说的“整体等于部分之和”，指的就是这种关系。例如，整体的质量等于各部分质量之和。

（3）$a<\sum_{i=1}^{m}a_i$。这种关系不常出现，常常被人忽视，但实际上却客观存在。中国有句俗话：“一个和尚挑水吃，两个和尚抬水吃，三个和尚无水吃”，如果互不协作，总怕自己吃亏，集体的效率不仅不会提高，反而会降低。

需要强调的是，系统的整体功能不是各组成要素的简单叠加，在各个子系统和组成要素的共同作用下，系统会表现出新的功能。组成系统的各要素之间的关系有可能互相增强，也有可能互相减弱。当各要素之间互补增强时，系统可保持稳定，具有高的效率和生命力。要做到这一点，系统必须具备一定的有序结构。系统时时刻刻存在于环境之中，与环境是相互依存的。系统必须适应外部环境的变化，与外部环境经常保持最佳的适应状态。系统有时会分裂，有时会合并，应当以发展的观点去研究系统。

1.1.3　系统的一般形态

系统是以不同的形态存在的。根据产生的原因和反映的属性不同，系统可分为不同的类型。系统的形态与其所要解决的问题密切相关，一般可从以下六个方面进行分析。

（1）自然系统和人造系统。自然系统是指以天然物为要素，由自然力而非人力所形成的系统，亦称天然系统，其特点是自然形成的。自然系统一般表现为环境系统，如海洋系统、矿藏系统、生态系统、大气系统等。人造系统是指人类为达到所需要的目的，由人类设计和建造的系统，如工程技术系统、经营管理系统、科学技术系统等，也包括物流系统。

实际上，多数系统是自然系统与人造系统相结合的复合系统。如社会系统，看起来是一个人造系统，但是它的产生和发展是不以人们的意志为转移的，而是有其内在规律的。

（2）实体系统和概念系统。实体系统是指由矿物、生物、能源、机械等实体组成的系统。它是以硬件为主体、依附于静态系统的形式来表现的，如人机系统、机械系统、电力系统等。概念系统是指由概念、原理、方法、制度、程序等观念性的非物质实体所组成的系统。它是以软件为主体，依附于动态系统的形式来表现的，如科技体制系统、教育系统、法律系统、程序系统等。物流系统同时具备实体系统和概念系统的特点。

系统工程的精华正在于它也是一种软技术，即在科学技术领域中由重视有形产品转向更加注重无形产品带来的效益。例如，某种产品尽管采用的是廉价原料，但由于充分发挥了技术的作用，而可能成为价值很高、价格相当高昂的物品。又如，一个物流企业在同样的条件下，采用系统方法、加强科学管理带来的经济效益要比采用传统方法取得的经济效益大得多。

（3）封闭系统与开放系统。封闭系统是指与外界环境不发生任何形式交换的系统。它不向外界环境输出，也不从外界环境输入，一般来讲，它是专为研究系统特定目的而人为设定的，如封存的设备、仪器及其他尚未使用的技术系统等。开放系统是指系统内部与外部环境有能量、物质和信息交换的系统。它从环境得到输入，并向环境输出，而且系统状态直接受到环境变化的影响。大部分人造系统属于这一类，如社会系统、经营管理系统等。物流系统显然是一个开放系统。

如前所述，环境适应性是一个重要的系统特性。没有开放性，就没有系统存在的基础，所以需要强调系统的开放性概念。与物质存在相关的系统（实体系统）本身是开放的，但有时为了研究它而有意地忽略它与环境的关系，这样就有了封闭系统的说法。一个系统不涉及与环境的关系，只是一种特定情况下描述事物的方式。

（4）静态系统和动态系统。静态系统是指其固有状态参数不随时间变化的系统。它没有既定的相对输入与输出，表征系统运动规律的模型中不含时间因素，即模型中的变量不随时间而变化。如车间平面布置系统、城市规划布局等。静态系统属于实体系统。动态系统是指系统状态参数随时间而改变的系统。它有输入和输出及转换过程，一般都涉及人的行为因素，如生产系统、服务系统、开发系统、社会系统等。物流系统是一个典型的动态系统。

（5）对象系统和行为系统。对象系统是指按照具体研究对象进行区分而产生的系统，如企业的经营计划系统、生产系统、库存系统等。行为系统是指以完成目的的行为作为组成要素的系统。所谓行为，是指受思想支配而表现出来的外在活动，为达到某一确定的目的、实现某一特定功能而实施的作为，它对外部环境能产生一定的效用。行为系统是根据行为特征的内容加以区别的。也就是说，尽管有些系统组成部分及其有关内容是相同的，但如果执行特定功能的作为和作用不同，那么它们就不是同类系统。行为系统一般需要通过组织体系来体现，如社会系统、经济系统、管理系统等。

（6）控制系统和因果系统。控制系统是指具有控制功能和手段的系统。当控制系统由控制装置自动进行时，称之为自动控制系统。因果系统是指输出完全决定于输入的系统，前因决定了后果，状态与结果具有一致性。这类系统一般为测试系统，如信号系统、记录系统、测量系统等。因果系统一定是开放系统。

综上所述，系统的形态可能千变万化，但基本上都可看成由上述各种系统相互组合而形成，它们之间往往是相互交叉和相互渗透的。

1.1.4　系统观念的历史发展

人类对系统的理解和认识有一个产生与发展的过程。

1．古代系统思想

早在遥远的古代，人们就试图用整体性的眼光解释世界，从事物的相互关联中认识世界，由此诞生了古代的系统思想。中国传统文化中的“天人合一”观念、“阴阳五行”学说等，就是当时朴素的系统观。但是，由于认识能力和思维水平的限制，这种整体观还不能揭示事物的真实面貌，只是一种混沌状态下的猜测与设想。

【例 1-1】古代系统思想的应用

- 我国形成于殷周之际的古籍《周易》将世界看成一个由许多要素组成的具有某种层次性的整体。
- 道家提出“道生一，一生二，二生三，三生万物”的宇宙生成论，不仅强调了自然界的统一性，也强调了世界的动态变化。
- 中医把人与环境看成一个密切相关的整体。
- 《孙子兵法》从“道、天、地、将、法”五个方面论述战争、战略与战术问题。
- 战国时期李冰父子设计和指挥修造的都江堰工程。

这些都是中国古代系统思想渗透到人们各种实践活动之中的典型例子。

2. 近代系统思想

15 世纪以来，从不同视角分门别类地对事物开展研究的各种新方法开始取代古代朴素、系统、整体地观察事物的方法。例如，“哥白尼革命”中诞生的日心系统、第一次科学大综合时代的力学体系，以及在此基础上所形成的生命机器系统理论。从 15 世纪到 19 世纪，在自然科学的发展过程中，出现了用系统方法构造的完整的哲学体系，整个世界被看成一个有机联系的复杂系统。

3. 现代系统思想

19 世纪下半叶以来，科学技术进入全面发展的新时期。自然科学由收集经验材料、分门别类的研究阶段，进入整理经验材料、加以理论综合的发展新阶段，从而不断从新的层次上揭示自然界的普遍规律。一系列重大的科学发现、科学技术与社会科学的结合，对近代科学方法提出了挑战，为现代系统思想的诞生奠定了基础。20 世纪自然科学的迅速发展，使之开始形成一个多层次、综合的统一整体。系统思想得到了极大和极快的发展。

系统论的提出者贝塔朗菲认为生命是一个开放系统，生命的本质需要从生物体与环境的相互作用中加以说明。他还认为，生物系统是分层次的。

随着生产规模的日益扩大，社会组织日益复杂，系统思想日益深入管理领域。信息论、控制论等现代科学技术的发展，更是从多个方面推动了系统思想和系统科学的发展。

1.2 物流概述

物流的基本概念

1.2.1 物流的含义

从字面上理解，物流是指物质资料及相关信息的流动。它包括从原材料的供应点到产成品，直到到达消费终端的整个过程。

这里的“物”是指所有的物质资料，包括各种自然资源、劳动资料、劳动对象、生活资料等；“流”是指物质资料的流动，即实际物质从供给者向需求者的空间位移，是创造物资的时间性、场所性价值的活动。物流过程伴随着信息和资金的流动。

商品有多种不同的价值形式，最基本的有四种：① 形式价值（Form Utility），由于商品的形式改变而产生的价值，它是在生产过程中产生的；② 时间价值（Time Utility），随着时间的推移而产生的价值，通常在存储过程中产生；③ 场所性价值（Place Utility），因地域的改变、场所的变化而产生的价值，一般在运输过程中产生；④ 所有权价值（Possession Utility），因商品的所有权改变而产生的价值，在销售过程中产生。

在这四种价值形式中，时间价值和场所性价值是与物流最为相关的。时间价值是指物资从供给者到需求者之间有一段时间差，由于改变这一时间差而创造的价值。场所性价值指的是供给者到需求者之间存在着空间差，把物资从供给者送到需求者而创造的价值。

1.2.2　物流的功能

物流活动包括客户订单处理，物资的运输、保管、装卸、包装、流通加工，包装物及废弃物的回收，以及与之相关的物流信息管理等。一般将物流系统的基本功能分为运输、储存、配送、包装、装卸搬运、流通加工，以及信息管理七个方面，如图 1-3 所示。在上述七大功能中，通常将运输、储存、配送定义为物流系统的主体功能；将包装、装卸搬运和流通加工归为物流系统的辅助功能；信息管理可谓物流系统的支撑功能。

（1）运输。运输（Transportation）是指用设备和工具将物品从某一地点向另一地点运送的物流活动。运输是物流的中心活动，将物资进行空间转移。它不改变实物的形态，也不增加其数量，只是解决物资在生产地点和需求地点之间的空间距离问题，在运输的过程中创造了物资的场所性价值。

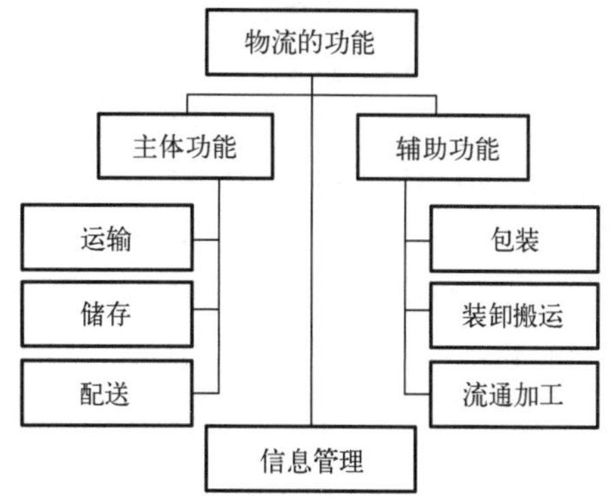

图 1-3　物流系统的基本功能

对市内运输来说，从生产地点到配送中心之间货物的移动可称为运输，一般将从配送中心到用户之间的货物移动（末端的运输）称为配送。

（2）储存。储存（Storing），也称为仓储，是包含库存和储备在内的一种广泛的经济活动。储存的目的是克服产品的生产与消费在时间上的差异。它是物流的主要职能之一，创造了物资的时间价值。在物流系统中，储存通常包括堆存、管理、保养等内容。储存的设施包括仓库、堆场、料棚、储罐等。储存管理涉及仓库选址、规模和大小、数量、仓库类型和管理、存储决策等。

（3）配送。配送（Distribution）是指在经济合理区域范围内，根据客户要求，对物品进行拣选、加工、包装、分割、组配等作业，并按时送达指定地点的物流活动。配送是物流中一种特殊、综合的活动形式。它体现了商流与物流的紧密结合，包含了商流活动和物流活动，也包含了物流中的若干功能要素。配送也可以理解为一个小的物流过程。

（4）包装。包装（Package/Packaging）是指在流通过程中为保护产品、方便储运、促进销售，按一定的技术方法所选用的容器、材料和辅助物等的总体名称，也指为达到上述目的而选用容器、材料和辅助物并采用一定技术方法所进行的操作活动。

包装的目的主要包括便于运输和保管，满足顾客对各种外观的要求，保护产品，方便储运，促进消费。包装可大致分为工业包装和商品包装。包装的内容包括包装形式和包装方法的选择，包装单位的确定，包装形态、大小、材料、质量等的设计。

【例 1-2】牛奶和可乐的包装形式选择

牛奶通常装在方盒子里，可乐的包装却是圆瓶子，主要原因包括以下几点。

① 储存成本和空间利用。牛奶需要冷藏保存，方形容器能更有效地利用冰柜的储存空间，

从而降低储存成本。而软饮料通常放在开放式货架上，储存成本相对较低。

② 历史与实用性。在19世纪末的澳大利亚，为了更好地运输和储存牛奶，使用了一种名为“利乐砖”的纸板包装，既能保护牛奶，还能掌握牛奶的量。这种方盒逐渐成为牛奶的标准包装。

③ 舒适性和握持感。可乐的圆瓶包装起源于20世纪初的美国饮料行业。圆形的瓶子可以容纳更多的饮料，并且圆柱形容器更称手，因此成为可乐的标准包装。

④ 市场趋势和消费者习惯。随着环保意识的提高，人们开始使用可回收材料进行包装。铝制易拉罐的生产成本虽高，但可通过回收得到适量弥补。同时，消费者对包装形状的接受度和偏好也使圆形（罐或瓶）成为可乐的标准包装。

（5）装卸搬运。在同一地域范围内（如车站、工厂、仓库内部等）为改变“物”的存放、支撑状态的活动称为装卸搬运。如果把装卸和搬运拆开来看，装卸（Loading and Unloading）是指物品在指定地点以人力或机械形式装入运输设备或卸下。搬运（Handling/ Carrying）是指在同一场所内，对物品进行空间位置改变的物流作业。前者主要是指物体上下方向的移动，而后者是指物体横向或斜向的移动。通常装卸搬运是合在一起用的，在一些场合，单称“装卸”或“搬运”也包含了“装卸搬运”的完整含义。按照习惯用法，在物流领域中（如铁路运输）常将装卸搬运这一整体活动称为“货物装卸”；在生产领域中常将这一整体活动称为“物料搬运”。其活动内容都是一样的。

装卸搬运是随运输和储存而产生的必要的物流活动。它是对运输、保管、包装等物流活动进行衔接的中间环节，具体包括车、船等的装卸、堆垛、入库、出库，以及连接各项活动与动作的短程搬运。装卸搬运活动发生于每一个物流节点，存在于不同物流环节及不同运输方式时间的切换过程中。它是一个相对频繁的物流活动，也是物资在物流过程中损坏的主要原因之一。

装卸搬运的管理，主要是装卸搬运方式的选择、机械的选择、合理配置及使用，以及装卸搬运工艺的合理化，其目的在于尽可能地减少物资在物流过程中装卸搬运的次数，同时提高效率。

（6）流通加工。流通加工（Distribution Processing）是商品在从生产者向消费者流通的过程中，为了增加附加价值、满足客户需求、促进销售而进行的简单的组装、剪切、套裁、贴标签、刷标志、分类、检量、弯管、打孔等加工作业。

在物品从生产者向消费者流通的过程中，为了促进销售、维护商品质量和提高物流效率，需要对其进行一定程度的加工。流通加工通过改变或完善流通对象的形态（使其发生物理变化）来实现“桥梁和纽带”的作用。它是流通中的一种特殊形式。

随着经济增长，国民收入增多，消费者的需求出现多样化，流通加工也越来越普遍。目前，在世界许多国家和地区的物流中心或仓库经营中都存在大量的流通加工业务。

流通加工与一般生产加工的区别主要体现在以下四个方面：① 流通加工的对象是进入流通过程的产品，具有商品的属性，而生产加工的对象是指原材料、零配件、半成品等；② 流通加工是简单加工，是生产加工的辅助及补充，不能代替产品的生产加工；③ 流通加工是完善商品的使用价值，为流通创造条件，而生产加工的目的则在于创造价值和使用价值；④ 流通加工由商业或物资流通企业完成，而生产加工由生产企业完成。

流通加工作为物流过程中的辅助性加工活动，发生在当企业为用户提供商品，或为本厂准备生产资料时，用来更有效地满足用户或本企业的需要，如装袋、定量化小包装、拴牌子、挑选、贴标签、刷标志等。生产的外延流通加工包括钢材等金属制品的剪断、打扎、折弯、组装及改装、配套等。另外，农副产品从生产到消费之间（如制作净菜等）的处理也属于流通加工的范围。

（7）信息管理。物流信息（Logistics Information）是反映物流各种活动内容的知识、资料、图像、数据、文件的总称。物流信息管理是指在运用计划、组织、指挥、协调、控制等基本职能对物流信息进行搜集、检索、研究、报道、交流和提供服务的过程中，有效地运用人力、物力和财力等基本要素，以达到物流管理总体目标的活动。

信息是物流系统运营和物流作业的关键要素。信息流引导了物流及资金流。信息管理是实现物流各种活动集成化和一体化的通道，在物流过程中起着愈来愈重要的作用。信息管理的过程包括信息的收集、加工、整理、储存、传输、发布等。

在图 1-4 所示的信息管理功能“金字塔”中，第一层为基础的层次，即作业信息层，也称为交易信息层，这是由基层管理者掌握的信息，属于面向客户的服务，具体包括记录用户订单、定价、开发票、应答用户询问、选择作业程序、处理运送货物等内容及其管理；第二层是战术信息层，属于中层管理需要掌握的有关企业管理和控制方面的信息，包括生产日程安排、财务管理、设备管理、质量控制、顾客服务水平评估等内容；第三层是战略信息层，是高层管理者需要掌握的有关决策方面的信息，用以分析和规划未来企业的发展，辅助企业高层确定未来发展方向、制订战略计划。

除上述物流系统七大功能之外，回收物流也是一项重要的内容。

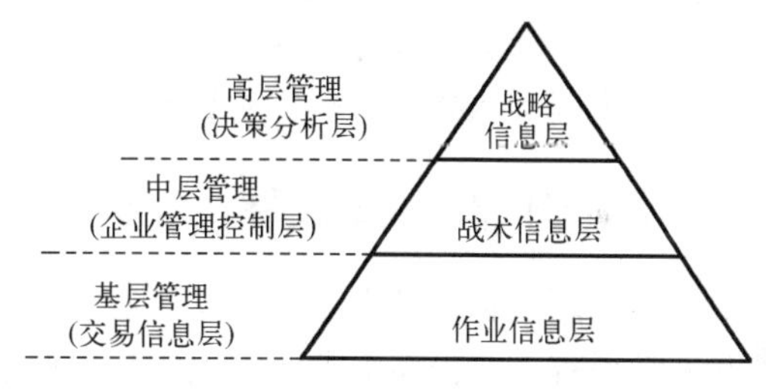

图 1-4　信息管理的功能层次

回收物流（Returned Logistics）又称为逆向物流，是针对在生产、供应和销售过程中产生的各种边角余料、废料、残损品，以及其他需要返回处理而发生的物流活动。

在产品生产和商品使用的过程中，对于回收物料的处理不当会造成资源浪费或污染。随着人们环保意识的增强，废旧物品的回收再利用已经受到越来越广泛的关注，逆向物流系统的研究已得到学界的高度重视。产品出现质量问题时，需要进行的“召回”也是逆向物流的一个内容。

在企业物流过程中，如果某些物品失去了明显的使用价值（如加工过程中的边角余料、消费后的物品、包装材料等），或消费者期望产品所具有的某项功能失去了效用，或已经过时淘汰，会被当作废弃物抛弃。可通过一个回收系统（逆向物流系统）对其进行相应的处理，包括原材料节约、废料的再利用、包装物的重新利用、次品的改造、产品消费后的回收处理等，使其潜在价值得到再利用。

广义的逆向物流涉及企业生产与销售、产品售后服务等各个方面，其重要性主要体现在：有利于减少不当物流所带来的环境污染；减少因焚烧、填埋带来的资源浪费；降低企业处理废旧物品的成本；改善企业和整个供应链的绩效；产生巨大的社会效益和经济效益。

1.2.3　物流的作用和地位

物流在国民经济和地区经济中能够发挥带动和支撑的作用，成为国家或地区财政收入的主要来源，并创造新的就业机会，成为现代科技的应用领域。例如，被称为一座伟大的历史丰碑的2008年北京奥运会。不仅在提高国民素质、改善投资环境、推动产业发展、提高开放程度、提升国际形象等方面具有重要意义，也对我国国民经济和物流业的增长起到了巨大的拉动作用。2022年的北京冬奥会再次展示了中国综合实力的发展和国际影响力的提升。这两次重大体育赛事的成功举办都在很大程度上依赖于物流系统的有力支持，也给物流业的发展带来进一步的发展机遇，推动经济社会的协调发展。

在国民经济持续高速发展的拉动下，我国物流行业保持快速增长的态势，对经济发展的贡献明显。物流在国民经济中的地位越来越高。

物流是商品生产和流通过程得以实施的必要条件；物流保证社会产品的提供并创造国民收入，创造产品的时间价值及场所性价值；物流本身并不创造新物质，不增加产品的总数量，但能使产品增值；物流是现代经济的第三利润源泉，它可降低产品物资消耗（节省物化劳动），还可提高劳动生产率（节省活劳动），同时还可确保社会正常的生活秩序和工作秩序。

对企业而言，物流是销售活动的来源和基础，是成功销售的关键；通过物流把商品送到顾客手中；有效的物流管理能为企业创造财富。物流增加了产品的时间价值和场所价值，在企业发展中的作用是明显而重要的。它构成了企业价值链的基础活动，是企业取得竞争优势的关键。

随着经济的全球化，产品越来越复杂，分工越来越细，物流量大大增加。降低物流成本已经成为一个非常重要的问题。物流合理化可以降低产品成本。假设某公司卖出1件产品，将其价值记为1个单位，其中制造费用为48%，销售费用为27%，物流费用为21%，利润为4%。相比于利润，物流费用是一个不小的数目。在某些产业或企业中，物流成本在产品总成本中所占比例可能高达30%。可以看出，节省物流费用方面的潜力仍然很大。

1.2.4　国内外物流业的发展及现状

世界各国在物流业发展的水平上存在一定的差异。物流的发展不仅与社会经济和生产力的发展水平有关，也在很大程度上依赖于科学技术的发展。

1．国外物流的发展

按照时间顺序来划分，国外物流的发展大体经历了以下四个阶段。

（1）20世纪初至50年代。20世纪初，随着工业化进程的加快以及大批量生产和销售的实现，北美和西欧一些国家开始意识到降低物资采购及产品销售成本的重要性。单元化技术的发展，为大批量配送提供了条件，同时也为人们认识物流提供了可能。从实践发展的角度来看，1941—1945年第二次世界大战期间，美国军事后勤活动的组织为人们对物流的认识提供了重要的实证依据，推动了战后人们对物流活动的研究以及实业界对物流的重视。

（2）20世纪60年代至70年代。20世纪60年代以后，世界经济环境发生了深刻的变化，科学技术迅猛发展，物流逐渐被管理学界所重视，企业界也开始注意到物流在经济发展中的作用，将改进物流管理作为激发企业活力的重要手段。这一阶段是物流快速发展的重要时期。

（3）20世纪70年代至80年代。这一时期物流管理的内容从企业内部延伸到企业外部，物流管理的重点转移到对物流的战略研究上。

（4）20世纪90年代至今。20世纪90年代以来，随着新经济和现代信息技术的迅速发展，现代物流的内容仍在不断地丰富和发展着，信息技术的进步使人们更加认识到物流体系的重要，现代物流的发展被提到重要日程上。同时，信息技术，特别是网络技术的发展，也为物流发展提供了强有力的支撑，使物流向信息化、网络化、智能化的方向发展。

“物流”这个词语是在 20 世纪 70 年代末从日本引进中国的。随后，国内企业对物流领域中存在的“第三利润源”逐渐有了比较深刻的认识，优化企业内部物流管理、降低物流成本已经成为国内众多企业最为强烈的愿望和要求。

2．中国物流的发展

我国物流的发展历程大致分为以下四个阶段。

（1）计划经济体制下的物流（1949—1977 年）。新中国成立后的工农业发展时期，国家长期对生产资料和主要消费品实行计划生产、计划分配和计划供应。生产、流通和消费在计划经济体制下管理和运行，部门经济和条块分割造成的物流不合理现象普遍存在。流通结构不合理和物流效率低下是这一阶段存在的问题。现代物流的概念尚未完全形成。

（2）有计划的商品经济下的物流（1978—1992 年）。进入改革开放时代，我国全面推进经济体制改革，逐步形成了多种经济成分和多种经营形式的流通格局，发展了多层次、多形式、多功能的商品批发交易市场。物流的重要性开始在物资、商业、外贸、交通、铁路、货代等各个领域引起关注；物流基础设施建设投入加大。物流在国民经济发展中的重要意义开始在全国传播。这一阶段是中国物流引进、启蒙和宣传普及时期。

（3）社会主义市场经济下的物流（1993—1998 年）。计划经济开始向市场经济转变，中国经济走向了一个崭新的发展阶段，我国的流通体制朝着社会化、市场化、现代化和国际化方向迈进。随着经济建设热潮的兴起，流通问题，特别是物流发展滞后的矛盾再度显露，经济的持续健康发展迫切期待物流水平的提高。中国物流发展进入了成长时期。

（4）新经济发展形势下的物流（1999 年至今）。网络经济、信息经济和经济全球化成为新经济的三大表现形式。电子商务的兴起，互联网信息平台、EDI（电子数据交换）、GPS（全球卫星定位系统）、RFID（射频识别技术）等现代信息技术手段的应用和普及，全球化生产、全球化流通、全球化消费格局的形成，促进了国际贸易和国际物流的大发展。中国跨入了物流大发展的年代，不断和世界经济接轨，与国际水平的差距也逐步缩小。近年来，我国物流运行保持了平稳的增长势头，助力经济持续回升向好。

3．物流业调整、振兴和发展规划

2009 年，国家发展和改革委员会发布的《物流业调整和振兴规划》旨在促进物流业自身平稳较快发展和产业调整升级、提供更好的物流服务、支撑其他产业的调整与发展、扩大消费和吸收就业、转变经济发展方式和增强国民经济竞争力。该规划在分析我国物流的发展现状的基础上，提出了下一阶段物流发展的十项主要任务：① 积极扩大物流市场需求；② 大力推进物流服务的社会化和专业化；③ 加快物流企业兼并重组；④ 推动重点领域的物流发展；⑤ 加快国际物流和保税物流发展；⑥ 优化物流业发展的区域布局；⑦ 加强物流基础设施建设的衔接与协调；⑧ 提高物流信息化水平；⑨ 完善物流标准化体系；⑩ 加强物流新技术的开发和应用。

2014 年，国务院发布了《物流业发展中长期规划（2014—2020 年）》，明确了“基本建立布局合理、技术先进、便捷高效、绿色环保、安全有序的现代物流服务体系”的发展目标。该规划确定了“着力降低物流成本”“提升物流企业规模化、集约化水平”“加强物流基础设施网络建设”的发展重点。该规划提出了七大主要任务：① 大力提升物流社会化、专业化水平；② 进一步加强物流信息化建设；③ 推进物流技术装备现代化；④ 加强物流标准化建设；⑤ 推进区域物流协调发展；⑥ 积极推动国际物流发展；⑦ 大力发展绿色物流。另外，该规划还提出了十二项重点工程：① 多式联运；② 物流园区；③ 农产品物流；④ 制造业物流与供应链管理；⑤ 资源型产品物流；⑥ 城乡物流配送；⑦ 电子商务物流；⑧ 物流标准化；⑨ 物流信息平台；⑩ 物流新技术开发应用；⑪ 再生资源回收物流；⑫ 应急物流工程。

2022 年，国务院办公厅印发了《“十四五”现代物流发展规划》，以“市场主导、政府引导”“系统观念、统筹推进”“创新驱动、联动融合”“绿色低碳、安全韧性”为基本原则。精准聚焦现代物流发展的重点方向，加快培育现代物流转型升级新动能，深度挖掘现代物流重点领域潜力，强化现代物流发展支撑体系。该规划提出了优化营商环境、创新体制机制、强化政策支持、深化国际合作、加强组织管理的实施保障。建设内容分十一个专栏：① 国家物流枢纽建设工程；② 铁路物流升级改造工程；③ 物流业制造业融合创新工程；④ 数字物流创新提质工程；⑤ 绿色低碳物流创新工程；⑥ 现代供应链体系建设工程；⑦ 国际物流网络畅通工程；⑧ 冷链物流基础设施网络提升工程；⑨ 应急物流保障工程；⑩ 现代物流企业竞争力培育工程；⑪ 物流标准化推进工程。

2024 年年底，中共中央办公厅、国务院办公厅印发了《有效降低全社会物流成本行动方案》，从全局和战略高度对有效降低全社会物流成本做出部署。物流是实体经济的“经络”，贯通第一、二、三产业，是助力生产、促进消费、畅通双循环、参与国际竞争的现代服务体系。降低全社会物流成本是提高经济运行效率的重要举措，对构建高水平社会主义市场经济体制、加快构建新发展格局、推动高质量发展具有重要意义。

1.2.5 现代物流的发展趋势

现代物流是指原材料、产成品及相关信息从起点至终点有效流动的全过程。它将运输、仓储、装卸、加工、整理、配送、信息等有机结合，形成完整的供应链，为用户提供多功能、一体化的综合性服务。

现代物流提出了物流系统化或物流一体化、综合物流管理的概念，使传统的物流向前、后两个方向延伸并加入新的内涵，使社会物流与企业物流有机结合在一起，从采购物流开始，经过生产物流，再进入销售物流。与此同时，要经过包装、运输、仓储、装卸、加工配送到达用户（消费者）手中，最后还有回收物流。现代物流包含了产品生命周期的整个流通过程。

现代物流是现代管理制度、管理组织、管理技术、管理方法在物流中的运用，具体包括物流专业化、管理系统化、运输合理化、仓储自动化、包装服务标准化、装卸机械化、配送一体化，以及信息网络化。

传统物流与现代物流的区别主要表现在以下六个方面：① 传统物流只提供简单的位移，现代物流还提供增值服务；② 传统物流是被动服务，现代物流是主动服务；③ 传统物流实行人工控制，现代物流实行信息管理；④ 传统物流无统一服务标准，现代物流实施标准化服务；⑤ 传统物流侧重于“点到点”或“线到线”服务，现代物流构建全球服务网络；⑥ 传统物流是单一环节的管理，现代物流强调整体系统的优化。

传统物流与现代物流的比较如表 1-1 所示。

在经济全球化的影响下，各行各业的竞争日趋激烈。如何有效地配置和利用资源、有效地降低制造成本和运输成本，成为企业重点关注的问题。如果没有一个高度发达、可靠快捷的物流系统，就无法在竞争中取胜。随着经济全球化的发展，物流的功能也不再是单纯为了降低成本，而是将重点放在改善客户服务质量上，以提高企业的综合竞争力。当前，物流产业正朝着绿色化、信息化和智能化、全球化和国际化、服务优质化的趋势发展。

表 1-1 传统物流与现代物流的比较

项 目	传 统 物 流	现 代 物 流
物流服务	物流功能相对孤立	强调物流功能的整合
	无物流中心	采用物流中心
	分散管理与控制	供应链的全面管理
	限地区内的物流服务	跨区域的物流服务
	被动的服务	主动的服务
	企业自行解决物流难题	第三方物流的普遍采用
	短期合约	长期战略伙伴关系
	依靠价格竞争	降低物流总成本
	实现物品的简单位移	增值物流服务
	提供标准服务	定制的个性化物流服务
	点到点、线到线的服务	全球物流服务网络
	商品流通领域	产品的全生命周期
物流信息技术	无外部整合系统	实时信息系统
	有限的或无 EDI 联系	广泛应用 EDI
	无卫星跟踪系统	卫星跟踪系统
物流设施设备	相对传统、落后	现代化的配送中心、物流中心、自动立方体仓库 功能先进的车站、港口、码头、机场 自动化程度高的物流设备
物流管理	人工控制	信息管理
	粗放式经营管理	精细化管理
	分散管理	系统管理
	单一环节的管理	物流系统优化

我国物流业发展趋势主要体现在以下几个方面。

（1）数字化转型。物流业已由高速增长转向高质量发展新阶段，数字化（以及数智化）的转型成为重要趋势。大数据、云计算、人工智能等技术将进一步推动物流业的创新和发展。以服务与解决方案为核心的“物流即服务”（Logistics as a Service，LaaS）业务将带动物流业与制造业、商贸业深化融合，形成具有产业特色的物流产业盈利模式。智能化是物流发展的一个新趋势。目前，除了智能化运输，无人搬运车、机器人堆码、无人叉车、自动分类分拣系统、无纸化办公系统等物流技术都大大提高了物流的机械化、自动化和智能化水平。同时，还出现了虚拟仓库、虚拟银行的供应链管理，把物流推向一个崭新的发展阶段。

（2）绿色低碳转型。在政策和市场的双向驱动下，物流行业绿色低碳转型进展迅速。ESG（Environmental, Social and Governance，环境、社会、治理）体系成为物流新标配，物流企业将从 ESG 建设出发，深化探索绿色基础设施投资建设、绿色运营、绿色技术研发和产品创新等多种实践。物流的发展一定要与“双碳”（碳达峰、碳中和）的目标相吻合。

（3）供应链韧性提升。在疫情、自然灾害等高频、高损冲击成为“新常态”的背景下，提升物流供应链韧性逐渐成为国际共识。越来越多的企业认识到供应链韧性的重要性，加强供应链安全风险监测、预警、防控、应对等能力建设。

（4）跨境电子商务发展。跨境电子商务的爆发式增长为物流行业开辟了新的增长点。物流企业需要具备高效的跨境运输能力，并在清关、仓储、配送等环节实现无缝对接，不断创新服务模式，提供更加灵活、便捷的物流解决方案。伴随国际物流形势的变幻，中国在与世界各国之间的物资、原材料、零部件和制成品的进出口运输上，无论是数量还是质量都在发生着巨大的变化。这必然要求物流国际化，即物流设施国际化、物流技术国际化、物流服务国际化、货物运输国际化和流通加工国际化等，促进世界资源的优化配置和区域经济的协调发展。

（5）规模效益的增长。21 世纪是一个全球化物流的时代，面对机遇和挑战，企业之间的竞争将十分激烈。要满足全球化或区域化的物流服务，必须形成规模效益。近年来，国外物流业出现了集约化与协同化的发展趋势，主要表现在两个方面：① 物流园区（Logistics Park）的建设和发展；② 物流企业的合并与合作。全世界的第三方物流市场已经显现了潜力大、渐进性和高增长率的特征。

（6）物流服务优质化。消费多样化、生产柔性化、流通高效化时代使得社会和客户对现代物流服务提出更高的要求，客户对物流的个性化要求也越来越多，物流发展呈现服务优质化的趋势。据调查，物流成本已不再是客户选择物流服务的唯一标准，人们更加注重物流服务的质量。“7R”已逐步成为物流企业优质服务的共同标准。“R”即“Right”，意指“正确、合适、恰当”，即 Right Product（正确的产品）、Right Quantity（合适的数量）、Right Place（正确的地点）、Right Time（恰当的时间）、Right Cost（合适的费用）、Right Quality（合适的质量）、Right Impression（良好的印象），这就是常说的 7R 原则。物流服务优质化努力实现“7R”，就是要把正确的产品在恰当的时间、正确的地点，以合适的数量、合适的质量、合适的费用提供给客户，同时使客户产生良好的印象。物流服务优质化趋势代表了现代物流向服务经济发展的进一步延伸，表明物流服务的质量正在取代物流成本，成为客户选择物流服务的重要标准之一。

（7）政策环境优化。党中央、国务院推出的一系列援企纾困的政策将会逐步落地见效，并会有接续政策陆续出台，进一步优化物流业的发展环境。中国物流业的发展有望进入蓬勃发展的新阶段。

1.3 物流系统概述

将系统的内涵本质应用到物流领域，便可以构造出物流系统。从本质的概念特征来看，物流本身就是一个系统。

1.3.1 物流系统的组成及特点

物流系统的组成及特点

物流系统是指在一定的时间和空间中，由所需要位移的物资、包装设备、装卸搬运机械、运输工具、仓储设施、人员和通信联系等若干相互制约的要素所构成的具有特定功能的有机整体。随着工业化发展的历程，物流系统正在从人工物流系统、机械化物流系统、自动化物流系统向集成化物流系统、智能化物流系统逐步发展。

广义地讲，物流系统主要由物流“硬”系统和物流“软”系统所构成。物流“硬”系统一般指物流工程系统；物流“软”系统一般指物流管理系统。完善的物流工程和有效的物流管理是确保物流系统合理运行的必要条件。

与其他的系统一样，物流系统也包含“输入”“转换处理”“输出”三大基本功能和“反馈”环节，也是处于一个复杂的环境之中。物流系统的基本模式如图1-5所示。

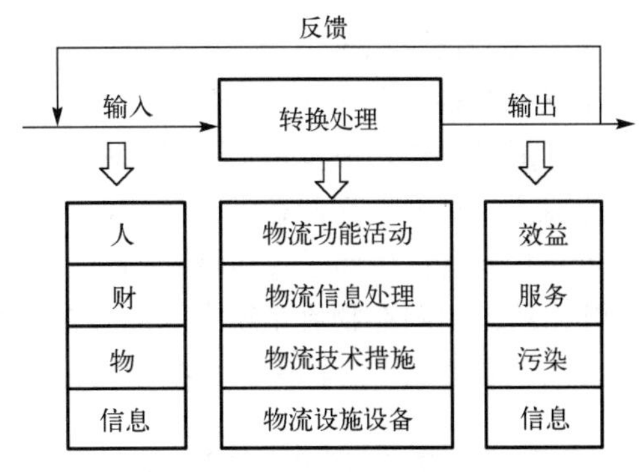

图 1-5　物流系统的基本模式

在物流系统中，输入、输出及转换处理活动往往是在不同的领域或不同的子系统中进行的。即使在物流大系统中，系统的目的往往也不同，所以，具体的输入、转换处理及输出有着不同的内容，不会是一成不变的。

物流系统是一个大系统，或称为巨系统，具有一般系统的四个基本特点：整体性、相关性、目的性和环境适应性，同时还具备规模庞大、结构复杂、目标众多等大系统所具有的特征。物流系统的特点可具体归结为以下六个方面。

（1）物流系统是一个“人机系统”。物流系统是由人、设备、工具组成的，包括由人运用运输设备、装卸搬运机械，利用仓库、港口、车站等设施进行的一系列物流活动。在这一系列的活动中，人是系统的主体。因此，在研究物流系统各方面的问题时，要把人和物有机地结合起来加以考察和分析。

（2）物流系统是一个大跨度系统。在现代经济社会中，企业间的物流经常会跨越不同的地域，国际物流的地域跨度更大。物流系统采用仓储的方式解决产—需之间在时间上的矛盾，其时间跨度往往很大，管理方面的难度也就随之增大，对信息的依赖程度也提高。

（3）物流系统是一个可分系统。无论规模多大的物流系统，都可以分解成若干个相互联系的子系统。这些子系统的数量和层次是随着人们对物流系统的认识和研究的深入而不断扩充、不断深入的。系统与子系统之间、子系统与子系统之间存在着时间和空间上，以及资源利用等方面的联系，也存在着总目标、总费用及总运行结果等方面的相互联系。

根据运行环节，物流系统可以划分为多个子系统，如物资的包装系统、装卸搬运系统、运输系统、储存系统、流通加工系统、物资的回收再利用系统、情报系统，以及物流的管理系统等。

物流各子系统又可进一步分成下一层次的系统，如物资的运输系统可以进一步分为水运系统、空运系统、铁路运输系统、公路运输系统及管道运输系统。物流子系统不仅具有多层次性，而且具有多目标性。对物流系统的分析，既要研究物流系统运行的全过程，也要对其中的子系统加以分析。

（4）物流系统是一个动态系统。物流系统一般涉及多个生产企业和用户，随着需求、供应、渠道、价格的变化，系统内部的要素及系统的运行也经常发生变化。物流系统受到社会生产和社会需求的广泛制约，必须具有环境适应能力。系统必须灵活、可变，当社会环境发生较大的变化时，物流系统需要进行调整，甚至需要重新进行设计。

（5）物流系统是一个复杂系统。物流系统的运行对象——物，可以是全部的社会物资资源。资源的多样化带来了物流系统的复杂化。物资资源的品种成千上万，从事物流活动的人员队伍庞大，物流系统内的物资占用大量的流动资金，物流网点遍及城乡各地。这些人力、物力、财力资源的组织和合理利用是一个非常复杂的问题。在物流活动的全过程中，需要通过大量的物流信息把各个子系统有机地联系起来。收集、处理物流信息，并使之指导物流活动，这也是一项复杂的工作。

（6）物流系统是一个多目标系统。物流系统的总目标是实现最优的综合经济效益，但物流系统要素间存在非常强烈的“背反”（亦称“悖反”）现象，要同时实现物流服务时间最短、质量最佳、成本最低三个目标，几乎是不可能的。所谓最优的方案，实际上也只是相对的概念。例如，在储存子系统中，为保证供应、方便生产，人们会提出储存物资的大数量、多品种问题；而为了加速资金周转、减少资金占用，人们又会提出降低库存的要求。这些相互矛盾的问题在物流系统中广泛存在，物流系统要在这些矛盾中运行，并尽可能满足人们的要求。要建立多目标函数，在多目标问题的求解中找到系统实施的最佳方案。

1.3.2　物流系统的目标

物流系统是社会经济系统的一个部分，其目标是获得宏观和微观的经济效益。

物流的宏观经济效益是指一个物流系统的建立对社会经济效益，以及对整个社会流通及全部国民经济效益的影响。例如，物流设施建立会影响当地人的生活、工作，物流的污染、噪声会给人和环境带来伤害，等等。因此，物流系统的建立还必须考虑这些因素，要以社会发展和人民幸福为大前提。建立和运行物流系统时，要有意识地以两个经济效益的平衡作为目的。

物流系统的微观经济效益是物流系统本身在运行活动中所获得的企业效益。

建立和运行物流系统时，要以宏观和微观两个经济效益为目的。具体来讲，物流系统要实现以下的“6S”目标。

（1）服务（Service）。物流系统直接连接着生产与再生产、生产与消费，具有很强的服务性。这种服务性表现在本身有一定的从属性，其利润的本质是“让渡”性。要以用户为中心，树立“用户第一”，而不仅仅是“以利润为中心”的观念。物流系统中的送货、配送等形式及其效果，就是其服务性的体现。在技术方面，近年来出现的“准时供货方式”“柔性供货方式”等，也是其服务性的表现。

（2）快速、及时（Speed）。及时性是服务性的延伸，是用户的要求，也是社会发展进步的要求。整个社会再生产的循环，取决于每一个环节，社会再生产的不断循环发展推动了社会的进步。马克思从资本角度论述了流通的这一目标，指出流通的时间越短、速度越快，“资本的职能就越大”，并要求“力求用时间去消灭空间”“把商品从一个地方转移到另一个地方所花费的时间缩短到最低限度”。快速、及时既是一个传统目标，更是一个现代目标，随着社会大生产的发展，这一要求更加强烈。在物流领域采取的诸如直达物流、联合一贯制运输、高速公路、时间表系统等管理和技术，就是这一目标的具体体现。

（3）低成本（Saving）。节约是经济领域的重要规律。在物流领域中，除流通时间的节约外，由于流通过程消耗大且基本上不增加或不提高商品的使用价值，所以依靠节约来降低投入是提高相对产出的重要手段。物流过程作为“第三个利润源泉”，其利润的挖掘主要依靠节约和流程优化。在物流领域推行集约化方式，提高物流的能力，采取各种节约、省力、降耗的措施，也都是这一目标的体现。

（4）安全（Safety）。安全性的要求对于任何一个系统来说，都是非常重要的。物流安全问题也是近些年来非常突出的问题，一个安全事故会使一个公司损失殆尽。几十万吨的超级油轮、货轮因安全事故遭受灭顶之灾的事例也不乏见。除了经济方面的损失，人身伤害也是物流中经常出现的，如交通事故的伤害，物品对人的碰撞伤害，危险品的爆炸、腐蚀、毒害的伤害，等等。

（5）规模优化（Scale Optimization）。以物流规模作为物流系统的目标，是为了追求规模效益。生产领域的规模生产是早已为社会所承认的，但在流通领域中，似乎不那么明显。由于物流系统比生产系统的稳定性差，难以形成标准的规模化模式，获得规模效益相对困难。以物流规模作为物流系统的目标，以此来追求“规模效益”，在物流领域中以分散或集中的方式建立物流系统，研究物流集约化的程度，就体现了规模优化这一目标。

（6）库存控制（Stock Control）。库存的调节性是及时性的延伸，也是物流系统本身的要求，涉及物流系统的效益。物流系统通过本身的库存来保障生产企业、商业企业和消费者的需求，从而创造一个良好的社会外部环境。同时，物流系统又是国家进行资源配置的重要环节，系统的建立必须考虑国家进行资源配置、宏观调控的需要。在物流领域中正确确定库存方式、库存数量、库存结构、库存分布，就是为了满足这样的需要。没有库存，就不容易保障需求；库存过大，可能积压资金，造成浪费。库存控制因此成为物流系统优化的重要目标。

1.3.3　物流系统的要素分类

与一般的管理系统一样，物流系统是由人、财、物、设备、信息和任务目标等要素组成的有机整体。物流系统的要素可具体分为功能要素、支撑要素、物质基础要素、流动要素、网络要素等。

（1）物流系统的功能要素。物流系统的功能要素指的是物流系统所具有的基本能力，主要有运输、储存、配送、包装、装卸搬运、流通加工、物流信息等。

如果从物流活动的实际工作环节来考察，物流就由上述七项具体工作构成。换句话说，物流能实现以上七项最主要的功能。

（2）物流系统的支撑要素。物流系统处于复杂的社会经济系统中，物流系统的建立需要许多支撑手段。物流系统的支撑要素主要包括体制、制度、法律、规章、行政命令，还包括物流的标准化系统等。

（3）物流系统的物质基础要素。物流系统的建立和运行需要大量技术装备手段，这些手段的有机联系对物流系统的运行有决定性意义。

- 物流设施：物流站、货场、物流中心、仓库、公路、铁路、港口等。
- 物流装备：仓库货架、流通加工设备、运输设备、装卸搬运机械、分拣设备等。
- 物流工具：包装工具、维护保养工具、办公设备等。
- 信息技术及网络：通信设备及线路、传真设备、计算机及网络设备等。
- 组织及管理：它是物流网络的“软件”，起着连接、调运、协调、指挥物流系统各要素的作用，以保障物流系统目的的实现。

每一种物流资源要素都有不同的档次、不同的配套及附属资源的区分，一个完善的物流系统所需要的资源要素是十分庞大的。任何一个企业要想完全拥有这些物流资源，通常是非常困难的，所以物流系统资源主要依靠市场机制来配置和调节。

（4）物流系统的流动要素。忽略不同物流对象的具体特征，从物理学的角度分析物流的过程，可将其分解为七个要素，即流体、载体、流向、流量、流程、流速和流效，也可表示为“OCDADSE”。

- 流体（Object of Flow）是“物”的概念，是具有自然属性和社会属性的经济物品，也是物流系统服务的对象。

- 载体（Carrier）是指流体借以流动的设施和设备，包括基础设施，如铁路、公路、水路、港口、车站、机场、仓库、货场等，还包括载运设备，如车、船、飞机等。
- 流向（Direction of Flow）是指流体从起点到终点的流动方向。
- 流量（Amount and Volume of Flow）是指流动过程中的流体实物数量。
- 流程（Distance of Flow）是指流体从起点到终点的流动所经过的距离。
- 流速（Speed of Flow）是指流体流动的速度。
- 流效（Effectiveness and Efficiency of Flow）是指物流的效率、效益、成本和服务等。

每一个流动要素都要以物流系统作为一个整体进行总体集成和优化，任何一个要素的目标都是在物流系统整体目标的指导下确定的，要素所达到的目标之间互相配合，使整体目标最优，这就是系统的整体集成和优化。

（5）物流系统的网络要素。从本质上讲，物流系统是一个开放的网络，而网络要素是由节点和节点间的连线组成的。物流网络中的节点是指物流过程中商品储存、停留的场所，如工厂、商店、仓库、配送中心、车站、码头等。这些节点有的功能相对单一，有的功能齐全。一般把那些功能齐全、作用重大的节点叫作枢纽节点。节点和连线有机地结合起来，就形成一个联系的、动态的物流网络。

1.3.4 物流的子系统与物流要素集成化的基本内容

1. 物流的子系统

根据物流系统的运行环节，可将其划分为不同的子系统，如物资的包装系统、装卸系统、运输系统、储存系统、流通加工系统、回收复用系统、情报系统，以及物流的管理系统等。构成物流系统的上述子系统又可分成下一层次的系统，如运输系统可分为水运系统、空运系统、铁路运输系统、公路运输系统及管道运输系统。根据物流管理目标和管理分工的不同，物流子系统的组成也会发生变化，不仅具有多层次性，还具有多目标性。

物流系统自身是一个复杂的社会系统，它同时也处在国民经济这个更大、更复杂的大系统之中，是国民经济系统中一个非常庞大、非常复杂的子系统，对整个国民经济系统的运行起着特别重要的作用。对物流系统的分析，既要从宏观方面研究物流系统运行的全过程，也要从微观方面对物流系统的某一环节（或子系统）加以分析研究。

2. 物流要素集成化的基本内容

集成（Integration）是指一些孤立的事物或元素通过某种方式集中在一起，产生联系，从而构成一个有机整体的过程。集成化和系统化一样，是现代物流发展的趋势。

物流要素集成化是要通过一定的制度安排，对物流系统功能、资源、信息、网络要素及流动要素进行统一规划、管理、评价，通过要素之间的协调配合，使所有要素能够作为一个整体运作，从而实现要素之间的有效衔接，达到物流系统整体最优的目的。由一个起领导作用的资本或要素（或集成商）将物流系统需要的其他资本或要素联合起来，形成一个要素紧密联系的物流系统。被集成的要素应当具有专业化特性，能在集成后的大系统中发挥作用。

通过物流要素集成化的实施，可以获得以下四个方面的结果。

（1）要素一体化。将物流系统的要素集成起来，纳入一个集成商的控制之下，该集成商对这些要素进行经营和管理。

（2）建立战略联盟。这是建立供应链的方式。物流系统中专用性资产可以通过互相投资、参股、签订长期的战略联盟协议等方式建立供应链，从而实现集成。

（3）资源共享。包括在不同企业之间进行的横向一体化、在企业内部不同部门之间进行的横向一体化两种形式。

（4）采用第三方物流方式。大量的物流系统要素集成可以通过物流市场途径进行完成，但条件是物流市场必须起作用。

1.3.5　物流系统中的效益背反

1．效益背反理论

“效益背反”又称为“二律背反”或“交替损益”，它是物流领域中的普遍现象，是物流领域中内部矛盾的反映和表现。“效益背反”指的是物流的若干功能要素之间存在着损益的矛盾，即某一功能要素的优化和利益发生的同时，另一个或几个功能要素出现利益损失，反之亦然。这是一种此消彼长、此盈彼亏的现象，可能导致整个物流系统效率的低下，最终会损害物流系统的功能要素及总体的利益。

2．效益背反的内容

物流系统的效益背反主要体现在物流成本与服务水平的效益背反，以及物流各功能活动的效益背反。

1）物流成本与服务水平的效益背反

物流成本与服务水平的效益背反关系如图 1-6 所示。

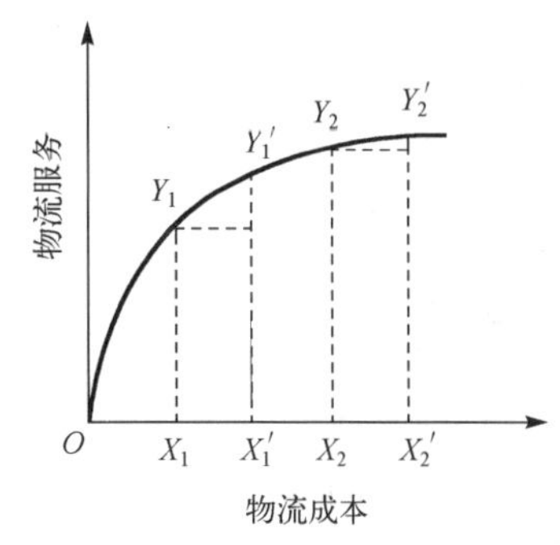

图 1-6　物流成本与服务水平的效益背反关系

（1）物流服务水平的提高，可能导致物流成本的上升，二者之间存在着效益背反。

（2）物流服务水平与物流成本之间是非线性的关系，也就是说，投入相同的成本并不能保证相同程度的物流服务水平的增长。一般而言，当物流服务处于低水平阶段时，增加成本对服务水平的提升具有较为突出的效果。

（3）对物流服务和物流成本做决策时应考虑如下几点。

① 保持物流服务水平不变，尽量降低物流成本。物流服务水平不变，通过改进物流系统来降低物流成本，这种方法称为追求效益法。

② 提高物流服务水平，不惜增加物流成本。这是许多企业提高物流服务水平的做法，是企业面对特定顾客或其特定商品面临激烈竞争时所采取的具有战略意义的做法。

③ 保持成本不变，提高服务水平。这是一种积极的物流成本对策，是一种有效的利用物流成本性能的方法。

④ 用较低的物流成本实现较高的物流服务。这是一种具有战略意义的方法，企业合理运用自身的资源，增加销售，获取效益。

企业采取哪种物流成本策略，不能凭感觉而定，需要通盘考虑各方面因素。这些因素包括商品战略、地区销售战略、流通战略、竞争对手、物流成本、物流系统所处的环境，以及物流系统决策层所采用的方针等。

2）物流各功能活动的效益背反

物流的各项活动处于一个相互矛盾的系统中，想要较好地达到某个方面的目的，可能会使另一方面受到一定的损失，这便是物流各功能活动的效益背反，是物流系统各个要素之间的目标冲突。

3．物流系统要素的目标冲突

物流系统是由各个部分组成的，各部分之间存在一定的联系。所谓联系，就是冲突、相持和协同。物流系统要素之间的联系也是冲突、相持和协同的综合表现。物流系统的要素之间、要素内部、要素外部都存在目标的冲突。

（1）物流要素之间的目标冲突。物流系统有运输、储存、包装、装卸、流通加工、物流信息处理等多种功能，这些独立的功能，其目标之间的互相冲突是经常存在的。

例如，① 减少仓库的数目及库存数量，必然会使库存补充变得频繁而增加运输的次数；② 简化包装虽然可降低包装成本，但由于包装强度的降低，在运输和装卸环节的破损率会增加，且在仓库中摆放时也不可堆放过高，降低了保管效率。

（2）物流要素内部的目标冲突。物流系统的要素可作为系统或子系统来分析。例如，物流系统中的运输功能、储存功能、包装功能等既是物流系统的要素，也是物流系统的子系统。物流系统要素内部也同样存在目标冲突。

例如，① 将铁路运输改为航空运输，虽然增加了运费，却提高了运输速度，不但可以减少库存，还可以降低库存费用；② 在储存子系统中，从保证供应、方便生产的角度，人们会提出储存物资的大数量、多品种方案，而从加速资金周转、减少资金占用的角度，人们会提出减少库存方案。在方案选择时需要综合考虑，有所侧重。

（3）物流要素与外部系统之间存在冲突。物流系统与环境（即外部系统）之间存在各种联系。当物流系统本身也是一个更大系统的子系统时，构成物流系统环境的就是与物流系统处在同一层次的子系统。与物流系统一样，环境中其他系统也都有特定的目标。但是，物流要素与外部系统之间的目标冲突一般很难在这个层次得到协调，必须在高一层次的系统里才能解决。

例如，生产系统的目标和销售系统的目标可能会形成对物流系统目标的夹击。由于物流的各种因素包含在市场销售、财务、会计及制造等各种活动之中，各部门管理人员的目标往往会有冲突。现代物流理论主张制造企业将分散在生产、销售和财务部门的物流管理职能集中起来，成立一个物流管理部门，与生产、销售和财务部门并列，将各部门之间的物流矛盾进行统一解决，由物流管理部门与生产、销售和财务部门进行目标的协调和权衡。到20世纪末，世界上的跨国制造公司基本上都有物流管理部门，专门负责解决物流和其他部门的目标冲突，以便在整个公司的层次上解决物流与生产、销售或财务会计等其他子系统的目标冲突。物流系统中的冲突如表1-2所示。

效益背反的现象是普遍存在的，如果处理不慎就会出现系统总体劣化的结果。在设计物流系统时，要综合考虑各方面因素的影响，使整个物流系统达到最优，应当按照最低成本的要求，使物流系统化、科学化、合理化。要调整各要素之间的矛盾，把它们有机地结合起来，方可获得最佳的综合效益。

表 1-2　物流系统中的冲突

要素	主 要 目 标	采取的方法	可能导致的结果	可能造成对其他要素的影响
运输	C= min (运费)	(1) 批量运输 (2) 集装整车运输 (3) 铁路干线运输	(1) 交货期集中 (2) 交货批量大 (3) 运费费用降低	(1) 在途库存增加 (2) 平均库存增加 (3) 末端加工费用高 (4) 包装费用高
储存	C= min (储存费)	(1) 缩短进货周期 (2) 降低每次进货量 (3) 增加进货次数 (4) 在接近消费者的地方建仓库 (5) 增加信息沟通	(1) 紧急进货增加 (2) 送货更加零星 (3) 储存地点分散 (4) 库存量降低甚至达到零库存，库存费用降低	(1) 无计划配送增加 (2) 配送规模更小 (3) 配送地点更分散 (4) 配送、装卸搬运、流通加工的信息成本增加
包装	(1) 破损最少 (2) 包装成本最低	(1) 包装材料强度高 (2) 扩大内装容量 (3) 按照商品特点确定包装材料和方式 (4) 物流包装容器功能更多	(1) 包装容器占过多空间和重量 (2) 包装材料费增加 (3) 包装物回收费用增加 (4) 包装容器不通用 (5) 商品破损降低，但包装费增加	(1) 包装容器耗用的运费和仓储费用增加 (2) 运输车辆和仓库的利用率降低 (3) 装卸搬运费用增加
装卸	(1) 降低装卸费 (2) 降低搬运费 (3) 加快装卸速度	(1) 使用人力，节约装卸搬运成本 (2) 招聘农民工进行装卸搬运 (3) 提高装卸搬运速度——"抢装抢卸"	(1) 装卸搬运效率低 (2) 商品破损率高 (3) 不按要求堆放 (4) 节省装卸搬运费用	(1) 行动期延长 (2) 运输工具和仓库的利用率降低 (3) 商品在途和在库损耗增加 (4) 包装费用增加、重新加工增加流通加工成本

1.4　物流系统工程的概念与内容

物流系统工程（Logistics System Engineering）是指从物流系统的整体出发，运用系统工程的理论和方法，把物流和信息流结合起来，把生产、流通和消费全过程看作一个整体，优化物流系统中的各个环节，运用系统工程的理论和方法进行物流系统的分析、预测、建模、仿真、规划、评价、决策、管理和控制，选择最优方案，以最低的物流费用、高的物流效率、好的顾客服务，达到提高社会经济效益和企业经济效益目的的综合性组织管理活动。

物流系统工程以物流为对象，以系统观念为指导，解决实际的工程问题。物流系统工程有三种常见的定义方式：一是从方法论角度将其理解为，从系统工程角度研究物流；二是从工学角度将其界定为，从工程角度研究物流系统的实现；三是从管理学角度将其定义为，从物流系统的整体出发，进行综合组织管理活动过程。

1.5　案例分析：京东物流的发展之路

京东物流作为中国领先的物流服务提供商，自 2007 年成立以来，始终致力于提升供应链效率和降低物流成本。随着电子商务的快速发展，消费者对物流服务的时效性和便利性提出了更高的要求。京东物流凭借其自建的仓储和配送体系，逐步构建了一个覆盖全国的高效物流网络，成为行业的标杆。在这一过程中，京东物流经历了诞生、独立、开放、转变和持续发展五个重要阶段。每个阶段都体现了京东物流在市场环境变化中的适应与创新，从最初的自建物流模式到后来的品牌化发展，再到开放服务与智能化转型，京东物流不断推动自身的升级与变革。特别是在2023年推出的即时零售三公里模式，更是将即时需求与本地供给紧密结合，为消费者提供了更为便捷的购物体验，进一步巩固了其在行业中的领先地位。

1. 诞生：自建物流模式　打造核心竞争力

京东在2007年正式宣布开始自建物流，随后位于北京东三环的潘家园的第一个站点正式营业，开启物流起航之路。2012年8月注册成立“京邦达”公司，此后，京东物流把8月18日定义成京东物流的生日。成立之初，京东物流更多的是基于提升消费体验去打造的物流平台，更多的场景在于消费者在网上下单到快递员送货上门。

京东物流的核心是通过自建物流体系在全国不同的几大城市建立区域仓运营，然后根据购买数据、规模的大小，完成库存及时补货，再从仓储送到消费者家中，实现点和点之间的配送。京东物流仓配一体化的模式，通过建设越来越多的仓库，使货物离消费者越来越近，货物移动的距离越来越短，从而速度越来越快，成本也越来越低。因此当时京东物流的模式是希望通过这种正向循环来提升消费者体验。这也被认为是京东的“杀手锏”，不仅让自身物流费用降低，还会提升消费者体验以及让全行业受益。

京东通过自建物流的模式，逐步建立了自己的仓储、配送设施及全自营的队伍，支撑了京东零售过千亿元的业务规模。从2010年到2015年，京东物流开始追求专业化和规模化的经济效应，通过建设“亚洲一号”，将京东物流的客户时效和服务标准打造成为全球标杆之一。到2016年，京东物流全面转向开放化和智能化时代，着手为产品筹备社会化开放。

2. 独立：从企业物流向物流企业的深刻蜕变

2016年11月，京东物流品牌化出炉。将“京东物流”作为品牌，向社会开放三大服务体系：仓配一体化供应链服务、快递和物流云。这是京东物流业务首次正式全面开放，此前，仅服务京东自营和POP平台第三方卖家。这一次品牌开放，当时也令很多物流龙头企业感觉焦虑。毕竟有着近10年自营物流成熟体系的京东物流，完全可以成为一家比同行更好的社会化物流企业。

2017年4月25日，京东集团宣布正式组建京东物流子集团，为合作伙伴提供包括仓储、运输、配送、客服、售后的正逆向一体化供应链解决方案服务、物流云和物流科技服务（无人机、无人车、无人仓、无人配送站等）、商家数据服务（销售预测、库存管理等）、跨境物流服务、快递与快运服务等全方位的产品和服务，还将联合京东商城共享线上线下渠道资源，并联手京东金融（现已更名为“京东数科”）推出创新性的供应链金融产品和保险产品。

京东成立物流子集团主要是为了对外输出京东物流的能力，帮助产业链上下游合作伙伴降低供应链成本并提升流通效率。京东希望通过更加灵活的组织架构和管理创新，让京东物流拥有更加市场化的经营权和决策权。当时，京东物流还确立了一个目标：在五年后（2022年）成为年收入规模超过1000亿元的物流科技服务商。

此后京东物流经历了从企业物流向物流企业的深刻蜕变，重新根据不同商家诉求打造不同场景、不同服务模块、不同行业及品类的个性化、多样性的物流产品，做到了标准化与个性化兼顾。京东物流搭建起了日益清晰的产品体系、完善的商家服务体系、严密的数据安全体系。

3. 开放：以无界物流实现价值提升

自京东对外提出基于消费变革和技术更新带来的“第四次零售革命”后，就明确要从零售走向“零售+零售基础设施服务”。在这场深层次的变革和战略转型中，京东物流是零售基础设施服务和核心组成部分，也在从自有走向公共服务。

纵观物流发展历史，可以发现每一次变革都是两股力量共同推动的结果：一是消费和产业的升级；二是技术的突破。这两股力量交互作用，牵引供应链的“权力中心”不断转移，物流在整个商业系统中承担的作用和角色也在不断升级，进而推动物流不断演化。

2017 年 12 月，京东物流提出以“3S”——短链（Short-chain）、智慧（Smartness）、共生（Symbiosis）为特征的无界物流发展方向，为全面开放做出准备。

目前京东在全国建有 7 个物流中心，在 28 个城市建有前置配送中心，一共有 700 多个仓库，总的仓储管理面积达 1690 万 m^2，这些基础建设为京东实现全中国范围的配送打下了基础，但同时也是京东一直亏损的原因。随着京东物流的开放，从最早的仓配一体化业务开放，到现在六大产品（京东供应链、京东快递、京东快运、京东冷链、京东云仓、京东跨境）的推出、个人快递等新业务的上线，都取得了不错的成绩。据京东 2019 年第二季度财报显示，以开放物流业务为代表的物流及其他服务收入同比增长 98%，经过多年布局，京东物流已实现盈亏平衡。

渠道下沉是京东很重要的一个战略，下沉对物流来说就是要以更快的速度把货物送到消费者手里面。在过去的十多年，京东物流通过“211 限时达”（2010 年推出），打通了一、二线城市最高端消费者在网上购物的物流通道。2019 年，京东物流推出“千县万镇 24 小时达”时效提升计划，也称之为“4624”，即四到六线城市，24 小时内送达。京东物流希望通过“4624”以更快的速度把货物送到四到六线城市消费者手里面。下沉战略延伸来说就是开放战略。以往，京东物流凭借自营的优势已打造高水平的产品服务能力，但下沉的供应链建设思路将打破原有的模式，通过开放共生的体系，利用产地的资源，把当地的车、当地的仓、当地的农户能力结合起来。

国际业务也被京东物流定为主战场之一。京东物流通过在全球构建“双 48 小时”通路(中国 48 小时通达全球，其他国家本地 48 小时送达)，帮助中国制造通向全球，全球商品进入中国。同时，为商家提供一站式跨境供应链服务，还利用区块链、物联网、大数据技术，为跨境商品提供全流程跟踪溯源。

4. 转型：构筑智能、共生的供应链产业平台

2019 年 10 月，京东物流正式对外提出“供应链产业平台（OPDS）”，基于不同属性的产业提供一体化供应链服务，推动供应链对产业的数字化改造与技术赋能。这可以看作京东物流发展历程中，围绕“体验为本、效率制胜”这个核心战略的又一次转变，也是京东物流从服务成品配销 B2C（企业对消费者）到服务端到端 B2B（企业对企业）的一次转变。

随着消费升级和技术进步，供给端的商业主流业态趋势会由原来 B2C 到 C2B 转变，供应链也会由推动式转变为拉动式，未来会呈现智能化生产、网络化协同、个性化定制、服务化延伸的新模式和新业态。B2C 的成品配销改变的是消费者的体验，而端到端 B2B 的产业供应链的根本性是优化成本结构。所以，在产业互联的趋势下，打造一个智能、共生的供应链产业平台将是未来物流行业的新趋势。

供应链产业平台包括全供应链服务（产地供应链和销地供应链）及供应链技术平台。全供应链服务：通过将产地和销地网络的打通，聚焦“最先一公里”和“最后一公里”，实现从采购、生产到流通、消费，一体化供应链服务，真正打通产销全链路。供应链技术平台：基于机器人、人工智能、5G、大数据等技术应用，构建供应链业务与数据中台，推动产业供应链技术标准的建立及效率提升。人工智能、大数据、云计算、机器人等技术的成熟发展，将会深入影响物流的每一个环节，在不断降低成本、提高效率的同时，还将反向指导上游生

产制造，为消费者提供更好的服务体验。

京东物流构建供应链产业平台后真正要做的是，从采购开始，到生产、制造，整个前端的环节，通过技术的力量变成标准化的平台，而这个平台可以综合计划、运输、仓储等形成一体化的服务，达到各方共同协作。依托智能科技，通过打通供应渠道、物流平台、服务场景、消费需求等多维度的界限，深度融合，共建价值网络，嵌入生产、流通、消费的每一个环节当中，为B端、C端、G端等多用户创造随时随处随需、触手可及的价值体验升级。

5. 持续发展：即时零售三公里模式的推广

2023年10月18日，随着消费者对即时购物体验的需求日益增长，京东推出了即时零售三公里模式，专注于满足消费者的即时需求，并通过本地供应链实现快速配送。这一模式在3～5km范围内建立了高效的服务闭环，确保消费者下单后，商品能够在短时间内送达。这一创新不仅重新定义了消费者的购物体验，也促进了零售行业的数字化转型和创新模式的演变。

作为京东即时零售业务的核心平台，京东到家与超过200万家本地中小实体门店建立了合作关系，帮助这些门店完成数字化转型，扩充了商品供应结构，为消费者提供了更多个性化和便捷的选择。同时，借助京东到家平台的强大推广能力，即时零售三公里模式成功覆盖了全国95%以上的地级市和70%的县级行政区，使得越来越多的消费者能够享受到即时、便捷的零售服务。京东到家还计划进一步深化合作，扩大服务范围，以满足更多消费者的需求。

此外，该模式还致力于支持超过200万家门店的数字化转型，创造了超过1000万个灵活就业机会，这不仅缓解了就业市场的紧张状况，也为国家经济的增长注入了新动力。京东到家利用京东数坊、京准通等数字化产品，以及O2O（线上到线下）业务多年来积累的数据和能力优势，推动供应链的智能化升级，从而大幅提升即时零售的效率和客户体验。随着即时零售模式的持续发展，京东也在积极探索新的合作模式和生态系统，通过举办“双11”等大型促销活动，投资上亿元资源支持新加入的商家和中小商家，实现全面增长。京东还与商家品牌、政府机构等合作，共同推进即时零售模式的深度发展，为未来的零售市场注入新的活力。

回顾京东物流的发展历程，可以清晰地看到每一次突破与创新背后都离不开消费需求、产业变革和技术进步的深刻影响。如今，随着自动化和智能化水平的不断提高，整个物流行业正从人力密集型向技术密集型转型的方向迈进，成为当前行业最为迫切的需求。京东物流正在不断适应这一变化，从最初以“减少商品搬运次数”为核心的自营物流模式，逐步演变为通过技术创新和智慧化的物流体系，构建起一个更加高效、灵活的共生物流生态。未来，京东物流将继续利用先进的技术手段，优化供应链管理，提升服务质量，以更好地满足消费者的多样化需求，同时推动整个行业的持续进步与发展。

思考题与习题

1. 什么是系统？怎样理解物流系统？
2. 举例说明系统的整体性、目的性、相关性、动态性和环境适应性。
3. 系统的一般形态有哪些？
4. 说明系统思想在物流管理中的应用。
5. 物流有哪些基本的功能？试简述之。
6. 物流系统的“6S”目标包括哪些具体内容？
7. 如何理解物流系统的效益背反特性？

第 2 章　系统工程的基本内容与方法

本章导读：

系统工程的含义、特点、核心内容与应用，系统工程溯源；系统工程方法论的基本原则与特点，三维结构方法论；软系统方法论；物流系统管理的方法；物流系统工程的程序与系统的目标分解；物流系统工程的常用技术。

2.1　系统工程概述

系统工程（System Engineering，SE）是运用系统思想直接改造客观世界的一大类工程技术的总称。它是实现系统最优化的科学，其主要任务是根据总体协调的需要，把自然科学和社会科学中的基础思想、理论、策略和方法等方面联系起来，应用现代数学和计算机等工具，对系统的构成要素、组织结构、信息交换和自动控制等功能进行分析研究，以达到最优规划、最优设计、最优控制和最优管理的目标。不同于一般的传统工程学，系统工程所研究的对象不限于特定的工程物质对象，而是任何一种系统。它是在现代科学技术基础之上发展起来的一门跨学科的边缘学科。

2.1.1　系统工程的含义和特点

系统工程是用科学的方法去组织、管理系统的规划、研究、设计、制造、试验和使用，规划和组织人力、物力、财力，通过最优途径的选择，使系统的工作在一定期限内取得最合理、最经济、最有成效的结果。所谓科学的方法，就是从整体观念出发，通盘筹划，合理安排整体中的每一个局部和细节，以求得整体的最优规划、最优管理和最优控制，在整体目标的指导下，做到人尽其才、物尽其用，发挥整体的优势，力求避免资源的损失和浪费。

1．系统工程的含义

系统工程是关于生产、建设、交通、储运、通信、商业、科学研究及人类其他活动的规划、组织、协调和控制的科学方法。系统工程以系统为对象，从系统的整体观念出发，研究各个组成部分，分析各种因素之间的关系，运用数学方法，寻找系统的最佳方案，使系统总体效果达到最佳。

系统工程的定义有很多种。钱学森说它是一种科学方法，美国学者说它是一门科学，还有人说它是一门特殊工程学，但大多数科学家认为它是一种管理技术。它是从整体出发，合理开发、设计、实施和运用系统科学的一种工程技术。它需要根据总体协调的目的，综合应用自然科学和社会科学中的有关思想、理论和方法，以计算机作为工具，对系统的结构、要素、信息和反馈等进行分析，以达到最优规划、最优设计、最优管理和最优控制的目的。

2. 系统工程的特点

系统工程的特点主要体现在以下五个方面：① 研究对象是工程系统；② 研究目标是让系统达到最优；③ 系统工程是横跨许多技术的交叉学科，应用广泛；④ 数学要求高，离不开计算机；⑤ 人是系统的主体。

2.1.2 系统工程的核心内容

系统工程的核心内容包括系统管理理论、运筹学管理数学模型，以及科学技术方法的综合应用。

1. 系统管理理论

随着社会经济的发展和管理工作的复杂化，人们逐渐认识到，从全局着眼、统筹安排、抓主要矛盾、有动态观点等许多辩证思维的思想方法确实能帮助管理人员获得成功。系统管理理论是系统工程的第一个核心内容。

系统管理理论既把研究对象看成一个系统整体，又把研究对象的过程看成一个整体，从横向和纵向去看待和研究问题。一方面，把研究对象看成一个为完成特定目标而有机结合的整体来处理，并且把这个整体放在它所从属的更大的系统中去考察和研究；另一方面，将研究的过程也作为一个整体来对待，即以系统的规划、研究、设计、制造、试验和使用的全过程作为整体，分析这些工作环节的组成和联系，掌握各个工作环节之间的信息以及信息传递路线，分析它们的控制、联系与反馈关系，从而建立系统研究过程的模型，全面地看待和改善整个工作过程，以实现整体的最优化。

系统管理理论的主要观点如下。

（1）组织是由许多子系统组成的。作为一个开放的社会技术系统，组织通常是由五个不同的子系统构成的整体，这五个子系统包括：① 目标与价值子系统；② 技术子系统；③ 社会心理子系统；④ 组织结构子系统；⑤ 管理子系统。五个子系统之间既相互独立，又相互作用构成一个有机的整体。这些系统还可以继续分为更小的子系统。

（2）企业是由人、物资、机器和其他资源在一定的目标下组成的系统，它的成长和发展同时受到这些组成要素的影响，在这些要素的相互关系中，人是主体，其他要素属于被动要素。管理人员须力求保持各部分之间的动态平衡、相对稳定及一定的连续性，以便适应情况的变化，达到预期目标。同时，企业还是社会这个大系统中的一个子系统，企业预期目标的实现不仅取决于企业的内部条件，还取决于企业的外部条件，如资源、市场、社会技术水平、法律制度等，只有在与外部条件的相互影响中才能达到动态平衡。

（3）如果运用系统观点来考察管理的基本职能，可把企业看成一个投入—产出系统，投入的是物资、劳动力和各种信息，产出的是各种产品（或服务）。运用系统观点去分析问题，管理人员既不会只重视某些与自己有关的特殊职能而忽视大目标，也不会忽视自己在组织中的地位与作用，这样就可以提高组织的整体效率。系统管理理论提出了有关整体和个体组织结构及其运营的观念体系：① 组织是人们建立起来相互联系并共同运营的要素（子系统）所构成的系统；② 任何子系统的变化均会影响其他系统的变化；③ 系统具有半开特性——既有自己的特性，又有与外界沟通的特性。

系统管理理论的架构如图2-1所示。

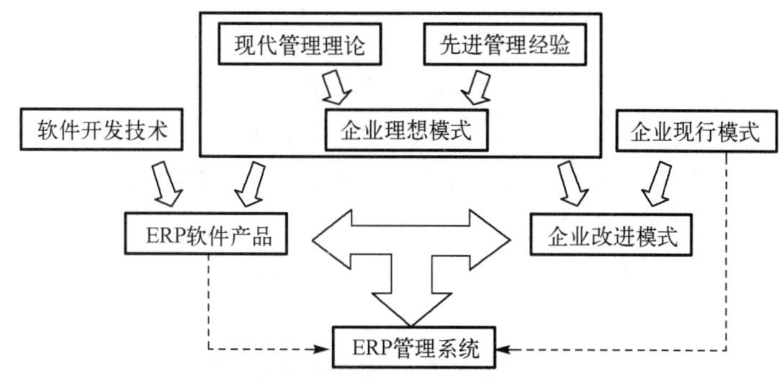

图 2-1　系统管理理论的架构

2．运筹学管理数学模型

不少学者把数量化看作系统工程的特点，即运用数学模型来加强管理工作的定量分析。在管理科学中运用数学方法由来已久，但问题不仅在于是否采用数学方法，而且在于采用什么样的数学方法。系统工程中运用的数学方法比以前的管理数学方法更加深化，它以运筹学作为主要的分析手段，建立了运筹学管理数学模型。

运筹学是一门对经济管理系统进行定量分析与决策的应用学科，运用分析、实验、量化的方法，实现人力、物力、财力等资源的统筹安排，为决策者选择最优决策提供定量依据。运筹学强调最优性，具体包含两个方面的含义：一是时间上寻求全过程最优；二是空间上寻求整体最优。通过数学的分析与运算，做出综合的合理安排，经济、有效地实现资源配置。

3．科学技术方法的综合应用

系统工程强调综合应用各个学科和各个技术领域内的成就与方法，使得各种方法相互配合，达到系统的整体最优。由于系统工程的研究对象在规模、结构、层次、相互关联等方面高度复杂，单一的方法很难解决问题，需要强调多学科的交叉融合。科学技术方法的综合应用日益广泛，其重要性也日渐突出。系统工程对各种方法的综合应用，并不是将各种方法进行简单的堆砌叠加，而是从系统的总体目标出发，强调各种相关方法的协调配合，互相融合，综合应用。

2.1.3　系统工程溯源

自 19 世纪下半叶起，生产规模日渐扩大，电力代替了蒸汽动力，石油得到了开发，丰富的物质生产需要寻求更大的市场，交通与通信规模也随之扩大，电气化与化学工业使生产技术设备与组织日趋复杂，生产与经营的自然和谐不复存在，人们开始考虑生产系统中的协调与综合，科学也开始关注关于系统的技术。

接下来的时间里，科学家们不断地研究并提出新的理论、思想和方法，人们努力揭示系统的一般运行规律和创造组织管理系统的技术。

“二战”期间，英国成立了一个跨学科的 O.R.（Operational Research）小组，并在实际中发挥了重要的作用，作战能力获得数倍、数十倍的提高，显示了运用科学分析技术成功解决系统问题的威力。O.R.小组的工作经验主要是，对待数据与事实的态度必须准确与可靠；在方法论上，要重视理论分析，不能满足于定性的描述，必须强调定量化。而要定量化，就必须构造模型，因为没有模型，就不能数量化，更无法推理分析。一种新的研究、分析系统问题的技术就此诞生。

战争结束后，经济与社会发展得以恢复，生产规模进一步扩大，这就又导致了一系列新的问题，如城市交通、环境保护、工作效率、管理水平等，这些难题需要通过科学的系统方法去解决。系统方法在环境污染治理、生产技术选择、水力资源综合利用、大规模武器系统开发等方面开始普遍应用并取得成功。

系统工程以复杂的大系统为研究对象，从20世纪40年代问世起，就在各种大型工程项目中得到广泛的应用。

中国的南水北调工程是缓解北方地区水资源短缺的战略性工程，工程规划东、中、西干线，通过三条调水线路与长江、黄河、淮河和海河四大江河的联系，构成以“四横三纵”为主体的总体布局，以利于实现中国水资源南北调配、东西互济的合理配置格局。东线一期工程从长江干流三江营取水，利用京杭大运河及与其平行的河道逐级提水北送，调水到山东半岛和鲁北地区，补充山东、江苏等输水沿线地区的城市生活、工业和环境用水，兼顾农业、航运和其他用水。调水主干线全长1467km，抽水扬程65m，受水区干线分水口门净增供水量36.01亿m^3，其中江苏省19.25亿m^3、山东省13.53亿m^3、安徽省3.23亿m^3。中线一期工程从加坝扩容后的丹江口水库陶岔渠首闸引水，沿线开挖渠道，经唐白河流域西部过长江流域与淮河流域的分水岭方城垭口，沿黄淮海平原西部边缘，在郑州以西李村附近穿过黄河，沿京广铁路西侧北上，可基本自流到北京、天津。中线一期工程输水干线全长1432km（其中天津输水干线156km），多年平均年调水量95亿m^3，向华北平原的北京、天津、河北、河南4个省（直辖市）、19个大中城市及100多个县（县级市）提供生活、工业用水，兼顾农业用水。

如此浩繁的一项工程，涉及地域之广，参与人数之多，项目成效之显著，不能不说是系统工程的胜利。

总体上讲，在20世纪中，40年代是现代系统工程的起点；50年代系统工程方法全面形成；60年代系统工程方法取得突破；70年代系统工程应用范围不断扩大，系统工程方法可处理更加复杂的系统问题。系统工程由工程系统工程发展到复杂系统工程，特别是复杂巨系统工程，例如社会经济系统工程。

20世纪70年代中后期发展起来的软系统思想是系统工程从面向工程系统到面向无结构问题转变的典型标志。之后，人们又创造出一些面向更复杂系统的方法，如综合集成法。

2.1.4　系统工程的应用

中国古代的都江堰水利工程被看作系统工程应用的成功范例。

【例2-1】都江堰水利工程

秦昭王后期李冰任蜀郡守期间（约公元前276—前251年），在深入调查研究、总结前人治水经验的基础上，精心选择成都平原顶点的岷江上游干流出山口处作为工程地点，团结和组织西蜀各族人民历经艰辛，终于在公元前256年前后建成都江堰。

都江堰水利工程由鱼嘴分水堤、飞沙堰溢洪道、宝瓶口引水口3大主体工程和百丈堤、人字堤等120个附属工程构成，科学地解决了江水自动分流、自动排沙、控制进水流量等问题，消除了水患，使川西平原成为“水旱从人”的“天府之国”，两千多年来一直发挥着防洪灌溉作用。历经两千多年的都江堰水利工程，地理位置优越，总体设计合理，工程布置符合自然规律，分水堤、溢洪道、宝瓶口 3 大主体工程相互制约、相辅相成，联合发挥了引水、分洪、排石输沙的重要作用。都江堰至今仍然发挥着巨大的作用，灌溉面积达到 66.87 万 hm^2。在经受了 2008 年 5 月 12 日发生的 8 级地震之后，都江堰仍然发挥着防洪灌溉的作用。它是我国古代水利建设的一大杰出成就。

我国近代的系统工程研究可追溯到 20 世纪 50 年代。1956 年，中国科学院在钱学森、许国志教授的领导下，建立了第一个运筹学小组。20 世纪 60 年代，著名数学家华罗庚大力推广了统筹法和优选法。与此同时，在著名科学家钱学森的领导下，卫星运载火箭和导弹等现代化武器的总体设计部组织取得了显著成效。1977 年以来，系统工程的推广和应用出现了新局面，1980 年成立了中国系统工程学会，与国际系统工程界进行了广泛的学术交流。近年来，系统工程在各个领域都取得了许多成果。

20 世纪 60 年代，我国在进行导弹研制的过程中也开始应用系统工程技术。到了 70、80 年代，系统工程技术开始渗透到社会、经济、自然等各个领域，逐步分解为工程系统工程、企业系统工程、经济系统工程、区域规划系统工程、环境生态系统工程、能源系统工程、水资源系统工程、农业系统工程、人口系统工程等，成为研究复杂系统的一种行之有效的技术手段。

系统工程的应用十分广泛，在以下列举的十二个方面中，系统工程都得到了有效的应用。

（1）工程系统：研究大型工程项目的规划、设计、制造和运行。

（2）社会系统：研究整个国家和社会系统的运行、管理问题。

（3）经济系统：研究宏观经济发展战略、经济目标体系、宏观经济政策，进行投入产出分析，等等。

（4）农业系统：研究农业发展战略、农业结构、农业综合规划等。

（5）企业系统：研究工业结构、市场预测、新产品开发、生产管理系统、全面质量管理系统等。

（6）科学技术管理系统：研究科学技术发展战略、预测、规划和评价等。

（7）军事系统：研究国防总体战略、作战模拟、情报通信指挥系统、参谋指挥系统和后勤保障系统等。

（8）环境生态系统：研究环境系统和生态系统的规划、建设、治理等。

（9）人才开发系统：研究人才需求预测、人才结构分布、教育规划、智力投资等。

（10）运输系统：研究铁路、公路、航运、空运等的运输规划、调度系统、运输效益分析、城市交通网络优化模型等。

（11）能源系统：研究能源合理利用结构、能源需求预测、能源发展战略等。

（12）区域规划系统：研究区域人口、经济协调发展规划、区域资源最优利用、区域经济结构等。

2.2　系统工程方法论

系统工程方法论

方法和方法论在认识上是两个不同的范畴。前者是用于完成一个既定任务的具体技术与操作；而后者是进行研究和探索的一般途径，实现对于方法使用的指导。系统工程方法论是研究和探索（复杂）系统问题的一般规律与途径。

方法论（Methodology），就是人们认识世界、改造世界的一般方法，是人们用来观察事物和处理问题的方式、方法。系统工程方法论是运用系统工程研究问题的一套程序化方法，也就是为了达到系统的预期目标，运用系统工程思想及其技术解决问题的工作步骤。

系统工程方法论可以是哲学层次上的思维方式、思维规律，也可以是操作层次上开展系统工程项目的一般过程或程序，它反映了系统工程研究问题和解决问题的一般规律或模式。

系统工程方法论的特点是从系统的观点出发，将系统工程所要解决的问题放在系统形式中加以考察，始终围绕着系统的预期目标，从整体与部分、部分与部分，以及整体与外部环境的相互联系、相互作用、相互矛盾、相互制约的关系中综合考察对象，以达到最优的处理效果。它是一种立足整体、统筹全局的科学方法体系。

2.2.1 系统工程方法论的基本原则

近年来，人们对系统工程的基本工作思路进行了深入的研究和探讨，以系统理论的原则作为依据，将系统科学原理归纳为：整体性原理、相关性原理、有序性原理、目的性原理、动态性原理、分解综合原理和创造思维原理。由此得出系统工程方法论的六个基本原则，具体如下。

（1）系统整体性原则。世界上的一切事物、现象和过程，几乎都是自成系统而又相互关联的。要素和系统不可分割。客观世界的整体性正是系统工程方法论整体性原则的来源和依据。系统工程方法论要求把研究对象（任务、项目）都看成由不同部分构成的有机整体，将全局观点、整体观点贯彻于整个项目（任务）的各个方面、各个部分和各个阶段，从整体角度实现局部的协调。系统整体性原则需要满足下列四条要求：① 不能轻易地从系统的局部得出有关系统整体的结论；② 分系统的目标必须服从系统整体的目标；③ 要以系统优化作为出发点来开展各分系统的活动；④ 应当从总体协调的需要来确定最佳方案。

（2）系统有序相关性原则。系统都是有序的，系统的有序性表现在两个方面：一是系统结构的有序性；二是系统发展的有序性。它是系统有机联系的反映，系统的任何联系都是按一定等级和层次进行的。由要素或子系统组成的系统，因内部组织管理方式，即结构方式、有序程度的不同，其整体功能表现出极大的差异性。各要素或子系统之间的相互关系越走向有序，系统的整体功能就越强，因此，为获得预期的整体功能，从方法论上讲，应将注意力集中于系统内部要素之间，集中于各分系统（子系统）之间的相互关联上，抓好系统内部的组织管理工作。

（3）系统目标优化原则。目标优化是指人们为达到系统的目标而致力于寻求费力最小、路径最短、时间最快，即投入最小、产出最大、耗费最小、效益最大的思维原则和方法。最优化的观念贯穿于系统工程的始终，它是系统工程的指导思想和追求目标。对于每个具体的系统工程项目来讲，在开发、设计、制作和运用等各个阶段所进行的管理控制和决策，都有最优化的目标和要求。在系统工程中普遍运用最优化原则，就能使系统取得满意的效果和最佳效益。

（4）系统动态开放性原则。系统工程往往是大型复杂的实践过程，研究对象内部复杂的相互作用和外部环境的多变性，使系统工程本身呈现出动态特性。系统与环境不断地进行着物质、能量和信息的交换。因此，应把实施对象看成一个动态过程，分析系统内外的各种变化，掌握变化的性质、方向和趋势，采取相应的措施，改进工作方法，调整规划和计划，在动态变化中求得系统的整体优化。

（5）系统分解综合原则。分解是将具有比较密切关系的要素进行分组。对系统来说，就是归纳出相对独立、层次不同的子系统。综合是完成新系统的筹建过程，即选择具有性能好、适用性强的子系统，设计出它们的相互关系，形成具有更广泛价值的系统，以达到预期目标。

系统的分解与综合是系统工程方法论的重要原则。要筹建一个新系统，必须分析现有的系统，现有系统又是经过前人分解后的系统综合，这反映了“从整体到部分，再从部分到整体”的辩证哲理。可以说，无论多复杂的系统，只要分解为几个适当的子系统，就能运用人们以往的经验和知识去处理。如果能将这些子系统的特征和性能标准化，编成程序，就能利用计算机进行计算，对新系统的筹建极为有利。

分解的方法是多种多样的，一般可按结构要素、功能要素、时间序列、空间状态等方法进行。分解的原则既要满足系统的筹建要求，又要便于论证、实施和管理。

（6）系统创造思维原则。系统创造思维是根据综摄法（Synectics Method，SM）（又称为类比思考法、类比创新法、提喻法、戈登（Gordon）法）提出的。它是指以外部事物或已有的发明成果为媒介，并将它们分成若干要素，对其中的元素进行讨论研究，综合利用激发出来的灵感，来发明新事物或解决问题的方法。

综摄法的思考原则有两条：异质同化与同质异化。异质同化是指把陌生的事物看成熟悉的东西，用已有的知识、经验加以分析、辨识和解决。同质异化则是指把熟悉的事物看成陌生的东西，从新的角度，用新的方法、新的原则进行观察和研究，这样可以摆脱思维定式的桎梏，产生新的构想，创造新的理论、新的技术。创造性思维活动极为复杂，常常是多种形式互相重叠交错在一起的。

掌握这条原则，不但可以克服思维过程中的障碍，还可以通过训练提高创造能力，增强系统分析人员的素质。

2.2.2　系统工程方法论的特点

系统工程方法论的特点可以归纳为：研究方法强调整体性，技术应用强调综合性，管理决策强调科学性。具体体现在以下四个方面。

（1）系统工程方法论主张以系统的观点去看待整个世界，而不是片面、孤立地去看问题。

（2）系统工程方法论倡导以思辨原则代替实验原则，而不是机械地去看问题。

（3）系统工程方法论重视对事物进行逐层剖析，而不是将整体看作部分的简单相加。

（4）系统工程方法论提倡以目的论代替因果论，强调在明确的总目标下进行系统的规划和运行。

2.2.3　三维结构方法论

系统工程的研究对象千差万别，很难找到对所有对象都适合的标准程序，但是系统工程的实践证明，在从规划制订到目标实现的全过程中，总能找到一种适应面较宽、能供不同系统参考的基本模型。系统工程三维结构方法论就是一种认可度较高的方法模型。它为解决规模较大、结构复杂、涉及因素众多的大系统问题提供了一种思想方法。

1. 霍尔三维结构

霍尔三维结构（见图 2-2）是美国通信工程师和系统工程专家 A. D. 霍尔于 1969 年提出的。它以时间维、逻辑维、知识维组成的立体空间结构来概括地表示出系统工程的各阶段、各步骤以及所涉及的知识范围。它将系统工程活动分为前后紧密相连的七个阶段和七个步骤，并同时考虑为完成各阶段、各步骤所需的各种专业知识，为解决复杂的系统问题提供了一种统一的思想方法。

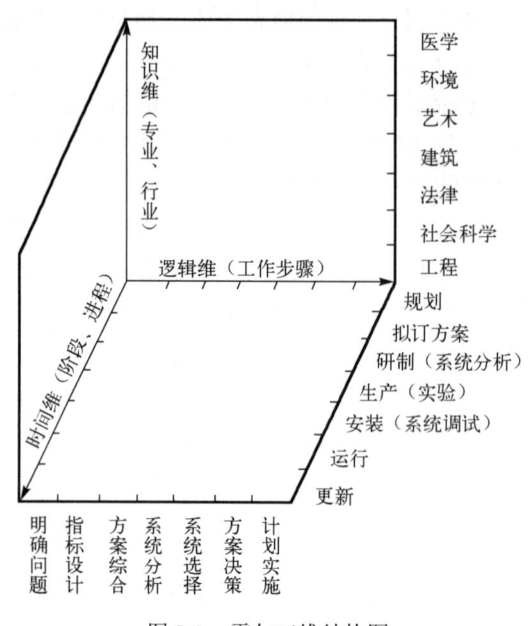

图 2-2　霍尔三维结构图

1）逻辑维

逻辑维指的是解决问题的逻辑过程。在运用系统工程方法解决工程项目时，一般分为七个步骤：① 明确问题，通过系统调查，尽量全面地搜集有关资料和数据，把问题讲清楚；② 指标设计，选择具体的评价系统功能的指标，以利于衡量所供选择的系统方案；③ 方案综合，主要是按照问题的性质和总体功能要求，形成一组可供选择的系统方案，方案中要明确待选系统的结构和相应参数；④ 系统分析，分析系统方案的性能、特点、对预定任务能实现的程度，以及在评价目标体系上的优劣次序；⑤ 系统选择，在一定的约束条件下，从各个入选方案中选择最佳方案；⑥ 方案决策，在分析、评价和优化的基础上做出裁决并选定行动方案；⑦ 计划实施，根据最后选定的方案，将系统付诸实施。

以上七个步骤只是一个大致过程，其先后并无严格要求，而且往往要反复多次才能得到满意的结果。

2）时间维

时间维所解释的是工作进程。对于一个具体的工作项目，从制订规划到更新，全部过程可分为七个阶段：① 规划阶段，即调研、程序设计阶段，目的在于谋求活动的规划与战略；② 拟订方案阶段，提出具体的计划方案；③ 研制阶段，做出研制方案及生产计划，也是系统的分析阶段；④ 生产阶段，生产出系统的零部件及整个系统，并提出安装计划，也叫作系统的实验阶段；⑤ 安装阶段，即系统的调试阶段，将系统安装完毕，并进行相应调试；⑥ 运行阶段，系统按照预期的目的开始运行；⑦ 更新阶段，根据系统的运行效果，提出新的改进意见，以新系统来代替旧系统，或改进原有系统，使之更加有效地工作。

3）知识维

知识维所表达的是系统研究中需要用到的各种专业学科知识。系统工程除了要求为完成上述各步骤、各阶段所需要的某些共性知识，还需要其他学科的知识和各种专业技术，霍尔把这些知识分为工程、医学、建筑、环境、法律、社会科学和艺术等。各类系统工程，如军事系统工程、经济系统工程、信息系统工程等，都需要使用相应的专业基础知识。

下面将逻辑维的七个步骤逐项展开讨论，可以看出，这些内容几乎覆盖了系统工程理论方法的各个方面。

2．逻辑维的步骤分析

（1）明确问题。通过系统调查，尽量全面地收集和提供有关要解决的问题的历史、现状及发展趋势的资料和数据，主要是研究系统环境对系统的要求。

用任何方法解决问题，都要先把问题恰当地表述出来，以提供一个启动该方法的初始条件。如医生治病分成诊断和治疗两个阶段，要利用病人的一系列状态所反映的信息来确定是什么病，确诊也就是明确问题。逻辑维中的第一步——明确问题，意味着行动方向的初步轮廓已形成，或建立目标的依据已充分。

明确问题不只是需要清楚地说明问题，更要进一步探明行动方向。例如，一家亏损企业，可能有很多背景资料说明亏损是一个真实存在的问题。这只完成了说明问题，尚未到达明确问题，因为还没有掌握行动指向的信息。若进一步的研究与调查表明亏损的根源是生产成本造成的，则可认为问题初步明确了，降低生产成本就是一个行动方向。

【例 2-2】737 MAX 8 的问题及空难事故原因分析

2017 年 5 月首次交付的波音“737 MAX”系列是波音寄予厚望的最新款小型机，座位数为 200 个左右，适应小规模飞行的需求，销售势头旺盛，是波音公司希望可以再飞几十年的“新一代”的现代化客机。2018 年 10 月和 2019 年 3 月，相隔不到 6 个月的时间里，波音 737 MAX 先后发生了两起致命空难（狮航 610 航班和埃塞俄比亚航空 302 航班），造成 346 人死亡，全球停飞。波音公司支付了包括给空难受害者家属和航空公司的赔偿、飞机修复和重新认证等累计数百亿美元。品牌声誉也严重受损。事故调查结果表明，空难原因都与“机动特性增强系统”（Maneuvering Characteristics Augmentation System，MCAS）有关。该系统是一种应用于波音 737 MAX 飞机的自动安全软件，又称为自动防失速系统，其目的是为了帮助驾驶舱机组人员避免错误地将飞机机头抬高到危险高度。但有时会因机头降低幅度过大，机组人员无法重新将机头抬高，从而导致飞机俯冲或坠机。系统设计的缺陷、对细节的忽视、风险评估不足、监管和沟通不力，都是导致事故的原因。因为没有明确这些问题及其可能产生的影响，系统的设计和运行就无法取得预期的效果。

明确问题，不仅需要明确问题的内容与价值，还需要明确解决这一问题所受到的主客观条件的限制，明确设计可能受到的限制和所应达到的标准。

在明确问题的过程中，调查、经验、感觉都是十分重要的。创造学方法、统计学方法都可在这一步骤中起作用，但必须强调，明确问题不是一个纯粹的技术问题。

在新产品开发活动中，这一步骤也称为概念探索。例如，在调查中发现，许多妇女提出了“电熨斗的电线很碍事”的想法，由此导出开发人员的概念：一种不拖电线的电熨斗，这便是行动的指向。概念对行动的指向是直接的。一般地说，问题明确时往往会有较强烈的行动欲望，但反之不成立。

明确问题这一步骤是决策者与分析者之间的接口。在此步骤中，决策者处于主导的位置，分析者可以帮助决策者按其价值观找到更有效率与价值的“问题定义”。

明确问题也叫作定义问题、界定问题。这一步骤如果出错，可能产生严重的后果，如同医生误将胃病诊断成肝病，后续治疗必定走入歧途，带来严重后果。

（2）指标设计。指标设计就是确定具体的目标。在问题明确以后，应该选择评价系统功能的具体指标，以利于衡量所有备选的系统方案是否能达到预定的目标。

目标对于行动具有导向意义，不同的目标可能导致不同的行为。

【例2-3】商船与高射炮

“二战”时，英国的战争物资要靠商船运输，而商船很容易被敌机炸沉。要保证商船运输的安全，躲开或反击敌机的轰炸，可以考虑两种方案：一是在商船上装高射炮；二是在沿河两岸设置高射炮。第一个方案中，船舶在航行过程中的颠簸可能导致击中敌机的概率不太高；第二个方案击中敌机的准确率显然会高出很多。但是，高射炮作为一种紧缺资源，想要沿岸密集设置，实现起来难度是很大的。

问题回到了系统目标的设计上。“击落敌机”和“提高商船的安全性”，哪一个目标更重要呢？在商船上装高射炮要准确地“击落敌机”，显然是无法取得好的效果的。但如果按“提高商船的安全性”这一目标来衡量，就会得到不一样的结论。统计发现，装有高射炮的商船的被击沉率由25%降为10%。出于对商船及战争物资安全性的考虑，最终选择了“在商船上装高射炮”这一方案。

这一例子充分说明了目标的重要性。

目标大体明确之后，需要建立具体的度量标准，即评价体系。评价体系是总体目标的分解，将一个大的目的（总体目标）分解成为一个个可以衡量的标准，这就是指标的设计。例2-3中将“提高商船的安全性”作为目标，而具体的衡量指标是“商船的被击沉率”，以此实现了目标具体化的数量化。

下面以两个简单的例子来说明上述两个步骤。

【例2-4】手表和手机的功能及其演变

计时是手表最基本的功能。20世纪中叶，日本企业曾对女性展开了调查，了解她们对于手表的要求或期待。结果表明：女性对于手表的要求除了计时准确，往往还很注重装饰效果。于是，企业着手进行了体现装饰效果的女性手表的开发。这就是当时那个时期的“明确问题”。在基本概念形成之后，便可进入指标设计阶段，考虑价格、款式、耐用性等因素。以“走时准确”作为目标，对于现今的手表生产企业而言，更是远远不够了。男性佩戴手表时，还会考虑品牌、款式、定价等因素。目标的具体化就是一个多因素综合考虑的过程。

为通信领域技术革命的主要主角之一，手机从最初作为一种不起眼的通话工具，到现在作为一种多功能、无处不在的工具，其发展历程更是令人印象深刻。1983年摩托罗拉推出了第一款商用移动电话DynaTAC，标志着移动通信新时代的开始。GSM（全球移动通信系统）技术和数字移动电话的发展彻底改变了我们的沟通方式。这些智能设备开创了通信的新时代，将网页浏览、发送电子邮件和播放多媒体文件等功能集成在一个紧凑的便携式设备中。随着iPhone革命、iOS和Android操作系统的普及，平台的不断创新和进化，相机、GPS和移动应用程序也都纳入了手机的新功能。系统目标和指标的演变与进步更加快速。

【例 2-5】“两乐”之争中的目标定位

在可口可乐与百事可乐的竞争中，直到 20 世纪 70 年代，分别为行业老大与老二的这两家品牌，差距还是很大的。百事可乐营销副总经理改变了竞争的格局，这一变化就是从“明确问题”开始的。

百事可乐的高层领导深信，可口可乐突出的漏斗形瓶子是这一品牌最重要的竞争优势，它使可乐瓶易于堆放，握起来手感舒服，这一优势几乎成了可口可乐公司的标志，模仿和超越似乎都是徒劳的。

百事可乐需要找到新的定位。他们设计了实验，希望通过实验来了解顾客对于产品及其包装的态度。公司允许 350 个家庭以折扣优惠价每周订购任何所需数量的可乐。在实验中百事可乐惊喜地发现：不管顾客订购了多少数量的百事可乐，总有办法把它们喝光。换言之，人们买多少，就喝多少。从这个实验中，百事可乐看到了希望。

百事公司推行了新的战略，共包括两个阶段。第一阶段从 1950 年到 1955 年，采取了下列措施：① 改进百事可乐的口味；② 重新设计瓶子和商标；③ 开展广告攻势；④ 占领外卖市场；⑤ 挑选 25 个城市作为推销重点，提高市场占有率。第二阶段包括攻击迅速发展的售货机和冷冻饮料细分市场，引进新规格的瓶装饮料。百事可乐公司对那些愿意购买并且安装百事可乐自动售货机的销售商给以资金援助。不到 10 年，百事可乐的销售额增长了 4 倍。

如果当初仅仅关注于瓶子本身的造型设计，只考虑容量及携带方便这两个目标，是很难取得最终成功的。百事可乐通过实验给出了目标的定位依据，成为竞争制胜的关键。

（3）方案综合。方案综合指的是按照问题的性质及总的目标要求，形成一组可供选择的系统方案，方案中要明确所选系统的结构和相应参数（优缺点、成本等）。在系统方案综合时最重要的问题是自由地提出设想，而不应以任何理由加以限制。

系统综合是根据目标拟订方案，一般是给出多个方案以备选择。如果情况特殊，只有唯一的方案，对管理者来说反而是需要慎重对待的，因为有时“如果感到只有一条路可走，那很可能这条路是不该走的”。如何提出实现目标的各种方案是值得重点关注的问题。

系统工程中的提出方案与实验室里的创造发明是有区别的，前者更强调创造性，强调把已有的发明应用于实践。虽然提出方案的过程不像解方程那样有着清楚的规律与套路，但有以下几类方法是很有用的。

第一类方法是把其他事物中的原理借鉴过来，在类比中引申。创造学认为，新设想几乎无一例外的是通过组合或不断改良，从其他旧思想中脱颖而出的。

第二类方法是把一个整体功能分解成若干分功能，分功能再分为子功能，继续细分，直到列出一系列的末位功能，如此形成如图 2-3 左边所示的功能树。图 2-3 的右边是将一个产品，如一部机器，分解成若干部件，一个部件又可分为若干组件，组件再细分为一个个零件，这就是所谓的结构树。从总功能逐级分解直到末位功能的明确，如同机器逐级分解成为一个个零件，这是分解的过程。与之相反的是组装的过程。可以看出，不同的分解、不同的组装可能形成不同的方案。这就是为什么将提出方案称作系统综合。

第三类方法是对一个简单的方案进行改造。在某些方案思路的启发下往往会激发出另一些新的方案构思，因此可对方案的特征进行概括，抽象出一些基本原理，然后形成更好的方案；也可根据一个方案的原理引发联想，找到另一些可以借鉴的原理并提出方案，如此一步步地前进。这种方法也常称为爬山法。

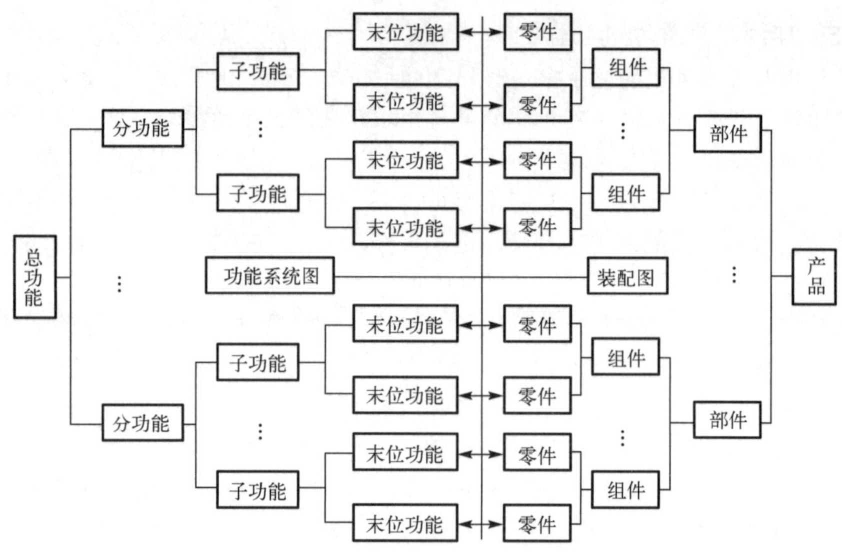

图 2-3 功能树和结构树

提出方案往往不是一个人的事，通常是在一个小组或组织的讨论中完成的。因此提出方案的有关人员之间要互相启发，以形成一种便于发挥创造性思维的宽松环境。头脑风暴法就是一种组织讨论的有效方法（见 3.3.1 节）。

（4）系统分析。对可能入选的所有方案，通过比较进行精简，并对精简后的方案进一步说明其性能和特点，以及与整个系统的关系。为了对众多的备选方案进行分析比较，常需要形成一组定量模型，并把这些方案与系统的评价目标联系起来。系统工程中大量使用数学模型，这是它有别于一般的组织管理方法之处。

系统分析是对已提出方案的特征进行研究，对方案被采用时可能会出现的情况进行分析、预测。

系统分析的主要内容大致可分为以下两个方面。

① 允许性分析。考察方案所利用的资源是否在允许的范围内，一般考虑人力、物力、财力、技术、经济、社会等方面是否具备允许该方案存在的条件。

② 可行性分析。分析方案所代表的系统在环境中的运行效果。主要考虑以下几个方面。

- 负作用分析。创建一个系统，除要达到所需的功能外，必然存在着剩余功能，而剩余功能可能会导致严重后果。如农药可以杀虫，却也可能使害虫增强对农药的抵抗力，还可能污染环境。
- 潜在问题分析。分析实施过程中可能出现的影响方案执行或方案预期效果的因素。
- 敏感性分析。分析一些不可控因素的微小变化被放大的效应。
- 费用效果分析。通过某种计量方式比较达到的效果与所付出的耗费，用以分析判断所付出的代价是否值得。

【例 2-6】 厂区喷泉口堵塞

一家企业计划在厂区大院中建一喷泉。恰巧此时，一车间提出了水冷却的问题。两件事结合在一起形成了一个一举两得的方案：把车间需要冷却的水引过来作为喷泉的水源，然后引回车间，作为冷却水。在喷泉建成之后，发现一个新问题：不长时间后喷泉口被堵塞。分析得知，原因在于喷泉口长了很多水藻。进一步检测后发现是由于冷却水中含有少量的氨，它为水藻的生长提供了一个“良好环境”。这就是方案中潜在的问题。

潜在问题分析之所以必要，是因为很难在项目开始之前一眼看清所有可能的结果。

敏感性分析是基于这样的认识：任何一个系统总会存在对某些输入或外部环境变化反应敏感的因素。例如，一座大桥，对某些振动频率就可能产生共振，这就是该大桥的敏感因素；武侠小说中描述练硬气功的人总有一个“练门”，这个“练门”与常人一样不能抗击打，“练门”就是一个敏感点。

系统分析是分析方案的品质和效果，重要的是在分析中提出改善与改造方案的建议，甚至引出新方案的设想。

系统分析是对方案采用后产生的实际效果进行分析，在系统分析时方案尚未实施，系统尚未建成。这就要求分析人员具有把握事物本质的能力，采用模型化方法进行系统分析是很有效的，可以把模型的有关结论解释为方案的特征。

（5）系统选择（优化）。系统选择是在给定的约束条件下，从多个备选方案中选出最优的方案。当评价目标相对单一，且备选方案数量不多时，从中确定最优方案不是一件难事。而当备选方案数很多，评价目标也有多个，且彼此之间还有冲突时，要选出一个对所有指标都为最优的方案是很困难的，使用多目标最优化方法选出最优方案有时甚至是不可能的。这时，必须在各个指标间进行协调，反复进行“明确问题”“指标设计”“方案综合”“系统分析”的步骤，使所选方案尽可能均衡地满足系统指标。

系统评价是方案选优与决策的基础。在大多数情况下，多个备选方案都各有利弊，需要依据一定的准则进行比选与评价。一般可以从单项评价入手，再到综合评价，从而得到方案的优先顺序。

（6）方案决策。在系统评价之后，由决策者根据更全面的要求，最后选定一个或少数几个方案予以试行。

确定方案的主体是决策者，分析者的分析结果仅作为决策时的参考，决策者在决策时会有自己的偏好。因此，最优方案不仅是经济上的“最优”，更是综合意义上的“最优”。

（7）计划实施。将最后选定的方案予以实施。如果实施过程比较顺利，或者遇到的困难不大，对方案略加修改和完善便可确定下来。如果问题较多，则须不断修改、完善前述六个步骤，以保证顺利进入系统工程活动的下一阶段。

把逻辑维中的七个步骤和时间维中的七个工作阶段做成一个表格，就形成了如表 2-1 所示的系统工程活动矩阵（亦称霍尔活动矩阵）。矩阵中的 a_{ij} 表示系统工程的一组活动。例如，a_{11} 表示在规划阶段中对“明确问题”步骤进行的活动；a_{44} 表示在生产阶段中对“系统分析”步骤进行的活动；a_{72} 表示在更新阶段中对“指标设计”步骤进行的活动。矩阵中各项活动是相互影响、紧密关联的。要从整体上达到最优效果，必须使各阶段、各步骤的活动反复进行，不断改进和完善。反复性是霍尔活动矩阵的一个重要特点。

表 2-1　系统工程活动矩阵

时间维	逻辑维						
	1 明确问题	2 指标设计	3 方案综合	4 系统分析	5 系统选择	6 方案决策	7 计划实施
1 规划阶段	a_{11}						
2 拟订方案阶段							
3 研制阶段							
4 生产阶段				a_{44}			

续表

时间维	逻辑维						
	1 明确问题	2 指标设计	3 方案综合	4 系统分析	5 系统选择	6 方案决策	7 计划实施
5 安装阶段							
6 运行阶段							
7 更新阶段		a_{72}					

使用霍尔三维结构方法论时，各阶段、各步骤的反馈很重要，即某段工作结束后再回到已走过的某一点是完全可能的，但按系统工程方法展开比按经验展开所走的弯路会更少。

【例 2-7】 丁谓修复皇宫

宫殿大火后，北宋大臣丁谓受命负责修复皇宫。丁谓构思了一整套施工方案：首先是挖沟，把施工工地与一条自然河道联通，形成一条暂时的人工运河；挖出的泥土烧制成砖，用作工程所需的建材；通过人工运河运输所需的所有建材；宫殿修好后，用工程的建筑废料将人工运河填平。

丁谓修复皇宫的故事可以看成系统工程的一个应用实例。在这个例子中，工程中的几个要素被巧妙地联系起来，用系统的观点来解释，几个要素的巧妙结合使各个子系统的剩余功能得到了充分利用。开挖人工运河可以完成运输的工作，但从运输、烧砖、废料处理的联系中还能得到运输功能之外的“意外”收获。

当今的生态农业中，这类思想用得较多。例如，水稻种植产生的稻秆用于饲养奶牛、肉牛；牛粪用来制沼气；沼气渣用来养鱼；鱼塘的塘泥再用作植物肥料。又如，种植业生产的大豆制作成豆制品；沼气用于制作豆制品的燃料；豆渣用于养猪、养牛等；牛粪、猪粪再用于制沼气；沼气渣又用于肥田。

【例 2-8】 普拉德霍湾油田的原油输送

普拉德霍湾油田位于阿拉斯加北坡，于 1968 年被发现，是美国最大的油田。

问题背景：油田每天有 200 万 t 原油要运回美国本土，油田处于北极圈内，海湾长年处于冰冻状态，最低气温达−50℃。

最初产生的两个方案：Ⅰ．由海路用油轮运输；Ⅱ．用带加温系统的油管输送。

方案Ⅰ的优点是运价比较低。但油轮需要在破冰船的引航下航行，既增加了费用，可靠性与安全性的问题也很突出（万一破冰船出现故障，整个船队将面临困境）；且在起点与终点都要建造大型油库，据估算，油库规模需要达到油田日产量的 10 倍。

方案Ⅱ的优点在于管道输油在技术上已经成熟。然而由于特殊的气候环境，加温系统的管理及加温能源的输送又有一些棘手问题；另外，带加温系统的管道不能直接铺设在冻土中，因为冻土层受热溶化无法固定管道，估计有一半管道需用底架支撑，如此架设管道的成本是铺设地下管道的三倍。

决策人员面对这种情况做出了决定：初步选择方案Ⅱ作为参考方案进行进一步细致研究，并拨经费继续研究新的方案（实际上体现了决策人员在寻找新方案中的导向作用）。

方案Ⅲ的出台：其原理是把一定量的海水加入原油中，使低温下原油与海水的混合物呈乳状液态，能在管道内畅流，这样就可避免系统需要加温的问题。该方案获得了好评，并申请了专利。就其原理而言，加海水（盐水）降低液体的固化点并不新鲜，但该方案的创造性在综合应用中得到了体现。

由马斯登和胡克两位专家随后提出的方案Ⅳ成为这一问题的最终方案。他们注意到地下的石油是油气合一的。这种混合物的熔点很低，如果把天然气转换为甲醇，将甲醇与石油混合，就能降低混合物的固化点，增加流动性。这个方案从原理上与方案Ⅲ类同，但更加完美。

从这个例子中可以看到，提出方案并不总是一步到位的。方案提出以后，可以进行持续的分析。方案III提出了降低熔点的创意，方案Ⅳ则在降低熔点方面进行了优化。在方案Ⅲ之前的决策也起到了方向引导的作用。系统的分析就是这样一步一步地走向完善与成功。

2.3　软系统方法论

三维结构方法论的特点是强调明确目标，核心内容是模型化和定量化。霍尔认为，几乎所有的现实问题都可以归结为工程问题，可以采用定量分析方法求得最优的系统方案。但随着社会的发展和研究的深入，这一思想开始受到质疑与挑战。

2.3.1　系统工程面临的新问题

在 20 世纪 60 年代之前，系统工程主要用来寻求各种战术问题的最优策略，或用来组织与管理大型工程建设项目，非常适合应用霍尔的三维结构方法论。这类工程项目的任务一般比较明确，问题的结构很清楚，属于结构性问题，可以充分运用自然科学和工程技术方面的知识与经验来解决，有的项目甚至可以直接进行试验以寻求解决方案。这类问题大都应用数学模型进行描述，用优化方法求出模型的最优解。

从 20 世纪 70 年代开始，系统工程所面临的问题出现了三个新的特点：一是与人的关系越来越密切；二是与社会、政治、经济、生态等众多复杂的因素纠缠在一起，属于非结构性问题；三是问题本身的定义并不清楚，难以用逻辑严谨的数学模型进行定量描述。国内外不少系统工程学者对霍尔的三维结构方法论提出了修正意见，其中，英国兰卡斯特大学切克兰德（P．Checkland）提出的一种系统工程方法论受到了系统工程学界的重视。

2.3.2　切克兰德和软系统方法论

切克兰德把霍尔的三维结构方法论称为硬系统方法论（Hard Systems Methodology，HSM），他认为完全按照解决工程问题的思路来解决社会问题和软科学问题，将遇到很多困难。硬系统方法论的局限性主要有：① 没有为定义目标提供有效的方法，目标定义是需要解决的首要问题；② 忽略了人的主观因素；③ 认为只有建立数学模型才能解决问题。

实际上，究竟何为“最优”，由于人们的立场、利益各异，价值观不同，很难取得一致的看法，因此“可行”“满意”“非劣”的概念逐渐替代了“最优”的概念。还有一些问题只有通过概念模型或意识模型的讨论和分析后，才能进一步认识，经过不断反馈，逐步弄清问题，方可得出满意的可行解。切克兰德根据以上思路提出他的软系统方法论（Soft Systems Methodology，SSM），亦称为无结构系统的方法论，主要是针对那些机理不清、很难用明确的数学模型描述的系统，如管理系统、社会系统和经济系统。软系统方法论的逻辑过程与内容如图2-4所示。

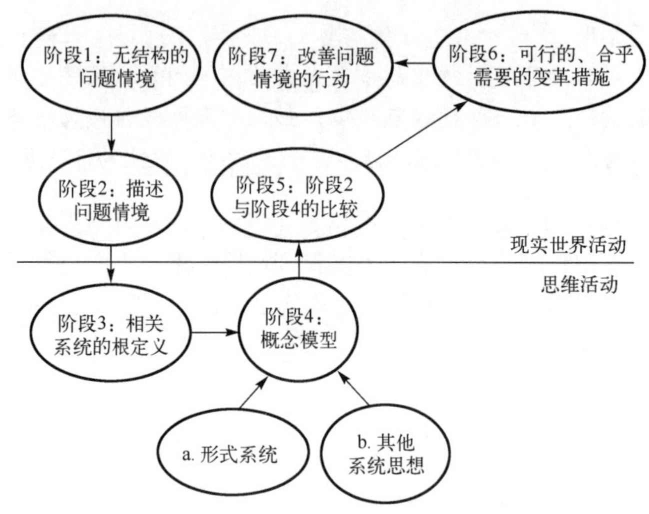

图 2-4 软系统方法论的逻辑过程与内容

软系统方法论中包含了两种类型的活动：图 2-4 中实线以上是“现实世界活动”，指社会生活中相互作用的人的行为，即“人类活动系统”；实线以下是“思维活动”，包括问题情境中人的活动。图 2-4 的七个阶段中，阶段 1 和阶段 2 为问题情境与描述；阶段 3 为相关系统的根定义；阶段 4 为构造和检验概念模型；阶段 5 为现实与概念模型的比较；阶段 6 和阶段 7 为可行的、合乎需要的变革措施和改善问题情境的行动。在实际工作中不一定是按从阶段 1 到阶段 7 的顺序执行的。

2.3.3 软系统方法论的七个阶段

图 2-4 的七个阶段分别描述如下。

阶段 1：当人们感知到系统出现问题情境时，会表现出某种不安，并产生对问题情境做出改进的主观愿望。

阶段 2：对问题情境的丰富图像进行描述，可以用状态图描述问题情境的结构、过程及其相互关系。

阶段 3：选择某些与问题情境相关的系统，并用根定义为之命名，旨在从一个特定视角表明相关系统的基本性质，以描述作为一种变换过程的目的性的人类活动。

阶段 4：根据根定义构建相关系统的概念模型，是软系统方法论的核心环节。概念模型以可能最少的动词集合逻辑性地描述该系统的基本活动过程。为了保证模型尽量准确，构造模型过程中又以 *a* 和 *b* 加以修正。*a* 表示概念模型与一个人类活动系统一般模型相对照，观察所构模型是否有根本缺陷。*b* 表示分析者用其他系统思想修正概念模型。

阶段 5：用相关系统概念模型与现实世界的情境进行比较，目的是在问题情境的有关成员中，引发一场关于改善问题情境需要做出的可能变革的讨论。

阶段 6：根据讨论的结果确定改善问题情境的变革措施。变革措施作为从根定义的选择和概念模型的构建中获得的结果，必须是合乎需要的。在给定问题情境的特征、各种视角、政治作用的情况下，变革措施又必须是文化上可行的。

阶段 7：将变革措施付诸行动。其结果不是问题的解决或明确目标的实现，而是提供一个新的问题情境，或先前由问题情境引起的不安感的减弱，或作为下一个操作循环的起点。

图 2-5 为一个物流活动的软系统概念模型。

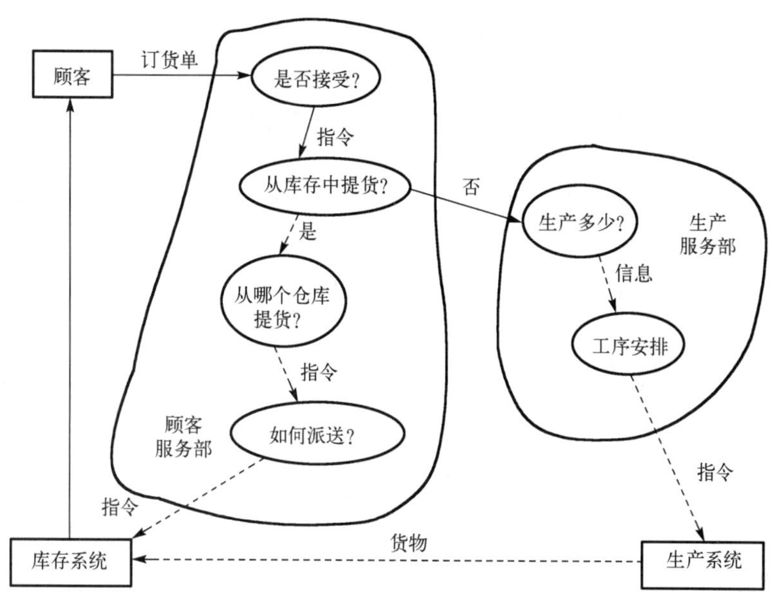

图 2-5 物流活动的软系统概念模型

2.3.4 软系统方法论的特点

软系统方法论的核心不是“最优化”，而是进行“比较”，从而找出可行、满意的结果。“比较”这一过程是要组织讨论，听取各方意见，进行多次反馈的，它也是一个“学习”的过程。

软系统方法论可以应用于任何复杂的、组织化的情境和问题，并包含大量的社会、政治及人为活动因素。它在我国已经应用于一些比较复杂的发展战略问题，在进行物流发展战略问题的分析中，也可以采用这样的方法。切克兰德总结了研究这类问题的分析与思维原则，概括如下：① 从对系统存在不满的感受出发；② 以希望找到有效的改进方向与可行的行动为起点；③ 一直到找到可行、能改变不满意状况的行动为止。

切克兰德还特别指出：SSM 模型不是程序性的方法，不必拘泥于模型流程按部就班地进行。它没有开始的地方，也没有结束的地方，只要开始就可以了。

相对于 HSM 而言，SSM 具有以下六个特点：① 它关注的主要是人类活动系统中那些难以定义、目标不明、结构不良的软问题；② 它的根本目的不是某个问题的解决，而是问题情境的改善、系统的发展；③ 它的研究结果永远不是对问题的最优答复，而是为了弄清问题本身，表现为在根定义、概念模型、系统比较的启发下连续采取试错行动的一种学习，因而被称为系统方法的“学习模式”；④ 它承认人们在处理问题过程中多种视角的存在，允许价值多元；⑤ 它通过根定义建立概念模型，主要解决“做什么”的问题，属于问题导向，不同于 HSM 作为目标导向，主要解决“怎么做”的问题；⑥ 由于问题情境的动态发展性和不可重复性，SSM 效果的检验必须和具体的问题情境相联系，故其检验的标准是主观上的“成功有效”，而不是“客观相符”。

SSM 与理性出发的 HSM 有显著的不同，SSM 偶尔也会转化为 HSM，但 HSM 对于非良构的问题却没有直接关系。两者的差别不仅仅是细节方法上的不同，还涉及分析者的基本目的和进行系统研究的动机与态度。

2.3.5 两种方法论的比较

通过比较可以看出硬系统方法论和软系统方法论在以下三个方面具有显著的区别。

（1）霍尔三维结构主要以工程系统为研究对象，重点解决“良结构”的问题，而切克兰德方法更适合于对社会经济和经营管理等“软”系统问题的研究，一般用于解决“非良构”的问题。

（2）前者的核心内容是优化分析，研究对象是“问题”，而后者的核心内容是比较学习，研究对象是“议题”。

（3）前者更多关注定量分析方法，而后者比较强调定性或定性与定量有机结合的基本方法。

2.4 物流系统管理的方法

物流系统管理方法和技术

系统方法是指企业各主要职能部门（市场营销、生产、物流、财务等）之间必须互相配合，协调工作，共同保证企业总目标的实现。在物流管理中，同样需要平衡和协调本部门各业务环节的工作，防止它们只考虑本单位的得失而不顾全大局，使整体利益受到损害。

总成本法、避免次优化法、得失比较分析法是物流系统及其功能管理的有效方法，也体现了物流系统管理的观念。

2.4.1 总成本法

总成本法，即最低总成本法（Least Total Cost，LTC），是在保持一定服务水平的前提下，同时考虑所有的有关成本项目。在对备选方案进行评价时，各种不同的方案可能会导致某些业务活动的成本增加，有些减少，有些则可能保持不变。

物流系统中的各项业务活动，例如运输、库存管理、物料搬运、包装、信息流（包括订单处理）、用户服务等，并不是彼此孤立的，它们之间相互联系，应将它们综合起来作为一个整体看待。在对多个备选方案进行评价时，应当选择总成本最小的那个方案。

方案决策的目标是选择总成本最小的方案。这一观念在设计物流系统的储存、运输等子系统时经常用到。

2.4.2 避免次优化法

有可能存在这样的情况：一个企业的各部门都已尽力完成了各自的工作，但企业未能达到整体最佳，这就是次优化（Sub-optimization）问题。所谓次优化，即从子系统来看是最优的，但对整体系统来说却并非最优。

正如1.3.5节所述，物流系统中存在效益背反的现象。当一个部门领导仅从自己管辖的部门利益出发考虑问题时，就会出现次优化的现象。次优化在现实的企业经营中并不鲜见。

例如，销售部门在使其库存成本最低化时，把销售波动的不良影响转嫁到生产部门，而不是通过保持库存量来调节这样的波动；生产部门在尽量降低自己的制造成本时，把影响成本的因素推给销售环节，而不是直接考虑客户需要。这样的结果就是次优化。如果他们能够协调起来，从企业经营的整体考虑，就有可能在库存波动费用和生产波动费用之间寻求彼此都受益的某种平衡。

作为管理人员，在做决策时，需要运用系统的概念，宏观地进行权衡，从整体利益出发来保证部门之间的双赢或多赢。克服次优化的基本思路是通过扩大问题的范围并考虑全部可能影响的后果，微观问题宏观处理，小处着手，大处着眼。

【例 2-9】美国机械公司 WMC 的仓库规模调整

WMC 公司配件部年销售额为 160000 万美元，年实物配送费用是 26000 万美元，为年销售额的 16.25%。发生这样高的配送费用是由于公司坚持高质量的服务标准。公司在全国各主要市场都设有仓库，共达 50 个之多。高级管理层认为配送费用开支过大，服务标准不必保持现在的高水平。请来知名的管理学专家进行研究，结论是：撤销 20 个仓库可使配送费用降至最低，年节省费用 2000 万美元。但是，因为减少了仓库，用户不能就近及时迅速收到配件，会感到不方便，经计算机模拟，将失去销售总额的 20%。高级管理层认为，这样做，营业额损失太大，得不偿失。决定仍保留原来的 50 个仓库，从而避免了次优化现象的发生。

2.4.3　得失比较分析法

在物流经营决策中，各种备选方案都有利有弊、有得有失。所谓得失比较分析，就是在评价各方案时，要比较分析各方案的所得和所失，在保持一定服务水平的前提下，选择得大于失的方案作为最佳方案。

【例 2-10】吉列的运输方案设计

吉列公司是世界上最大的安全剃刀生产企业，其经营范围扩展到化妆用品生产，面临商品品种不断增加、及时配送无法保障的问题。为了对用户提供良好的服务，公司采用航空运输发运产品，这是一种费用较为高昂的实物配送方式。在研究了公司的配送系统以后，发现问题的症结是订单处理作业太慢。通过简化日常文书手续，缩短订单处理时间，公司可以选择费用相对较低的陆上运输工具，满足及时发货和按时到货的要求。在这种情况下，就要对订单处理费用的增加和运输费用的节省进行比较，争取使减少的运输费用大于增加的订单处理费用，达到“得大于失”的目的，设计最为合理的运输方案。

以上阐明了系统方法的三个管理观念，它们之间存在相互联系，有时也会相互制约。它们综合在一起形成通常所说的系统整体观念。在物流管理过程中，运用系统理论和系统方法，并将供货厂商和用户纳入系统管理之中，从系统整体出发，互相协调，为用户提供最佳服务，并最大限度地降低物流费用，这就是物流整体系统管理的宗旨。

2.5　物流系统工程的程序与系统的目标分解

2.5.1　物流系统工程的程序

物流系统的构成因素繁杂，在具体实施系统方法进行管理分析时，需要针对不同的系统对象，根据系统目的、系统组成和系统外部环境的不同，采取不同的方法，但解决问题的思路还是一致的。比照图 2-2 中的霍尔三维结构，有人提出了一个物流系统工程简化三维结构，如图2-6 所示。

在图2-6 中，将物流系统工程活动按时间分为规划、分析、运行、更新四个阶段（前述完整的七个阶段为明确问题、指标设计、方案综合、系统分析、系统选择、方案决策和计划实施）；逻辑维表示为P、D、C、A（Plan，Do，Check，Action）四个步骤（前述完整的七个步骤为规划、拟订方案、研制、生产、安装、运行、更新）；知识维中顺次反映作为物流系统工程师所必须具备的各种科学知识。由于物流管理系统首先是一个经济系统，它的直接工作对象是各种物资，因此经济科学和材料科学知识有很重要的地位。

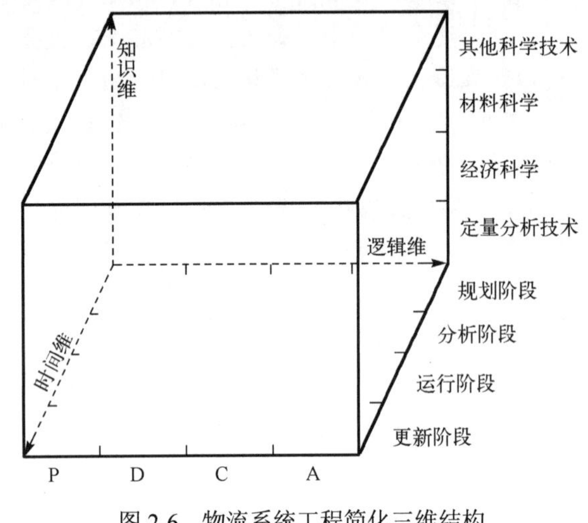

图 2-6 物流系统工程简化三维结构

需要说明的是，由于一般的物流系统往往是多功能、多目标、多方案的，因此在规划阶段可运用统一规划法来描述所要解决的问题与有关各因素间的关系。统一规划法常用目标树来表示，即用如图2-7所示的树形图解方式来描述系统的总目的与各具体目标之间的相互关系。

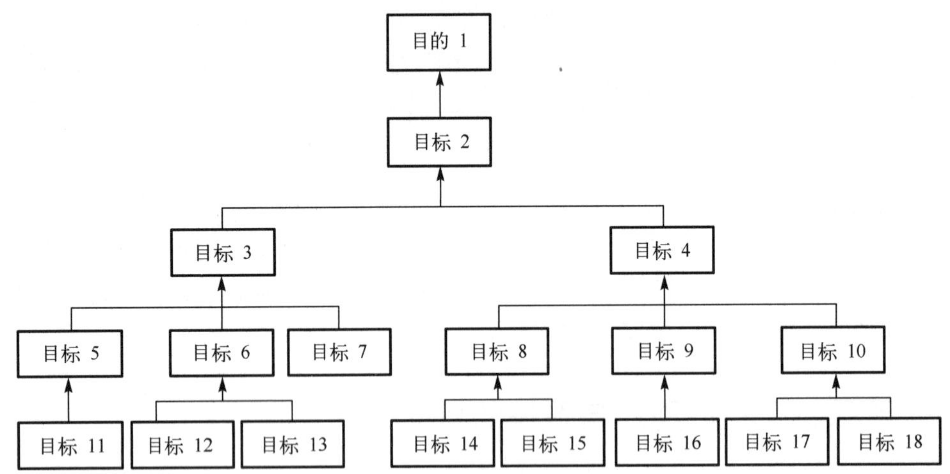

图 2-7 目标分解树状图

在大多数情况下，并未对目的和目标加以严格的区分。但准确地讲，目的是应达到的效果（结果），目标是要达到效果的量化指标。前者相对抽象，是某种行为活动的普遍性、统一性、终极性的总则或方针。后者则比较具体，是某种行为活动的特殊性、个别化、阶段性的追求。目的与目标有共同的结果，但是目标更侧重于可量化。目的可以没有任何时限。如果给目的加上一个准确的时限和具体的内容，目的就可以量化，也就变成目标。一般来说，某一行为活动目的的最终达成有赖于许多隶属的具体行为目标的实现，目的的内涵贯穿于各个具体目标之中。因为两者可能相互转化，所以很多时候并未加以刻意区分。例如图 2-7 中最上方的“目的 1”也可以视作“目标 1”。

从图 2-7 中可以看出，要达到目的 1，必须完成目标 2；要达到目标 2，必须完成目标 3 和目标 4，以此类推。由此就可以比较清楚地看出在一个物流系统内各子系统所包含的目标之间相互影响和相互制约的关系。尤其在对较大的物流系统工程活动进行规划时，通过目标树的展示和分析，使各子系统层次鲜明、关系明确，有利于达到整体的综合平衡。

另外，这里逻辑维的四个步骤采用了全面质量管理中的 PDCA 循环，即在每个时间阶段中，把所有的活动都分为计划、实行、检查、处理（Plan，Do，Check，Action，PDCA）四个环节，并顺次不断循环。

2.5.2　系统的目标分解

一个实际的物流系统通常是由许多子系统组成的。对于一个复杂的系统，从整体上直接构造模型和运用优化技术往往有很多困难，但是这些子系统具有分级分布的特点，即从整个系统的角度来看，它们是一级一级构成的，就同级来看，各子系统又是平行分布的。因此可以将它们进行分解，分别构造模型，进行定量分析和优化处理。将图 2-7 中的箭头反向画出，就是一个目标分解的过程。

系统工程整体性原理要求的是达到整体最优，充分发挥系统的整体功能。因此，还必须在分解的基础上进行协调，使子系统在系统总目标的要求下协调工作，实现总体最优。

2.6　物流系统工程的常用技术

2.6.1　仿真技术

物流系统活动范围广泛，涉及面广，经营业务复杂，品种规格繁多，且各子系统功能部分相互交叉，互为因果。因此，它的系统设计是一项十分复杂的任务，需要进行严密的分析。鉴于它的复杂性，一般很难做试验，即使可以做试验，往往也须耗费大量的人力、物力和时间。要对其进行有效的研究，在系统设计和控制过程中，得出有说服力的结论，最重要的是抓住作为系统对象的系统的数量特性，建立系统模型。

所谓系统模型，就是由实体系统经过变换得到的一个映象，是对系统的描述、模仿或抽象。模型化是用说明系统结构和行为的适当的数学方程、图像或者物理的形式来表达系统实体的一种科学方法。模型表现了实际系统的组成因素及其相互之间的因果关系，反映实际系统的特征，且具有同类系统的共性，有助于解决被抽象的实际系统的问题。

物流系统仿真的目标在于建立一个既能满足用户要求，又能使物流费用最小的物流网络系统。其中最重要的是如何使物流费用最小。因此，物流系统仿真的目标应是物流费用。在进行仿真时，首先分析影响物流费用的各项因素，如与销售点、流通中心及工厂的数量、规模和布局有关的运输费用、发送费用等。由于大型管理系统中包含人的因素，故用数学模型来表现他们的判断和行为是困难的，但是，人们正在积极研究和探索包含人的因素在内的反映宏观模糊性的数学模型。目前，社会上开展了大量的数量经济研究，预计在社会经济研究中，数学模型和计算机将会得到愈来愈广泛的应用，这是对传统凭主观经验进行管理的有力挑战。

仿真技术在物流系统工程中应用较广，已初见成效，但由于物流系统的复杂性，其应用受到多方限制，特别是数据的收集、检验、分析工作的难度较大，从而影响仿真质量，所完成模型的精度与实际的接近程度也还存在一定问题，有待进一步研究。加之，仿真方法本身属于一种统计分析方法，与解析方法相比，可能粗略，但这并不影响仿真方法在物流系统工程中的应用和推广。

2.6.2 系统最优化技术

最优化技术是20世纪40年代发展起来的一门较新的数学分支，近几年发展迅速，应用范围愈来愈广，其方法也愈来愈成熟，所能解决的实际问题也愈来愈多。

系统最优化问题是系统设计的重要内容之一。所谓最优化，就是在一定的约束条件下，如何求出使目标函数最大（或最小）的解。求解最优化问题的方法称为最优化方法。一般来讲，最优化技术研究问题是对众多方案进行研究，并从中选择一个最优的方案。一个系统往往包含许多参数，受外部环境影响较大，有些因素属于不可控因素。因此，系统最优化问题是在不可控参数发生变化的情况下，根据系统目标，经常、有效地确定可控参数的数值，使系统经常处于最优状态。系统最优化离不开系统模型化，先有系统模型化，而后才有系统最优化。

物流系统所包含的参数绝大多数属于不可控因素，它们相互制约，互为条件。在外界环境约束条件下，要正确处理好众多因素之间的关系，只有采用系统最优化技术，才能得到满意结果。物流系统工程的基本思想是整体优化的思想，对所研究的对象采用定性、定量（主要是定量）的模型优化技术，经过多次测算、比较，求好选优，统筹安排，使系统整体目标最优。

系统最优化的方法很多，它是系统工程学中最具实用性的部分。到目前为止，它们大部分是以数学模型来处理一般问题的，如物资调运的最短路径、最大流量、最小输送费用（或最小物流费用），以及物流网点合理选择、库存优化策略等模型。

系统优化的手段和方法，应根据系统的特性、目标函数及约束条件等进行合理选择。常用的物流系统优化方法如下。

（1）数学规划法。数学规划法包括静态优化规划法和动态优化规划法。主要运用线性规划解决物资调运、分配和人员分派的优化问题，运用整数规划法选择适当的厂（库）址和流通中心位置，运用扫描法对配送路线进行扫描求优。

（2）动态规划法。动态规划（Dynamic Programming）是运筹学的一个分支，是求解决策过程（Decision Process）最优化的数学方法。它把多阶段过程转化为一系列单阶段问题，利用各阶段之间的关系，逐个求解，进行动态规划。该方法问世以来，在经济管理、生产调度、工程技术和最优控制等方面得到了广泛的应用。例如，最短路线、库存管理、资源分配、设备更新、排序、装载等问题，用动态规划法比用其他方法求解更为方便。

（3）探索法。系统工程经常面对形式千变万化、结构错综复杂的研究对象。在这类问题的解决过程中，探索法无疑是一种有效的途径。探索法的基本思路是：先假设问题的各个解决途径，再对其进行逐一探索。在解决迷宫问题时，分4个方向探索路径。若下一个路径为“1”，则表示行不通，返回上一位置，重新寻找新的路径；若不是“1”，则继续行走，直到找到出口。

（4）分割法。如果说穷举法是一种大海捞针的探寻方式，那么分割法可大大简化多维空间的搜索问题。在一个已知空间内查找期待的事物，称为搜索。采用逐步缩小搜索区间，最终找到期待事物的方法称为逼迫搜索法。分割法就是一种逼迫搜索法，它是运筹学中的一种优选法，用于大范围内搜索时效率高。

另外，运筹学中的博弈论和统计决策也是较好的优化方法。

物流系统的目标函数是在一定条件下，达到物流总费用最小、顾客服务水平最好、社会经济效率最高的综合目标。由于物流系统包含多个约束条件和多种变量的影响，难以求优。解决的办法是采用分解方法，把大问题分解成多个子问题，对各子问题使用现有的优化方法和计算机求解。也可通过 Lagrange 方法求得大系统的动态优化解。所以说，系统最优化方法是物流系统工程方法论中的重要的组成部分。

2.6.3　网络技术

网络技术是现代化管理方法中的一个重要组成部分。它最早用于工程任务完成方面，后来在企业（或公司）的经营管理中得到广泛应用和发展。1958 年美国海军特种计划局在研制“北极星导弹潜艇”过程中提出以数理统计为基础、以网络分析为主要内容、以计算机为先进手段的新型计划的管理方法，称为计划评审法（PERT），缩写中的四个字母分别是 Program（计划）、Evaluation（评估）、Review（核查）和 Technique（技术）。后来开发了关键路线法（Critical Path Method，CPM），或称为关键线路法。PERT 法主要以时间控制为主，而 CPM 法则以成本控制为中心。

在现代社会中，生产过程错综复杂，工种繁多，品种多样；流通分配过程涉及面广，影响因素随机、多变，参加的单位和人员成千上万，如何使生产中各个环节之间互相密切配合，协调一致，如何使生产—流通—消费之间衔接平衡，使任务完成既好又快且省，这不是单凭经验或稍加定性分析就能解决的，需要运用网络技术的方法来进行统筹安排，合理规划。而且，越是复杂、头绪多、时间紧迫的任务，运用网络技术就越能取得较好的经济效益。对于关系复杂、多目标决策的物流系统研究，网络技术分析是不可忽视的基本方法。

长期以来，在管理系统中一直沿用“横道图”（又称为甘特条形图）的计划方法。这种方法简单，直观性强，易于掌握，但是，它不能反映出各个项目之间错综复杂的相互制约关系，也不能清楚地反映出哪些项目是主要的、处于关键性的地位，这样就不利于从全局出发，最合理地组织与指导整个系统活动。网络技术以工作所需要的时间为基础，用表达工作之间相互联系的“网络图”来反映整个系统的全貌，并能指出影响全局的关键所在，从而对整体系统做出比较切实可行的全面规划和安排。

利用网络模型来“模拟”物流系统的全过程，以实现最理想的时间效用和空间效用。通过网络分析可以明了物流系统各子系统之间及其与周围环境的关联，便于加强横向经济联系；网络技术设计物流系统，可研究物资由始发点通过多渠道送往终端客户的运输网络优化，以及物料搬运最短路径的确定。

2.6.4　分解协调技术

分解协调技术在大系统问题的解决中是一种常用的方法。在物流系统中，由于组成系统的项目繁多，相互之间关系复杂，涉及面广，给系统分析和量化研究带来一定的困难。在此可以采用“分解—协调”方法对系统的各方面进行协调与平衡，处理系统内外的各种矛盾和关系，使系统在矛盾中不断调节，处于相对稳定的平衡状态，充分发挥系统的功能。

所谓分解，就是先将复杂的大系统（如物流系统）分解为若干个相对简单的子系统，以便运用通常的方法进行分析和综合。其基本思路是：首先实现各子系统的局部优化，再根据总系统的总任务、总目标，使各子系统相互协调配合，实现总系统的全局优化。物流总系统可分解为运输子系统、储存子系统、包装子系统、装卸子系统、流通加工子系统以及信息管理子系统等多个不同的子系统。因此，物流系统的优化可以先分别对各子系统进行局部优化，并从系统的整体利益出发，不断协调各子系统的相互关系，达到物流系统费用小、服务好、效益高的总目标。此外，还要考虑如何处理好物流系统与外部环境的协调与适应。

所谓协调，就是根据大系统的总任务、总目标的要求，使各子系统相互协调配合，在各子系统局部优化的基础上，通过协调控制实现大系统的全局最优化。

研究协调要考虑以下两个方面的问题。

（1）协调的原则。这是设计协调机构或协调器的出发点，包括用什么观点来处理各子系统的相互关系，选取什么量作为协调变量，以及采取什么结构方案构成协调控制系统等问题。

（2）协调的计算方法。求得协调变量，加速协调过程，保证协调的收敛性，简化协调器的技术复杂性，都需要探求一定的方法，这是设计协调机构的依据。

除上述方法外，预测论、决策论和排队论等技术方法也较广泛应用于物流系统的研究中。

综上所述，系统工程的诞生和发展为社会经济和科学技术的研究与发展提供了强有力的工具，但在理论和具体数量方法方面还很薄弱。特别是物流系统这种大型、复杂、包含人的因素在内的系统的分析、设计和控制，必然出现与过去的一般工程方法完全不同的新方法。这种新方法的研究，可以认为是模拟思考作用下的一种人工智能的研究。

总结以上对于系统工程方法论的分析，可以看出系统工程学无论是在原理和方法方面，还是在分析对象方面，都亟须对人的思想和行为对系统效果的影响进行更加深入的研究。不仅要研究统计分析技术，还必须把“心理思维”作为研究对象。如果体制合理，未来的物流系统能有效地发挥人的主观能动性，加上物流中各种“硬”“软”技术的发展，其适应能力必将大大增强。

2.7 案例分析：华为供应链的数字化转型之路

华为公司成立于 1987 年，是全球领先的信息与通信技术（ICT）解决方案供应商。为了适应数字化时代的需求，并在竞争激烈的市场中保持竞争力，华为于 2015 年启动了供应链数字化转型的 ISC+（Integrated Supply Chain，集成供应链）变革，聚焦于提升客户体验和创造价值，并以 ISC+愿景为牵引，打造数字化主动型供应链。2024 年，华为发布智慧物流 1+*N* 解决方案，旨在以人工智能、大数据、云计算和物联网等为技术支撑，完成供应链数智化升级，提升产业链供应链韧性和安全水平，降低社会物流成本。

1. 供应链转型：从数字化到数智化

从 ISC+变革启动到现在，华为供应链的数字化转型主要经历了数字化和数智化两个阶段。数字化，即构建数字化能力基础，包括数据底座和流程/IT 服务化。数智化，即在数字化的基础上，通过算法和场景建设，让业务变得更加智能。

1）构建实时、可信、一致、完整的数据底座

数据是数字时代新的生产要素。只有获取和掌握更多的数据资源，才能在新一轮的全球

话语权竞争中占据主导地位。华为供应链充分认识到数据在生产过程中的重要价值，并从三个方面推动业务数字化，构建供应链的数据底座：一是业务对象数字化，即建立对象本体在数字世界的映射，如合同、产品等；二是业务过程数字化，即实现业务流程上线、作业过程的自记录，如对货物运输过程进行自记录；三是业务规则数字化，即使用数字化的手段管理复杂场景下的规则，实现业务规则与应用解耦，使规则可配置，如存货成本核算规则、订单拆分规则等。

2）通过流程/IT 服务化支撑业务能力的灵活编排

传统的供应链 IT 系统是“烟囱式”的，随着业务增长、需求变化加快，会出现用户体验差、重复建设、响应周期长等问题，不能适应业务发展的需要。通过对复杂的单体大系统进行服务化改造，让服务化子系统融合业务要素、应用要素和数据要素，可以实现业务、数据与系统功能的衔接。通过将业务能力封装为服务并按场景调用和编排，可以快速响应业务的需求。

例如，华为进入智能汽车解决方案领域后，供应链快速匹配新商业模式，按照价值流重新编排和改造服务化业务能力，快速搭建流程和系统，大幅缩短新业务上线时间。

3）场景和算法赋能供应链智能化

信息流、实物流和资金流是企业经营的核心，而供应链是信息流、实物流和资金流的集成。供应链管理通过聚合信息流，指挥实物流高效运作，驱动资金流高效流转，实现公司的价值创造。在数字时代，处理海量的信息依赖算法。华为供应链利用组合优化、统计预测、模拟仿真等技术，构建供应链核心算法模型，并应用到资源准备、供应履行、供应网络和智能运营四大核心场景中，大幅提升了供应链运作的智能化水平。

例如，在资源准备的场景中，华为供应链面临着千万级数据规模、亿级计算规模的复杂业务场景。华为基于线性规划、混合整数规划、启发式算法等求解方法的组合，构建了从器件、单板到产品、订单之间的双向模拟引擎。在错综复杂的产品结构树和供应网络节点中，快速找到资源准备的最优解，在供应能力最大化的同时实现存货可控。

2. 供应链业务重构：构建两层智能业务体系

在数据底座、流程/IT 服务化改造和算法建设的基础上，华为供应链进行了业务重构，形成了两层智能业务体系，即基于“灵鲲”数智云脑的供应链智能决策和基于“灵蜂”智能引擎的敏捷作业。其中，“灵鲲”数智云脑是供应链的业务型大脑，在两层智能业务体系中负责全局性的数据分析、模拟仿真、预案生成和决策指挥。“灵蜂”智能引擎则是面向作业现场和业务履行的智能作业单元，可以实现敏捷高效、即插即用和蜂群式的现场作业。

1）“灵鲲”数智云脑使能供应链运营智能化

智能运营中心（IOC）是供应链“灵鲲”数智云脑的重要组成部分，它从以下三个维度推进供应链运营的智能化。

（1）在业务运营层面，面向关键业务点，IOC 设置了 300+个探针，自动识别业务活动或指标异常，实现了从“人找异常”到“异常找人”，从“全量管理”到“变量管理”的转变。

（2）在流程运营层面，首先通过流程内嵌算法，自动实现流程运作过程中的管理目标，减少管理动作。其次，在正向流程设计中考虑逆向业务产生的原因，减少逆向业务的发生。最后，通过流程挖掘技术，识别流程的瓶颈和断点，再不断优化和合并同类项，实现流程简化。

（3）在网络运营层面，通过接入供应网络数据，IOC 可以快速感知和分析风险事件的影响，并基于预案驱动供应网络的资源和能力，快速进行调配和部署，实现风险和需求实时感知、资源和能力实时可视、过程和结果实时可控，打造敏捷和韧性的供应网络。

以华为深圳供应中心订单履行异常管理为例，在变革前，订单履行异常管理是一项高能耗业务，需要 100 多名订单履行经理分别与统筹、计划、采购等角色沟通，再进行分析和处理；构建 IOC 后，系统可以自动发现异常、定位、分析原因并提供方案建议，从之前的人工操作变成了系统自动处理加人工辅助确认，作业效率提升了 31%。

2）"灵蜂"智能引擎使能供应节点内高效作业

"灵蜂"智能物流中心是"灵蜂"智能引擎的典型应用场景。其位于华为物流园区，占地 24000m^2，是华为全球供应网络的订单履行节点之一。在节点内，"灵蜂"智能物流中心构建了库存分布、波次组建、AGV 调度等 12 个算法模型，应用了 AGV、密集存储、自动测量、RFID 等 9 种自动化装备，实现了来料自动分流入库、存拣分离智能移库、智能调度、波次均衡排产、成品下线自动测量、自动扫描出库的高效作业，将现场作业模式从"人找料"转变为"料找人"。

在节点之间，当订单生成后，司机可以通过数字化平台预约提货时间，系统会自动完成提货路径规划和时间预估。同时，作业现场应用货量预估和装箱模拟等工具，自动确定拣料顺序和装车方案，根据司机到达的时间倒排理货时间，在车辆到达垛口的同时完成理货，实现下线即发。

应用数字化引擎建设的"灵蜂"智能物流中心使人、车、货、场、单等资源达到最优配置，使收、存、拣、理、发的作业实现集成调度。在业务量翻倍的情况下，保持人员和场地面积不变，持续提升客户体验和服务水平。

通过数字化变革，华为供应链基本完成了供应链数字孪生的构建，首先通过业务数字化和流程/IT 服务化，实现了从物理世界到数字世界的镜像；其次，通过场景和算法建设，从数据中提取信息，形成智能业务指令，指导物理世界作业；最后，基于智能业务指令对业务现场高效作业的驱动，实现数字世界到物理世界的闭环。

华为供应链实现数字化、数智化以后，华为的供应客户服务水平稳步提升，供货周期、全流程 ITO 和供应成本率均改善了 50%以上，成为华为的核心竞争力。

3. 打造 ERP+：迈向供应生态的数治化变革

网络时代社会连接的深度和广度不断拓展，连接的形式日趋丰富，供应链也从基于传统 SCOR（供应链运作参考模型）的单维、单向、线性运作的供应链，演进成了多维、双向、相互作用的供应生态网络。实现供应生态编排的关键就在于从 ERP（Enterprise Resource Planning）走向 ERP+（Ecosystem Resource Planning），即供应生态资源计划。因此，华为在数字化和数智化的基础上，积极推进用数字化技术重构供应链业务模式，打造 ERP+，持续深化与生态伙伴的协同（即数治化），与供应伙伴共同打造"韧性+极简"的供应生态网络，真正实现供应链生态的可持续发展。其重点是开展数据共享、流程对接、场景共建的变革。

通过数据共享，打通供应链上下游。华为通过与伙伴共享数据，整合了生态内此前处于离散状态的生产要素，通过外部数据对自身供应链效率实现提升，并预知各类风险，实现良好客户体验和提升运营效率。华为与生态中的多级供应商协同，共享产品结构和制程数据，寻找关键供应点（KSP）。如华为基于生态数据共享和分析发现，某模块 120

多种类型实际上共用 4 种核心器件，其备货周期占整个该模块供应周期的 80%以上。因此，华为与多级供应商建立起基于核心器件 KSP 的协同预测机制，将预测对象数量从 120 多种减少到 4 种，复杂程度实现指数级下降。同时基于核心器件协同供应商规划产能，提前准备产能资源及物料储备，按照客户需求灵活调整加工节奏，实现存货成本和供货周期的综合最优。

通过流程对接，推进协同管理，提升可见度。此前的 ERP 主要面向公司内部资源进行管理和提升，华为实践打通上下游数据，与供应链上的生态伙伴实现双方流程对接打开。面向供应商和客户通过数据与流程的对接，实现供应、履约、风险、合同等多重对齐，提升供应链可见度，降低供应风险。以华为某客户为例，从签署《数字化服务领域战略合作框架协议》开始，双方协同推进“高效供应链”的建设。通过打开各自 P2P 和 LTC 流程，基于业务痛点分析，制定了包括计划协同、电子 PO、履约可视、包装协同、报账协同和配置协同六个流程的对接方案包。经过 3 年的建设和推广，供应周期缩短了 35%，双方运作成本降低达到千万级，间接支撑了数亿元的客户营业收入。

通过场景共建，融合创新技术。业务复杂度提高，对应的业务场景更加多元和复杂，华为基于区块链、AI（人工智能）等新技术，共建新的业务场景。通过与生态链中的伙伴共建业务场景，发掘可能的创新模式，优化合作方式，更大程度提升效率。如华为协同某客户和物流承运商进行共建共享的业务模式创新：首先，应用智能手机及其 GIS（地理信息系统）功能进行身份及地址位置鉴权和签收；其次，利用区块链技术带时间戳且不可篡改的技术特征来实现实物流可验证、可追溯；最后，使用区块链技术和手机签收成功替代原纸件签收单，实现物流交付的电子化签收，并自动触发华为内部的收入确认和三方之间的开票与对账。通过融合区块链技术，将“对账开票”的流程从 7 步缩减至 3 步，平均时长从 1.4 天缩短至秒级，同时带来纸张节省、材料归档成本的下降。

华为秉承“平台+生态”的战略，以“人悦其行、物优其流、数智其赢”为愿景，致力于在物流基础设施、多式联运、铁路物流、航空物流等领域持续开发场景化解决方案，联合客户与伙伴，共同构建围绕供应链、产业链高效安全运转的大交通大物流数智底座。2024 年，华为面向物流企业提供智慧物流 1+N 解决方案，助力实现“拓业务”“降成本”“促经营”。拓业务：“1”朵物流云，协同 N 个物流园区，将地理上分散的园区，按业务逻辑连接成物流服务网络，云上整合供应链资源，打通“堵点、断点”，帮助企业从仅能提供园区粗放租赁、单一货场作业，升级为提供高附加值的供应链与物流服务，拓展业务，增加收入。降成本：华为联合行业头部伙伴，打造高标仓型、冷链型以及多式联运型智慧物流园区，从货物入园、入库、存储、出库、运输全环节设计物流智慧场景，融合园区光网、云计算、AI 感知等产品。促经营：多园区智慧化统一规划、运营和运维，降低多园区重复建设成本，新园区上线周期减少一半。

华为供应链数字化经过 ISC+建设、运营及场景化能力的夯实，已经完成了对象数字化、过程数字化、规则数字化，以及原有供应链系统的服务化改造，即数字化阶段。同时，基于算法和场景化业务模型构建供应链“灵鲲”“灵蜂”两层智能业务架构，初步完成了数智化建设。随着供应链管理从单一企业拓展到供应生态，华为持续推进 ERP 到 ERP+的升维，打造“韧性+极简”的供应生态网络，重构供应生态治理，致力于实现生态伙伴的共生共赢。数字化转型是一场没有终点的旅程，华为供应链一直在路上。

思考题与习题

1. 何为系统工程？它有哪些核心内容？
2. 简述系统工程方法论的基本原则和特点。
3. 简述霍尔三维结构方法论的基本思想和分析步骤。
4. 请列表分析硬系统与软系统的异同点。
5. 简述切克兰德方法论的主要内容和工作过程。
6. 从特点和核心内容两个方面比较三维结构方法论和软系统方法论。
7. 物流系统运用了哪些管理方法？这些管理方法可以解决哪些物流问题？
8. 物流系统工程的常用技术有哪些？这些技术的应用主要是为了解决什么问题？

第 3 章　物流系统分析

本章导读：

系统分析的概念与原则；系统分析的基本要素；头脑风暴法、反头脑风暴法、K. J.法、概要记述法、5W1H 法；系统分析的思路、要点和步骤；物流系统分析常用的理论及方法；物流系统的目的分析、结构分析和细节分析；物流子系统分析。

3.1　系统分析概述

系统分析（System Analysis，SA）是一种研究方略，它是利用系统科学原理，针对已有系统进行研究、探索，在不确定的情况下，确定问题的本质和起因，明确咨询目标，找出各种可行方案，并通过一定标准对这些方案进行比较，帮助决策者在复杂的问题和环境中做出科学抉择。系统分析的应用范围已从早期的军事系统扩展到企业经营管理系统，被企业用作经营管理的决策工具。特别是随着应用数学的发展与深化，以及大容量、高速运算计算机的出现，使系统分析发展到一个新的水平，它的应用范围目前仍在继续扩大中。物流系统分析是指在一定时间、空间内，将所从事的物流活动和过程作为一个整体来处理，用系统的观点、系统工程的理论和方法进行分析研究，以提高物流在时间和空间上的经济效应。

用系统观点来研究物流活动是现代物流学的核心问题。用系统分析的方法来研究物流系统中的问题，必须了解什么是系统分析、系统分析的流程、系统分析要解决哪些问题等。

系统是普遍存在的。在宇宙间，从基本粒子到银河星系，从人类社会到人的思维，从无机界到有机界，从自然科学到社会科学，系统无所不在。系统思想、系统概念和系统理论得到了普遍承认和广泛传播。但是，对于同一个问题，不同的分析者由于其知识水平和专业经验的差异，可能采取不同的分析方法，即便采用相同的分析方法，也会由于主观因素的影响，得到不同的结论。尽管如此，系统分析在总体上仍有一些共同的特征。

3.1.1　系统分析的概念

系统分析是系统综合、优化、决策及设计的基础。从系统的观点出发，对事物进行分析研究，寻找可能采取的方案，并通过分析对比，选出最优方案，以达到预期目标，这样一个有目的、有步骤的探索和分析的过程称为系统分析。

系统分析是对系统的一个或多个部分进行有次序、有计划的观察、了解，以确定各个部分及整个系统如何运行并取得良好的效果。

系统分析的对象可能是一项简单的作业活动，也可能是一个复杂的巨系统。例如，对收货码头（站台）的搬运进货人员进行“时间和作业”研究；在全国甚至世界范围内对企业的物流系统及资源进行整合；对企业与各供货厂商和用户的长期伙伴关系进行分析。

系统分析的目的在于，通过对系统的分析，比较各种备选方案的费用、效益、功能、可靠性及与环境的关系等各项技术经济指标，得出决策者进行决策所需要的资料和信息，为最优决策提供可靠依据。简而言之，就是帮助决策者对所要决策的问题逐步提高清晰度，以便做出正确的决策。在系统分析过程中需要通过观察了解为统计分析提供数据支持，在深入分析的基础上建立物流网络规划模型。模型通过对某一现实环境条件的模拟，显示或预测系统对各种可能发生情况的反应。在模拟或解析的基础上，对物流系统进行精心设计。

系统分析的定义可以描述为：采用系统方法，对所研究的问题提出各种备选方案或策略，并进行定性与定量相结合的分析、评价和协调，帮助决策者提高对所研究问题认识的清晰程度，以辅助决策者选择行动方案的一种决策辅助技术。系统分析的任务是向决策者提供系统方案、评价意见和建议。

系统分析最主要的作用是向决策者提供达到目的的各种途径，它是确立方案、建立系统的过程中不可缺少的一环。

3.1.2　系统分析的原则

系统是由多个要素组成的，系统内各要素之间存在着相互作用和相互依存的关系。系统又处于动态发展中，具有输入和输出流动过程。这样，整个系统内部与外部环境发生联系和交换，由于涉及面广，而且错综复杂，所以，在进行系统分析时，必须处理好各种关系。

系统分析要遵循四条最基本的原则：内部因素与外部条件相结合、当前利益与长远利益相结合、局部效益与总体效益相结合，以及定性分析与定量分析相结合。

（1）内部因素与外部条件相结合。企业的物流系统不仅受到企业内部各种因素（如企业生产规模、产品技术特征、职工文化技术水平、管理制度与管理组织、企业文化建设等）的影响，也受到社会经济动向及市场状况等环境的影响。

企业这个系统是由诸多要素组成的，它又是存在于环境之中的。我们在对系统进行分析时，需要注重内部因素与外部条件的结合，将内部、外部各种相关因素结合起来综合考虑，才能实现系统的最优化。

（2）当前利益与长远利益相结合。系统的最优化既包括空间上的整体最优，也包括时间上的全程最优。在进行方案的优选时，既要考虑当前利益，也要考虑长远利益。最为理想的状况是所采取的方案对当前和长远都有利。但如果某方案对当前不利，但有益于长远的发展，那就需要通过全面分析再做结论。一般来讲，只有兼顾当前利益和长远利益的物流系统才是好的物流系统。如果两者发生矛盾，应该坚持当前利益服从长远利益的原则。

（3）局部效益与总体效益相结合。效益背反是物流系统常见的现象。在物流系统分析的过程中常会发现，子系统的效益与总系统的整体效益并不总是一致的。有时候，从子系统的局部效益来看是经济的，但物流系统的整体效益并不理想，局部效益与总体效益相冲突。系统总体的最优有时要求某些子系统放弃最优而实现次优或次次优。在进行系统分析时，必须全面考虑总体与局部、局部与局部之间的关系，坚持“系统总体效益最优，局部效益服从总体效益”的原则。

（4）定性分析与定量分析相结合。物流系统分析不仅需要进行定量分析，也需要进行定性分析。物流系统分析的过程应当遵循“定性—定量—定性”的顺序进行往复循环。不了解物流系统各个方面的性质，就不可能建立起物流系统定量关系的数学模型。将定性分析和定量分析二者结合起来进行综合分析，才有可能达到优化的目的。

除了以上四条基本的原则，第 1 章所讨论的目的性原则、整体性原则、层次性原则、结构性原则和相关性原则等，也都是在物流系统分析中需要遵循的原则。

3.2　系统分析的基本要素

系统分析及其要素

系统分析的基本要素有六个，分别为系统目标、系统备选方案、系统费用和效益、系统模型、系统评价标准和系统分析结论。

3.2.1　系统目标

确定目标是系统分析的前提和基础。系统分析人员最初也是最重要的任务就是了解决策层的意图，明确存在的问题，确定系统的目标。

目标是系统希望达到的结果或完成的任务。如果没有目标，方案将无法确定；如果对目标不明确，匆忙地做出决策，就有可能导致决策失误。

目标是根据所要研究的问题来确定的，问题分析的关键是界定问题，也就是把问题的实质和范围准确地加以说明。系统分析人员认为，如果一个问题能够解释得清清楚楚，那么意味着问题已经解决了一半。

界定问题要全面考虑各方面的需要和可能。除了考虑本单位的需要，也要考虑有关单位的需要。同时，还要考虑客观环境是否允许，以及本单位的条件是否可能。当然，条件也是可以创造的，但创造条件需要一定的基础。

界定了问题以后，还不能立即确定目标，因为这时的总体目标（或称为目的）太抽象（见 2.5.1 节）。为使目的具象化，成为具体的目标，就要对其加以明确。在系统分析中常采取图 2-7 的目标分解树状图来描述总体目标与各级子目标之间的相互关系。在图 2-7 中，要达到目的 1，必须完成目标 2；要达到目标 2，必须完成目标 3 和目标 4，以此类推，可显示出系统内各个具体的目标及其之间的关系，层次分明，次序明确，相互影响，相互制约。

在系统分析中，明确目标是最重要的作业。如果所确定的目标是错误的，那就会南辕北辙，后续的分析步骤无论多么合理，也不会得到正确的结果。在确定目标时，还应考虑达到这一目标所采用的手段，运用图 3-1 所示的目标—手段系统图进行分析和研究。目标—手段系统图就是将要达到的目标和所需要采用的手段逐级展开，一级手段等于二级目标，二级手段等于三级目标，以此类推。层层分解下去，可以逐步明确问题的重点，并找出实现目标的手段和措施。图 3-2 所示为公司目标的逐级分解示意图。

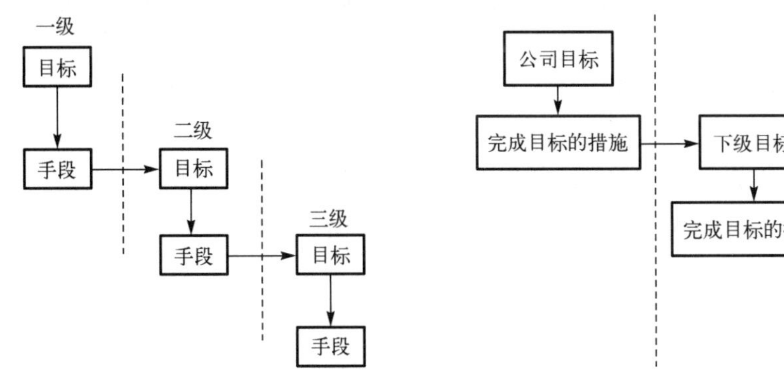

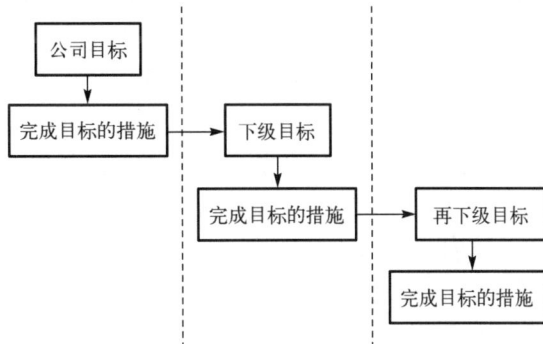

图 3-1　目标—手段系统图　　图 3-2　公司目标的逐级分解示意图

在系统分析时，常会遇到实际进展与原来目标相偏离的情况，这就需要分析产生问题的原因，既要进行横向分析，也要进行纵向分析。横向分析是指从许多错综复杂的因素中找出主要因素。在复杂的情况下，一种现象的产生可能同时与多种因素有关，但其中必有一些是主要的。纵向分析是指从表面的原因入手，通过各个层次的分析找出根本原因，然后纠正偏差，确保预定目标的顺利实现。

此外，在实际分析中还要考虑并确定时间、人力和费用的约束条件。系统目标的确定过程如图3-3所示。

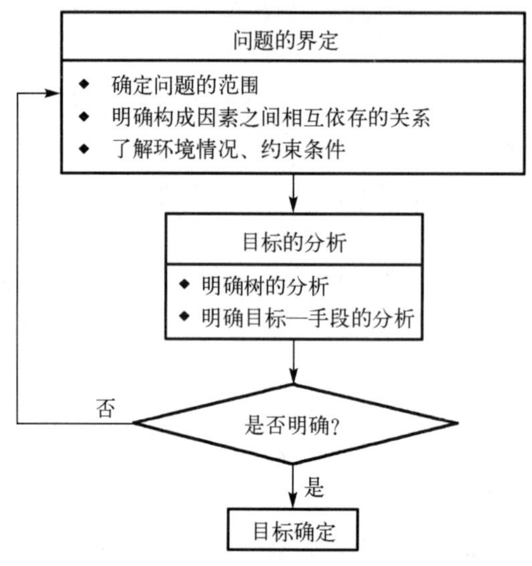

图3-3 系统目标的确定过程

3.2.2 系统备选方案

备选方案（有时也称为可择方案、可行方案）是系统分析中初步拟订的可供选择的方案，它是系统分析的基础。在拟订的多个备选方案中进行好与坏、优与劣的对比分析，是系统分析的重要步骤。

为了从组织上保证系统分析中有多种备选方案，很多机构都成立常设的咨询系统，专门拟订和设计各种备选方案供分析选择用。

对于简单的问题，可以很快地设想出几个备选方案，这些方案的内容一般比较简单。但对于复杂的问题，就很难立即设计出包括细节在内的备选方案，一般要分成两个步骤：第一步是提出轮廓设想；第二步是进行精确的设计计算。

轮廓设想是从不同的角度和途径提出各种方案的构想，为系统分析人员提供尽可能多的思路。这一步的关键在于发散思维，大胆创新。

拟订的备选方案能否创新，取决于分析人员是否具备坚实的知识基础和创新能力，是否具有敢于冲破思维定式与环境压力的精神。在组织工作中要鼓励拟订方案的人员打消顾虑，发挥出创新能力。

轮廓设想的好处在于可以暂时避开细节，减少对创新、设想的束缚。这一步所得到的方案是相对粗略的，需要进一步精心设计之后才有实用价值。

【例 3-1】圆珠笔的磨损问题

圆珠笔在书写时，笔头上的小珠子与纸张之间不停地摩擦，珠子逐渐变小。书写一段时间后，油墨下降的速度就会过快。到一定程度后被迫弃用时，笔芯中往往还剩有不少油墨尚未用完。解决这类磨损问题的一般思路是：提高珠子的耐磨性。但是，要改善珠子的质量，就要在材料选择、工艺改进等方面加大投入，意味着成本的增加。而圆珠笔之所以得到广泛的使用，一个重要的原因就在于它的低成本、低价格。因此，对于这一问题的解决需要转换思路。有人提出一个方案：根据笔头小珠子的摩擦寿命，估计出所耗费的油墨用量。按此用量在笔芯中注入适量（少于之前分量）的油墨。当小珠子的磨损接近极限时，笔芯中的油墨差不多正好用完。该设计获得了专利，被市场广泛接受。

精心设计主要包括两项工作：一是确定方案的细节；二是估计方案的实施结果。方案的细节不确定出来，就无法付诸实施；不估计方案的实施结果，方案的好坏就无法判断，最优选择也就无法进行。方案的细节究竟应该包括哪些内容，很难确定出一份不变的清单，需要根据问题的本身进行具体分析。例如，一项新的工程项目的方案，其细节主要包括物资条件、人力条件、运输条件、厂址选择、工艺选择、工程费用、投资效益、管理制度和工程进展阶段划分等。如果是设立一个新的组织机构的方案，那就需要详细地确定人员编制、组织层次、干部来源、工作职责、规章制度等。方案实施结果的估计需要通过预测得出，预测是否准确，既与过去的经验和资料是否丰富有关，还与所采用的预测技术有关。预测的结果及其准确度与系统分析有着密切的关系。

3.2.3　系统费用和效益

建立一个系统需要投资，系统建成后应该有效益。将方案实施的实际支出，即各备选方案实现系统目的所需要投入或消耗的全部资源折算成货币尺度，就是费用；将系统所取得的成果或有效性统一折算成货币尺度，称为效益。

效益大于费用的设计方案是可取的；反之，不可取。

不同的方案必须采用同样的方法估算费用或效益，才能进行有实际意义的比较。

一般情况下，费用是用货币表示的。但在决定对社会有广泛影响的大规模项目时，还要考虑非货币支出的费用，因为有些因素是不能用货币尺度来衡量的。例如，对生态影响的因素、对环境污染的因素、对旅游行业影响的因素等。

效益也一样，效益分为直接效益和间接效益两种。直接效益包括使用者所付的报酬，或由于提供某种服务而得到的收入。间接效益是指直接效益以外的那些能增加社会生产潜力的效益。这类效益是比较难以衡量的，要尽可能全面地考虑。

物流企业的费用指标一般包括物流成本、货损货差率、客户投诉率等，通常是越小越好；而效益指标包括利润、产值、货物完好率、配送及时率等，一般是越大越好。

3.2.4　系统模型

模型用于描述对象和过程某一（多）方面的本质属性，它是对客观世界的抽象描述。模型可将复杂的问题简化为易于处理的形式，并在做决策之前预测它的结果。所以说，模型是系统分析的主要工具。

使用模型的意义在于它能摆脱现实的复杂现象，不受现实中非本质因素的约束。模型比现实容易理解，便于操作、试验、模拟和优化。特别是改变模型中的一些参数值，比在现实问题中去改变要容易得多，这样就可节省大量的人力、物力、财力和时间。

系统模型反映着实际系统的主要特征，但它又高于实际系统而具有同类问题的共性。因此，一个适用的系统模型应该具有以下三个特征：① 它是现实系统的抽象或模仿；② 它由反映系统本质或特征的主要因素构成；③ 它集中体现了这些主要因素之间的关系。

模型是在现实问题的基础上建立起来的，模型要反映系统的实质要素，尽量简单、经济和实用。如果模型把全部因素都包括进去，甚至和实际情况一样复杂，那就很难运用。模型建立起来之后，对于现实问题与情境又能起到一定的反馈作用。

3.2.5　系统评价标准

评价标准，也叫作准则，它是衡量备选方案优劣的指标，是系统目的的具体化，也是确定各备选方案优劣排序的根据。

评价标准通常是一组指标。企业经营管理中常用的指标有劳动生产率指标、成本指标、时间指标、质量和品种改善指标、劳动条件改善指标及特定效益指标等。物流配送企业的常用指标包括订单处理（订单需求满足率）、配送服务（货物及时配送率、货物完好送达率、运输信息及时跟踪率）、库存管理（库存完好率、库存周报表准确率、发货准确率）、客户服务（客户投诉率、客户投诉处理时间）等。

评价标准必须恰当，而且便于度量。

3.2.6　系统分析结论

结论就是系统分析得到的结果，具体形式有报告、建议或意见等。在提出系统分析结论时，一定不要用晦涩难懂的术语和复杂的推导，而要让决策者容易理解、便于使用。结论的作用只是阐明问题与提出处理问题的意见和建议，并不是最终的决策方案。系统分析的结论只有经过决策层的决策以后，才能付诸实际，发挥它的社会效益和经济效益。

系统分析要素结构图如图3-4所示。

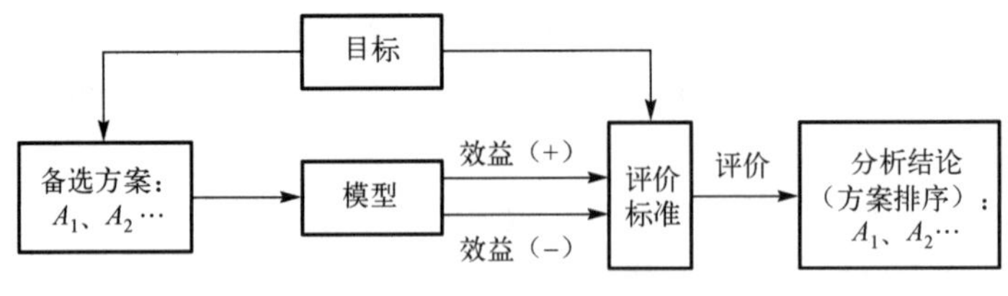

图3-4　系统分析要素结构图

系统分析是在明确系统目标的前提下进行的，经过开发研究得到能够实现系统目的的各种备选方案以后，建立模型，借助模型进行效益—费用分析，然后依据评价标准对备选方案进行综合评价，以确定方案的优先顺序，最后向决策者提出系统分析的结论（报告、建议或意见），以辅助决策者进行科学决策。

系统分析从明确目标开始，通过模型预测各种备选方案的效益与费用，然后根据评价标准进行评价，最后确定各备选方案的选择顺序。通常，对于一个系统问题的分析仅进行一次是不够的，一项成功的分析是一个连贯的循环，如图3-5所示的系统分析的步骤通常是循环进行的。

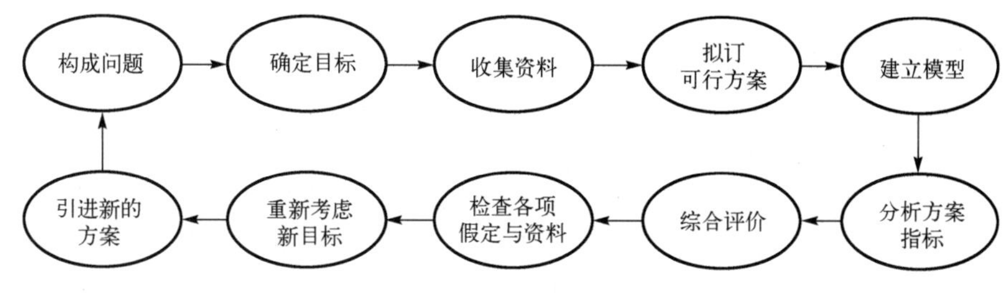

图 3-5　系统分析的步骤

3.3　几种常用的系统分析方法

系统工程的各个环节中有很多问题是比较难把握的，需要借助一些专门的技术和方法。虽然明确问题、确定目标之类的工作不是单纯依靠技术能完成的，但一些技术性方法在某些过程中还是能够发挥作用的，例如，统计学中的多元统计分析在发现问题等方面的作用就很明显。本节介绍几种在创造学中有代表性的技术方法，将它们用于系统分析之中，可以有效地解决问题。

3.3.1　头脑风暴法

在群体决策中，由于群体成员心理方面的相互影响，易屈从于权威或大多数人的意见，形成所谓的"群体思维"。群体思维削弱了群体的批判精神和创造力，损害了决策的质量。为了保证群体决策的创造性，提高决策质量，发展了一系列改善群体决策的方法，头脑风暴法是较为典型的一个。

头脑风暴法又称为智力激励法、BS（Brain Storming）法、自由思考法，是由创造学家 A.F.奥斯本于 1939 年首次提出、1953 年正式发表的一种激发思维的方法。这一方法经过各国创造学研究者和各专业界人士的实践与发展，如今已经成为应用非常广泛、手段非常丰富、深受众多企业和组织青睐的方法。

头脑风暴法的基本方式是，参与讨论的多个人围桌而坐，研究一个问题。全体成员在轻松的气氛中围绕主题毫无顾虑地发表自己的意见。在此过程中，需要注意以下几点：集中一个题目，用易懂的语言简洁地叙述；绝不允许批判别人的想法；欢迎各抒己见；想法越多越好；鼓励以别人的想法为启示来修改或构成自己的新想法。

会上设一个领导人，领导人要创造自由的气氛，把住重点，不要偏离主题。在讨论中，由记录员将全体成员畅谈出来的诸多想法一一记录下来。

用这样的方法能在短时间内得到许多意见，能够有效地发挥集体的长处。将这些意见汇总打印，由领导人进行总结、评价和分析，并最后决定取舍。在大多数情况下，其采用率很高。头脑风暴法目前已被广泛使用，其作用已得到普遍的认可。

头脑风暴法用来解决系统问题十分有效。头脑风暴法的本身就体现了系统分析的特点。其动因和效应主要包括"联想反应""热情感染""竞争意识""个人欲望"。

在采用头脑风暴法组织群体决策时，主持者以明确的方式向所有参与者阐明问题，说明会议的规则，尽力创造融洽轻松的会议气氛。主持者一般不急于发表意见，以免影响会议的气氛，在宽松、自在的氛围下，专家们可以"自由"地提出尽可能多的方案。

3.3.2 反头脑风暴法

反头脑风暴法（Anti-Brain Storming）也称为质疑头脑风暴法、逆向头脑风暴法。这是一种小组座谈会形式的评价方法，通过将焦点集中在反对意见上面加以质疑从而获得新的创意，其主要用途是借以发现某种观念的缺陷，并预期如果实施这种观念会出现的不良后果。

反头脑风暴法和头脑风暴法类似，唯一不同的是在反头脑风暴法中允许提出批评，鼓励以批判的眼光揭示某种观念的潜在问题。事实上，这种方法的基本点就是通过提问以发现创意上的缺点，谈论的焦点在于反对意见，主持人应注意保持参与者的士气。它能有效地激发创造性思维，先确认某一创意中所存在的各种问题，然后就如何解决这些问题展开讨论，直到所有的观念都经过彻底批判为止，然后遵循经典头脑风暴法的程序，对这些观念进行重新考察，以便为某种观念的缺陷寻求解决办法，并且挑选缺点最少、最有可能解决问题的观念作为推荐的实施方案。

在反头脑风暴法的程序中，第一阶段就是要求参与者对每一个提出的设想提出质疑，并进行全面评论。评论的重点在于研究有碍设想实现的所有限制性因素。在质疑过程中，可能产生一些可行的新设想。这些新设想包括对已提出的设想无法实现的原因的论证、存在的限制因素，以及排除限制因素的建议。第二阶段是针对每一组或每一个设想编制一个评论意见一览表，以及可行设想一览表。质疑过程一直进行到没有问题可以质疑为止。第三阶段是对质疑过程中抽出的评价意见进行估价，以便形成一个对解决所讨论问题实际可行的最终设想一览表。对评价意见的估价与对设想质疑的讨论一样重要。因为在质疑阶段，重点研究有碍设想实现的所有限制因素，始终将它们放在重要地位予以考虑。

3.3.3 K.J.法

K.J.（Kawakita Jiro）法是日本东京工业大学的川喜田二郎教授根据自己去喜马拉雅山旅游时所做的旅游纪实而发明的方法，用来从很多的具体信息中摸索出整体的轮廓和内容。其原理是，把每一条信息分别记在一张卡片上，将这些卡片摊在桌子上全面地加以观察，把有亲近性的卡片集中起来组成辅助问题。通过分析汇总，形成对于旅游过程和游览对象的总体认识。这种方法把人们对图形的思考功能与直觉的综合能力很好地组合起来。

K.J.法通常用于事项未明、因果关系复杂、混沌不清的研究对象上，集合众力，明了来龙去脉，做好事情。它最突出的优点是不需要特别的手段和知识，无论个人还是团体都能简便地运用。但如果辅助问题的信息量太大，就不能环视整体，必须适当地加以整理，把它归纳为更多的辅助问题。另外，依靠人类的直觉和经验去构造问题的框架从而取得相应结果，难免带有主观性。面对同样的问题元素，不同的实施者可能得出不同的结论，这样的问题在各种方法中都是存在的。

K.J.法在系统工程学的各个阶段都能采用，特别是在开发初期，对于辅助问题的发现、目标的接近、变量和结构要素的整理、评价项目和评价基准的选定等都是极为有效的。

K.J.法的实施按下列顺序进行。

（1）明确实施者目前在寻求什么，目的为何，在资料和知识等方面还有哪些欠缺。

（2）尽可能广泛地收集与研究主题相关的各种信息，用关键字简洁地表示。

（3）为每个信息做一张卡片，卡片的标题要简明易懂，以防误解。

（4）把卡片摊在桌子上全面观察，把有接近度的卡片集中在一起作为一个小组（凭实施者的感觉来判断)。这个步骤在 K.J.法中是最有特色的部分，需要充分运用人类本身具有的直觉能力。

（5）给小组重新取个新名称。这是由小项目（卡片）归纳起来的小组，把这样的小组作为辅助系统来登记。在选定名称时，注意事项同步骤（2）。这个步骤不仅要用直觉，还要运用分析能力去发现小组的意义所在。

（6）重复步骤（4）和步骤（5）的程序，编成小组、中组及大组等，即若干小组形成中组，若干中组形成大组，以此类推。对难以编组的卡片不要硬性编入任一组中，可把它单独放在一边，形成一个单独的问题。

（7）把项目（卡片）放在桌子上进行移动，按小组间的类似关系、对应关系、从属关系、因果关系和相辅关系进行排列。

（8）将排列结果归纳为图表，即按大小用粗细线把小组框起来，用带箭头的连线等把一个个有关系的框连接起来。至此，整体的层次结构便一目了然了。

（9）观察结构图，思考它的意义所在，把思考的结果总结成文章。从某一个小组开始记叙，写出辅助问题的内容和相互关系。凭直觉得到结构，然后通过分析和肯定说明结构的意义以加深理解。在成文的过程中会有新的发现，会产生新的想法并逐步加深对问题的认识。

3.3.4　概要记述法

概要记述法的重点在于两个方面：一是概要；二是记述。概要记述法的要旨是：通过主要情节的合理论述，统一全体成员的认识，明确问题，想清对策。在进行系统开发时，应使集体中的每个成员尽可能详细地了解开发的目的、立场、条件、范围、环境、时间、预测、可能利用的信息、术语的定义及开发的水平、评价标准和主要因素等。

以文章的形式去记述问题，这本身就是发现问题的一种方法。因为要写出文理通顺的文章，就必须分析和整理问题的内容。对于那些尚未弄清的地方用推理和直觉加以补充，并加上富有逻辑性、没有矛盾的说明。在这样的思考过程中，往往能明确问题，并想出各种有效的对策。

如果是普通的技术开发，其概要记述就相当于说明书。因为系统开发是一个复杂的问题，而且在开始时常常并不十分明确，为了统一全体成员对问题的认识，使他们的认识水平一致，最好论述其合理的情节，称为概要。概要的定义很多，其中一个就是记述所有作为对象的系统将要面临的条件，在进行系统的开发、分析、预测和展望时指定它的工作环境。

对系统建立者来说，概要的益处在于使问题十分明了，让别人都能理解。这不仅取决于建立者的直觉和意图，也需要逻辑严谨的分析，不能自以为是，不能遗漏重要的细节，也不能忽视背景因素。

另外，对于阅读概要的人来说，明显的益处在于容易理解，容易在脑海中浮现出系统的具体形象，有利于直接激发思想表达和创造力。

概要记述法的缺点在于问题的构成因素稍有改变，其情节就可能面目全非，因此需要注意线索的一贯性。如果要将这种方法用于未来预测或方案决策，就要把极端情况及中间情况分别写成其概要，并分别准备答案。

比较概要记述法和 K.J.法，可以看出二者在解决问题的思路上是相映成趣的。K.J.法是根据众多的细节及线索不断总结，提炼共性因素，使问题能够完整形象地呈现出来。它是一种自下而上的分析方法。概要记述法则恰好相反，它从一开始就勾画出问题的总体框架，而后不断剖析，得到全部的细节和丰满的内容。这是自上而下的分析方式。

3.3.5 5W1H法

5W1H法也叫作六何分析法。它是一种思考方法，也可以说是一种创造技法，指的是对选定的项目、工序或操作，从原因（何因）、目的（何事）、时间（何时）、地点（何地）、人员（何人）、方法（何法）六个方面提出问题并进行思考。对所要讨论的问题，首先要定下几个方向，依次进行探讨，这样容易找到线索。六个英语疑问词可作为提出问题的引导词，即Why，What，When，Where，Who，How，该法因此被称为六何法。由这些疑问词引出问句并加以解答，就容易抓住问题的要点。通过表3-2和表3-3中那些看似简单的提问，可使思考的内容深入化、条理化、科学化。

（1）这个项目为何需要（Why）？

（2）项目的目的是什么（What）？

（3）它在什么时候和什么情况下使用（When）？

（4）使用的场所在哪里（Where）？

（5）是以谁为对象的系统（Who）？

（6）怎样做才能解决问题（How）？

也有人在此基础上增加了一个H（How Much）（数量的多少），形成了5W2H，在六何法的基础上增加一个疑问词即为七何法。

（1）Why —— 为什么？为什么要这么做？理由何在？

（2）What —— 是什么？目的是什么？做什么工作？

（3）When —— 何时？什么时间完成？什么时机最适宜？

（4）Where —— 何处？在哪里做？从哪里入手？

（5）Who —— 谁？由谁来承担？由谁来完成？由谁来负责？

（6）How —— 怎么做？如何提高效率？如何实施？方法怎样？

（7）How Much —— 资金支出多少？做到什么程度？数量如何？质量水平如何？产出如何？

5W1H（或5W2H）法中疑问词所代表的含义，除上述内容外，还能想出很多类似的问句。在系统开发的各个阶段，对问题的探讨应从宏观逐渐转移到微观。5W1H（或5W2H）法的问答也会有相应的改变。用这样的方式去发现解决问题的线索，寻找发明思路，进行设计构思，从而获得新的发明或发现。

【例3-2】大野耐一的追问

丰田汽车公司前副社长大野耐一经常深入生产一线检查，发现并解决问题。

有一次，大野耐一发现车间里一台机器总是停转。修过多次，依然不见好转。于是，大野耐一与工人进行了对话。

一问：“为什么机器停了？”

答：“因为超过了负荷，保险丝就断了。”

二问：“为什么超负荷呢？”

答："因为轴承的润滑不够。"

三问："为什么润滑不够？"

答："因为润滑泵吸不上油来。"

四问："为什么润滑泵吸不上油来？"

答："因为油泵轴磨损、松动了。"

五问："为什么油泵轴磨损了呢？"

再答："因为没有安装过滤器，混进了铁屑等杂质。"

经过五次问"为什么"，找到了问题的真正原因和解决的方法——在油泵轴上安装过滤器。

对疑问的回答是否经过深思熟虑，这将决定事情的成败。为加深对内容的理解，最好反复使用同样的疑问词。例如，上述第一个问题向自己或集体成员发问，最初也只能得到原则性的简单回答。对这个问题再提出"为什么"这一新的质问（或追问），便能得到比前一次内容更为深刻的回答。这个疑问词反复使用数次就能逐渐接近要寻求的答案。

5W1H（或 5W2H）法的四种技巧分别是取消、合并、改变和简化。

（1）取消，就是看现场能不能排除某道工序，如果可以就取消这道工序。

（2）合并，就是看能不能把几道工序合并，尤其在流水线生产上，合并的技巧能立竿见影地改善并提高效率。

（3）改变，指的是改变一下顺序，改变一下工艺，这样就能提高效率。

（4）简化，就是将复杂的工艺变得简单一点，也能提高效率。

对于任一工作、工序、动作、布局、时间、地点等，都可以运用取消、合并、改变和简化四种技巧进行分析，形成一种新的人、物、场所结合的新概念和新方法。

3.4　系统分析的思路、要点和步骤

3.4.1　系统分析的思路

在复杂的世界中，几乎任何事物都是与其他事物相互联系的。系统的思维推理方法，就是把所要研究的对象理解为一个从周围环境中划分出来的整体。这个整体包括许多从属的子系统。各个子系统之间相互作用，每个子系统在整体中都可能受到其他子系统的制约。系统整体的作用只有在弄清所有子系统的相互作用时才能理解清楚。

系统的分析要在边界内进行，划分系统的边界有时是不容易的，但通过确定它的边界范围来鉴定它的要素和组成部分又是必要的。系统的分析无法面面俱到，不能对系统内的所有问题都去分析解决，而是需要对系统整体中起重要作用的基本要素进行分析，找出主要矛盾，解决主要矛盾。至于系统以外的因素对系统所施加的影响，在分析中也要加以注意，哪些有关因素是在控制范围之内的，对这些因素可能产生的结果尤其要调查清楚。

表 3-1 中对于城市物流系统的分析就是从基础设施、物流技术、服务质量、经济效益、绿色物流、物流保障的角度来确定边界范围，而后确定各个边界中的基本要素，并对具体内容展开分析的。

表 3-1　城市物流系统的分析

边界范围	基 本 要 素	具体内容（单位省略）
基础设施	交通基础建设	公路密度、铁路密度、机场航线数 物流基地与配送中心数量、货运总量、客运总量
物流技术	企业物流信息技术应用	物流信息化状况、物流标准化状况
	政府物流信息技术应用	电子政务发展状况、城市物流公共信息平台状况
服务质量	物流企业基本状况	专业物流企业数量占比
	物流服务可靠性	准时交货率、产品合格率、客户满意度
经济效益	城市经济状况	GDP(国内生产总值)、交通运输仓储邮政业生产总值
	物流经济效益	社会物流总额、社会物流总额占 GDP 的比例、社会物流总额同比增长占 GDP 的比例
绿色物流	城市环境现状	二氧化硫排放量、烟尘排放量、区域绿化率、年交通事故数、日常能源消耗
物流保障	政府投入与人才培养	物流基础设施建设投入力度、人才的培养
	政策执行	扶持政策、管理制度、协调政策、行业政策

3.4.2　系统分析的要点

在系统分析时要运用逻辑推理。特别是探索系统分析的目标时，分析人员要追问一系列的“为什么”，直到问题有了清楚的答案，知道应当采取什么对策。表 3-2 列出了系统分析的要点。

表 3-2　系统分析的要点 1

项　　目	为 什 么	应 该 如 何	采取什么对策
原因	为什么提出这个问题	应提什么	删去工作中不必要的部分
目的	为什么从此入手	应做什么	
时间	为什么在这时做	应在何时做	合并重复的工作内容
地点	为什么在这里做	应在何处做	
人员	为什么由此人做	应由谁做	
方法	为什么这样做	应如何去做	使工作尽量简化

表 3-3 以分步形式提出了一系列的“为什么”，更能明确地表达系统分析的要点。

表 3-3　系统分析的要点 2

项目	第一次提问	第二次提问	第三次提问
目的	是什么	为什么要确定这个	目的是否已经明确
时间	在何时做	为什么在这时做	有无其他更合适的时间
地点	在何处做	为什么在这里做	有无其他更合适的地点
人员	由谁做	为什么由此人做	有无其他更合适的人选
方法	怎样做	为什么要这样做	有无其他更合适的方法

上述内容就是前文所述的六何法。当我们接受了某个系统的开发任务时，必须首先设定问题，然后才能对问题进行分析研究，找到解决问题的对策。如果此时拟出表 3-2 和表 3-3 中的疑问句并进行解答，就很容易抓住问题的要点，找到解决问题的关键。

实践证明，对那些技术复杂、投资费用大、建设周期长，特别是存在不确定因素、相互矛盾的系统，系统分析更是不可缺少的一环。只有做好了系统分析工作，才能获得良好的系统设计方案，避免经济上的重大损失。

3.4.3　系统分析的步骤

实际的系统因构成要素、系统性质、应用条件、所处环境等各方面的不同，在分析时采取的手段和具体方法也会存在差异，但每一个系统都由一些典型的相互关联的行为构成，不同的系统在分析时都遵循一些共同的特征。根据实践经验，系统分析的步骤可概括为如图3-6所示的逻辑结构图。

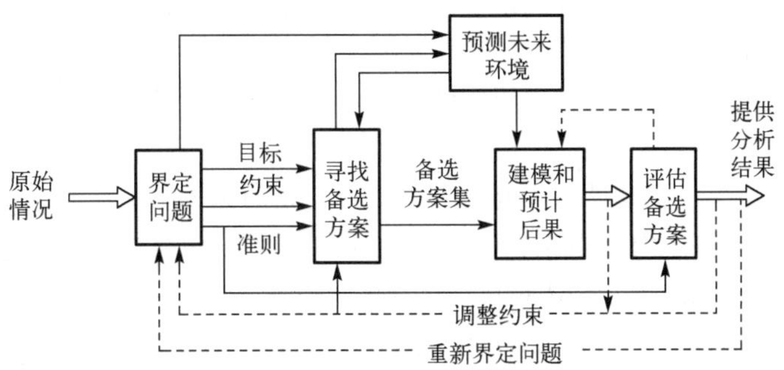

图 3-6　系统分析过程的逻辑结构

首先需要根据原始情况界定问题，同时确定系统的目标、约束条件，以及相应的准则，寻找备选方案。备选方案一般有多个，形成备选方案集，同时需要对未来的环境进行预测。界定问题和寻找备选方案的过程都与未来环境的预测结果紧密关联。在备选方案集和预测未来环境的基础上，构建模型和预计后果并对备选方案进行评估。根据评估的结果，返回前面的步骤，对建模、寻找备选方案、界定问题等环节做出相应改变，或调整约束，或重新界定问题。在一项系统工程的分析过程中，每个行动环节一次顺利完成的可能性相对较小，一般需要在信息反馈的基础上反复多次地进行。

系统分析方法的具体步骤可以概括为：界定问题，确定目标，调查研究、收集数据和信息，提出备选方案和评价标准，评估备选方案，提供分析结果。

（1）界定问题。所谓“问题”，就是现实情况与计划目标或理想状态之间的差距。系统分析的核心内容有两个：一是进行“诊断”，即找出问题及其原因；二是“开处方”，即提出解决问题的最可行方案。界定问题是系统分析中关键的一步，因为如果“诊断”出错，随后开出的“处方”就有可能出错，更谈不上对症下药。要明确问题的本质或特性、问题存在的范围和影响程度、问题产生的时间和环境、问题的症状和原因等。在界定问题时，要注意区别症状和问题，探讨问题原因时不能先入为主，同时需要判别哪些是局部问题，哪些是整体问题。

（2）确定目标。系统分析的目标应该根据客户的要求和问题的性质来确定，如应尽量通过指标表示，以便进行定量分析。对不能定量描述的目标，也应尽量用文字描述清楚，以便进行定性分析并评价系统分析的成效。

（3）调查研究、收集数据和信息。调查研究、收集数据和信息应该围绕问题的起因进行，一方面要验证对问题及环境的假设，另一方面要探讨产生问题的根本原因，为下一步提出解决问题的备选方案做准备。调查研究常用的四种方式，即阅读文件资料、访谈、观察和调查。

收集的数据和信息包括事实（Facts）、见解（Opinions）和态度（Attitudes）。要对数据和信息去伪存真，交叉核实，保证真实性和准确性。

（4）提出备选方案和评价标准。通过深入调查研究，确定需要解决的问题，明确产生问题的主要原因，在此基础上，有针对性地提出解决问题的备选方案。备选方案是解决问题的建议或设计，应提出两种以上的备选方案，以便进一步评估和筛选。要根据问题的性质和客户具备的条件，提出约束条件或评价标准供下一步使用。

（5）评估备选方案。根据上述约束条件或评价标准，对备选方案进行评估。评估应该是综合性的，不仅要考虑技术因素，也要考虑社会、经济等因素，评估小组的成员应该有一定代表性，除咨询项目组成员外，也要吸收客户组织的代表参加。根据评估结果确定最可行方案。

（6）提供分析结果。提交的最可行方案并不一定是所谓的最佳方案，它是在约束条件之内，根据评价标准筛选出的最现实可行的方案。若客户满意，则系统分析达到目标；若客户不满意，则要与客户协商调整约束条件或评价标准，甚至重新界定问题，开始新一轮系统分析，直到客户满意为止。

通过科学而细致的系统分析，可以发现问题的症结及其原因，找到解决途径。

物流系统分析的步骤如图 3-7 所示。

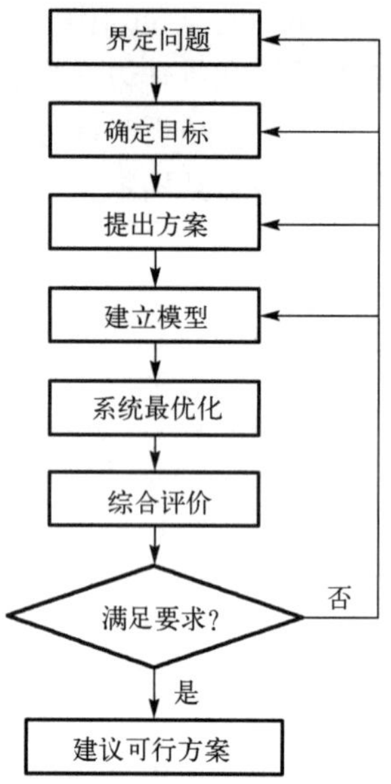

图 3-7　物流系统分析的步骤

【例 3-3】C 公司业绩下降的原因分析

有一家成立十年的快运企业 DT 公司在临近几个省的大中型城市共有 12 家分公司。其中一家位于非省会大城市的分公司 C 从某一年的夏天开始出现了经营业绩的明显下滑。总公司安排专人对此进行了调查。他们发现，当年 5 月这家分公司 C 正好更换了一个新的总经理。自从新的总经理上任后，业绩就开始下滑。为谨慎起见，董事会并没有简单地将过错归结到新的总经理身上，而是提出要从业绩下降本身从“确认”“地点”“时间”“广度”等方面来加以分析。

确认：C 公司的业绩下降。

地点：C 公司所在城市在过去 3 年里有几个大型国际合作项目，很多外国人携家带口在此生活，而且人口流动比较频繁。

时间：从这一年的年初开始 C 公司的业务就开始出现下滑现象。

广度：业绩下滑以 C 公司为止。

在以上四个方面调查的基础上，进一步分析 C 公司的经营内容，他们主要为前来工作的外国客户提供跨国举家搬迁的配套服务。因为有几个大的合作项目在去年年底已经结束，大部分外国客户在 1—4 月已经先后回国，很少有新的客户从国外前来 C 公司的城市。他们的客户明显减少，企业业绩的下滑就显而易见了。

在找到原因之后，总公司与 C 公司的总经理和管理团队共同讨论，开发了新的业务内容，制订了具体的方案，业绩也得到了逐步的提升。

3.5　物流系统分析常用的理论及方法

物流系统是指在一定的时间和空间内，由所需要输送的物料和包括有关设备、输送工具、仓储设备、人员及通信联系等若干相互制约的动态要素构成的具有特定功能的有机整体。物流系统分析常用的理论及方法主要包括以下四种。

3.5.1　数学规划法

数学规划法就是所谓运筹学的方法，这是一种对系统进行统筹规划、寻求最优方案的数学方法，其具体理论与方法包括线性规划、动态规划、整数规划、排队规划和库存论等。这些理论和方法都可用来解决物流系统中物流设施的选址、物流作业的资源配置、货物配载、物料储存的时间与数量等问题。

3.5.2　统筹法

统筹法（也称为网络计划技术）是指运用网络来统筹安排，合理规划系统的各个环节。用网络图来描述活动流程的线路，把事件作为节点，在保证关键线路的前提下安排其他活动，调整相互关系，以保证按期完成整个计划。该项技术可用于物流作业的合理安排。

3.5.3　系统优化法

系统优化法是在一定约束条件下，求出目标函数的最优解。物流系统包括许多参数，这些参数相互制约，互为条件，同时受外界环境的影响。系统优化研究就是在不可控参数变化时，根据系统的目标来确定可控参数的值，使系统达到最优状况。

3.5.4　系统仿真

系统仿真是根据系统分析的目的，在分析系统各要素性质及其相互关系的基础上，建立能描述系统结构或行为过程、具有一定逻辑关系或数量关系的仿真模型，据此进行试验或定量分析，以获得正确决策所需的各种信息。

上述不同的方法各有特点，在实际中都得到广泛的应用，其中，系统仿真技术近年来的应用最为普遍。随着计算机科学与技术的飞速发展，系统仿真技术的研究不断完善，应用不断扩大。

3.6　物流系统分析的基本内容

第 2 章中介绍的物流系统管理的总成本法、避免次优化法和得失比较分析法，这三种方法实际上就是物流系统成本效益的分析。

除成本效益分析之外，物流系统的分析还有一些其他重要的内容，主要包括如下几个方面：物流系统目的分析、物流系统结构分析、物流系统细节分析等。

物流系统分析贯穿于系统构思、技术开发、制造安装、运输的全过程，尤其以物流系统设计与发展规划阶段为重点。应用范围具体包括系统规划方案的制订、生产力的布局、厂址的选择、库址的选择、物流网点的设置、交通运输网络的设置等，还包括工厂（或仓库、货场）

内的合理布局，库存管理，对原材料、在制品、产成品的数量控制，成本（费用）控制，等等。

物流系统分析一般可从目的分析、结构分析和细节分析三个方面入手。

3.6.1 物流系统目的分析

物流系统目的分析就是回答此系统用来解决什么问题。系统工程人员作为决策者的智囊团，其任务是通过一定的分析和技术手段帮助决策者达到真正的目的并找到适当的途径。理想的做法应是尽早明确目的，且对于问题本身的定位越准确越好。系统的目的可能由决策者事先提出，但通常的情况下，并不是每次都能用清晰明了的语言表述得很清楚，很多情况下，只是先提出一个大概，需要由系统工程人员将它明确。即便决策者事先已经提出了非常具体的目的，也不能不加分析地予以采纳，必须进行全面的分析。

系统目的的确定关系整个系统的方向、范围、投资、周期、人员分配等方面的决策。因此，分析并正确地确定系统目的，具有十分重要的意义。如果从一开始目的就不明确、不合理或根本就是错误的，开发出的系统就会毫无意义，只能是人力、物力、财力和时间的浪费。

1．物流系统目的分析的原则

在进行物流系统目的分析时，必须保证系统目的符合以下四项原则：① 技术上的先进性；② 经济上的合理性和有效性；③ 与其他系统的兼容性和协调性；④ 对外部环境变化的适应性。

2．物流系统目的分析的内容

物流系统目的分析的主要内容包括对系统目的的必要性分析、可行性分析、完整性分析以及层次性分析。

（1）系统目的的必要性分析。对系统的目的进行必要性分析，也就是要弄清楚新建一个系统或进行物流系统的重组是否有必要。一般可以考虑以下三个方面的问题。

① 现有的物流系统是否出现了与客观环境不适应、与国民经济发展不适应的情况？

政策环境和经济环境的变化会使原有的物流系统在某些方面不再满足要求。例如，随着环保意识的增强，对固体废物、汽车尾气的排放等制定了更加严格的标准，这就要求物流系统的流通加工、包装、运输等环节能适应新的环保要求，控制废物、废气的排放量，或者重新考虑环境友好的物流系统。又如，水上运输系统的发展趋势是船舶大型化、码头建设专业化和深水化，相应就要大力提高港口的装卸能力，因而必须对港口物流系统的装卸子系统进行重新设计或改造，否则，就不能适应客观环境的要求。另外，某一地区经济的快速增长，物流量的快速增加，也会出现与现有物流系统不相适应的情况。

② 系统内部的软、硬件环境是否能满足新技术发展的要求？

例如，由于条码技术、网络技术、信息技术的发展和在物流领域的广泛应用，可能会使企业原有的物流信息系统过于落后，或出现与供应链上的其他企业不兼容的情况。又如，由于仓储设备、装卸设备的落后，影响物流作业效率的提高，不能满足客户服务要求，等等。

③ 是否出现新的市场需求，或消费者是否提出了全新的服务要求？

例如，区域经济的发展、产业结构的调整、消费者需要更高标准的物流增值服务等都将产生新的物流市场需求，因而有必要建立新的物流系统。又如，农业结构调整后，大量的农副产品的集散就需要建立现代化的农产品物流中心，因而需要重新建立区域性的农产品物流系统。

（2）系统目的的可行性分析。目的的可行性包括理论上是否有充足的证据、现实条件是否能保证目的的实现。审查内容主要包括所提出的系统目的是否有科学的依据，是否经过充分的论证，是否与有关基础理论相违背。在客观条件方面，需要分析和评价现有的技术水平、资金能力、资源条件、人才条件、外部环境等是否能够保证系统目的的实现。

（3）系统目的的完整性分析。系统目的的完整性是指提出的目的是否充分反映了系统的多样性和系统本身所具有的层次性特点。建立一个物流系统，一般会提出多个目的。例如，前面提到的城市物流系统，既要求能改善公共交通环境，缩短车辆行驶时间，还要求方便商品流动和居民购物，同时还要求有利于城市环保。有些目的之间是彼此矛盾的，“效益背反”规律是物流系统的特点。因此，必须对物流系统各目的的重要性进行排序，采取适当的处理方法，将多目的问题转换成一个当量总目的来处理。

（4）系统目的的层次性分析。物流系统的层次特性说明物流系统的目的也是分层次的。高层次的系统目的适应范围广、适应时期长；低层次的系统目的比较明确具体，但低层次的系统目的应服从高层次的系统目的。在审查系统目的的时候，不仅要审查系统的总目的，还要审查子系统的目的，包括子系统目的的科学性、可行性及完整性等。另外，还要考察系统的总目的与各层次子系统的局部目的之间是否协调、子系统的各个局部目的之间是否矛盾等。

一般来说，系统目的是定性的，如扩大市场份额、成本最小化、利润最大化。而系统目标是一系列具体的、定量的指标，如对客户的订货信息处理时间低于 24 小时、收到发票后的 16 个工作小时内进行订货处理等。目的是通过一系列目标来实现的，目标是对目的的具体化和定量化。一个系统有多个目的，每个目的又可通过多个指标来体现，所有这些指标相互联系、相互影响，就构成了系统的指标体系，或多层次的目标结构。

3．物流系统目的分析与设计举例

下面以港口集装箱物流系统为例说明总目的与子目标的关系。

【例 3-4】港口集装箱物流系统的结构分析

某港口准备以集装箱转运中心作为其战略目标。港口发展的总目的是由组成港口的各子系统的子目标来实现的，如图 3-8 所示。

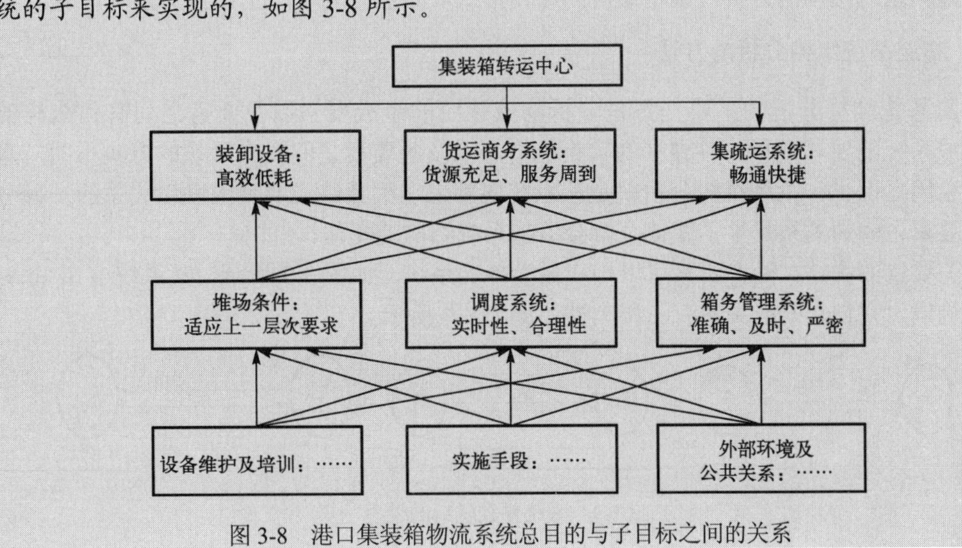

图 3-8　港口集装箱物流系统总目的与子目标之间的关系

3.6.2 物流系统结构分析

一部机器由多个零件、部件组成，但这些零部件并不是随意堆到一起就能成为一部机器的。零件与部件之间必须满足一定的装配关系。

系统也是一样。系统是由多个要素构成的有机整体。各要素之间的联系和作用是在整体的框架内依据一定的规则进行的。系统结构指的是系统各要素之间相互联系、相互作用的方式，各要素之间在时间或空间上排列和组合的具体形式使系统保持整体性且具备一定的功能。

一个物流系统由运输、仓储、配送、包装、装卸搬运、流通加工、信息管理等多个功能模块组成，每一个功能模块中又包含了许多具体的要素。各功能模块之间、各组成要素之间均存在一定的关系，需要进行结构上的分析，使其尽可能地合理，方能发挥系统的效用。

物流系统结构分析的目的就是要弄清构成物流系统的各组成要素之间的相互作用形式，为实现物流系统整体功能建立优良的结构体系。

1．物流系统结构及其与系统功能的关系

物流系统结构与功能之间存在对应的关系。

（1）物流系统结构的特性。系统结构的含义是系统内部各要素间相对稳定的联系方式、组织秩序等内在表现形式。物流系统结构是指物流系统内部各组成要素在时间或空间上排列的具体形式。物流系统结构反映的是物流系统各要素内在的有机联系形式。物流系统结构的主要特性是：① 稳定性；② 层次性；③ 开放性；④ 相对性。

（2）系统结构与功能的关系。结构是功能的内在根据，功能是要素与结构的外在表现。功能的含义在于，系统与外部环境在相互关系和相互作用中表现出来的性质、能力、功效。一定的结构总是表现一定的功能，一定的功能总是由一定的结构系统产生。因此，没有结构的功能和没有功能的结构都是不存在的。各孤立的要素只有通过结构连成一个整体，才能表现出一定的功能。

系统结构与功能的关系可用三句话来表示：① 系统结构是实现系统功能的基础；② 系统结构决定系统功能；③ 系统功能对系统结构有反作用。

通过对系统结构的分析，确定最优的结构形式，必然有利于产生最佳的系统功能。

2．物流系统结构分析的方法

物流系统结构分析的主要任务是分析物流系统的组成要素以及要素之间有什么样的关系。构成系统的要素数量、各要素的转换能力，以及各要素之间发生联系的方式不同，系统的性质也因之而异。系统结构分析就是从系统内部来考察其组成要素的联结关系的一种分析方法，要素之间的关系发生了变化，就会引起系统结构的变化。

（1）要素的联结。两个要素可以构成最简单的系统，如图 3-9 所示。某系统由 S_1 和 S_2 两个要素构成，它们之间的关系有三种类型，如图 3-9 所示。

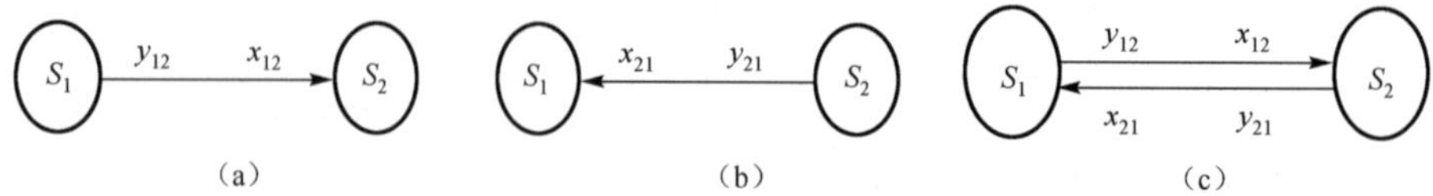

图 3-9 系统要素联结的类型

在图 3-9 中，箭头表示要素之间的作用方向。图 3-9（a）和图 3-9（b）表示要素 S_1 和 S_2

的作用是单方向的；图 3-9（a）表示 S_1 作用于 S_2，S_2 不作用于 S_1；图 3-9（b）表示 S_2 作用于 S_1，S_1 不作用于 S_2；图 3-9（c）表示 S_1 与 S_2 是相互作用的。

在图 3-9 中，x_{12} 和 x_{21} 分别表示从 S_1 到 S_2、从 S_2 到 S_1 的输入，y_{12} 和 y_{21} 分别表示从 S_1 到 S_2、从 S_2 到 S_1 的输出。当 S_1 直接作用于 S_2 时，从 S_1 到 S_2 的输出 $y_{12}=x_{12}$；同理，从 S_2 到 S_1 的输出 $y_{21}=x_{21}$。这种处于直接作用状态下的两要素称为联结状态。在图 3-9 中，S_1 直接作用于 S_2 称为“从 S_1 至 S_2 的联结”。

用符号 C_{ij} 表示要素 S_i 与 S_j 的这种联结状态，称为联结系数，并定义如下。

① S_i 直接作用于 S_j 时，$C_{ij}=1$。

② S_i 与 S_j 未联结时，$C_{ij}=0$。

按上述定义，C_{ii} 表示要素内部自己与自己的联结，或称为自我联结，但是由于没有作用的意义，所以，规定自我联结系数都为 0。

联结系数的一般表达式可写为输入 = 联结系数 • 输出，即 $x_{ij} = C_{ij} \cdot y_{ij}$。

系统诸要素之间的联结方式可分为串联联结、并联联结和反馈联结。一切系统的结构都可看作由这三种基本联结方式通过复杂组合而构成，如图 3-10 所示。图 3-10 中三种情况的联结系数分别为：（a）$C_{12}=1$，$C_{21}=0$；（b）$C_{12}=0$，$C_{21}=1$；（c）$C_{12}=1$，$C_{21}=1$。

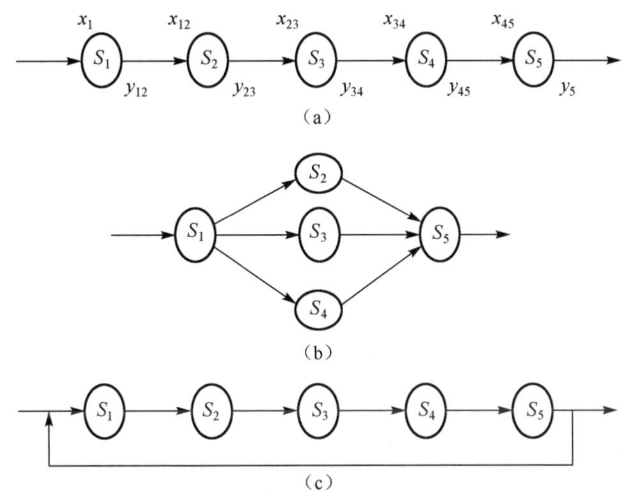

图 3-10　系统要素的联结类型

以图 3-10（a）为例进行分析，系统由 5 个要素串联组合而成，各要素的输入与输出表示方法与图 3-9 中的相同。系统与外部环境的作用是通过外部对要素 S_1 的输入和要素 S_5 对外部的输出反映的，分别用符号 x_1 和 y_5 表示。图 3-10（a）中各要素间的联系可用联结系数表示为

$$C_{12}= C_{23}= C_{34}= C_{45}=1$$
$$C_{11}= C_{13}= C_{14} = C_{15}=0$$
$$C_{21}= C_{22}= C_{24} = C_{25}=0$$
$$\vdots$$
$$C_{51}= C_{52}= C_{53} = C_{54}= C_{55}=0$$

（2）系统的结构矩阵。系统结构就是构成系统的所有要素之间的关系，可以用要素之间的联结关系来说明，此时联结系数起主要作用。将系统中所有要素之间的联结系数组成一个矩阵，该矩阵就称为系统的结构矩阵。一个由 5 个要素构成的系统，其结构矩阵用 $\boldsymbol{M}$

表示为

$$
\begin{array}{c} \\ \\ \\ \boldsymbol{M} = \end{array}
\begin{array}{c} 至 \\ 从S_1 \\ 从S_2 \\ 从S_3 \\ 从S_4 \\ 从S_5 \end{array}
\begin{array}{c} \begin{array}{ccccc} S_1 & S_2 & S_3 & S_4 & S_5 \end{array} \\
\begin{bmatrix} C_{11} & C_{12} & C_{13} & C_{14} & C_{15} \\ C_{21} & C_{22} & C_{23} & C_{24} & C_{25} \\ C_{31} & C_{32} & C_{33} & C_{34} & C_{35} \\ C_{41} & C_{42} & C_{43} & C_{44} & C_{45} \\ C_{51} & C_{52} & C_{53} & C_{54} & C_{55} \end{bmatrix} \end{array} \tag{3-1}
$$

根据图 3-10 中各元素的联结情况，相应地，可写出任意两个元素间的联结系数，进而可写出图 3-10 中串联结构、并联结构和反馈结构的结构矩阵，分别用 $\boldsymbol{M}_{串}$、$\boldsymbol{M}_{并}$、$\boldsymbol{M}_{反}$ 表示为

$$
\boldsymbol{M}_{串} = \begin{bmatrix} 0 & 1 & 0 & 0 & 0 \\ 0 & 0 & 1 & 0 & 0 \\ 0 & 0 & 0 & 1 & 0 \\ 0 & 0 & 0 & 0 & 1 \\ 0 & 0 & 0 & 0 & 0 \end{bmatrix}; \quad
\boldsymbol{M}_{并} = \begin{bmatrix} 0 & 1 & 1 & 1 & 0 \\ 0 & 0 & 0 & 0 & 1 \\ 0 & 0 & 0 & 0 & 1 \\ 0 & 0 & 0 & 0 & 1 \\ 0 & 0 & 0 & 0 & 0 \end{bmatrix}; \quad
\boldsymbol{M}_{反} = \begin{bmatrix} 0 & 1 & 0 & 0 & 0 \\ 0 & 0 & 1 & 0 & 0 \\ 0 & 0 & 0 & 1 & 0 \\ 0 & 0 & 0 & 0 & 1 \\ 1 & 0 & 0 & 0 & 0 \end{bmatrix}
$$

通过这样的联结矩阵形式，整个系统各要素间的相互联结关系就非常清楚了，而且各结构矩阵可直接应用数学中的矩阵运算规则，因而可用它进行系统结构的数学分析。

3．物流系统结构分析与设计举例

某企业欲建立自己的物流配送网络系统。首先需要分析系统所包含的具体内容，同时明确系统结构形式。

在这一物流系统的设计中，首先，需要明确仓库的层次结构，即：从企业的成品仓库到零售店之间到底应该设几级仓库？是 2 级、3 级还是 4 级？对每一级仓库，其数量各应该设置多少？其次，需要明确每个仓库的位置设置。前一问题属于系统结构的设计，后一问题属于设施选址问题。

通过对数据的收集及分析，进行多方案的对比，最后确定如图 3-11 所示的物流网络结构。在该物流网络中，仓库设计共分为三个层次：第一层为生产仓库，1 个；第二层为中央仓库，2 个；第三层为分销仓库，6 个。分销仓库直接为位于居民区的零售店提供配送服务。

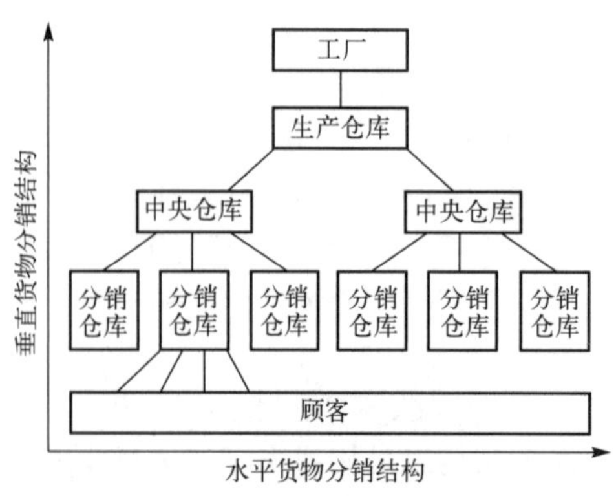

图 3-11 某企业的物流网络结构图

3.6.3　物流系统细节分析

物流系统细节的分析

再大的系统也是由要素和细节构成的。细小的事情往往发挥着重大的作用，所谓细节决定成败，在系统分析的过程中，不可以忽视细节的力量。

随着世界经济全球化进程的加速，无论是传统产业，还是科技产业，产品的利润几乎无一例外都在下降。市场竞争日益激烈，利润空间逐渐缩小，整个经济不得不面临微利时代的到来。

国内物流业起步相对较晚，各物流企业在规模、技术、管理水平等方面存在较大差异，因此，利润水平的差异性也较为明显。影响行业利润水平变动的因素主要在于：① 提供增值服务的能力；② 企业经营规模；③ 信息化水平；④ 物流成本。社会在不断进步，市场越来越规范，同行竞争越来越激烈，任何一个开放的行业，只要利润空间稍大，必然会导致大量资本短期迅速进入，竞争猛然加剧，利润率陡然下降。物流企业已经开始进入微利时代。虽然现代物流业的发展在我国尚且处在初级阶段，但国内物流市场已经发生了比较大的变化：面向 B2B 的物流市场供给相对饱和，竞争日益激烈，企业的利润率呈现下降趋势。从投入回报、运作资源成本、物流政策环境和物流市场竞争等方面来分析，可以看到物流业作为一个微利服务行业的发展其实是面临很多困难的。物流企业环境分析及细节服务的思想如图 3-12 所示，对于物流企业环境的分析可从内部与外部分别展开。内部环境包括物质环境和精神环境，前者指的是企业实物文化，后者则包含团队精神和企业其他文化环境；外部环境同样包括物质环境和精神环境两个方面，其中的精神环境主要指的是政策环境和社会环境。在对以上内容全面分析的基础上，发现并识别问题及症结所在，找到解决的方法，营造良好的企业环境，利用环境中的有效因素，改造其中的不足与薄弱环节，使企业得到全面的进步和发展，这些都是在细节服务思想的指导下完成的。

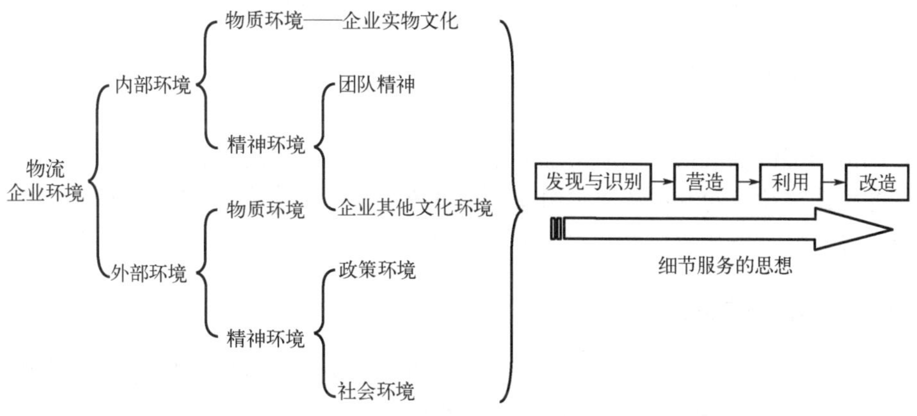

图 3-12　物流企业环境分析及细节服务的思想

必须全面地分析物流系统，既要重视系统目标和结构的分析，也不能忽视细节的分析，要将其中的各个薄弱环节寻找出来，采用合理的方法加以改进。

以食品冷链物流系统为例。在食品的流通过程中，存在各种各样的不安全因素，例如，生物危害，如微生物的污染、食品变质、传染性疾病以及食物中毒等；物理危害，如装卸搬运过程中导致的包装破损等；化学危害，如化肥、农药和饲料添加剂的滥用，环境的污染，等等。

农产品“从田间到餐桌”的全过程需要经历六个基本的环节：采购验收、装卸搬运、流通加工、运输配送、储存、分拣。每个环节都有可能存在危害因素，依次分析如下。

（1）采购验收的危害因素。采购验收环节的危害因素主要包括环境污染，动植物病毒感染，农药残留，添加剂及配料问题，操作不当引入杂质，货物数量、品类不符，储存条件不当。

（2）装卸搬运的危害因素。装卸搬运环节的危害因素主要包括：细菌繁殖；食品的变质和变味；操作不当；包装破损；杂质进入食品，从而引起污染。

（3）流通加工的危害因素。流通加工环节的危害因素主要有温度、湿度、微生物数量不达标造成食品污染，作业时间过长、货物数量过多引发的食品变质、变味，工作人员及设备携带有害微生物及化学污染物而产生的危害。

（4）运输配送的危害因素。在运输配送环节，有很多原因可能导致危害的产生，如控温不当或在途时间过长导致食品变质，不同质食品集中运输引发的交叉污染，运输设备消毒不净引发的污染，不合理堆放导致货物倾倒，损坏及杂质进入，以及货物的被盗、遗失。

（5）储存过程的危害因素。储存环节的危害因素主要包括储存区温度和湿度的不当引发的食品变质，不同质食品集中储存引发的交叉污染，存储区微生物数量超标，不合理堆放导致货物倾倒，以及破损及杂质污染。

（6）分拣过程的危害因素。分拣环节所存在的危害因素主要有分拣区控温不合理引发食品变质、作业人员及设备携带有害微生物及化学污染物导致食品污染变质、危险作业导致破损及杂质的进入。

以上分析的每一个具体的危害因素都可以被看作“细节”。但是很显然，任何一个小的细节出现问题，都有可能带来大的影响。对于物流系统而言，同样不能轻视对细节的分析。即便是一个很小环节的失误，都有可能产生重大的影响，甚至功亏一篑。

3.7 物流子系统分析

现代物流学强调以信息管理为基础来完成采购、仓储、包装、运输、配送、销售及其他一些相关的物流活动。物流系统通常由多个子系统组成，在系统分析的过程中，子系统的分析是重要内容。

3.7.1 子系统分析的意义

在进行物流系统的规划、管理和决策时，经常面临着各个子系统之间的效益背反现象。只有充分运用系统科学的思想和方法，才能寻求物流系统总体效益的最佳化。

对于一个复杂的物流系统而言，要对它的所有功能进行审查分析是不太可行的。根据分析所要达到的目的，有时只须对部分子系统进行分析，子系统的分析也是物流系统分析的重要工作。如果没有对各个子系统的业绩进行衡量和了解，就很难对一个系统进行总的业绩评价与分析。对于关键的子系统需要进行重点的分析。

不过，无论如何，子系统分析的范围都比较窄，具有一定的局限性，子系统分析的目的并不是改进整个系统。如果只根据部分子系统的分析来进行物流系统决策，就有可能做出片面的决策，甚至有碍于整个系统的最佳化。

深入分析关键的子系统，并在此基础上，从系统的总体目标出发来全面分析问题，就能取得期望的效果。

子系统分析的内容很多，如顾客盈利分析、仓储系统生产效率分析、运输成本分析、客户服务水平分析等。下面介绍物流系统中的仓储系统分析、运输系统分析和生产物流系统分析。

3.7.2　仓储系统分析

仓储系统是物流系统中关键的子系统，仓储系统的生产率是衡量配送系统业绩的主要指标之一。

仓储流程包括储存、包装、打标签、分货、拣货和发货等，可简单地用“进”“出”“调”“盘”四个字来形容。仓储成本的降低是企业和研究人员所关注的重要问题。20 世纪 90 年代初期，美国仓储教育与研究委员会开发了对仓储系统运营成本进行计算的软件包，通过这种计算软件包，可以对仓储成本进行精确控制。但是，控制仓储成本意味着缩减仓库规模。在缩减仓库规模之前，必须考虑仓储业务的重组问题，因而需要对仓储系统进行分析，分析的步骤及主要问题如下。

（1）分析影响成功的关键因素，建立合理的业绩衡量体系。涉及的主要问题是，如何才能取得仓储系统的成功？哪些指标能反映这种成功性？在分析的基础上建立起衡量的标准和指标体系。

（2）评估现有的环境，包括对现有机构和工作岗位的客观评估。涉及的主要问题是，配送产品到底需要哪些活动？各种活动之间的执行顺序是什么？哪些活动可由同一个岗位承担？哪些岗位可并为同一机构？等等。通过对这些问题的追问，可评估现有机构和工作岗位设置的合理性。

（3）确定哪些属于增值服务，如客户增值体验、物流解决方案和 IT 服务等。增值服务的定义是：在完成物流基本功能的基础上，根据客户需求提供的各种延伸业务活动。需要分析的问题包括：对顾客而言，哪种过程会增值？顾客是否愿意为此支付额外的费用？哪些是不会增值的？哪些可能是顾客不愿意支付的？

（4）设计目标环境及需要变革的计划。该步骤主要是对目标和现状进行重新审核，涉及的主要问题是，哪些是必须改变的？变化的过程是什么？通过哪些途径才能实现这种改变的目的？能否贯彻落实？等等。

（5）计划实施的外部条件评估及后续计划的确定。运用步骤（1）的业绩衡量体系，对实施的外部条件进行评估，并对实施的过程进行监督。

完成对上述问题的分析后，根据分析结果，再决定是否需要缩减仓储系统规模，是否需要进行仓储系统的重组。

3.7.3　运输系统分析

运输是物流系统的主要功能之一，也是占物流系统支出很大比例（有时可达 40%）的一个子系统。

1．运输系统的功能和环境因素分析

运输一般是指货物及旅客借助一定的运输工具沿着一定的路线向某个方向做有目的的移动的过程。

1）运输系统的功能

运输是物流的中心环节，可实现物资的空间位移，创造物资的场所性价值，从而使物资增值。

运输系统是由运输设施和设备、运输路线和网络、管理人员及管理信息系统等软、硬件构成，为完成一定运输目的的有机整体。运输系统优化的目的是在规定的时间内，以最小的费用和能源消耗，把物资安全地从始发地移送到目的地。

运输过程还可对某种产品在特定的情况下实现储存功能，用迂回线路或间接线路、改道的方法来实现，从现代物流一体化的角度，可能使得总费用达到最低。

2）运输系统的环境因素

（1）人文环境因素。在运输系统决策过程中需要考虑相关的社会和人文环境，与运输过程直接相关的有货物托运人和收货人（他们是运输系统的服务对象）、承运人（影响运输系统的运输成本及效益）、政府（制定相关的政策及管理法规，进行宏观控制）、民众（运输费率直接影响商品的价格和民众对商品的需求，同时也间接影响对货物运输的需求）等。

（2）法规环境因素。运输企业需要依法经营。相关法律法规的制定和完善大大影响着运输服务的可得性及运输的经营活动。法律法规主要包括经济法规及安全和社会性法规。

① 经济法规的主要内容有以下三个方面。

- 准入规章：控制承运人进入市场及能向市场提供的服务种类。
- 运输费率：费率制定、费率变化、费率补贴、实际费率等。
- 服务规范：提供的服务面及服务质量。

② 安全和社会性法规：安全法规涉及有害物资的运输和储存，处置的报批和管制，车辆的维修保养，从事运输业工作人员的劳动力标准、劳动条件、保险等内容；社会性法规包括对运输活动所产生的环境污染的限制等。

2．运输方式及其特点分析、选择

1）运输方式及其特点分析

运输方式主要包括轨道（铁路）、道路（公路）、水路、航空、管道五种基本的运输方式以及多式联运。

（1）轨道交通运输。轨道交通运输由专用的列车车辆依次沿固定的线路（轨道）行进，交通运输对象须在固定的站场进出线路系统，因而其普遍性受到限制，需要投入较多的建设资金。它的主要优点是：装载容量很大；平均运行速度可为中等（50～100 km/h）到高速（200 km/h 以上）；系统的可靠性和安全性较高；能源消耗较低。轨道交通运输适宜于中长距离的货物及集装箱运输，以及短中距离的旅客运输。

（2）道路交通运输。道路交通运输是一种可以实现“门到门”运输的方式，货物和旅客可从起点直接到达终点。在路网密度大时，道路交通运输具有很高的通达性。道路交通运输的平均运行速度为中等（30～120 km/h），受交通密度（拥挤程度、塞车）的影响很大，车辆的装载容量较小。道路交通运输基础设施修建和维护的投资量比轨道交通运输的低，但营运费用（运输成本）比轨道交通运输和水路交通运输的高，能源的消耗也较大。同时，道路交通运输的可靠性和安全性不如其他运输方式。道路交通运输适宜于短途旅客和货物运输，以及小批量商品或时间价值较高（适时性要求比较高）的货物的中途运输。

（3）水路交通运输。水路交通运输受到河流通航条件及海岸和港口条件的限制。船舶的装载量很大，但其平均运行速度很低（15～40 km/h）。在五种基本运输方式中，水路运输方式运输能力大、能源消耗少、运输成本低，适宜于大宗和散装货物及集装箱的运输。国际上的货物运输大部分都依靠远洋运输。旅客运输仅限于短途和游览。

（4）航空交通运输。航空交通运输的突出优点是快速（200～900 km/h）和舒适。其普遍性受机场密度的限制，基础设施的修建费用较高，能源消耗大，运输成本高，适宜于中长距离（>500 km）的旅客运输和时间价值高的小宗货物运输。国际上的旅客运输大部分都依靠空运。

（5）管道运输。管道运输的输送速度很低（16～30 km/h），但能力较高。管道运输基础设施的修建费用较轨道交通运输和道路交通运输的小，其运输成本也低，且不存在空驶问题，不受气候影响，设施占地也少。管道运输适宜于长距离连续输送液体（石油）或气体（天然气）介质。

（6）多式联运。由两种及其以上的交通工具相互衔接、转运而共同完成的运输过程统称为复合运输，我国习惯上称之为多式联运。国际多式联运的定义是：按照多式联运合同，以至少两种不同的运输方式，由多式联运经营人把货物从一个国家境内接运货物的地点运至另一个国家境内指定交付货物的地点。国际多式联运适用于水路、公路、铁路和航空多种运输方式。在国际贸易中，由于 85%～90%的货物是通过海运完成的，故海运在国际多式联运中占据主导地位。

各类交通运输系统的不同特点和性能，使之能在整个交通运输系统中并存和互补，发挥各自的优势和特长，形成综合交通运输系统。

2）运输方式的选择

对于各种不同载运工具的共同要求通常有速度快、容量大、费用低、安全可靠、环保、舒适等。用户可根据自己的目的和要求进行适当的选择。

选择合适运输方式的目的：保证运输质量，提高企业的经济效益和社会效益。

选择的基本原则包括：货物运输的安全性、及时性，以及服务质量和经济性等。

考虑的主要因素有：① 货物的种类和特性；② 运输的起点和终点；③ 客户的时间要求；④ 输送量；⑤ 输送成本。

五种基本的运输方式在运行方式、线路、设施、设备等方面都各不相同，其技术经济特征也有较大的差异，因而有不同的使用范围，如表 3-4 所示。

表 3-4　五种运输方式的特点比较

运输方式	运输成本	服务方便性	适运货种	运送速度	对环境的污染	服务可得性
道路	中	门到门	所有	中	污染较大	高
轨道	低、中	站到站	低值及中值货量大	中高	污染较少	受轨道网及车次限制
航空	高	站到站	高值轻货	最快	少	受航线及航班限制较大
水路	低	站到站	低值重货	慢	较少	受班期限制
管道	低	站到站	燃气、油、浆状物	较快	最少	较低，需要有铺设管道的地方

运输方式的合理选择应从物流系统要求的服务水平和允许的物流成本来综合考虑，可以选择某一种运输方式，也可以使用联运方式。应当避免出现不合理的运输形式，通常把不合理运输的形式归纳为八种：返程或起程空驶；对流运输；迂回运输；重复运输；倒流运输；过远运输；运力选择不当；托运方式选择不当。

3．运输成本的分析

运输决策的总目标是在满足客服服务水平和服务政策的前提下，用最低的运输成本连接供货点和客户。为实现这一目标，不仅需要分析运输活动的成本构成，还需要分析客户反应的核心计划、供应核心计划和库存核心计划，因为运输方案对库存持有成本和仓储成本都有重大影响，对客户服务的成效也有直接影响。

（1）运输成本的构成分析。影响运输成本的因素有距离、装载量、产品密度、空间利用率、搬运的难易、责任及市场等。一般来讲，运输总成本包括货运、车队、燃料、设备维护、劳动力、保险、装卸、逾期滞留费、税收或费用、跨国费用等方面的开支。

运输的成本结构主要包括以下三部分。

① 可变成本（运输中直接发生的费用，与运输量有关）。

② 固定成本（不受运输量影响的费用，如场、站、通道、信息、运输工具的投入等）。

③ 联合成本（空程中的成本要计入费用中）。

运输的经济性主要受规模和距离两个因素的影响，这也是选择运输方式的两个重要依据。

（2）物流系统其他要素与运输成本的相互作用分析。物流系统其他要素与运输成本的相互作用主要表现在：运输方案对库存持有成本和仓储成本有重大影响，因此，在制订目标计划时，必须考虑这两种成本对运输方案决策的影响。另外，最优的运输方案同时也必须满足客户服务政策的要求，如客户要求的反应时间、配送时间、数量要求、频率要求、货物保养要求等，这些要求会影响对运输方案的选择。

（3）运输子系统内部能力的约束分析。运输子系统内部能力的约束分析主要是找出影响运输方案最优化的运输能力方面的因素，例如：

① 通道能力（通行速度、起始点间频率限制、体积、质量限制等）。

② 车辆能力（体积、载重、运行时间限制）。

③ 容器能力（体积、承重限制）。

④ 劳动力能力（持续工作时间限制）。

⑤ 工作量差异（运输部门员工的能力差异）。

（4）运输的历史数据分析。分析有关的历史数据资料，有利于确保运输方案的可靠性。物流网络中运输线路的下列数据是需要加以分析的。

① 送货频率。

② 送货的质量及价值分布。

③ 起始点的工作时间。

④ 在途时间。

⑤ 运输方式和承运人的可行性及能力。

⑥ 运输费用。

⑦ 索赔和损失比例。

⑧ 不正常运行的时间和速度。

⑨ 距离。

运输成本的分析涉及运输子系统内部及外部的很多方面，而且运输成本的分析将贯穿于整个运输规划中，如网络设计、运送规划、运输方式和承运人选择、运费谈判等。

3.7.4　生产物流系统分析

生产物流一般是指原材料、燃料、外购件投入生产后，经过下料、发料，运送到各加工点和存储点，以在制品的形态，从一个生产单位（仓库）流入另一个生产单位，按照规定的工艺过程进行加工、存储，借助一定的运输装置，在某个点内流入，又从某个点内流出，始终体现着物料实物形态的流转过程。

1．生产物流的特点

生产物流的特点主要包括以下四个方面。

（1）实现价值的特点。企业生产物流伴随着加工活动而发生，实现加工附加价值，即实现企业的主要目的。所以，虽然物流空间、时间价值潜力不高，但加工附加价值却很高。

（2）主要功能要素的特点。生产企业的生产过程，实际上是物料不停地搬运过程。在连续不断的搬运过程中，物料得到了加工，形态发生了改变。

（3）物流过程的特点。生产物流是一种工艺过程性物流，稳定性、可控性、计划性都很强，只能通过对工艺流程的优化来改进。

（4）物流运行的特点。生产物流具有极强的伴生性，它是生产过程中的一个组成部分，很难与生产过程分开而形成独立的系统。

2．生产物流的影响因素

影响生产物流及其效率的因素很多，主要包括以下四个方面。

（1）生产工艺：对生产物流有不同的要求和限制。

（2）生产类型：影响生产物流的构成和比例。

（3）生产规模：影响物流量的大小。

（4）专业化和协作化水平：影响生产物流的构成与管理。

3．生产物流系统分析实例

【例 3-5】制造厂热处理车间的生产物流问题分析

某汽车制造厂热处理车间多年来物流系统不佳，常常影响正常生产。为了提高效益，最近对该车间的物流系统进行了全面调查与分析，并做了相应调整。该车间的主要工作是对已锻造工件进行热处理之后清理氧化皮、校正、检验、入库等。

1）系统环境及外部衔接分析

该车间是该厂生产流程中的一部分，夹在锻造车间与成品库之间。如图 3-13 所示，物料的输入依靠转运车 1 和转运车 2，输入频率较高。输出依靠转运车 18 和转运车 19，车间内搬运由两个 $5t$ 天车完成。

2）输入因素分析

该车间长年稳定生产 139 种锻件的热处理件。经过 ABC 分类法，确定轴件、齿轮件和连杆共 10 条物流为 A 类和 B 类物料工艺路线，其物流状态将决定全车间的系统状态。由于锻件表面状态要求不高，属于毛坯件，故取当量系数为 1，即以 t 为当量 t。搬运工位器具基本标准化，料箱、料架、托盘均为 2 当量 t 承载容积。

3）流程分析

首先，绘制反映该车间布置情况的平面图，对主要工作设备（热处理炉、油压校正机、检验站、清理设备、酸洗池）、储存地、转运车等进行编码，共编定 19 个物流设施。根据 A 类、B 类物料工艺路线和物流设施编码绘制系统物流流程表，根据该表绘制物流流程图（流程表与流程图省略）。

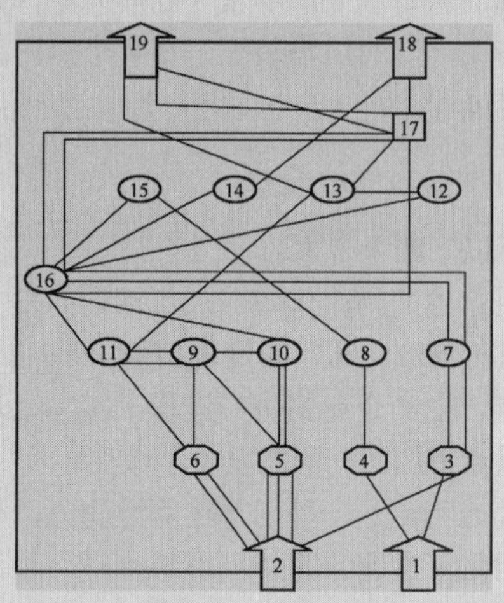

图 3-13　车间平面布置图

4）物流系统状态分析

（1）该车间物流交叉，迂回严重，其中设施 7、8、9、10 为连续式热处理炉，每天处理锻件几百吨，主要工作量在设施 7、8、9 这三个热炉上。热处理后锻件的清理氧化皮工作绝大部分在设施 16 酸洗池内完成。由于风向等环境因素的约束，设施 16 只能设在车间最西部。而轴 1、轴 2、轴 3 都需要从最东边的转运车 3 入成品库，造成物流迂回和混乱状态。

（2）车间内大流量物料搬运距离较长，两台天车工作繁忙，且互相干涉，影响效率。

（3）由于到料频繁，工件损失严重，且工作地不平整，易发生工伤事故。

（4）工位器虽采用标准化料箱、料架，但因无负责部门，维修管理不善，损坏严重。根据物流流程图可计算流量矩阵和距离矩阵，得到系统搬运工作量为 56618.6t・m/年。流量—距离图的绘制和搬运设备与容器的选择对方案的改进与形成很重要。由于篇幅所限，分析从略。

（5）建立备选方案及选择最佳方案。

由于该车间酸洗池 16 位置不佳，造成全系统物流状态不合理，并且该工艺也应改换。因此，可将酸洗工艺改为喷丸处理，同时调整部分设施位置。调整后的物流系统比较顺畅、合理，虽然存在少量物流交叉，但无大规模迂回和倒流，有利于提高管理水平。新、旧方案的具体数值列于表 3-5 中。经过计算，新方案的系统搬运工作量为 17496.8t・m/年，总工作量下降了 39121.8t・m/年，仅为原方案的 30.9%。

表 3-5　新、旧方案基本参数对照表

序号	从至	f_{ij}/t	旧方案		新方案	
			d_{ij}/m	W_{ij}/（t·m/年）	d_{ij}/m	W_{ij}/（t・m/年）
1	1～3	60.3	4	241.2	4	241.2
2	1～4	51.7	8	413.6	8	413.6
3	1～5	8.4	12	100.8	12	100.8
4	2～5	58.8	4	235.2	4	235.2

续表

序号	从至	f_{ij}/t	旧方案		新方案	
			d_{ij}/m	W_{ij}/（t·m/年）	d_{ij}/m	W_{ij}/（t·m/年）
5	2～6	79.9	8	639.2	8	639.2
6	3～7	98.9	4	395.6	4	395.6
7	4～8	51.7	4	206.8	4	206.8
8	5～9	11.2	15	168	15	168
9	5～10	56	4	224	4	224
10	6～9	15.3	4	61.2	4	61.2
11	6～11	64.5	25	1612.5	25	1612.5
12	7～16	98.9	110	10879	12	1186.8
13	8～15	51.7	45	2326.5	10	517
14	9～16	26.5	20	530	20	530
15	10～16	56	45	2520	15	840
16	11～12	3	105	315	40	120
17	11～17	61.6	120	7392	55	3388
18	12～13	3	4	12	25	75
19	13～19	3	30	90	20	60
20	14～18	15.3	40	612	55	841.5
21	15～16	51.7	20	1034	12	620.4
22	16～14	15.3	30	459	30	459
23	16～18	98.9	110	10879	12	1186.8
24	16～17	118.9	110	13079	14	1664.6
25	17～18	129.7	10	1297	8	1037.6
26	17～19	11.2	80	896	60	672
合计	—	—	—	56618.6	—	17496.8

本例题略去了许多工作步骤和细节。在实际分析与运用时，不同的生产物流系统，其工作内容会有所差别，但主体思想和基本步骤是一致的。

3.8　案例分析：顺丰物流系统分析

顺丰控股股份有限公司成立于 1993 年，是中国领先的综合物流服务提供商。公司以“承诺为每一份托付”为理念，致力于提供高质量的综合物流服务，业务涵盖快运、冷链、同城、国际及供应链等多个领域。顺丰通过全产业链整合战略，逐步实现业务多元化和国际化发展，成为全球快递行业的重要参与者。顺丰采取直营模式，注重技术创新和服务质量，以满足客户多样化的需求。近年来，顺丰不断拓展国际市场，并通过收购和合作等方式加速市场扩张，力求在全球物流行业中占据重要地位。

1. 顺丰物流系统目的分析

顺丰致力于成为中国及亚洲最大的综合物流服务提供商，其核心目标是以高效、可靠的快递服务满足客户多样化的物流需求。为实现这一目标，顺丰在服务质量上始终坚持“客户至上”的原则，力求提供快速、准确的配送服务，力争在客户体验上做到极致。顺丰深知，客户的满意度直接影响企业的声誉和市场竞争力，因此，在每一个环节中都注重细节，以确保每一份快递都能及时、安全地送达。

在此基础上，顺丰积极整合产、供、销、配等环节，提供一体化的综合物流解决方案。这种整合不仅提升了整体供应链的效率，还使得客户在享受服务时能够体验到无缝衔接的便利。顺丰通过优化资源配置和流程管理，确保在高峰期和特殊情况下，依然能够保持服务的高效性和稳定性，从而满足客户的不同需求。

与此同时，顺丰不断推进信息技术的应用，利用大数据和云计算技术提升物流运营的智能化水平。通过数据分析，顺丰能够实时监控物流状态，预测需求变化，优化运输路线，降低运营成本。这种智能化运营不仅提高了配送效率，还增强了顺丰对市场变化的敏感度，使其能够快速响应客户需求的变化，保持竞争优势。

在国际化拓展方面，顺丰积极布局全球市场，致力于构建一个覆盖广泛的全球物流网络。通过与国际物流公司和跨境电子商务平台的合作，顺丰能够为更多的客户提供高效、便捷的国际快递服务，助力国内企业顺利进入国际市场。顺丰的国际化战略不仅为企业带来了新的增长点，也为客户提供了更为丰富的物流选择，使其在全球化的商业环境中更具竞争力。

2. 顺丰物流系统结构分析

顺丰的组织结构以总部为核心，形成了一个高效的运营体系，如图3-14所示。总部在公司的整体战略规划、市场拓展和运营管理等方面发挥着关键作用，确保各分支机构之间的协调运作。通过明确的职责分工和高效的决策流程，总部能够快速响应市场变化，制定切实可行的发展战略，从而推动公司整体业务的持续增长。

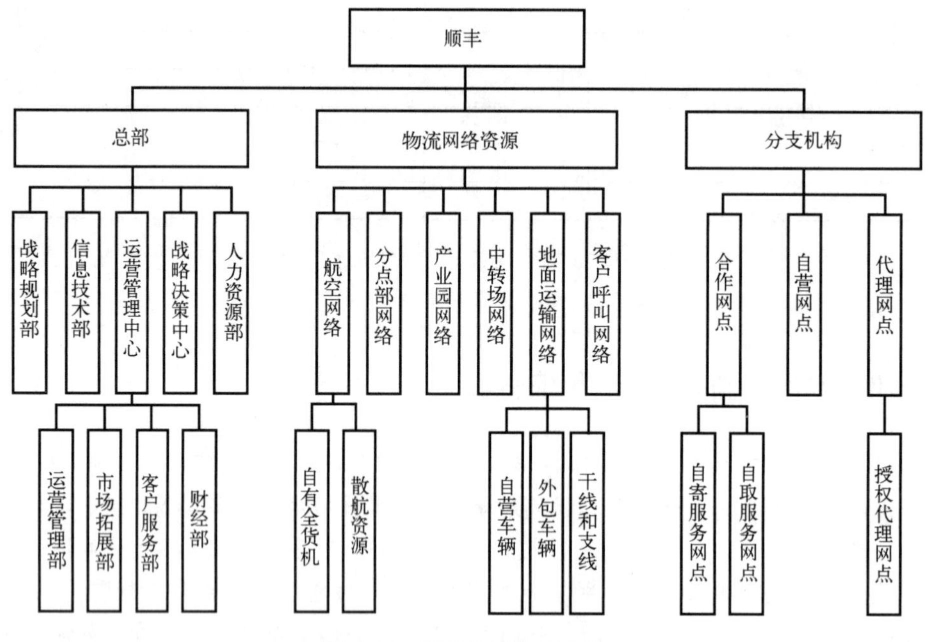

图3-14 顺丰的组织结构图

在全国范围内，顺丰设有多个自营和代理网点，构建了覆盖广泛的物流网络。这些分支机构不仅承担着快递服务的具体任务，还在各自区域内发挥着重要的市场作用，确保快递服务的高效性和及时性。无论是在一线城市还是在偏远地区，顺丰的网点布局都能够确保客户的快递需求得到快速响应和满足，进而提升了客户的整体满意度。

在国际业务方面，顺丰积极拓展全球市场，目前已覆盖全球200多个国家和地区。顺丰通过自营的国际航空资源、自有的清关保障能力、海外本地化服务团队以及广泛的物流网络，打造了一个跨境电子商务物流生态圈。这使得顺丰能够为全球客户提供快速、可靠的国际快递和物流服务。

顺丰的物流网络资源是其核心竞争力之一，它包括航空网络、分点部网络、地面运输网络、中转场网络、客服呼叫网络和产业园网络等。这些网络资源共同构成了顺丰的“天网+地网+信息网”，确保了顺丰在全球范围内的物流服务能力。顺丰的航空网络包括自有全货机和散航资源，这使得顺丰能够快速响应市场需求，提供高效的空运服务。地面运输网络则包括自营及外包车辆，以及覆盖全国的干线和支线，确保了货物在陆地上的快速流转。中转场网络负责货物的集中和分拨，而客服呼叫网络则为客户提供全天候的服务支持。此外，产业园网络为顺丰提供了物流和仓储的场地，进一步增强了顺丰的服务能力。

通过这些网络资源的有效整合和协同运作，顺丰能够在全球范围内提供高效、可靠的物流服务，满足客户的多元化需求，并在激烈的市场竞争中保持领先地位。

3. 顺丰物流系统特色服务

顺丰凭借其多元化的特色服务，致力于满足不同客户的需求，提升整体物流体验。首先，顺丰的快递服务涵盖了商务快递、电子商务快递和国际快递等多种形式，能够为客户提供高效、可靠的配送体验。无论是企业间的文件传递，还是个人的包裹寄送，顺丰都能够以其完善的网络和专业的服务确保快递的及时送达，满足客户对速度和安全的双重要求。

在冷链运输方面，顺丰冷运专注于生鲜食品和医药行业，提供全程温控和信息可视化的冷链解决方案。这一服务确保了产品在运输过程中始终处于适宜的温度环境中，最大限度地保障了食品的安全性和药品的有效性。顺丰通过先进的冷链物流技术和管理系统，能够实时监控温度变化，及时采取措施，确保客户的产品质量在运输过程中不受影响。

针对电子商务行业，顺丰为商家提供了“云仓即日”和“电子商务专配”等灵活的物流服务。这些服务能够帮助电子商务商家快速响应市场需求，提升客户体验。例如，“云仓即日”服务通过智能化的仓储管理，确保订单能够在最短时间内处理和发货，从而提升消费者的满意度。此外，顺丰还为电子商务平台提供定制化的配送方案，满足不同商家的个性化需求。

在国际业务方面，顺丰的国际小包服务覆盖全球 200 多个国家和地区，推出的欧洲专递服务有效地结合了国际快递与小包服务，满足了跨境电子商务的需求。这一服务不仅提供了较为经济的寄送选择，还确保了全程可跟踪，提升了客户对国际物流的信任感和满意度。

顺丰还在偏远地区积极开展无人机快递业务，旨在提升物流运输能力，缩短派送时间，特别是针对农村市场的需求。通过无人机的应用，顺丰能够有效解决传统运输方式在偏远地区面临的配送难题，确保在更广泛的地域范围内实现高效的快递服务。

综上所述，顺丰通过多元化的特色服务，充分满足了客户的不同需求，提升了整体物流效率和客户体验，进一步巩固了其在行业中的领先地位。

思考题与习题

1. 系统分析的目的及含义是什么？系统分析需要遵循哪些基本原则？
2. 简述系统分析的特点及包含的基本要素。

3．什么是头脑风暴法和反头脑风暴法？

4．简述系统分析常用的几种技术方法，并比较它们的优缺点。

5．试对几种常用的物流系统分析方法进行比较分析，能否提出更适合的方法？

6．物流系统分析的目的是什么？对物流管理与决策有何重要性？

7．何为物流系统结构分析？其重要性及内容如何体现？

8．根据物流子系统分析的相关原理，试对物流运输系统进行举例分析，并根据分析结果给出优化改进的建议。

第 4 章　物流系统预测

本章导读：

系统预测的概念及实质，预测的基本原理和发展，物流系统预测的影响因素和作用；预测方法分类；预测的程序及相关问题；预测中的专家评估法；物流系统的预测分析。

4.1　系统预测概述

4.1.1　系统预测的概念及实质

系统预测（System Forecast，SF）最简单的解释就是预先推测或测定，或者事前的推测或测定。它是对尚未发生或目前还不确定的事物进行预先估计、推断和表述，是现在对将来时段中事物可能出现的状况和产生的结果的探讨与研究。通过对客观事实的历史和现状进行科学的调查和分析，由过去和现在去推测未来，由已知去推测未知，从而揭示客观事件未来发展的趋势和规律。简而言之，预测就是把某一未来事件发生的不确定性极小化。

如果要给预测下一个定义，那就是根据客观事物过去和现在的发展规律，借助科学的手段和方法，对其未来的发展趋势和状况进行描述和分析，形成科学的假设和判断。

“凡事预则立，不预则废”“人无远虑，必有近忧”。预测活动从古至今都是非常重要且常见的，有对天气的预测，对国家运势、个人命运的预测，也有对战争、国防、经营以及各个不同行业和领域的预测。自有历史记载以来，人们一直试图预测未来。“喜鹊枝头叫，出门晴天报”“早上乌云盖，无雨也风来”“云往东，刮阵风；云往西，披蓑衣”，这些耳熟能详的谚语，都是人们从经验总结中得出的预测规律。求神问卦，其实也是一种预测。本章所讨论的是科学预测，它是建立在客观事物发展变化规律基础之上的科学推断。

4.1.2　预测的基本原理

预测是根据事件过去和现在的规律判断其未来发展的方法，也是研究事件规律的一种手段。科学预测的认识基础可表达为以下六条基本原理。

（1）可知性原理。人类不但可以认识预测对象的过去和现在，还可以通过它的过去和现在推知其未来，关键是要掌握事物发展的客观规律，注重事物发展的全过程的统一。

（2）可能性原理。预测对象的发展有各种各样的可能，而不是只存在单一的可能性。因此，对预测对象所做的预测就是分析事物发展的各种可能性并做出推断。

（3）相似性原理。把预测对象与类似已知事物的发展状况相类比，来推知预测对象的未来。其中包括：① 依据历史上曾经发生过的事物类推当前或未来；② 依据其他地区（或其他国家）曾经发生过的事件进行类推；③ 依据局部类推总体。

（4）连贯性原理。事物发展趋势的特征在一段时间内呈现延续性。在一定时期内，预测目标和某些环境的结构和相互关系会按照一定的格局延续下去。

（5）反馈性原理。预测某事物的未来是为了现在能做出正确的决策，也就是说，预测未来的目的在于指导当前的工作，以便预先创造条件，为未来的工作打下良好的基础。可能需要根据预测的结论对目前的行动方案做出调整。

（6）系统性原理。要注重预测对象内在因素与外部因素的联系以及外部因素对事物发展的影响，把它们作为一个系统整体加以考虑，这样才能得到较可靠的预测结果。

除了上述六条基本原理，可控性原理、相关性原理和经济性原理等也是在预测中常用的原理。

4.1.3 物流系统预测的影响因素

物流预测是指对物流的流向、流量、资金周转及供求规律等进行调查研究，取得各种资料和信息，运用科学的方法，预计一定时期内的物流状态及发展趋势。无论是进行物流系统的规划，还是进行物流系统的运营管理与控制，都需要准确估计产品和服务的需求量，即估计物流需求量，这些估计是采用预测的方法进行的。通过预测可以获得必要的物流需求相关信息，为规划、管理和决策提供可靠的依据。

物流业是一个综合性的基础产业，从根本上讲，物流业的发展应满足国民经济总体规模及经济结构变化的需要，所以，国民经济是物流业发展的最终拉动因素。影响物流系统预测的客观因素主要有以下四点。

（1）国民经济的发展速度。货物运量、货物周转量及地区间交通量与经济增长速度之间有着密切联系，正确判断各个时期国家和地区的发展规模与速度，可将其作为预测物流需求的重要依据。

（2）经济结构的变动。经济结构中第一产业、第二产业、第三产业比重的变化，工农业比重、轻重工业比重、高新技术产业比重的变化，都会对物流产生重要影响。

（3）基本建设的规模。基本建设的规模与经济发展速度关系密切，对运输量影响也很大，特别是在经济增长的高峰期和低谷期十分明显。

（4）运输结构的变化。运输业内部轨道、道路、水路、管道、航空所占运输量的比重，也会随着运输系统本身的结构变化而改变。

4.1.4 预测的发展

在社会经济和未来社会中，预测有着广泛的发展前景，它的科学价值将更加引起人们的重视。社会经济对预测的需要程度是由社会发展的速度所决定的。预测在未来的发展趋势上呈现出方法的多元化、手段的技术化、内容的广泛化等特点。

（1）方法的多元化。目前，科学预测正成为跨越地域和国界的新兴学科，各种技术方法日臻完善。由于预测对象的庞杂和预测用途的广泛，预测的方法也五花八门，需要灵活地选择预测方法。比较好的做法是将多种预测方法结合起来，创造出一种新的预测方法，或引进新兴学科的技术，形成新的预测方法（如模糊预测、灰色预测、神经网络预测等）。有时还需要对同一预测对象采用多种预测方法，分析和比较多种方法预测的结果，得出较为满意的答案。

（2）手段的技术化。计算机的普及使人类的预测手段日益技术化、准确化、快速化。作为预测对象的社会活动越来越复杂，出现了结构烦琐、功能综合、社会信息流量大、构成事物的因子混杂等特点，预测中对实效的要求更高。计算机可以迅速处理和分析大量的数据与资料，使人类的定量预测和具有一定智能的预测分析成为可能。

（3）内容的广泛化。未来的预测研究将在时间和空间上更加拓宽。预测将深入自然科学、社会科学等几乎各个领域，以及人类日常生活的每一个角落。研究领域包括科技、军事、社会、经济、教育、自然灾害，以及机器人、星际旅行、地球命运、与外星人联系等令人感兴趣的问题，预测的时限将向后延长。

4.1.5　物流系统预测的作用

预测的作用主要体现在以下五个方面：① 预测为制订一个切实可行的计划提供科学依据；② 预测是避免决策片面性和决策失误的重要手段；③ 预测既是计划的前提条件，又是计划工作的重要组成部分；④ 预测是提高管理预见性的一种手段；⑤ 预测可以面向未来，提前做好准备，一旦发现问题便可集中力量解决，在一定程度上决定了组织的成败。

物流系统在时间和空间上的范围都很宽广，受随机性因素影响，具有显著的不确定性、动态性、复杂性等特点，为了做出正确的决策，预测就显得特别重要。企业的市场需求、企业发展规划、物流园区和配送中心的规划（包括管理信息系统的规划和设计）、供应链设计等，都离不开科学的预测。另外，在物流系统运营阶段的管理决策中，预测技术也为科学决策提供了重要的依据。

预测是从变化的事物中找出使事物发生变化的固有规律，寻找和研究各种变化现象的背景及其演变的逻辑关系，去揭示事物未来的面貌。预测的实践基础是调查研究，预测的方法是系统分析，预测的基本观点与系统工程的基本观点是完全一致的，具有全局性、关联性、最优性、综合性和实践性等特点。

在物资流通领域，对物资的流向、流量、资金周转及供求规律等进行调查研究，取得各种资料和信息，运用科学的方法预计和推测未来一定时期内的物流状态，可为国民经济发展的战略决策、为生产和流通部门及企业的经营管理和决策提供科学依据。

物流系统预测的作用可进一步概括为以下两个方面。

（1）预测是编制计划的基础。物流系统的储存、运输等各项业务活动的计划都是以预测资料为基础来制订的，因而预测资料的准确与否，可直接影响计划的可行性，进而决定企业经营的成败。

（2）预测是决策的依据。有些管理学家认为“管理就是决策”，而决策的前提就是预测。从一定意义上讲，正确的决策取决于可靠的预测。

在设计一个新系统或改造一个旧系统时，人们都需要对系统的未来进行分析和估计，以便做出相应的决策，即使是对正在运行的系统，也要经常分析系统的发展变化趋势。根据系统发展变化的实际数据和历史资料，运用现代科学的理论和方法，以及各种经验和知识，对系统在未来一段时期内可能出现的变化情况进行推测、估计和分析，这一系列的过程就是系统预测。

系统预测是以系统的变化为前提的。如果系统是一成不变的，预测也就没有必要了。系统预测的实质就是充分分析使系统发生变化的原因，探究系统发生变化的规律，根据系统的过去和现在估计系统的未来，根据已知预测未知，从而减少对未来事物认识的不确定性，减少决策的盲目性。

4.2 预测方法分类

预测方法分类

对一个系统来说，各种因素错综复杂，一旦预测错误，往往会使系统遭到毁灭性的打击。因此，预测技术在近几十年日益受到重视，并逐渐发展成为一门独立、成熟且应用性很强的科学。它对于长远规划的制订、重大战略问题的决策以及提高系统的可靠性等，都具有极其重要的意义。

用于物流预测的方法有100多种，其中被广泛采用的有15～20种。基本的分类方法有以下几种。

（1）按预测的主体，物流预测可分为宏观预测和微观预测。

（2）按预测的内容，物流预测可分为物流需求预测和物流供给预测。

（3）按预测的时间，物流预测可分为短期预测、中期预测和长期预测。

（4）按预测内容的项目，物流预测可分为单项预测和综合预测。

最常见的物流预测分类方法有按时间长短分类和按方法分类。

4.2.1 按时间长短分类

按时间长短，物流预测可以分为短期预测、中期预测和长期预测三大类。

（1）短期预测。一般地，企业以周、旬、月度为预测的时间单位，根据企业内部供应链在观察期内物资流动的变化情况和资料，对未来一个季度或一年内的发展变化做出预测，预测结果可用以编制月度、季度及年度生产或供应计划。

短期预测必须做到及时、准确，对预测目标的各种变化要有敏感的反应，使决策者能及时了解企业生产及市场需求发展变化，做出正确的决策。

（2）中期预测。中期预测一般指5年内的预测，预测结果为企业制订3～5年的发展规划提供依据。同时，中期预测还常用于影响市场的社会、政治、经济、技术等重要因素的预测，用于研究市场发展变化的规律，如发展趋势。

（3）长期预测。长期预测一般指5年以上的预测，可为制订国民经济、各行业及企业的发展规划提供依据。物流系统随着经济全球化的发展，受国民经济发展、交通运输网络状况、进出口贸易、人民生活水平等宏观因素的影响，同时也与企业自身发展及供应链中其他企业的现状与发展策略密切相关，需要掌握货流的长期变化规律。因此，必须通过预测把握主动，制订出阶段性的发展规划，以指导企业长期的发展。

4.2.2 按方法分类

按预测所采取的方法，一般分为定性预测和定量预测两大类。定性预测是在缺乏足够的统计数据或原始资料且对某些影响因素难以量化的情况下，依靠预测者的知识、经验等做出的预测。定量预测是通过对数据的分析而进行的预测。定量预测的方法较多，主要可分为因果关系预测与时间序列预测两类。

1．定性预测

定性（Qualitative）预测法中的所谓定性，就是确定预测目标未来发展的性质。定性分析大多根据专业知识和实际经验进行，对把握事物的本质特征和大体程度有重要作用。这种预测主要利用判断、直觉、调查或比较分析，对未来做出定性的估计。当缺乏历史数据或历史数据与当前的预测相关度很低时，可选用定性预测法。总体来讲，这类方法的准确性不高。当我们试图预测新产品是否成功、政策是否变动，或预测某项新技术的影响时，由于没有直接的历史数据，定性预测法可能是唯一的选择。定性预测法主要有专家会议法、德尔菲法、主观概率法、领先指标法、相互影响法和情境预测法等。

2. 定量预测

（1）因果关系预测。因果关系（Causal）预测属于定量预测分析中的一种。事件中各因素往往存在某种因果关系，找出影响某种结果的一个或几个因素，建立数学模型，找出预测结果随着影响因素的变化而改变的规律，这就是因果关系预测的基本思想。由于它能定量地揭示事物发展变化的因果关系，所以预测精度比较高。

因果关系预测方法的应用是由于系统变量之间存在着某种关系，采用一定的方法找出一个或几个影响因素，建立起它们之间的数学模型，便可根据自变量的变化去预测结果变量的变化。建立因果关系预测模型的基本前提就是预测变量的水平值取决于其他相关变量的水平值。例如，如果已知客户服务对销售有积极影响，那么根据已知的客户服务水平就可以推算出销售水平。可以说，服务和销售是因果关系。只要能够准确地描述因果关系，找出因果模型在预测时间序列的主要变化，进行中长期预测就会非常准确。

因果关系预测模型有很多种形式：线性回归分析法、计量经济模型、状态空间模型、Markov模型、灰色系统模型，以及系统动力学仿真等。每种模型都从历史数据中建立预测变量和被预测变量的关系，从而有效地进行预测。这类预测模型的主要问题在于真正有因果关系的变量常常很难找到，即使能找到相关变量，它们与被预测变量的关系也很难十分明了。因而，在实际应用时，预测误差可能较大。

（2）时间序列预测。时间序列预测也是定量预测分析中的一种方法。按时间顺序排列的一组数据，称为时间序列。时间序列分析（Time Series Analysis）预测法主要是根据系统对象随时间变化的历史资料（如统计数据、实验数据和变化趋势等），只考虑系统变量随时间的发展变化规律，对其未来做出预测。如果拥有相当数量的历史数据，时间序列的趋势和季节性变化稳定、明确，那么，将这些数据映射到未来将是有效的预测方法。该方法的基本前提就是假设未来的时间模式将会重复过去的模式。

时间序列是各种因素综合影响的结果，所以，当难以分析影响事件的主要因素时，常采用这种预测方法。时间序列预测模型可分为确定性模型和随机性模型，常用的方法有移动平均法、指数平滑法、生长曲线法、自回归模型、计算机仿真、Box-Jenkins 法等。20 世纪 80 年代在我国发展起来的灰色预测模型也是一种时间序列预测方法。

除上述预测技术外，近几年在信息领域和人工智能领域广受关注的人工神经网络法也越来越多地被应用到预测过程中。神经网络法是受生物神经功能的启发而形成的数学预测模型，其特点是模型可以对新的数据进行学习；对不连续的时间序列数据，该方法的预测精度较其他时间序列预测模型更高。另外，神经网络法特别适合于非线性预测。

图 4-1 所示为预测方法的分类。

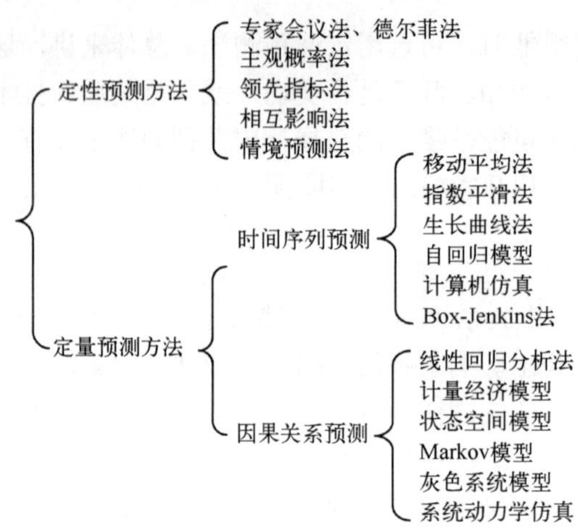

图 4-1 预测方法的分类

4.3 预测的程序及相关问题

系统预测是对系统对象发展、演变的客观规律的认识和分析过程。系统预测技术应当包括它所遵循的理论、预测对象的历史和现状资料与数据、所能采用的计算方法或分析判断方法、预测方法、预测结果的评价与检验等要素。不同应用领域的预测问题可能会采用完全不同的预测模型，因此，预测技术既要遵循系统对象本身所属学科的理论，又要遵循预测方法本身的理论，理论基础不相同，模型的应用条件也不相同。与此同时，预测的程序也是很重要的。

4.3.1 预测的一般程序

虽然预测的过程会随着预测目的、预测对象及使用方法的不同而不同，但总体上可将预测程序大致分为以下几个步骤（尤其是对定量预测法）。

（1）确定预测目的。明确预测目的是预测成功的开始。系统预测是为系统决策服务的。首先需要根据决策的任务要求确定预测目的，包括预测指标、预测对象和预测期限。只有目的明确，我们的预测工作才能有的放矢，避免盲目。在这一步骤中，首先需要明确预测的对象。例如，在生产预测中通常需要对公司产品的市场需求进行预测，从而为公司制订生产作业计划提供资料。同时，还需要进行时间跨度的确定，明确所进行预测的时间跨度是短期、中期，还是长期。

（2）资料收集与数据分析。根据选定的预测方法和预测指标，通过直接或间接的方法，尽可能多地收集有关影响预测对象的各种资料和统计数据，并对数据进行分析、整理，去伪存真，填平补齐，形成合格的数据样本。另外，进行调查、访问，取得第一手数据资料也是非常重要的。

资料应包括预测对象本身发展的历史资料，对其发展变化起影响作用的各种资料，以及各种影响因素在预测期内可能的变化状况资料。在收集资料时必须注意资料的可靠性。资料的来源主要有：① 国家和部门的统计资料；② 国内外各种技术及经济刊物；③ 预测对象系统的统计资料；④ 各研究机构的研究成果资料；⑤ 相关企事业单位的资料；⑥ 互联网上收集的资料。

（3）选择预测方法。根据资料分析的情况，确定系统的逻辑关系，根据决策对预测结果的要求，预测工作所具备的经济条件，期限内的软、硬件环境及预测方法的适用范围，合理地选择一种或几种预测方法，尽可能达到费用低、简便、效果好的目的。

（4）建立预测模型。根据选定的预测方法，采用有关变量来真实地表达预测对象的特征，建立起能反映研究对象变化规律的模型。如果采用数学模型法，就要确定模型的形式，并运用收集到的资料进行必要的参数估计，求出模型的相关参数。预测模型是预测对象发展规律的近似模拟。

（5）模型的检验与修正。实际的系统受到多种确定因素和随机因素的影响，而预测模型不可能将所有因素都考虑进去，故预测结果与实际值之间会有一定差距，即会产生预测误差。如果误差太大，就失去了预测的意义。因此，必须对建立的预测模型的有效性和合理性进行检验。一方面，要对有关假设进行检验，如对线性关系的假设、变量结构及独立性等假设进行显著性检验；另一方面，要对模型精度（预测误差）进行检验，若预测结果与实际值之间有显著的误差，则说明预测模型不合理。这时就必须对原有的预测模型进行修正或重新设计。若实际情况发生较大变化，则原有的预测方法也必须重新选择。

（6）实施预测与分析结果。运用通过检验的预测模型，使用有关数据预测结果，并应用有关理论和经验对结果进行分析，必要时还可运用不同的模型同时进行预测，并对结果加以分析对比，以便做出更加可靠的判断，为系统决策提供科学的依据。

（7）预测结果的实际应用。在完成了对预测对象的预测之后，就需要将得到的预测结果应用到实际中，以达到预期的目标。例如，在生产预测中，对未来市场及本企业产品的需求量进行了预测之后，就需要根据这些预测的结果来确定本企业的生产计划和排程。

以上七个步骤总结了系统预测的全过程及各环节的内容。可以看出，预测过程是一个资料、技术和分析结合的过程，资料是基础和出发点，预测技术的应用是核心，分析贯穿了预测的全过程。在整个预测过程中，对预测成败影响最大的因素有两个：一个是对收集到的资料进行分析和处理，这直接影响预测模型的建立；另一个是对利用模型求得的预测结果进行分析和处理，它直接决定着预测的质量。

上面列举的预测程序只是一般的步骤，在实际工作时，应根据具体情况灵活运用。实际上，要完全达到目的，往往需要若干次的迭代和多次修正。从这个意义上说，预测是对客观事物不断认识和深化的动态过程，这一动态过程可用图 4-2 示意说明。

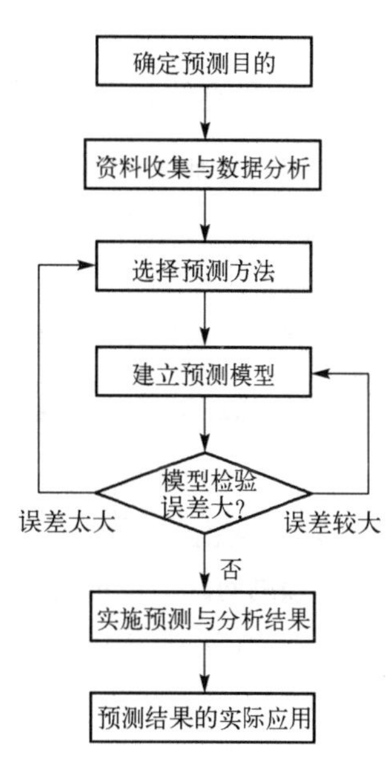

图 4-2　动态的预测过程

如果是定期做预测，数据的收集还应定期进行。实际运算可由计算机来完成。

4.3.2　预测的相关问题

有很多问题与预测相关，如预测的准确度、精度、成本、时间范围、更新频率、稳定性与响应性等。

1. 预测的准确度

由于系统的复杂性，预测的准确度可能受到很多因素的影响，其中最主要的有：① 预测环境的多变性；② 预测者的滞后性；③ 预测资料的准确性；④ 预测方法的适宜性。

提高预测准确度的措施主要有四个：① 全方位、多角度地审视预测对象及其相关的问题；② 提高数据资料的准确性；③ 选择合适的预测方法；④ 切实提高预测人员的水平。

在进行预测时，没有一种预测方法会绝对有效。对一个企业或本企业的一个部门而言，在一种环境下最好的预测方法，但对另一个企业甚至本企业内另一个部门可能完全不适用。无论使用何种方法进行预测，预测的作用也是有限的，并不能做到完美无缺。但是，几乎没有一个企业可以不进行预测就直接采取行动，一个好的短期或长期的经营规划取决于对公司产品需求的预测。

提高预测的准确度，还有一个有效的方法，那就是将多种方法结合起来，综合运用，从中找出相对可靠的预测结论。

2．预测的精度与成本

在选择预测方法时，显然要在精度和成本之间权衡。精度高的预测方法在实施过程中的成本一般也较高，但能取得较好的效果，即取得与实际偏离较小的预测值，从而使生产经营成本降低。应该注意的是：①不存在百分之百准确的预测方法，因而不要盲目追求预测的绝对准确；②就任何一个预测问题而言，一定存在一个精度比较合理的最低费用区间。

3．预测的时间范围和更新频率

预测要基于历史，立足现在，面向未来。从现在到未来之间的时间就是预测的时间范围。不同的预测方法有不同的时间范围，因而在选用预测方法时应特别关注这一点。另外，时间范围越大，预测结果越不准确。同时，任何一种预测方法都不可能完全适用于某一预测问题，应根据实际需求不断检验预测方法。若预测值与实际值偏离过大，则应更新预测方法。

4．预测的稳定性与响应性

稳定性与响应性是对预测方法的两个基本要求。稳定性是指抗随机干扰、稳定反应需求的能力。稳定性好的预测方法有利于消除或减少随机因素的影响，适用于受随机因素影响较大的预测问题。响应性是指迅速反应需求变化的能力。响应性好的预测方法能及时跟上实际需求的变化，适用于受随机因素影响小的预测问题。良好的稳定性与响应性都是预测追求的目标。

4.4 预测中的专家评估法

专家评估法是一种最古老的预测方法。它是以专家作为信息的提供者，组织各领域的专家运用各自的专业理论和经验，研究预测对象的性质，通过直观判断，对过去和现在的资料进行综合分析，并从中找出规律，对发展远景做出推测。该方法至今仍在各类预测方法中占有重要地位。专家评估法最大的优点是，在缺乏足够统计数据和原始资料的情况下，可以做出定量估计并得到文献中尚未反映的信息。

比较常用的专家评估法有专家会议法、德尔菲法和电子会议分析法等。

4.4.1　专家会议法

专家会议法是请熟悉预测对象系统的相关专家参加专题讨论会，对要预测的问题展开讨论，得出相对一致的预测意见。所邀请的专家可以是相关领域的工程技术人员、研究人员、教师、管理干部等，因不同的对象系统及预测目标而异。

专家会议法的优点：充分利用专家个人丰富的知识和经验，占有的信息量大，考虑因素比较全面。专家会议有助于专家之间交换意见，互相启发。通过对系统和现状的发展进行分析与评价，对未来的趋势进行探索和判断，集思广益，比较全面地考虑事件发生的可能性，从而得到较为可靠的预测结果。这种方法简单易行，节省时间。

专家会议法的缺点：参加会议的人数有限，不能广泛收集各方面的意见，且由于是面对面的讨论，容易受心理因素的影响，如屈服于权威或大多数人的意见，不能畅所欲言等。

4.4.2　德尔菲法

德尔菲法（也称为专家经验统计判断法）是 20 世纪 40 年代由兰德公司创设的。德尔菲是古希腊预言神殿所处的历史名城，该法因此而得名。

德尔菲法是以匿名的方式，通过几轮函询征求专家们的意见，并将每一轮意见都进行汇总整理，将相对集中的意见和结论记录下来，而有争议和分歧的问题再次反馈给各位专家进一步探讨，如此反复若干次，直到取得相对可靠、相对一致的意见，对未来做出预测。

1. 德尔菲法的特点

与其他预测方法相比较，德尔菲法的独特之处主要体现在以下三个方面。

（1）专业性。德尔菲法邀请专家参与预测，充分利用专家的经验和学识。这些专家一般都具备与策划主题相关的专业知识，熟悉市场情况，精通业务策划。

（2）匿名性。德尔菲法采用匿名函询的方式征求意见，即每位专家的分析判断是在背靠背的情况下进行的。在实施德尔菲法的过程中，应邀参加预测的专家互不相见，只与预测小组成员单线联系，消除了不良心理因素对专家判断的客观性的影响。德尔菲法的匿名性使得专家们无须担心充分地表达自己的想法会有损于自己的威望，也使得专家的想法不会受口头表达能力的影响和时间的限制。因此，德尔菲法的匿名性有利于各种不同的观点得到充分的发表。

（3）反馈性。在预测过程中，要进行 3～5 轮专家意见征询。预测机构对每一轮的预测结果做出统计、汇总，提供有关专家的论证依据和资料，作为反馈材料发给每一位专家，供下一轮预测参考。专家们从多次的反馈资料中进行分析选择，参考有价值的意见，深入思考，反复比较，有利于提出更好的预测意见。

因此，德尔菲法预测可信度较高，是长远规划中的一种重要预测方法。

2. 德尔菲法的步骤及优缺点

德尔菲法的主要步骤如下。

（1）明确预测课题及其范围，拟出预测提纲，提出要求，明确预测目标。

（2）确定调查专家。要求专家总体的权威性较好，代表面较广，人数一般在十几人至几十人，专家之间互不交流。

（3）设计调查意见征询表。表格简明扼要，填写方式简单，每个项目都紧扣预测目标。

（4）征询预测意见。向专家发征询表并将有关资料交给专家，要求专家根据征询表中的各项内容进行预测，也可增加或删减某些预测项目的内容，提出改进预测的意见。

（5）分析调查结果。将反馈的征询表的结果进行整理分类，列出专家意见的具体内容及依据，将分歧较大的问题重新列表发给专家，进行第二轮征询。这项工作一般要反复多次，直到结果收敛为止。

（6）将最后收敛的专家意见进行综合和归纳，提出预测结论，写出预测报告。

德尔菲法的主要工作流程图如图 4-3 所示。

德尔菲法的优点：比较适合于客观材料不足或者用其他方法难以进行的预测，如国民经济发展规划、企业长远发展规划、技术发展趋势预测等。该法集中了专家的智慧和经验，同时克服了专家个人判断和专家会议预测的不足，预测结果可信度较高。

德尔菲法的缺点：整个过程需要的时间较长，工作量大，正确选定专家也有一定的难度，一般适用于中长期预测。

在当今的信息化时代，网络这一工具为德尔菲法的应用提供了更加广阔的空间，与过去的信件来往交流相比，在线意见反馈可以更加及时，其应用效率得到大大提高。

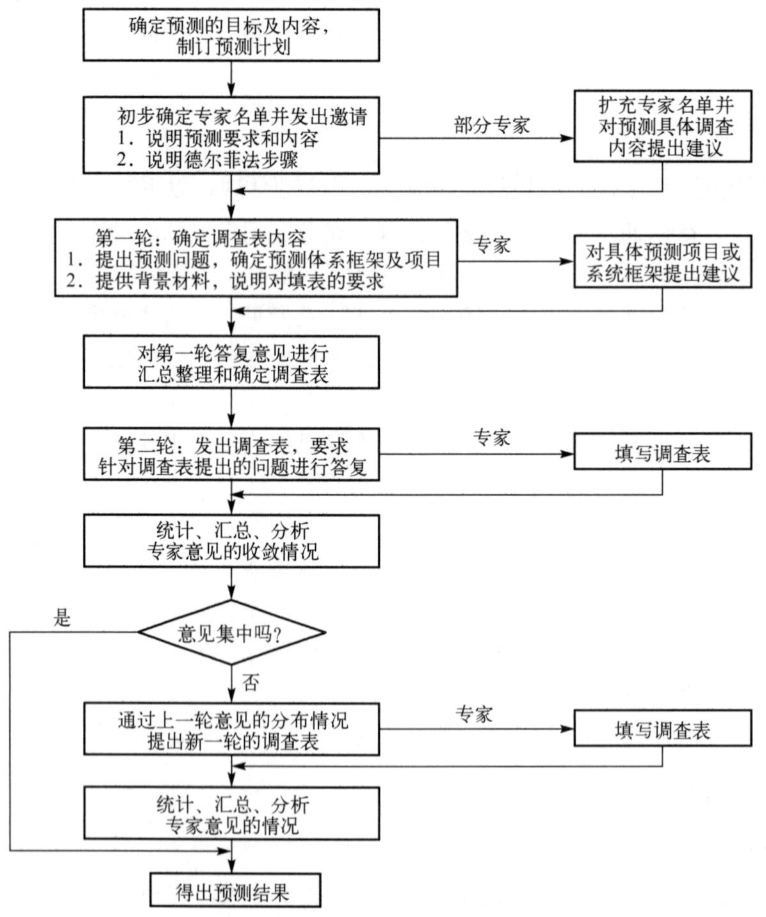

图 4-3　德尔菲法的主要工作流程图

4.4.3　电子会议分析法

1．电子会议分析法的定义

电子会议分析法（Electronic Meetings）是群体预测与计算机技术相结合的预测方法。在使用这种方法时，先将群体成员集中起来，每人面前有一个与中心计算机相连接的终端，群体成员将自己有关解决政策问题的方案输入计算机终端，然后将它投影在大型屏幕上。

专家们认为，电子会议分析法比传统的面对面的会议快 55%。例如，佛尔普斯·道奇采矿公司（Phelps Dodge Mining）运用这种方法，使年度计划会议从几天缩短到 12 h。虽然这种方法现在正处于幼年阶段，但未来的群体决策很可能广泛地采用电子会议分析法。

2．电子会议分析法的特点

（1）匿名。参与公共政策决策咨询的专家采用匿名的方式将自己的政策方案提出来，参与者只须把个人的想法通过键盘输入即可。

（2）可靠。每个有关解决公共问题的政策建议都能如实地反映在公屏上。

（3）快速。在使用计算机进行政策咨询时，不仅没有闲聊，而且人们可以在同一时间内互不干扰地交换见解，要比传统的面对面的决策咨询的效率高出许多。

3．电子会议分析法的局限性

（1）对善于口头表达，而运用计算机的技能相对较差的专家来说，电子会议会影响他们的决策思维。

（2）在运用这种预测方法时，由于是匿名，因而无法对提出好的政策建议的人进行奖励。

（3）人们只是通过计算机来进行决策咨询，从而是“人—机对话”，其沟通程度不如“人—人对话”丰富。

4.5　物流系统的预测分析

物流需求预测利用历史资料和市场信息，对未来的物流需求状况进行科学的分析、估算和推断。物流需求预测的意义在于指导和调节人们的物流管理活动，以便采取适当的策略和措施，谋求最大的利益。

4.5.1　物流系统的需求特征分析

物流需求预测需要注意以下几点：依据客观性、时间相对性、结论可检验性、方法灵活性，以及预测具有的局限性。

要实现物流活动的合理规划与控制，就需要准确估计系统将要处理的产品和服务的数量，这就是物流系统预测需要完成的工作。物流系统的需求特征分析对于提高物流系统预测的准确性是有帮助的。

物流需求是指一定时期内社会经济活动对生产、流通、消费领域的原材料、成品和半成品、商品及废旧物品、废旧材料等的配置作用，而产生的对物流在空间、时间和费用方面的要求，涉及运输、库存、包装、装卸搬运、流通加工，以及与之相关的信息需求等物流活动的诸方面。

需求的预测是所有部门（包括物流、营销、生产和财务部门）进行规划和控制的基础，因此，物流需求预测水平对企业的效益和发展至关重要。需求的水平和需求的时间将极大地影响生产能力、资金需求和经营的总体框架。要进行物流需求预测，必须了解物流需求的特征，物流需求的特征表现为以下三个方面。

1．需求的时间特性与空间特性

物流需求有时间特性，即需求是随时间而变化的。需求随时间的变化归因于销售的增长或下降、需求模式的季节性变化以及多种因素导致的一般性波动。这种预测一般属于短期预测，常用时间序列预测法来进行预测。

除时间特征外，物流需求还具有空间维度，即物流管理者必须知道需求量在何处发生。规划仓库位置、平衡物流网络中的库存水平和按地理位置分配运输资源等都需要知道需求的空间位置。因此，所选择的预测技术必须能反映影响需求模式的地理性差异。对需求的空间特征的处理有两种方式：一是先进行总需求预测，然后按地理位置分解，这是一种自上而下的预测方法；二是先对每个地点的需求单独进行预测，再根据需要汇总，这是一种自下而上的预测方法。两种方法所需的预测技术是不同的。

2．需求的规则性与不规则性

不同的产品种类，可能需要不同的服务水平，因而需要分别管理。不同产品的物流需求随时间而变化的模式是不同的。需求的变动可能是规则性的（Regular），也可能是不规则性的（Irregular），其中规则性的变动又分如图 4-4 所示的三种情况。导致需求模式规则性变动的因素有趋势（Trend）、季节性（Seasonal）和随机性（Random）。如果随机波动占时间序列中变化部分的比例很小，利用常规预测方法就可以得到较好的预测结果。

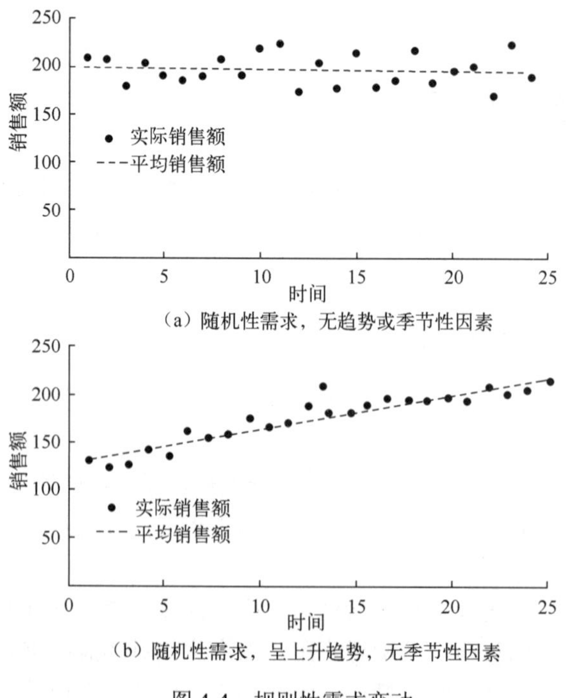

（a）随机性需求，无趋势或季节性因素

（b）随机性需求，呈上升趋势，无季节性因素

图 4-4　规则性需求变动

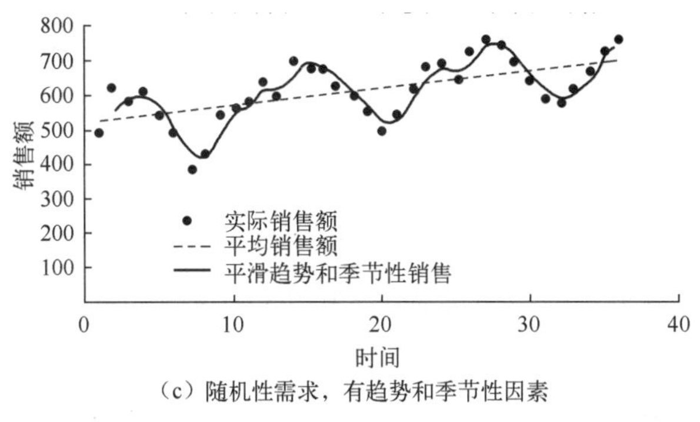

（c）随机性需求，有趋势和季节性因素

图 4-4　规则性需求变动（续）

如果某种产品的需求总量偏低，需求时间和需求水平非常不确定，这种需求就是间歇式的，这就是所谓不规则的需求变化情况，如图 4-5 所示。

刚刚进入生产线或即将退出生产线的产品常常出现这种需求，因为只有少数客户有需求，而且分散在不同的地区，所以每个存储点的需求都很低。对这类需求进行预测，通常的预测方法效果不佳。这是物流需求预测的特殊难题。

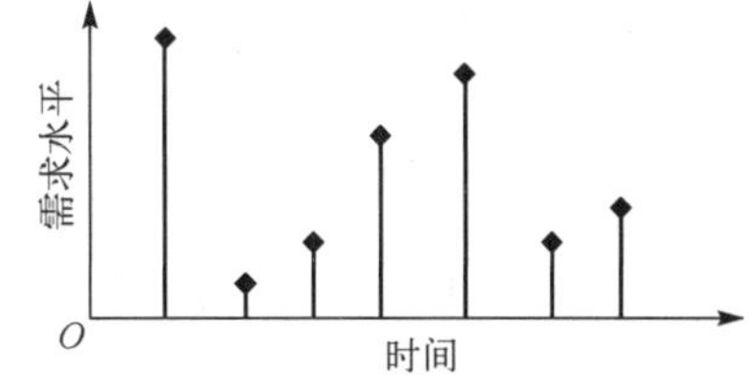

图 4-5　不规则的需求模式

3．需求的独立性与派生性

来自用户、具有一定的随机性的物流服务需求称为独立需求。如果物流需求是随着另一种需求而产生或派生出来的，如物流需求由某一特定的生产计划要求派生出来，这就是需求的派生性，这是一种从属性的需求。例如，从某供应商处购买新轮胎的数量就是汽车厂要生产的新汽车量的一定倍数。对于独立的需求和派生的需求，预测方法是不同的。

对于独立的需求预测，统计预测方法的效果就很好。多数短期预测模型的基本条件都是需求独立且随机。对于派生的需求，因这种需求模式有很强的倾向性，且不是随机的，通过判断系统随时间发展而呈现出的倾向性和规律性，就能较好地改进预测结果。

【例 4-1】电机生产的物料管理计划

某大型制造企业的电力设备部门为工业用户生产一系列小功率电动机。每台电动机包含 50～100 个零部件。企业根据所收到的订单制订生产计划，产品在未来某时间交付，生产计划的制订要基于需求预测，预测的产品是那些标准化程度高的等待出售的电动机。根据以上要求需要制订未来 3 个月的生产计划，表明什么时间生产某特定型号的电动机，生产多少。然后，物料管理经理据此备齐生产所需的所有配件和原材料。

物料管理计划通常用两种方法确定需求。对那些在多数电动机的生产中都需要使用的配件或原材料（铜线、铁板和油漆），管理人员先预测一般的消耗速度，随后决定采购量以支持库存。对那些价值高、需要特殊设计的部件则要根据生产计划的需求进行采购。本例中，这类部件有转子轴和球形轴承。这些产品的采购需求来自生产计划，通过浏览物料清单获得。例如，假设某月需要生产 3 种型号的电动机，每种型号分别生产 200 个、300 个和 400 个。各种型号的电动机都需要 1 个转子轴，但是型号 1 和型号 2 各需要 2 个球形轴承，型号 3 只需要 1 个球形轴承。因此，从每种型号电动机的物料清单就可以得出该型号所需配件，再按配件类型分别求和就能得到每种配件的总需求，即需要转子轴 900 个、球形轴承 1400 个。

从例题可看出，只要最终产品的需求确定、已知，利用派生需求的方法得出的需求预测是非常准确的。

4.5.2 指数平滑预测法与回归分析预测法

物流管理者要进行的预测一般是与库存控制、运输调度、仓库装卸计划等决策活动有关的需求预测。实践经验说明，时间序列分析模型简单，预测效果较好。下面介绍两种常用的时间序列预测方法——指数平滑预测法和回归分析预测法。

4.5.2.1 指数平滑预测法

指数平滑预测法是一种非常有效的短期预测法，该方法简单、易用，只需很小的数据量就可以连续使用。指数平滑预测法在同类预测法中被认为是最精确的，当预测数据发生根本性变化时，还可以进行自我调整。

指数平滑预测法是在移动平均法的基础上发展起来的一种预测方法，包括一次指数平滑预测法、二次指数平滑预测法和三次指数平滑预测法等。

1．一次指数平滑预测法

如果时间序列观察值的发展趋势单纯围绕某一水平做随机跳动，可采用一次指数平滑预测法来做预测，其一次指数平滑预测模型为

$$\begin{aligned} Y_{t+T} &= S_t^{(1)} \\ S_t^{(1)} &= \alpha X_t + (1-\alpha)S_{t-1}^{(1)} \\ &= \alpha X_t + \alpha(1-\alpha)X_{t-1} + \alpha(1-\alpha)^2 X_{t-2} + \cdots + \alpha(1-\alpha)^{t-1} X_1 + (1-\alpha)^t S_0^{(1)} \end{aligned} \tag{4-1}$$

式中：$S_t^{(1)}$—— 第 t 期的一次指数平滑值；

X_t—— 第 t 期的实际观察值；

α—— 权重，通常取 $\alpha = 0.01 \sim 0.30$；

Y_{t+T}—— 第$(t+T)$期的预测值。

当资料数据较多（如数据点大于 50）时，可取 $S_0^{(1)} \approx X_1$ 或 $S_0^{(1)} \approx \bar{X}$ 。令 $w_t = \alpha$ ，$w_{t-1} = \alpha(1-\alpha)$，$\cdots$，$w_i = \alpha(1-\alpha)^{t-i}$，$\cdots$，$w_1 = \alpha(1-\alpha)^{t-1}$，$w_0 = (1-\alpha)^t$ ，则 $S_t^{(1)} = w_t X_t + w_{t-1} X_{t-1} + \cdots + w_1 X_1 + w_0 S_0^{(1)}$，且 $0 \leqslant w_i \leqslant 1$，$\sum_{i=0}^{t} w_i = 1$，$i = 1,2,\cdots,t$。所以 w_i 是各历史时期实际数据的权重（$i = 1, 2, \cdots, t$），而且有 $0 \leqslant w_0 \leqslant w_1 \leqslant w_2 \leqslant \cdots \leqslant w_{t-1} \leqslant w_t \leqslant 1$ 。

2．二次指数平滑预测法

若时间序列观察值的发展趋势包含某种线性持续增长或下降趋势，则应采用二次指数平滑预测法进行预测。二次指数平滑预测模型为

$$\begin{gathered} Y_{t+T} = a_t + b_t T \\ a_t = 2S_t^{(1)} - S_t^{(2)} \\ b_t = \frac{\alpha}{1-\alpha}(S_t^{(1)} - S_t^{(2)}) \\ S_t^{(1)} = \alpha X_t + (1-\alpha)S_{t-1}^{(1)}，\quad S_t^{(2)} = \alpha S_t^{(1)} + (1-\alpha)S_{t-1}^{(2)} \end{gathered} \tag{4-2}$$

式中：a_t、b_t—— 平滑系数；

$S_t^{(1)}$ —— 第 t 期的一次指数平滑值；

$S_t^{(2)}$ —— 第 t 期的二次指数平滑值；

X_t —— 第 t 期的实际观察值；

α —— 权重，通常取 $\alpha = 0.01 \sim 0.30$；

Y_{t+T} —— 第 $(t+T)$ 期的预测值。

3．三次指数平滑预测法

当时间序列观察值的发展趋势出现较大曲率时，宜采用三次指数平滑预测法，它是在二次指数平滑预测法的基础上进行的。利用一次、二次指数平均值建立的时间序列的趋势方程为

$$Y_{t+T} = a_t + b_t T + c_t T^2$$

$$a_t = 3S_t^{(1)} - 3S_t^{(2)} + S_t^{(3)}$$

$$b_t = \frac{\alpha}{2(1-\alpha)^2}\left[(6-5\alpha)S_t^{(1)} - 2(5-4\alpha)S_t^{(2)} + (4-3\alpha)S_t^{(3)}\right]$$

$$c_t = \frac{\alpha^2}{2(1-\alpha)^2}(S_t^{(1)} - 2S_t^{(2)} + S_t^{(3)})$$

$$S_t^{(1)} = \alpha X_t + (1-\alpha)S_{t-1}^{(1)},\quad S_t^{(2)} = \alpha S_t^{(1)} + (1-\alpha)S_{t-1}^{(2)},\quad S_t^{(3)} = \alpha S_t^{(2)} + (1-\alpha)S_{t-1}^{(3)} \qquad (4\text{-}3)$$

式中：a_t、b_t、c_t——平滑系数；

$S_t^{(1)}$ —— 第 t 期的一次指数平滑值；

$S_t^{(2)}$ —— 第 t 期的二次指数平滑值；

$S_t^{(3)}$ —— 第 t 期的三次指数平滑值；

X_t —— 第 t 期的实际观察值；

α —— 权重，通常取 $\alpha = 0.01 \sim 0.30$；

Y_{t+T} —— 第 $(t+T)$ 期的预测值。

应用指数平滑预测模型时，要用到初始平滑值 $S_0^{(1)}$ 。

如果资料数据点较多（在 50 个以上），可以用实际值 X 来代替。如果数据点较少，那么初始值的影响不能忽略，此时可以采用前几个数据的平均值作为初始值。

【例 4-2】 产品销量预测分析

某厂某产品的销售量如表 4-1 所示，用指数平滑预测法预测 2025 年的销售量。

解：（1）设 $\alpha = 0.3$，计算一次、二次、三次指数平滑值，并列入表 4-1 中。

$$S_t^{(1)} = \alpha X_t + (1-\alpha)S_{t-1}^{(1)},\quad S_t^{(2)} = \alpha S_t^{(1)} + (1-\alpha)S_{t-1}^{(2)},\quad S_t^{(3)} = \alpha S_t^{(2)} + (1-\alpha)S_{t-1}^{(3)}$$

表 4-1　指数平滑预测法预测实例表

年份	t	销售量/千台	$S_t^{(1)}$/千台	$S_t^{(2)}$/千台	$S_t^{(3)}$/千台
—	0	—	2.30	2.30	2.30
2017	1	2.30	2.30	2.30	2.30
2018	2	3.40	2.63	2.40	2.33
2019	3	5.10	3.37	2.69	2.44

续表

年份	t	销售量/千台	$S_t^{(1)}$/千台	$S_t^{(2)}$/千台	$S_t^{(3)}$/千台
2020	4	7.20	4.52	3.24	2.68
2021	5	9.00	5.86	4.03	3.08
2022	6	10.60	7.28	5.00	3.66
2023	7	12.00	8.70	6.11	4.40
2024	8	14.30	10.38	7.39	5.29

（2）由表 4-1 建立时间序列趋势方程

$$Y_{2024+T} = a_{2024} + b_{2024}T + c_{2024}T^2$$

$$a_{2024} = 3S_t^{(1)} - 3S_t^{(2)} + S_t^{(3)} = 3\times10.38 - 3\times7.39 + 5.29 = 14.26$$

$$b_{2024} = \frac{\alpha}{2(1-\alpha)^2}\left[(6-5\alpha)S_t^{(1)} - 2(5-4\alpha)S_t^{(2)} + (4-3\alpha)S_t^{(3)}\right] = 2.12$$

$$c_{2024} = \frac{\alpha^2}{2(1-\alpha)^2}\left[S_t^{(1)} - 2S_t^{(2)} + S_t^{(3)}\right] = 0.08$$

（3）求解预测值

$$Y_{2024+1} = 14.26 + 2.12\times1 + 0.08\times1^2 = 16.46\text{（千台）}$$

4.5.2.2　回归分析预测法

现实世界中普遍存在着变量之间的关系。一般来说，这些关系可分为确定性关系和非确定性关系两种。确定性关系称为函数关系；非确定性关系称为相关关系。所谓相关关系，就是因变量与自变量的总体平均数呈现函数关系。回归分析就是从变量之间的因果关系出发，通过大量的数据统计分析，找出各相关变量间的内在规律，从而近似确定出变量间的函数关系，帮助人们从变量过去和现在的取值去推断与预测未来可能的取值范围。

在回归分析预测中，因变量称为被预测变量，自变量称为被预测变量的解释变量。如果回归分析中涉及的是两个变量，称为一元回归分析；变量数多于两个时，称为多元回归分析。在进行回归分析时，首先要建立回归方程式，回归方程可分为线性回归方程和非线性回归方程两种形式。如果被预测变量和其解释变量之间为一次幂关系，称为线性回归，其他则称为非线性回归。线性回归在实际预测中应用相当广泛，这不仅是因为很多相关关系为线性关系，同时非线性关系也可以通过一定形式的数学变换转换为线性关系。

需要注意的是，由于回归分析预测是基于研究变量之间的相关关系，在运用回归分析预测法进行预测前，首先应当对所掌握的历史数据资料进行分析，并判断变量之间是否存在相关关系、相关关系的密切程度如何，否则不能用这种方法进行预测。

1．一元线性回归预测法

1）建立回归方程

若预测变量 Y 与解释变量 X 之间的关系呈线性相关，则可建立一元线性回归模型，其一般形式为

$$Y = a + bX \tag{4-4}$$

式中：Y—— 因变量；

　　X—— 自变量；

a—— 常数；

b—— 回归系数。

当取得了具有相关关系的 n 对 x_i 与 y_i 两个变量的统计资料后，确定它们的线性回归模型的关键是计算回归模型中的参数 a 和 b。根据式（4-4），对于每一个 x_i，就有一个对应的估计值 $\hat{y}_i$，估计值 $\hat{y}_i$（$i=1,2,3,\cdots,n$）与实际值 y_i（$i=1,2,3,\cdots,n$）之间存在着离差，设两者之间的离差为 e_i，则

$$e_i = y_i - \hat{y}_i = y_i - a - bx_i$$

那么，离差的平方和为

$$\sum_{i=1}^{n} e_i^2 = \sum_{i=1}^{n} (y_i - a - bx_i)^2$$

离差平方和反映了 n 个统计数据 y_i（i=1,2,3,⋯,n）与回归方程的总的偏离程度。根据最小二乘法原理，离差平方和最小的回归方程为最优方程，即满足

$$\min \sum_{i=1}^{n} e_i^2 = \min \sum_{i=1}^{n} (y_i - a - bx_i)^2 \tag{4-5}$$

式（4-5）中的 a 和 b 就是所求的回归方程（4-4）中的参数 a 和 b。

由微积分中的极值原理可知，使式（4-5）为最小的 a 和 b 存在，且为

$$b = \frac{n\sum_{i=1}^{n} x_i y_i - \sum_{i=1}^{n} x_i \sum_{i=1}^{n} y_i}{n\sum_{i=1}^{n} x_i^2 - \left(\sum_{i=1}^{n} x_i\right)^2}$$

$$a = \overline{y} - b\overline{x}$$

$$\overline{x} = \frac{1}{n}\sum_{i=1}^{n} x_i$$

$$\overline{y} = \frac{1}{n}\sum_{i=1}^{n} y_i$$

由此可见，只要具有一定数量的观察值(x_i, y_i)，便可以计算出回归方程中待定系数的估计值 a 和 b，从而便可计算出在指定 x 值下的因变量的回归值 $\hat{y}$。

2）线性相关分析

一般在建立线性回归模型前，可将两个变量 x 及 y 的值标在直角坐标系中，得到散点图，从直观上判别是否有相关关系，若散点较为密集地分布在一条直线附近，则说明两个变量呈线性相关，可按上述方法建立其回归分析模型。

回归方程是在使 $\hat{y}_i$ 与 y_i 的偏差为最小的条件下求得的，它在一定程度上反映了预测变量与其解释变量之间的关系。但是方程能否进行正确的预测，还需要进行 $\hat{y}$ 与 x 之间线性关系的检验，即通过求相关系数，判别它们是否密切相关。

相关系数是反映两个变量间是否存在相关关系，以及这种相关关系的密切程度的一个统计量。相关系数用 r 表示，r 的计算公式为

$$r = \pm\frac{L_{xy}}{\sqrt{L_{xx}L_{yy}}} \tag{4-6}$$

且$0 \leqslant |r| \leqslant 1$。

$$L_{yy} = \sum_{i=1}^{n} (y_i - \overline{y})^2 \tag{4-7}$$

$$L_{xx} = \sum_{i=1}^{n} (x_i - \overline{x})^2 \tag{4-8}$$

$$L_{xy} = \sum_{i=1}^{n} (y_i - \overline{y})(x_i - \overline{x}) \tag{4-9}$$

当$|r| = 1$时，表示变量x与y严格线性相关。

当$|r| = 0$时，表示变量x与y之间不存在线性相关关系。

当$0 < |r| < 1$时，表示变量x与y之间存在不同程度的线性相关关系，通常认为：

- 当$0 < |r| \leqslant 0.3$时，为微弱相关。
- 当$0.3 < |r| \leqslant 0.5$时，为低度相关，或弱相关。
- 当$0.5 < |r| \leqslant 0.8$时，为显著相关。
- 当$0.8 < |r| \leqslant 1$时，为高度相关，或强相关。

即相关系数r反映了变量x与y之间线性相关的密切程度，$|r|$越接近于1，就说明x与y之间的线性相关程度越密切。

3）回归分析预测置信限

在预测模型的自变量和因变量相关关系得到确认后，运用回归方程求得的$\hat{y}$并不是实际值，而是回归估计值。因为随着现实情况的变化和环境因素的影响，实际值总会与预测估计值之间产生或大或小的偏差，所以人们不仅要求获得y的预测值，而且希望知道实际的y值可能偏离预测估计值的范围，也就是要了解预测的精度。置信限就是反映在一定置信度下，预测变量的取值范围，又称为预测区间的估计。

（1）计算各估计值的标准离差S_y，它表示回归直线诸个数据点的密集程度。S_y的计算公式为

$$S_y = \sqrt{\frac{\sum_{i=1}^{n} (y_i - \hat{y}_i)^2}{n-2}} \tag{4-10}$$

式中：n—— 样本数；

y_i—— 置信区间的自变量的数值。

（2）置信区间的计算：

上限 $$y_0 + t_{\frac{\alpha}{2}}(n-2)S_0 \tag{4-11}$$

下限 $$y_0 - t_{\frac{\alpha}{2}}(n-2)S_0 \tag{4-12}$$

式中：$t_{\frac{\alpha}{2}}(n-2)$—— 样本数为$n$，显著性水平为$\alpha$的置信度。

设线性回归方程变量间的计算呈显著关系，当给定自变量$x = x_0$，其对应的预测值y_0的$100(1-\alpha)\%$置信区间（预测区间）为

$$\left\{y_0 \pm t_{\frac{\alpha}{2}}(n-2)\cdot S_y\sqrt{\left[1+\frac{1}{n}+\frac{\left(X_0-\overline{X}\right)^2}{\sum_{i=1}^{n}\left(X_i-\overline{X}\right)^2}\right]}\right\}$$

式中，$t_{\frac{\alpha}{2}}(n-2)$ 可以根据显著水平 α（一般取 1%或 5%）和观察次数 n 折算成 $\frac{\alpha}{2}$ 和$(n-2)$，从表 4-2 中查取。

表 4-2　显著水平 α 数值

n	α=0.10	α=0.05	α=0.025	α=0.01	α=0.005	n	α=0.10	α=0.05	α=0.025	α=0.01	α=0.005
1	3.078	6.314	12.706	31.821	63.657	16	1.337	1.746	2.120	2.583	2.921
2	1.886	2.920	4.303	6.965	9.925	17	1.333	1.740	2.110	2.567	2.898
3	1.638	2.353	3.182	4.541	5.841	18	1.330	1.734	2.101	2.552	2.878
4	1.533	2.132	2.776	3.747	4.604	19	1.328	1.729	2.093	2.539	2.861
5	1.476	2.015	2.571	3.365	4.032	20	1.325	1.725	2.086	2.528	2.845
6	1.440	1.943	2.447	3.143	3.707	21	1.323	1.721	2.080	2.518	2.831
7	1.415	1.895	2.365	2.998	3.499	22	1.321	1.717	2.074	2.508	2.819
8	1.397	1.860	2.306	2.896	3.355	23	1.319	1.714	2.069	2.500	2.807
9	1.383	1.833	2.262	2.821	3.250	24	1.318	1.711	2.064	2.492	2.797
10	1.372	1.812	2.228	2.764	3.619	25	1.316	1.708	2.060	2.485	2.787
11	1.363	1.796	2.201	2.718	3.106	26	1.315	1.706	2.056	2.479	2.779
12	1.356	1.782	2.179	2.681	3.055	27	1.314	1.703	2.052	2.473	2.771
13	1.350	1.771	2.160	2.650	3.012	28	1.313	1.701	2.048	2.467	2.763
14	1.345	1.761	2.145	2.624	2.977	29	1.311	1.699	2.045	2.462	2.756
15	1.341	1.753	2.131	2.602	2.947	∞	1.282	1.645	1.960	2.326	2.576

【例 4-3】公路货物运输量的趋势分析

表 4-3 为某市 2008—2020 年的公路运输货物运入量（过境车辆运输量不包含在内）及社会总产值的记录资料。在发展规划中 2025 年该市社会总产值为 393.8 亿元，试求 2025 年公路货物运入量的值。本例中，货物运入量为因变量 y，社会总产值为自变量 x。

表 4-3　某市 2008—2020 年的公路运输货物运入量及社会总产值

年份	2008	2009	2010	2011	2012	2013	2014	2015	2016	2017	2018	2019	2020
货物运入量/万 t	4301.2	4482.5	4562.9	4637.2	4717.0	4922.2	5332.8	5626.1	5800.5	5912.0	6179.0	6248.0	6373.0
社会总产值/亿元	100.2	117.7	129.8	139.1	149.7	162.2	184.7	212.5	227.0	249.5	270.8	288.3	298.0

（1）将每一对观察值用坐标的形式(x_i, y_i)标注在直角坐标系中，绘出散点图，可粗略地看出货物运入量与社会总产值正相关。

（2）建立一元线性回归方程。

既然货物运入量 y 与社会总产值 x 是正相关的，则假设它们之间是线性相关的，其相关方程为

$$y=a+bx$$

式中：a、b——回归系数。

按照最小二乘法即可求出回归系数

$$b=\frac{n\sum_{i=1}^{n}x_iy_i-\sum_{i=1}^{n}x_i\sum_{i=1}^{n}y_i}{n\sum_{i=1}^{n}x_i^2-\left(\sum_{i=1}^{n}x_i\right)^2}$$

$$a=\overline{y}-b\overline{x}$$

$$\overline{x}=\frac{1}{n}\sum x_i$$

$$\overline{y}=\frac{1}{n}\sum y_i$$

（3）求解回归系数，得到回归模型。

将$(x，y)$的观测数据$(x_i，y_i)$代入，可计算出回归系数a，b。当数据量较大时，计算量非常大，回归分析可借助于一些统计分析工具（如Excel、SPSS）来完成。这里给出用Excel算出的回归系数

$$b=10.84，a=3191.2$$

因此，货物运入量与社会总产值之间的相关方程为

$$y=3191.2+10.84x \tag{4-13}$$

当已知任意一年的社会总产值时，就可用该相关方程估算出当年的货物运入量。因而，式（4-13）就是预测货物运入量的回归预测模型。

（4）利用模型预测结果。

2025年的货物运入量预测值=3191.2+10.84×393.8≈7460（万t）

（5）相关性检验。

$$r=\frac{L_{xy}}{\sqrt{L_{xx}L_{yy}}}=\frac{611226.7}{\sqrt{56409.6\times6689039}}=0.995$$

x、y线性关系高度显著。

（6）预测置信区间。

样本残差

$$S_y=\sqrt{\frac{\sum_{i=1}^{n}(y_i-\hat{y}_i)^2}{n-2}}=\sqrt{\frac{66088.6}{13-2}}=77.5$$

预测误差样本的标准差

$$S_0=S_y\sqrt{\left[1+\frac{1}{n}+\frac{(X_0-\overline{X})^2}{\sum_{i=1}^{n}(X_i-\overline{X})^2}\right]}=77.5\times\sqrt{\left(1+\frac{1}{13}+\frac{(393.8-195.29)^2}{56409.6}\right)}=103.3$$

取α=0.01，查表4-2，$t_{\frac{\alpha}{2}}(n-2)=t_{0.005}(11)=3.106$。

2025年货物运入量的置信度为99%的预测区间为

$$(7460-3.106\times103.3,\ 7460+3.106\times103.3)=(7139,\ 7781)$$

该市2025年货物运入量预测值为7460万t，并且有99%的可能是7139万～7781万t。

2．多元线性回归模型预测法

在物流系统决策中，常有多个因素共同影响着物流的需求。例如，某地区货运量的增长与该地区工业产值的增长和人均收入有关。此时，这些变量应该包括在预测模型中。多元回归分析就是这样一种统计技术，它是一元线性回归理论与技术在多变量线性关系系统中的延伸，也是预测中经常使用的方法。

设要预测的变量（因变量）y 有 m 个影响因素，用自变量 $x_1, x_2, \cdots, x_m$ 表示。在明确因变量与各个自变量间存在线性相关关系的基础上，给出适宜的线性回归方程，并据此做出关于因变量的发展变化趋势的预测。因此，多元线性回归分析预测法的关键是找到合适的回归方程。类似于一元线性回归分析，描述 y 与 $x_1, x_2, \cdots, x_m$ 之间的线性关系可用方程

$$y=b_0+b_1x_1+b_2x_2+\cdots+b_mx_m \tag{4-14}$$

式中：b_0 为待定的常数；$b_1,b_2,\cdots,b_m$ 为回归系数，表示当其他自变量固定不变时，该自变量变化一个单位而使 y 平均变化的量。用最小二乘法进行回归参数的估计。

根据最小二乘法原理，应使预测值 $\hat{y}$ 与实测值 y 之间的离差平方和最小，预测值用式（4-14）等号右边的表达式代入，即 $\min\sum_j (y_j-b_0-b_1x_{1j}-b_2x_{2j}-\cdots-b_mx_{mj})^2$。$j$ 是样本数据对的下标，$j=1, 2, \cdots, n$。

对式（4-14）中的回归参数求偏导，并令其等于零，经整理后得

$$\begin{cases} L_{11}b_1+L_{21}b_2+\cdots+L_{m1}b_m=L_{Y1} \\ L_{12}b_1+L_{22}b_2+\cdots+L_{m2}b_m=L_{Y2} \\ \cdots \\ L_{1m}b_1+L_{2m}b_2+\cdots+L_{mm}b_m=L_{Ym} \end{cases} \tag{4-15}$$

$$b_0=\overline{y}-\sum_{i=1}^{m}b_i\overline{x}_i \tag{4-16}$$

式中：$\overline{y}, \overline{x}_i$ 分别代表因变量和自变量的样本均值，$i=1, 2, \cdots, m$。

$$L_{ij}=\sum_{k=1}^{n}(x_{ik}-\overline{x}_i)(x_{jk}-\overline{x}_j) \tag{4-17}$$

$$L_{Yj}=\sum_{k=1}^{n}(y_k-\overline{y})(x_{jk}-\overline{x}_j) \tag{4-18}$$

用矩阵形式重写方程式（4-15），令

$$\boldsymbol{L}=\begin{bmatrix} L_{11} & L_{21} & \dots & L_{m1} \\ L_{12} & L_{22} & \dots & L_{m2} \\ \vdots & \vdots & \ddots & \vdots \\ L_{1m} & L_{2m} & \dots & L_{mm} \end{bmatrix};\quad \boldsymbol{b}=\begin{bmatrix} b_1 \\ b_2 \\ \vdots \\ b_m \end{bmatrix};\quad \boldsymbol{L}_Y=\begin{bmatrix} L_{Y1} \\ L_{Y2} \\ \vdots \\ L_{YM} \end{bmatrix}$$

则式（4-15）变为

$$\boldsymbol{L}\cdot\boldsymbol{b}=\boldsymbol{L}_Y$$

运用矩阵计算法可求出回归参数

$$\boldsymbol{b}=\boldsymbol{L}^{-1}\boldsymbol{L}_Y$$

对于多元回归问题，一般可根据上面列出的表达式，编制计算软件求解，或应用统计分析工具软件（如 Excel、SPSS）求解。

4.5.3 灰色系统预测

4.5.3.1 灰色系统的概念

在控制论中常用颜色来形容系统的信息完备程度。一个内部信息完全未知的系统，被称作黑箱，或黑色系统。相反，一个内部特性已知的系统则称为白色系统。例如，研究一个港口的通过能力，若已知该港口的设施、设备、人员和技术条件，根据这些信息就可推断出该港口所具有的通过能力，则称这个港口系统为白色系统。但是有些系统介于黑和白之间，即部分信息已知、部分信息未知，这样的系统被命名为灰色系统（Grey System）。例如，在研究交通运输系统的运输量时，影响运输量的因素有来自社会方面的，如国家的投资及价格等方面的政策、工农业生产、外贸情况等；有来自技术方面的，如运输设施、管理水平、人员素质等情况；也有来自自然方面的，如人口、气候、季节等情况。很难确定全部因素及其影响的程度，虽然知道这些因素对运输量会有影响，但很难找出运输量与这些因素之间确定的映射关系，这就是所谓的灰色系统。

4.5.3.2 灰色系统预测及应用

灰色系统理论主要研究系统状态、结构、边界等关系不明确、行为信息不完全、运行机制不十分清楚的一类系统的建模、预测、决策和控制等问题。通过少量、不完全的信息，建立灰色微分预测模型，对事物发展规律做出模糊性的长期描述。灰色系统预测就是根据灰色系统过去及现在已知或非确知的信息，建立一个从过去引申到将来的灰色模型（Grey Model，GM），在建模中最具有特色的是针对时间序列建立的灰色模型，从而根据灰色模型确定系统在未来发展变化的趋势，为规划决策提供依据。

灰色系统预测的类型主要包括数列预测、灾变预测、系统预测和拓扑预测。

（1）数列预测。对某现象随时间的顺延而发生的变化所做的预测定义为数列预测。例如，对消费物价指数的预测，需要确定两个变量：一是消费物价指数的水平；二是这一水平所发生的时间。

（2）灾变预测。对发生灾害或异常突变事件可能发生的时间预测称为灾变预测。例如，对地震时间的预测，这涉及应急物流的问题。

（3）系统预测。对系统中众多变量间相互协调关系的发展变化所进行的预测称为系统预测。例如，市场中替代商品、相互关联商品销售量互相制约的预测。

（4）拓扑预测。根据原始数据绘制曲线，在曲线上按定值寻找该定值发生的所有时点，并以该定值为框架构成时点数列，然后建立模型预测未来该定值所发生的时点。

在物流系统中应用较多的是数列预测，下面专门进行讲述。

4.5.3.3 数列预测

系统的行为特征量是系统的输出。对系统的行为特征量（如产量、运输量、吞吐量、销售量、库存量等）大小的预测，称为系统行为序列的变化预测，又简称为数列预测，如地区运输货物周转量的预测、港口采集者吞吐量的预测、物流中心各种货物处理量的预测、产品销售量及仓库物资需求量的预测等。

灰色理论预测自 1979 年在我国问世以来，不断发展和完善，已成功应用于交通运输、港口、物流园区等系统预测中，取得了可喜的成绩。

4.5.3.4　灰色系统建模

灰色系统是一个信息系统，一般其层次复杂、结构关系较模糊、状态变化随机性大。因此，反映系统行为的特征量序列往往呈现离乱现象。这种离乱的序列即灰色序列，或称为灰色过程。以灰色序列建立的模型称为灰色模型。

灰色模型是揭示系统随着时间变化而发展的长过程模型，所以一般用微分方程来描述。考虑灰色序列的杂乱无章，不宜直接用于建立模型，因此须对灰色序列进行处理，获得生成数。灰色预测是直接采用生成数建立灰色模型的微分方程，并通过积分获得灰色模型微分方程的时间响应函数。通过时间响应函数预测生成数的大小，最后进行还原处理，得到预测结果。建立的灰色模型是否反映了系统的运行规律，是否适合用于进行系统未来行为的预测，预测精度如何，这些问题的回答还必须通过灰色模型精度的检验，只有检验合格的灰色模型才能用于系统未来的预测。

1．生成数

灰色系统理论认为尽管灰色系统是朦胧的，数据是杂乱的，但它毕竟是有序的，而且是具有整体功能的。因此杂乱无章的系统特征量后面必然潜藏着某种规律，选择适当的方法找出规律，就可以对在一定方位内变化、与时间有关的灰色过程实施预测。为了弱化原始时间序列的随机性，在建立灰色预测模型之前，须先对原始时间序列进行数据处理，使之逐步转换为确定性数列，经过数据处理后的时间序列称为生成列。灰色系统常用的数据处理方式有累加和累减两种。

1）累加生成 AGO

设有原始数列 $x^{(0)}=\{x^{(0)}(1),x^{(0)}(2),\cdots,x^{(0)}(n)\}$，若对其做一次累加，便得到一次累加数列

$$x^{(1)}=\{x^{(1)}(1),x^{(1)}(2),\cdots,x^{(1)}(n)\}$$

若对其作 r 次累加，便得到 r 次累加数列

$$x^{(r)}=\{x^{(r)}(1),x^{(r)}(2),\ \cdots,x^{(r)}(n)\}$$

其中

$$\begin{aligned}
&x^{(1)}(1)=x^{(0)}(1)\\
&x^{(1)}(2)=x^{(0)}(1)+x^{(0)}(2)\\
&\cdots\\
&x^{(1)}(n)=x^{(0)}(1)+x^{(0)}(2)+\cdots+x^{(0)}(n)\\
&x^{(r)}(1)=x^{(r-1)}(1)\\
&x^{(r)}(2)=x^{(r-1)}(1)+x^{(r-1)}(2)\\
&\cdots\\
&x^{(r)}(n)=x^{(r-1)}(1)+x^{(r-1)}(2)+\cdots+x^{(r-1)}(n)
\end{aligned}$$

即累加计算式得

$$x^{(r)}(k)=\sum_{i=1}^{k}x^{(r-1)}(i)=\text{AGO}x^{(r-1)}(k) \tag{4-19}$$

式中：$k=1,2,\cdots,n$。

将式（4-19）变换还可得到

$$\begin{aligned}
x^{(r)}(k)&=\left[x^{(r-1)}(1)+x^{(r-1)}(2)+\cdots+x^{(r-1)}(k-1)\right]+x^{(r-1)}(k)\\
&=\sum_{i=1}^{k-1}x^{(r-1)}(i)+x^{(r-1)}(k) \qquad (4\text{-}20)\\
&=x^{(r)}(k-1)+x^{(r-1)}(k)
\end{aligned}$$

【例 4-4】非随机数列的预测分析

考虑 4 个数据，记为 $x^{(0)}(1), x^{(0)}(2), x^{(0)}(3), x^{(0)}(4)$，其数据如表 4-4 所示。

表 4-4　实验原始数据

序号	1	2	3	4
符号	$x^{(0)}(1)$	$x^{(0)}(2)$	$x^{(0)}(3)$	$x^{(0)}(4)$
数据	1	2	1.5	3

将表 4-4 中的数据作图，如图 4-6 所示。

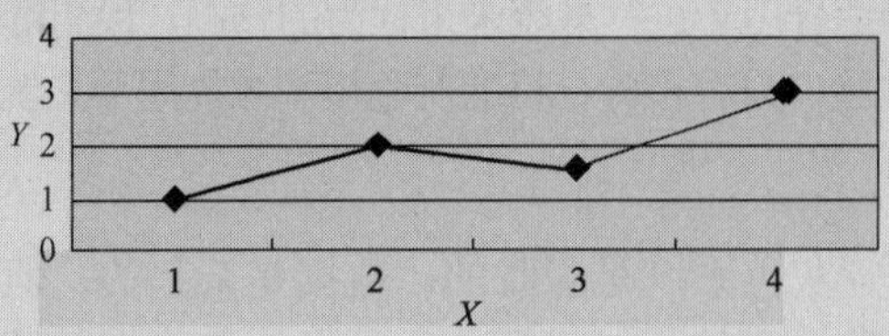

图 4-6　原始数据曲线

图 4-6 表明原始数据 $X^{(0)}$ 没有明显的规律性，其发展态势是摆动的。如果将原始数据作累加生成 1-AGO，记第 K 个累加生成为 $X^{(1)}(K)$，则有

$$X^{(1)}(1) = X^{(0)}(1) = 1$$

$$X^{(1)}(2) = X^{(0)}(1) + X^{(0)}(2) = 1 + 2 = 3$$

$$X^{(1)}(3) = X^{(0)}(1) + X^{(0)}(2) + X^{(0)}(3) = 1 + 2 + 1.5 = 4.5$$

$$X^{(1)}(4) = X^{(0)}(1) + X^{(0)}(2) + X^{(0)}(3) + X^{(0)}(4) = 1 + 2 + 1.5 + 3 = 7.5$$

得到数据如表 4-5 所示。

表 4-5　一次累加生成数列

序号	1	2	3	4
符号	$X^{(1)}(1)$	$X^{(1)}(2)$	$X^{(1)}(3)$	$X^{(1)}(4)$
数据	1	3	4.5	7.5

将表 4-5 中的数据作图，如图 4-7 所示。

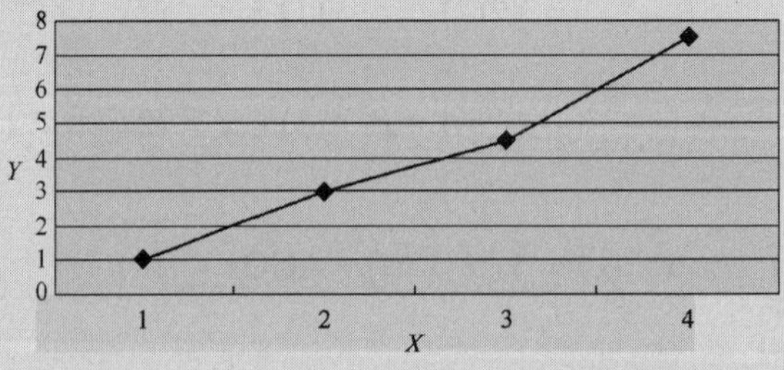

图 4-7　一次累加生成数列曲线

对比用原始数据做出的曲线图 4-6 和用一次累加生成数列做出的曲线图 4-7，可以看出，累加生成曲线比原曲线平稳，随机性弱化。累加次数越多，随机性数列就越可以转变成非随机性数列。

【例 4-5】港口吞吐量的预测分析 1

2014—2024 年某港口货物吞吐量原始数据为 $x^{(0)}(t)=\{x^{(0)}(75),\ x^{(0)}(76), \cdots x^{(0)}(85)\}=\{122929,$

124853, 126376, 127533, 128105, 129069, 130675, 132646, 133691, 134404, 136401}，试求 $x^{(0)}(t)$的一次累加生成数列 $x^{(1)}(k)$。

解：$x^{(1)}(k) = \{x^{(1)}(k),\ k=1,2,\cdots,11\}=\text{AGO}\,x^{(0)}(t)$

$= \{122929,\ 247782,\ 374158,\ 501691,\ 629796,\ 758865,\ 889540,\ 1022186,\ 1155877,\ 1290281,\ 1426682\}$

2）累减生成 IAGO

累减生成是累加生成的逆运算。

设已知生成数列

$$x^{(1)}(k)=\left\{x^{(r)}(1),\ x^{(r)}(2),\ \cdots,x^{(r)}(n)\right\}$$

对其进行一次累减，即对式（4-20）进行一次逆运算得

$$\varDelta^{(1)}[x^{(r)}(k)]=x^{(r)}(k)-x^{(r)}(k-1)=x^{(r-1)}(k)$$

对其进行二次累减得

$$\varDelta^{(2)}[x^{(r)}(k)]=\varDelta^{(1)}[x^{(r)}(k)]-\varDelta^{(1)}[x^{(r)}(k-1)]=x^{(r-2)}(k)$$

对其进行 r 次累减得

$$\varDelta^{(r)}[x^{(r)}(k)]=\varDelta^{(r-1)}[x^{(r)}(k)]-\varDelta^{(r-1)}[x^{(r)}(k-1)]=x^{(0)}(k) \tag{4-21}$$

所以累减运算可以使累加生成数列还原为原始数列。

【例 4-6】 港口吞吐量的预测分析 2

将例 4-5 的累加数列还原为原始数列。

解：由式（4-21）得

$$x^{(0)}(k)=\varDelta^{(1)}[x^{(1)}(k)]=x^{(1)}(k)-x^{(1)}(k-1)$$

则有 $k=1$　$x^{(0)}(1)=x^{(1)}(1)=122929$

$k=2$　$x^{(0)}(2)=x^{(1)}(2)-x^{(1)}(1)=124853$

⋮

$k=11$　$x^{(0)}(11)=x^{(1)}(11)-x^{(1)}(10)=136401$

于是有 $\varDelta^{(1)}[x^{(1)}(k)]=\{122929,124853,\cdots,136401\}=x^{(0)}(k)$。

2．灰色预测模型

灰色系统理论用到的模型，一般是微分方程描述的动态模型、时间函数形式的时间响应模型。一个 h 阶、n 个变量的 GM 模型记为 GM(n,h)。预测模型一般是 GM(n,1)模型，即 n 阶 1 个变量模型，对于产品销售量、运输量、吞吐量，农业产量等特征量变化分析和预测较为适用。n 一般小于 3，n 越大，计算越复杂，而且精度并不高，所以预测时多采用的是 GM(1,1)模型。

设有原始数列

$$x^{(0)}(t)=\{x^{(0)}(1),x^{(0)}(2),\cdots,x^{(0)}(n)\}$$

对其进行一次累加得生成数列

$$x^{(1)}(k)=\{x^{(1)}(1),x^{(1)}(2),\cdots,x^{(1)}(n)\}$$

式中：$x^{(1)}(i)=\sum\limits_{m=1}^{i}x^{(0)}(m)$。

（1）对 $x^{(1)}$ 建立GM(1,1)模型有

$$\frac{\mathrm{d}x^{(1)}}{\mathrm{d}t}+ax^{(1)}=u \tag{4-22}$$

将式（4-22）离散化得

$$x^{(0)}(k+1)+a\left\{\frac{1}{2}[x^{(1)}(k)+x^{(1)}(k+1)]\right\}=u$$

或改写为

$$x^{(0)}(k+1)=a\left\{-\frac{1}{2}[x^{(1)}(k)+x^{(1)}(k+1)]\right\}+u \tag{4-23}$$

（2）采用最小二乘法求取特定参数 a， u。

构造矩阵 $\boldsymbol{B}$ 和向量 $\boldsymbol{y}_N$ 为

$$\boldsymbol{B}=\begin{bmatrix} -\frac{1}{2}(x^{(1)}(1)+x^{(1)}(2)), & 1 \\ -\frac{1}{2}(x^{(1)}(2)+x^{(1)}(3)), & 1 \\ \vdots & \vdots \\ -\frac{1}{2}(x^{(1)}(n-1)+x^{(1)}(n)), & 1 \end{bmatrix}$$

$$\boldsymbol{y}_N=[x^{(0)}(2),x^{(0)}(3),\ \cdots,x^{(0)}(n)]^{\mathrm{T}}$$

求得

$$\hat{\boldsymbol{a}}=\begin{bmatrix} a \\ u \end{bmatrix}=(\boldsymbol{B}^{\mathrm{T}}\boldsymbol{B})^{-1}\boldsymbol{B}^{\mathrm{T}}\boldsymbol{y}_N$$

（3）将求解得到的 a 、u 值代入，于是GM(1,1)灰色微分方程 $x^{(0)}(k)+az^{(1)}(k)=u$ 的时间响应序列为

$$\hat{x}^{(1)}(k+1)=\left[\hat{x}^{(0)}(1)-\frac{u}{a}\right]\mathrm{e}^{-ak}+\frac{u}{a},\quad k=1,2,\cdots,n$$

还原后有

$$\hat{x}^{(0)}(k)=\hat{x}^{(1)}(k)-\hat{x}^{(1)}(k-1)$$

4.5.3.5 模型的检验

用灰色理论方法建立的模型，都需要进行模型精度检验。常用的检验方法有残差检验、后验差检验，以及关联度检验。

1）残差检验

残差检验是用原始数列 $x^{(0)}$ 与预测数列 $\hat{x}^{(0)}$ 的差值进行检验的，它是一种直观检验法，其计算方法如下。

残差
$$q^{(0)}(k)=x^{(0)}(k)-\hat{x}^{(0)}(k) \tag{4-24}$$

相对误差
$$e(k)=\frac{q^{(0)}(k)}{x^{(0)}(k)}\times 100\,\% \tag{4-25}$$

平均相对误差
$$\overline{e}(k)=\sum_{i=1}^{n}\frac{e(i)}{n}$$

要求相对误差应尽可能小，一般 $e\leqslant 10\%$。

2）后验差检验

后验差检验是按照残差的概率分布进行检验的，它是一种统计检验法，其计算方法如下。

求 $x^{(0)}(t)$ 的平均值
$$\overline{x}=\frac{1}{n}\sum_{i=1}^{n}x^{(0)}(i)$$

求 $x^{(0)}(t)$ 的方差
$$S_1=\sqrt{\frac{1}{n}\sum_{i=1}^{n}[x^{(0)}(i)-\overline{x}]^2}$$

求残差 $q^{(0)}$ 的平均值
$$\overline{q}=\frac{1}{n}\sum_{i=1}^{n}q^{(0)}(i)$$

求残差 $q^{(0)}$ 的方差
$$S_2=\sqrt{\frac{1}{n}\sum[q^{(0)}(i)-\overline{q}]^2}$$

计算后验差比值
$$C=\frac{S_2}{S_1} \tag{4-26}$$

计算小误差频率
$$P=\left\{\left|q^{(0)}(t)-\overline{q}\right|<0.6745S_1\right\}$$

要求 C 越小越好，其取值一般为 $C<0.35$，最大不超过 0.65。要求 P 要大，其取值一般为 $P>0.95$，最小不得小于 0.7。根据 C、P 值的大小，可将模型精度分为 4 个等级，精度检验等级标准如表 4-6 所示。

表 4-6　精度检验等级标准

预测精度	一级	二级	三级	不合格
P	>0.95	>0.80	>0.7	≤0.7
C	<0.35	<0.5	<0.65	≥0.65

如果检验不合格，应对模型进行修正。

3）关联度检验

关联度检验是模型曲线与原始数据曲线的几何相似检验。它是以 $x^{(1)}(k)$ 的导数 $x^{(1)}(k)'$ 作为参考数列，与原始数列 $x^{(1)}(k)$ 作关联度检验分析，确定二者的相关程度。关联度 r 的大小一般控制在 $r\geqslant 0.7$。

4.6　案例分析：安徽省物流需求预测分析

安徽省位于长三角腹地，具备良好的区位优势，是连接中部省份和长三角省份之间的重要桥梁。安徽省许多城市沿着长江分布，内拥长江水道，具有得天独厚的内河运输优势，而且安徽省距离海洋比较近，可以承接江浙沪地区的产业转移，是长三角的重要组成部分。

一个地区的经济发展是全方位的，经济水平的高低影响物流发展的好坏，货运量可以作为物流需求量的具体体现。通过查阅安徽省统计局的统计结果，选取 2003—2022 年货运量作为该省物流需求预测指标，并选取 2003—2022 年安徽省地区生产总值作为辅助数据，具体如表 4-7 所示。

表 4-7　安徽省 2003—2022 年货运量及地区生产总值统计表

年份	货运量/万 t	地区生产总值/亿元	年份	货运量/万 t	地区生产总值/亿元
2003	54643.00	3923.10	2013	396391.03	19229.34
2004	58893.00	4759.32	2014	434297.58	20848.75
2005	67125.00	5350.17	2015	345756.00	22005.63
2006	74141.00	6112.50	2016	364566.87	24407.62
2007	83360.84	7360.92	2017	403425.84	27018.00
2008	180169.20	8851.66	2018	406760.53	30006.82
2009	196653.59	10062.82	2019	368248.32	37113.98
2010	228103.89	12359.33	2020	374503.00	38680.63
2011	268413.39	15300.65	2021	401415.27	42959.20
2012	312436.77	17212.05	2022	394061.00	45045.00

数据来源：安徽省统计局

4.6.1　灰色预测模型分析

以常用的灰色预测模型 GM(1,1)进行预测，选择安徽省 2015—2024 年的货运量，对未来五年内安徽省物流需求量进行预测，步骤如下。

（1）根据 2015—2024 年十年的货运量构成数列 $x(0)$，将原始货运量依次进行累加，构建累加数列 $x^{(1)}$。

$x^{(0)}=(x^{(0)}(1), x^{(0)}(2), x^{(0)}(3), \cdots, x^{(0)}(10))=$ (396391.03, 434297.58, 345756.00,⋯, 394061.00)

$x^{(1)}=(x^{(1)}(1), x^{(1)}(2), x^{(1)}(3), \cdots, x^{(1)}(10))=$ (396391.03, 830688.61, 1176444.61,⋯, 3889425.44)

（2）构造数列矩阵 $\boldsymbol{B}$ 和向量 $\boldsymbol{Y}_N$，得计算结果如表 4-8 所示。

表 4-8　2015—2024 年安徽省灰色预测模型统计值　　单位：万 t

年份	原始数据	累加生成数据	滑动平均	$\boldsymbol{B}$ 矩阵		y_N
2015	396391.03	396391.03	/			
2016	434297.58	830688.61	613539.82	−613539.82	1	434297.58
2017	345756.00	1176444.61	1003566.61	−1003566.61	1	345756.00
2018	364566.87	1541011.48	1358728.05	−1358728.05	1	364566.87
2019	403425.84	1944437.32	1742724.40	−1742724.40	1	403425.84
2020	406760.53	2351197.85	2147817.58	−2147817.58	1	406760.53

续表

年份	原始数据	累加生成数据	滑动平均	**B** 矩阵		y_N
2021	368248.32	2719446.17	2535322.01	−2535322.01	1	368248.32
2022	374503.00	3093949.17	2906697.67	−2906697.67	1	374503.00
2023	401415.27	3495364.44	3294656.81	−3294656.81	1	401415.27
2024	394061.00	3889425.44	3692394.94	−3692394.94	1	394061.00

（3）通过最小二乘法求出发展参数 a 和灰色作用量 u，得到 GM(1,1)的响应方程

$$\hat{\alpha}=\begin{pmatrix}a\\u\end{pmatrix}=\begin{pmatrix}-0.000405463\\388984.22\end{pmatrix}$$

$$\hat{x}^{(1)}(i+1)=\left(\hat{x}^{(0)}(1)-\frac{u}{a}\right)\mathrm{e}^{-ai}+\frac{u}{a}$$

$$=(396391.03+959358116.52)\mathrm{e}^{-0.000405463i}-959358116.52$$

累减还原，得到预测值 $\hat{x}^{(0)}(i+1)=\hat{x}^{(1)}(i+1)-\hat{x}^{(1)}$。

（4）精度检验与预测结果。

经计算可得到该模型平均相对误差 φ=5.18%，一般平均相对误差在 10%以内说明预测结果比较准确；后验差比 C=0.188（小于 0.35），属于一级精度等级，说明预测效果很好；模型的精度 P 为 1，一般来说，P 大于 0.9 说明具备较高的精度。前面求出$-a$<0.3，说明此模型适合用来做中长期的预测，所以可以使用此模型对安徽省未来五年的货运量进行预测，因此对安徽省 2025—2029 年物流需求（货运量）进行预测，2025—2029 年的预测结果如表 4-9 所示。

表 4-9　2025—2029 年安徽省灰色模型下货运量预测值

年份	2025	2026	2027	2028	2029
货运量/万 t	387328.67	387171.66	387014.71	386857.82	386900.99

4.6.2　回归分析法预测

货运的发展与地区的经济水平发展密不可分，建立线性回归模型，地区生产总值为自变量 x，货运量为因变量 y。

（1）利用 Excel 建立回归方程。年份用 x 表示，地区生产总值用 y 表示，通过 Excel 进行线性回归分析，样本相关系数 r 为 0.98，代表两组样本数据之间存在极强的相关性，即地区生产总值与货运量满足强线性相关的条件。

因此，得到地区生产总值与年份的回归方程为：$y_i=-4388804.727+2190.676x_i$。

（2）通过地区生产总值与货运量的回归方程，得到 2025—2029 年安徽省地区生产总值预测值如表 4-10 所示。

表 4-10　2025—2029 年安徽省地区生产总值预测值

年份	2025	2026	2027	2028	2029
地区生产总值/亿元	42932.82	45123.50	47314.17	49504.85	51695.53

（3）将地区生产总值作为自变量 y，将货运量作为因变量 z，进行回归分析。利用 Excel 进行线性回归分析，检验两组数据之间的关联性，可以计算得出样本相关系数 r 为 0.84，代表两组数据之间是强相关性，即两个变量 z、y 之间呈现强线性相关性，使用线性回归分析法进行预测具备一定的准确性，预测的结果具备参考价值。因此，得到安徽省物流需求的回归方程为：$z_i=95537.63886+8.78121243y_i$。

（4）将安徽省 2025—2029 年地区生产总值预测值代入 $z_i=95537.63886+8.78121243y_i$ 中，得到未来五年安徽省货运量的预测值如表 4-11 所示。

表 4-11　2025—2029 年安徽省回归分析法下货运量预测值

年份	2025	2026	2027	2028	2029
货运量/万 t	472793.54	492043.28	511293.01	530542.75	549792.48

4.6.3　二次指数平滑法预测

二次指数平滑法建立在一次指数平滑法的基础上进行预测，弥补了一次指数平滑法只能预测一期的缺陷，因为预测安徽省未来五年的物流需求数据，所以选择二次指数平滑法进行预测。观察原始数据可得到：安徽省近几年的货运量变化波动情况明显，为了增强预测的精确性，故选取较大的平滑系数，经过对平滑系数不同取值的预测结果比较，发现平滑系数为 0.85 较为合理，因此假设平滑系数为 0.85，阻尼系数为 0.15。

（1）把前五年的平均值 67632.57 作为一次和二次指数平滑初始值。

（2）根据 $S_t^{(1)}=\alpha x_t+(1-\alpha)S_{t-1}^{(1)}$计算一次指数平滑值，$S_t^{(1)}$为第 t 期的一次指数平滑值，x_t 为第 t 期的原始数据。

（3）按 $S_t^{(2)}=\alpha S_t^{(1)}+(1-\alpha)S_{t-1}^{(2)}$计算二次指数平滑值，$S_t^{(2)}$为第 t 期的二次指数平滑值。

（4）根据 a_t 公式和 b_t 公式，可得 $a_{20}=395107.30$，$b_{20}=3122.39$。

（5）建立安徽省物流需求的二次指数平滑模型：

$Y_{t+T}=Y_{20+T}=a_{20}+b_{20}T=395107.3+3122.39T$，$Y_{t+T}$ 为第 $t+T$ 期预测值，T 为由 t 期向后推移期数，得到预测值如表 4-12 所示。

表 4-12　2025—2029 年安徽省二次指数平滑法下货运量预测值

年份	2025	2026	2027	2028	2029
货运量/万 t	398229.69	401352.08	404474.47	407596.86	410719.25

4.6.4　总结

对三种方法的预测结果进行比较，可以发现灰色预测法的预测结果呈现缓慢下降趋势，总体稳定在 386700 万 t 以上；回归分析法的预测结果上升趋势明显，在 2029 年货运量的预测值达到 549792.48 万 t；二次指数平滑法的预测结果上升趋势较缓慢，在 2029 年达到 410719.25 万 t。

将三种预测模型的预测结果代入计算，得到 2015—2024 年的相对误差，具体误差数据如表 4-13 所示。经过比较分析，发现灰色预测法的平均相对误差为 5.18%，回归分析法的相对误差为 20.30%，二次指数平滑法的平均相对误差为 9.18%。

表 4-13　三种预测的相对误差

年份	灰色预测法相对误差	回归分析法相对误差	二次指数平滑法相对误差
2015	0.01928992	0.33270897	0.249936087
2016	0.10525153	0.35818631	0.148388373
2017	0.12342110	0.16442874	0.209078632
2018	0.06502300	0.14964748	0.006402145
2019	0.03795278	0.17469818	0.097569488
2020	0.04622660	0.11689759	0.035208666
2021	0.05309400	0.14504980	0.095523682
2022	0.03508620	0.16268500	0.010023851
2023	0.03470101	0.17839400	0.065859026
2024	0.01708448	0.24689710	0.000141389
相对误差/%	5.18	20.30	9.18

选择预测误差相对较小的灰色预测法，预测结果在缓慢下降，说明安徽省需要重视物流的发展，确保安徽省物流行业高质量发展，应该充分发挥科技创新优势与区位优势，把握发展机遇，早日实现建设物流强省的目标。

思考题与习题

1．在物流管理与决策中为什么需要进行物流需求预测？

2．影响物流系统预测的因素主要表现在哪些方面？

3．试比较定性预测技术与定量预测技术的区别。

4．举例说明三类预测技术在物流领域的应用。

5．简述德尔菲法的主要工作流程，试举一个运用德尔菲法进行预测的物流实例。

6．简单说明移动平滑技术的适用范围及操作步骤。

7．某公司预备购入钢材，表 4-14 是一些供货点的路程及运输时间的统计资料，要求根据提供的统计资料估计供货点位于 1500km 时钢材的在途运输时间。

表 4-14　钢材供货点的路程及运输时间统计表

供货工厂	铁路运输距离 x/km	在途运输时间 y/h
1	210	5
2	290	6
3	350	7
4	480	9
5	590	11
6	730	13
7	800	14
8	880	15
9	980	16
10	1120	18

8．某企业 2017—2024 年的产品年销售量如表 4-15 所示，用指数平滑法预测 2025 年的销售量。设 α=0.3，计算一次、二次、三次指数平滑值，并列入表 4-15 中。

表 4-15 某企业 2017—2024 年的产品年销售量

年份	t	销售量/千台	$S_t^{(1)}$/千台	$S_t^{(2)}$/千台	$S_t^{(3)}$/千台
—	0	—			
2017	1	2.3			
2018	2	3.4			
2019	3	5.1			
2020	4	7.2			
2021	5	9.0			
2022	6	10.6			
2023	7	12.0			
2024	8	14.3			

9．某公司销售产品，其销售量与盈利额的统计数据如表 4-16 所示。

表 4-16 某公司销售量与盈利额的统计数据

销售量/件	2	3	6	9	19	30	38	45	52	65	85	110	135
盈利额/万元	3	4	6	8	16	25	30	35	40	48	60	75	90

试运用回归模型求解销售量为 180 件时的盈利额。

第 5 章　物流系统建模

本章导读：

系统模型的定义、特征、分类与重要性；系统模型的基本要求；建模的信息源、方法与过程；物流系统建模概述；最优模型，仿真模型，启发式模型，几种典型的物流系统模型；系统建模实例。

5.1　系统模型概述

系统模型概述

5.1.1　系统模型的定义与特征

系统模型（System Model，SM）是对一个系统某一方面本质属性的描述，它以某种确定的形式（如文字、符号、图表、实物、数学公式等）提供关于该系统的某一方面的知识。

系统模型是对现实系统的描述、模仿或抽象。系统是复杂的，系统的属性也是多方面的。根据某一特定的研究目的，可能只需要关注系统的某些属性，此时，系统模型只是对系统某一个方面或某几个方面的本质属性的描述。本质属性的选取完全取决于系统工程研究的目的。所以，对于同一个系统而言，出于不同的研究目的，可以建立不同的系统模型。

系统建模既是一项技术，也是一门艺术。正如常言所说，艺术源于生活而高于生活，系统模型来源于实际系统，反映实际系统的主要特征，但它又高于实际系统，能反映出同类问题的共性，是对所要研究问题共同属性的抽象。一个恰当、适用的系统模型应该具有如下四个特征：① 它是对现实系统的抽象或模仿；② 它由反映系统本质或特征的主要要素构成；③ 它集中体现了这些要素之间的关系；④ 它忽略了与分析无关的因素。

模型与现实对象的关系如图 5-1 所示。

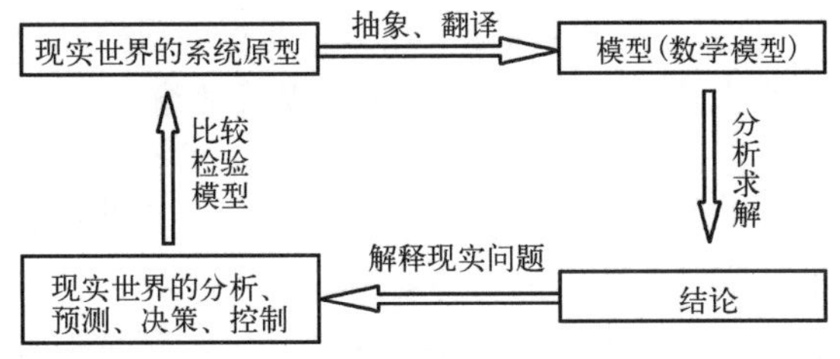

图 5-1　模型与现实对象的关系

建模就是将现实世界的系统原型概括形成模型，构建并分析模型得出结论，利用结论来解释现实问题，而后与现实进行比较，重新认识现实，修改模型，以深化对于问题的理解，寻找最好的解决方案。

5.1.2 系统模型的分类

系统种类繁多，作为系统的描述——系统模型的种类也是很多的。一般将系统模型分为物理模型、文字模型和数学模型三大类，其中物理模型与数学模型又可分为若干种。表 5-1 列出了按不同原则分类的系统模型，从中可以大致看出系统模型所具有的多样性。

表 5-1 系统模型的分类

序号	分类原则	模型种类
1	按建模材料	抽象、实物
2	按模型的规模	宏观模型、中观模型、微观模型
3	按与实体的关系	形象、类似、数学
4	按模型表征信息的程度	观念性、数学、物理
5	按模型的构造方法	理论、经验、混合
6	按模型的功能	结构、性能、评价、最优化、网络
7	按与时间的依赖关系	静态、动态
8	按模型中变量的性质	确定性模型、随机性模型
9	按是否描述系统内部特性	黑箱、白箱
10	按模型的应用场合	通用、专用
11	数学模型的分类	
	按变量形式分类	确定性、随机性、连续性、离散性
	按变量之间的关系分类	代数方程、微分方程、概率统计、逻辑

（1）实体模型。即系统本身，当系统的大小刚好适合研究且不存在危险时，就可以把系统本身作为模型。实体模型包括抽样模型，如标准件的生产检验是从总体中抽取一定数量的样本进行的，样本就是实体模型。

（2）比例模型。比例模型是放大或缩小的系统，使之适合于研究。

实体模型和比例模型同属于实物模型。实物模型是现实系统的放大或缩小，它能表明系统的主要特性和各个组成部分之间的关系，如桥梁模型、电机模型、城市模型、风洞试验中的飞机模型等。这种模型的优点是比较形象，便于研究；它的缺点是不易说明数量关系，特别是不能揭示要素的内在联系，也不能用于优化。

（3）相似模型。根据相似性原理，利用一种系统去代替另一种系统。例如，用电路系统代替机械系统、热力学系统进行研究，电路系统就是机械系统和热力学系统的相似模型。

相似模型是一种模拟模型，用一种原理上相似，而求解或控制处理容易的系统，代替或近似描述另一种系统。它一般有两种类型：一种是可以接受输入并进行动态表演的可控模型，如对机械系统的电路模拟，可用电压模拟机械速度、电流模拟力、电容模拟质量；另一种是用计算机和程序语言表达的模拟模型，如物资集散中心站台数设置的模拟、组装流水线投料批量的模拟等。通常，用计算机模型模拟内部结构不清或因素复杂的系统是行之有效的。

（4）文字模型。在物理模型和数学模型都很难建立时，有时不得不用文字模型来描述研究结果，如技术报告、说明书等。

（5）网络模型。用网络图来描述系统的组成元素及元素之间的相互关系（包括逻辑关系与数学关系）。

（6）图表模型。用图像和表格描述的模型，如坐标系中的点、曲线、曲面等几何图形。

（7）逻辑模型。表示逻辑关系的模型，如方框图、程序单、模拟机排图等。

网络模型、图表模型和逻辑模型同属于图式模型。图式模型一般是用图形、图表、符号等把系统的实际状态加以抽象，并以图、表，如网络图（层次与顺序、时间与进度等）、物流图（物流量、流向等）形式表现出来。图式模型可在满足约束条件下通过对目标值的比较选取一个较好值，在选优时起到辅助作用。当维数大于 2 时，该种模型作图的范围受到限制。其优点是直观、简单；缺点是不易优化，受变量因素的数量限制。

（8）数学模型。用数学方程式表示的模型，它是对系统行为的一种数量描述，把系统及其要素的相互关系用数学表达式、图像、图表等形式抽象地表示出来。在系统工程中经常使用数学模型来分析问题。数学模型具有良好的可变性和适应性，便于使用计算机，便于快速分析。因此，数学模型是定量分析的基础。通常所说的系统建模，大多数情况下都是指建立系统的数学模型。

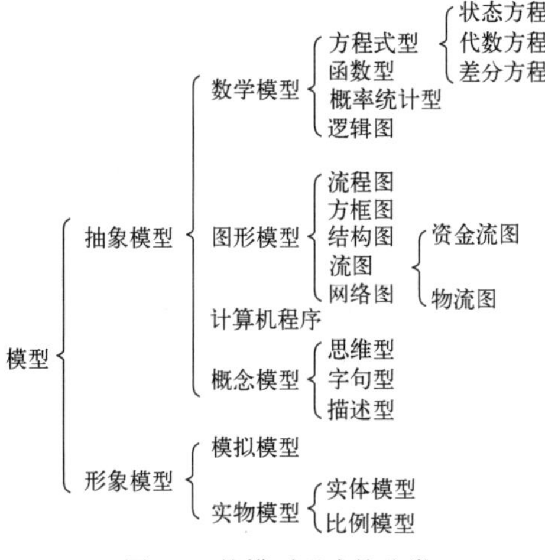

图 5-2　按模型形式的分类

数学模型包括以下四种类型：① 方程式型模型（通过状态方程、代数方程等来表达）；② 函数型模型（如柯布-道格拉斯生产函数）；③ 概率统计型模型（利用已有的数据按概率、统计的方法建立的模型）；④ 逻辑图模型（利用逻辑变量按逻辑运算法则建立的模型）。

模型分类的方式有很多种，图 5-2 所示的是按模型形式进行详细分类的方式。

5.1.3　系统模型的重要性

系统模型是系统工程解决问题的必要工具。由第 3 章可知，每一阶段都需要建立模型。当然，系统工程的模型常常是推测式的，模型的精度不能与具有严密理论基础的数学模型相提并论，模型也难以试验。要对物流系统进行有效的分析、规划或决策，就必须建立物流系统的模型，再借助模型对系统进行定量、定性与定量相结合的分析。物流系统的建模是物流系统决策与物流系统管理人员必须掌握的重要手段。物流系统在时域和地域上的广泛性决定了系统要素和特性的多样性，因此，需要借助物流系统的抽象模型来进行系统特性的研究。

5.2　系统模型的基本要求

系统模型的类别和要求

系统模型的建立需要满足以下五个方面的基本要求。

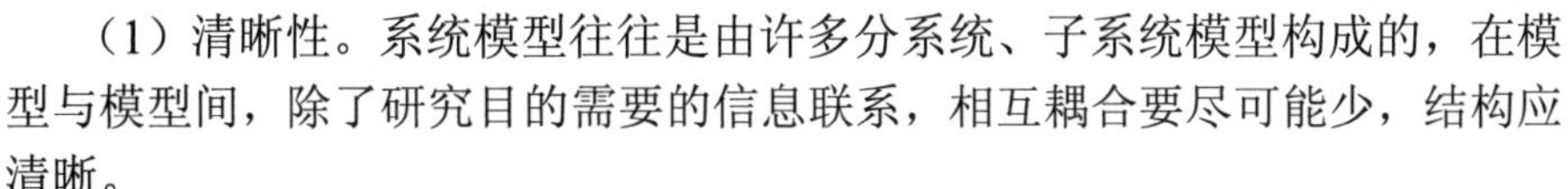
（1）清晰性。系统模型往往是由许多分系统、子系统模型构成的，在模型与模型间，除了研究目的需要的信息联系，相互耦合要尽可能少，结构应清晰。

（2）切题性。模型只应包括与研究目的有关的那些信息，而非真实系统的一切方面。因此，对于同一个系统，模型不是唯一的，根据不同的研究目的，模型的形式也会不同。

（3）精确性。在建立系统模型时，应该考虑所收集的相关信息的精确程度，精确程度是要根据所研究问题及其性质来确定的。对于不同的工程，精确程度要求是不同的。即使对于同一个工程，由于研究的问题不同，精确程度要求可能也不同。

（4）集合性。集合性指的是把单个实体组成更大实体的可能程度。出于研究的需要，会对系统实体进行适当的分割，在可能时应尽量合并为大的实体。

（5）反馈性。反馈是指将系统的输出返回输入端并以某种方式改变输入，进而影响系统功能的过程。建模是一个由浅入深、循序渐进的过程，反馈环节是必不可少的。

5.3 建模的信息源、方法与过程

模型建立的任务是要确定模型的结构和参数。在建模的过程中，需要对建模的信息源、建模的方法和建模的过程有充分的了解。

5.3.1 建模的信息源

建模的“信息源”对建模是很有用的。建模活动本身是一个持续、永无止境的活动集合。在系统建模时，如图5-3所示的三类主要信息源是需要掌握的。

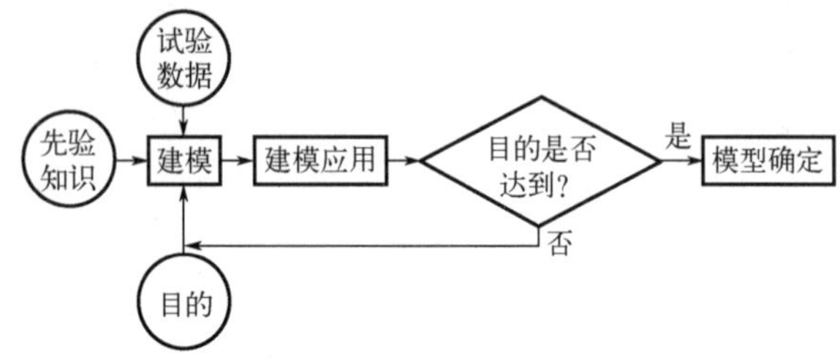

图5-3 系统模型的信息源

（1）目的。一个模型事实上是对一个真实过程给出了一个非常有限的映像。同一个实际系统可以有很多个研究对象，这些研究对象将规定建模过程的方向。将现实对象分成不同的部分（用输入变量或边界条件来表示），有助于确定系统边界。

（2）先验知识。在建模工作初始阶段，需要学习和了解前人的成果，包括定理、原理、模型、概念、研究结论。建模的过程是从以往的知识源出发进行的，建模者可能已从对类似的实际系统的试验中获得了某些似乎合理的“信念”。所有这些都用先验知识这样一个信息源来表示。

（3）试验数据。系统的信息可以通过对系统的试验获得。在建模时，关于过程的信息也能通过对现象的试验与量测获得。合适的定量观测是解决建模问题的有效途径。

5.3.2 建模的方法

模型建立的任务是要确定模型的结构和参数。一般有以下三种途径。

（1）对内部结构和特性清楚的系统，即所谓“白盒子系统”（如多数工程系统），可以利用已知的一些基本定律，经过分析和演绎推导出系统模型。例如，弹簧系统和RLC电路系统分别是根据牛顿定律和克希霍夫定律经演绎建立的系统模型，此法称为演绎法。

（2）对内部结构和特性不清楚的系统，即所谓“黑盒子系统”，若允许直接进行试验观测，则可以假设模型，并通过试验验证和修正建立模型，也可以用辨识的方法建立模型。

对那些属于“黑盒子”且又不允许直接进行试验测试的系统（如多数非工程系统），采用数据收集和统计归纳方法来建立模型。

（3）介于两者之间的还有一大类系统，对于它们的内部结构和特性有部分了解，但又不甚了解，即所谓“灰盒子系统”，此时可采用前面两种相结合的方法，这种方法是用得最多的。

5.3.3 建模的过程

建模的基本过程如图 5-4 所示。

首先需要明确建模的目的，并对多个具体的目标加以协调，同时，要利用足够的先验知识进行演绎分析，对试验数据进行充分的归纳整理，在此基础上，构造出系统的模型。而后还需要对其可信度进行分析，直到得到科学合理的最终模型。

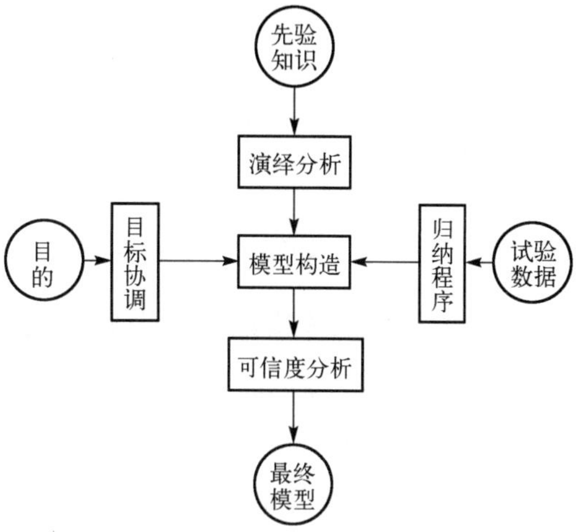

图 5-4 建模的基本过程

5.4 物流系统建模概述

在物流研究中，定量的系统分析、系统综合已经越来越受到人们的重视，物流系统模型就是开展研究工作的有效工具。在物流系统工程中，能对所研究的系统进行抽象模型化，反映了人们对物流系统认识的飞跃。物流系统模型是对物流系统的特征要素及其相互关系和变化趋势的一种抽象描述，它反映了物流系统的一些本质特征，用于描述物流系统要素之间的相互关系、系统与外部环境的相互作用等。物流系统在时域和地域上的广泛性使得系统要素和特性也多种多样，因此，有必要借助物流系统的抽象模型进行系统特性的研究。

5.4.1 物流系统模型的特征及意义

物流系统模型是对物流系统的特征要素、相关信息和变化规律的一种抽象表述，反映物流系统某些本质属性。物流系统模型的特征包括：① 是物流系统中现实实体的抽象或模仿；② 由一些与物流系统分析有关的因素所组成；③ 用来表明物流系统中各因素间的关系。

物流系统模型化的意义主要体现在以下三个方面：① 通过建立易于操作的模型，帮助人们认识复杂的物流系统，了解系统问题的本质和规律；② 通过对模型的分析，明确系统的内部构成、系统特性和形式，针对系统的规律和目标，用数学表达式说明系统的结构关系和动态情况；③ 经过恰当的抽象、加工、逻辑处理，把复杂系统的内部和外部关系变成可以进行准确分析和处理的形式，从而得出需要的结论。

建立模型的目的在于通过模型将复杂的事物简单化，认识和掌握系统的规律与特征。

5.4.2 物流系统建模的原则

物流系统建模需要遵循以下四条基本的原则。

（1）清晰的原则。物流系统是由许多密切联系的要素或子系统组成的，对应的系统模型也应该由许多子模型（或模块）组成。在子模型与子模型之间，除了保留研究目的所必需的信息联系，各子模型之间的其他耦合关系要尽可能减少，以保证模型结构尽可能清晰。

（2）相互结合的原则。将诸多物流子系统和要素相互结合起来加以考虑，将看似无关的问题联系起来进行综合考察，找出它们之间的内在规律。

（3）选用标准模型的原则。物流系统中有些问题已有标准模型，因此，在建立实际的物流系统模型时，应该首先查阅标准模型库。如果其中有些模型可以借鉴，就应该尽量先行试用。若能满足要求，就应该首先选用标准模型。这样做不仅可以节省时间和精力，还可以有效降低建模费用。

（4）系统分解、协调和综合的原则。做好系统的结构、功能、指标等的分解，做好系统的内部与外部协调及各方面的综合工作。

5.4.3 物流系统建模的一般形式及方法

建模就是将现实世界中的系统原型概括抽象成用某种形式表现的模型。它是一种创造性的劳动，既有大量的技术内容，又有反映现实、作者思想的艺术内容。

1. 系统模型的一般形式

模型的变量通常包括可控变量和不可控变量。

模型可以表示为

$$U=f(x_i, y_i) \tag{5-1}$$

式中：U—— 描述系统功能的效用或准则值，也叫作目标函数，目标函数一般是希望达到的最大值（如利润、效益等）或最小值（如成本、支出、亏损等）；

x_i—— 可控变量；

y_i—— 不可控变量，对 U 有影响；

f—— 目标函数 U 与变量 x_i, y_i 之间的关系函数。

式（5-1）加上约束条件就形成了一个完整的系统模型。

2. 物流系统建模的一般方法

物流系统建模的方法主要包括直接分析法、推理分析法、统计分析法、实证分析法、主观想象法和神经网络法。

（1）直接分析法。当系统比较简单、问题很明确时，可按问题的性质直接建立模型。

（2）推理分析法。对于问题明确、内部结构和特征十分清楚的系统，可以利用已知的定律和定理，经过一定的分析和推理，建立起系统的模型。

【例 5-1】流通加工中的下料问题

在面积为一定值的矩形中，求周长最小时矩形各边的长度（直接利用数学知识建立模型和求解）。

解：因为是矩形，其对边两两相等。设其一边长为 x，邻边长为 y，则周长 $L = 2(x + y)$。设矩形面积为 A，则有

$$A=xy \quad \text{或} \quad y=A/x \qquad （约束条件）$$

把上式代入周长 L 的关系式中，可得

$$L = 2(x + y) = 2(x + A/x) \qquad （目标函数）$$

上式中 A 是定值，即 A 是不可控变量。欲求 L 最小时的 x 值，可用 x 的一阶导数为 0 来求解。最后可解得 $x=y$。

结论：要保持面积 A 不变而周长 L 最小，x 与 y 应相等，即正方形。

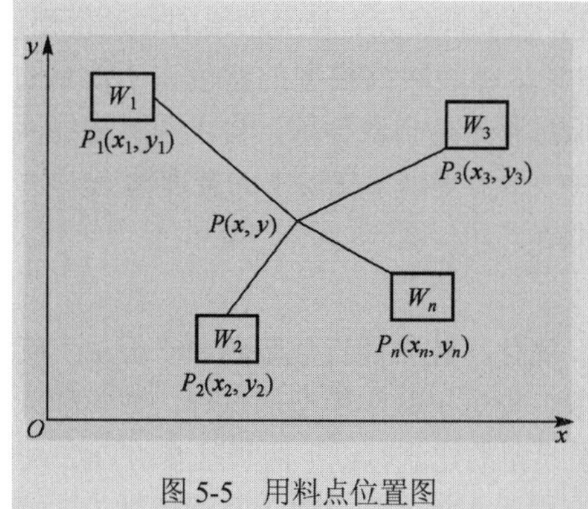

图 5-5　用料点位置图

【例 5-2】最佳库址选择问题

某矿拟建一个新仓库供应 P_i（$i=1,2,\cdots,n$）个井口的用料点。从新仓库到各用料点的运输费用与运输量和运输距离的乘积成正比。已知各用料点的物资需求量为 W_i（$i=1,2,\cdots,n$）。应如何选择新仓库的位置，才能使总运输费用最低？

解：图 5-5 所示为用料点位置图，$P_1, P_2,\cdots, P_n$ 分别表示各用料点的位置；$P(x, y)$为新选库址。

根据本题的要求，用直接分析法可以得出，

从仓库 $P(x, y)$到用料点 $P_i(x_i, y_i)$的运输距离为（两点间的距离公式）

$$L_i=\sqrt{(x_i-x)^2+(y_i-y)^2}$$

从仓库 $P(x, y)$到用料点 $P_i(x_i, y_i)$的运输费用为（根据题目，运输费用与运输量和运输距离的乘积成正比）

$$M_i=W_iL_i=W_i\sqrt{(x_i-x)^2+(y_i-y)^2}$$

前面是 1 个点的运输费用，当有 n 个用料点时，总的运输费用为（将每个点的运输费用求和）

$$S=\sum_{i=1}^{n}M_i=\sum_{i=1}^{n}W_i\sqrt{(x_i-x)^2+(y_i-y)^2}$$

上式中 S 表示总运输费用，即是我们需要的目标函数，按题意是求它的最小值，即 $\min(S)$。

（3）统计分析法。统计分析法又称为数据分析法。对于内部结构和特征不是很清楚，而且不能直接进行实验观察的系统（大多数的物流系统及其他非工程系统均属于此类），可以采用数据收集和统计分析的方法，通过分析已有的数据或试验数据建立系统的模型。回归分析就是一种常用的统计分析建模法。

（4）实证分析法。当现有的数据分析不能确定个别变量对整个系统工作指标的影响，又不可能做大量试验时，可在系统上做局部试验，确定关键变量，弄清楚其本质特性及其对系统指标的影响，逐步分析发现矛盾，建立试验模型，直到取得满意的效果为止。

实证分析法不仅可用于物流系统的建模，在很多工程实践和社会实践中也是一个非常有用的方法，在局部试验成功后向更大范围推广。

（5）主观想象法。当系统结构性质不明确，又无足够的数据，且无法做试验时，可以利用“主观想象”来人为地构建一个模型。即首先主观地（但是是科学地）设想一些基本情况，然后构造一个简单的模型，据此推出一些结果，再通过专业的论证与分析，对模型加以修正，使之不断地完善。

例如，我们研究若干年以后的生态、能源等大系统，希望通过模型来预测它们的未来状况。这些复杂巨系统的构成因素极多，缺乏足够的建模数据。此时，可依据科学的思想和规律，主观地设想一些情况，构造出简单的模型，据此推出简单的结论与模型，挑选相关领域的专家进行分析研究，对模型进行修正；根据修正后的模型推出新的结果，再次请教专家。如此往复多次。随着认识的逐步深化，模型将逐渐逼近一个真实的系统。

采用这种方法时，主观想象必须建立在丰富的知识和科学依据基础之上。

（6）神经网络法。神经网络法根据生物原型的研究，建立神经元、神经网络的理论模型，其中包括概念模型、知识模型、物理模型、数学模型等。神经网络模型的特色在于信息的分布式存储和并行系统处理，在系统收敛的前提下，通过不断地自我训练，自主调解神经网络内部的权重，最后达到输入各个参量，在输出端得到一个多重因素扰动下的合理输出。

5.4.4 物流系统数学建模的基本方法

数学建模就是运用数学的语言和方法，通过抽象、简化，建立能近似刻画并“解决”实际问题的一种手段，是人们应用知识从实际课题中抽象、提炼出数学模型的过程。数学模式是所有模型形式中抽象程度最高的形式。物流系统数学模型的建立有以下两种基本的方法。

（1）根据实际系统的试验数据或观测数据来确定方程式。该方法着眼于系统的行为，通过对实际系统的试验和观测，以足够多的样本数据来确定数学模型的方程式。

（2）根据实际物流系统的理论解释和规律来确定适当的数学表达式。该方法着眼于系统的结构。数学模型建立方式如图5-6所示。

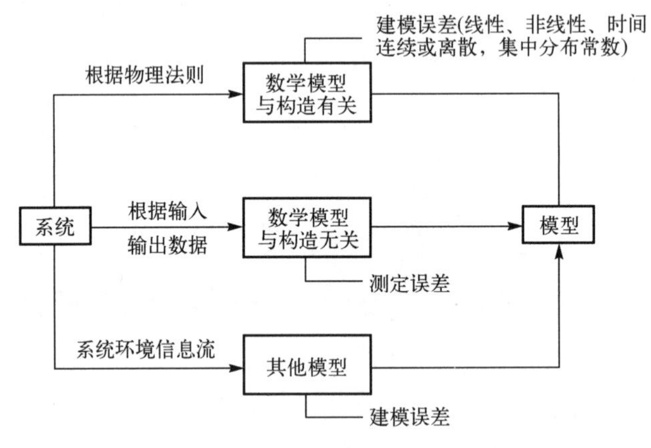

图5-6 数学模型建立方式

5.4.5 物流系统建模的步骤

不同条件下的建模方法虽然不同，但是建模的全过程始终离不开了解实际系统、掌握真实情况、抓住主要因素、弄清变量关系、构造模型、反馈使用效果、不断改进以逐步向真实系统逼近这几个步骤。建立模型的过程可以归纳为以下六个基本步骤。

（1）弄清问题，掌握真实情况。要清晰准确地了解系统的规模、目的、范围及判定准则，确定输出、输入变量及其表达形式。

（2）搜集资料。搜集真实可靠的资料，全面掌握资料，对资料进行分类，概括出本质内涵，分清主次变量，把已研究过或成熟的经验知识或实例加以挑选作为基本资料，供新模型选择和借鉴。将本质因素的数量关系尽可能用数学语言来表达。

（3）确定因素之间的关系。确定各因素，尤其是关键因素之间的相互关系，列出必要的表格，绘制图形和曲线等。

（4）构造模型。在充分掌握资料的基础上，根据系统的特征和服务对象，构造一个能代表所研究系统的数量变换数学模型，这个模型可能是初步、简单的，如初等函数模型。

（5）求解模型。用解析法或数值法求得模型最优解，对于较复杂的模型，有时须编出框图和计算机程序来求解。

（6）检验模型的正确性。检验模型是否在一定精度的范围内正确地反映了所研究的问题。必要时进行修正和改进，如去除一些变量、合并一些变量、改变变量性质或变量间的关系及约束条件等，使模型进一步符合实际，满足在可信度范围内可解、易解的要求后投入使用。

5.4.6　物流系统建模时应注意的问题

建立物流系统模型时需要注意以下七个方面的问题。

（1）目的和构成要素应明确。即使针对同一个系统，由于建模的目的不同，构造出来的模型也会不同。根据物流系统的物流信息和研究目的，可以决定模型的大小和类别，如大模型、小模型、静态模型、动态模型等。同时，构造模型的目的决定了模型的最小构成要素。

（2）尽量使模型简单。假如能找到一个说明分析系统现象的最简单的模型，则可以根据其他各种现象的附加条件与复杂程度，在最简单模型的基础上增加相应的变化参量，建立相对应的数学模型。

（3）重视模型的精度。如果简单的模型包含实际系统的信息少，那么模型的精度就差。因此，不能仅仅追求模型的简单化，而要在模型的简单化和精度要求之间寻求一个平衡。否则，使用不能达到要求的简单模型也就失去了应用模型的意义。

（4）尽量利用已知的数学模型。把已知的数学模型经过修正后再使用，或者直接利用其他的数学模型，会在可靠的前提下，使建模过程变得简单。

（5）没有固定不变的建模方法。建立模型的方法因建模目的不同而不同，因此，无法确定哪一种模型是最好的。通常在进行建模时，假定、学说、省略、前提等都是由技术人员、研究人员按照他们的知识结构和研究经验来确定的，所以，不存在千篇一律的所谓“套路”。

（6）要进行模型的验证。为了确认模型的准确性，必须进行验证。当能够将试验结果和经验数据进行比较时，验证是很容易的。但是，利用预测模型推测未来值时，除了利用过去的数据进行验证，还需要采取其他多种方法。在模型验证时应该特别注意两种情况：一种是模型本身就不适当；另一种是模型本身并无不当，但参量值不合适。在参量数目多的情况下，应该首先采用尽量简单、代表系统本质的模型，然后把具有各种功能的子系统加进去。在此过程中，逐次对参量的各个值进行检验。在模型整体建成后再改变参量，对于整个模型的影响不会太大。

（7）在建模中要考虑人的因素。任何模型都是由特定的人去建立的，建模者把自己的思想、心理状态、感情等因素作为要素加入系统中，这是难以避免的。应当尽量排除人的主观因素的影响，才能得到反映物流系统实际情形的系统模型。

5.4.7　四类建模变量

构造模型时需要考虑以下四类变量。

（1）决定变量。决定变量是能够决定数值的变量，即该变量为可控因素的变量，通常以 x 表示。

（2）环境变量。环境变量是不能决定数值的变量，即不可控因素的变量，常以 y 表示。

（3）结果变量。结果变量 z 是由决定变量 x 和环境变量 y 所决定的，它表示该变量有部分因素是可控的，从数学的意义来说，z 是 x 和 y 的函数，用计算公式表示为

$$z = f(x,y)$$

（4）评价变量。评价变量用来评价结果变量的好坏，以字母 u 表示。评价变量 u 与结果变量 z 的关系可表示为

$$u = g(z)$$

以上四类变量的关系如图 5-7 所示。

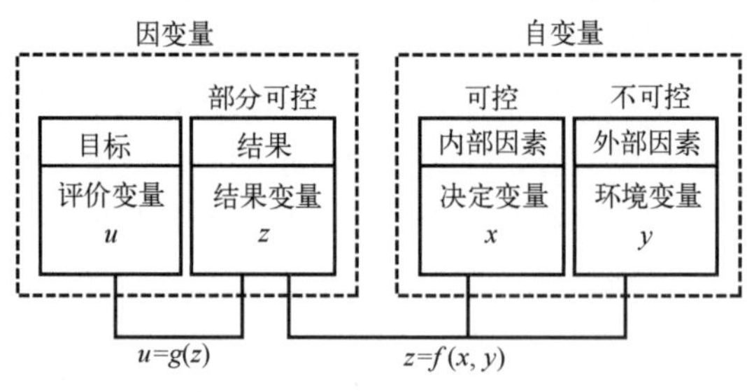

图 5-7　四类变量的关系

5.5　常见的物流系统模型

根据不同的实际系统和研究目的，物流系统模型的类别各不相同。例如，按照物流系统建模方法的不同分为最优模型、仿真模型、启发式模型三种；按照应用问题可分为设施选址模型、库存模型、物流路径优化模型、资源分配型模型等。

5.5.1　最优模型

最优模型是依赖精确的数学方程式和严密的数学过程来分析与评价物流系统的各种备选方案，从数学上证明所得到的解是针对该问题的最优解（最佳选择）。

最优模型属于数学模型。物流系统规划与决策中的许多确定型的运筹学模型都属于这一类。这些模型包括各种数学规划模型（线性规划、非线性规划、动态规划、混合整数规划）、排队模型、枚举模型、微积分模型等。例如，在运输调度、资源分配问题中常采用线性规划模型，库存控制问题可采用动态规划模型或微积分模型求解，最基本的经济订货批量模型就是以微积分为基础的模型。最优模型在给定一整套假设条件和数据的情况下，可以保证用户得到最优解，而且借助计算机软件对所有方案进行评估，分析的效率很高，可靠性也高。

【例 5-3】库存中的 EOQ 模型

库存控制中的基本经济订货批量模型 EOQ 为

$$Q^* = \sqrt{2DS / IC}$$

式中：Q^*——最佳再订货量；

D——年需求量；

S——采购成本；

I——年库存持有成本；

C——库存产品的单价。

上述模型就是以微积分为基础的最优模型，该模型通过平衡订货成本和库存持有成本，给出了当产品库存水平降到预定值时再订货的最优批量。虽然其应用范围有限，但却抓住了许多库存管理问题的核心问题，可用于某些规划模型中的子模型。

最优模型也有一定的局限性。由于实际系统的复杂性，如果建立的模型对现实系统的描述过于细致，即使利用了最大型的计算机，也无法在合理的计算时间内得到最优解（可能出现“组合爆炸”的问题），因此，需要在问题求解的时间与问题描述的现实性之间找到平衡。

5.5.2　仿真模型

能提供数学最优解的模型虽然看起来最好，但有时理论上的最优解对现实的系统却没有意义，如物流设施选址问题，按数学模型求出的最优点可能位于某条河道或桥梁上。在物流系统规划及决策分析中存在许多随机因素，而且有时数学上的最优解并不是问题的关键，因此，经常利用仿真技术来建立系统的仿真模型。

所谓仿真模型，就是以代数和逻辑语言做出的对系统的模拟，这种模拟通常要利用随机的数学关系，可以说，仿真的过程就是对系统模型进行抽样试验的过程。仿真模型能真实地模拟系统过程，可用于物流系统中的各种规划，如仓库选址、物流绩效的影响因素分析、物流设备配置、物流成本分析等。

大部分仿真模型要针对所分析的具体问题进行设计，尽管国外已有一些专门用来处理物流问题的仿真模型，但更多的仿真模型建立在通用仿真语言的基础上。

通过仓库选址的问题，可以看出最优模型与仿真模型的区别。最优选址模型寻求的是最佳的仓库数量、最佳的位置、最佳的仓库规模，而仿真选址模型试图在给定多个仓库、多个分配方案的条件下，反复使用模型，对多个布局方案进行评价，从而找出最优的系统方案。

系统仿真需要借助计算机的帮助，建立仿真模型需要大量的数据信息，需要应用统计分析技术，同时还需要较长的计算机运行时间。尽管如此，由于物流系统中大量存在的随机现象，物流仿真技术的应用仍越来越普遍。

5.5.3　启发式模型

仿真模型能够实现模型定义的真实性，最优模型能够实现寻求最优解的过程，启发式模型就是这两种形式的混合模型。启发式模型是以启发式方法为基础建立的系统模型。启发式方法指的是能指导问题求解的原理、概念和经验法则。对于一些无法求得最优解的问题，借助这些启发式规则，可以得到满意解，但无法保证获得最优解。

启发式模型对物流系统中某些难以解决的问题是一种很实用的方法。对于某一个具体的问题而言，物流系统规划人员的求解经验有时候可能胜过复杂的数学公式，如果能将这样的知识或经验以规则形式融入现有模型中，将得到更高质量的解。

以下是物流系统中的一些启发式规则。

- 最适合建仓库的地点是需求量最大的地区或临近这类地区的地方。
- 按整车批量购买产品的客户应该由供应点直接供货，而不应该再经过仓储系统。
- 如果某产品出、入库运输成本的差异能够弥补仓储成本，就应该将该产品存放在仓库中。
- 下一个进入分拨系统的仓库就是节约成本最多的仓库。

- 从分拨的立场看，成本最高的客户是以小批量购买且位于运输线末端的客户。

将启发式模型与专家系统技术结合，就可建立专家系统模型，从而辅助物流管理人员提高决策能力。

5.5.4 几种典型的物流系统模型

在物流系统模型中，有几种典型的形式：资源分配型模型、存储型模型、输送型模型、等待服务型模型、指派型模型、决策型模型和其他模型。

1. 资源分配型模型

对任何一个生产经营系统而言，资金、能源、原材料、运输工具、作业机械、工时等都是有限的，环境对生产经营系统也有一定约束，所以企业是在这些限制条件下进行生产经营的。

资源分配型模型所要解决的问题就是如何合理安排和分配有限的人力、物力、财力，充分发挥其作用，使目标函数达到最优。

代表模型：线性规划模型、动态规划模型和目标规划模型等。

【例 5-4】生产成本最低问题

某企业要加工 A、B、C 三种零件，加工的数量分别为 6000、8000、4000。企业内有机器 1、机器 2、机器 3、机器 4 共 4 台机器加工此零件，每台机器可利用的工时分别为 3200、2600、3400、3800。各台机器加工 1 个零件所需要的工时和加工成本分别如表 5-2 和表 5-3 所示。请问：如何安排生产，才能使生产成本最低？

表 5-2 各台机器加工 1 个零件所需要的工时

零件	机器 1	机器 2	机器 3	机器 4
零件 A	0.35	0.30	0.25	0.25
零件 B	0.25	0.35	0.25	0.30
零件 C	0.85	0.65	0.65	0.55

表 5-3 各台机器加工 1 个零件所需要的加工成本

零件	机器 1	机器 2	机器 3	机器 4
零件 A	5	6	7	8
零件 B	8	9	5	7
零件 C	11	9	12	10

建模过程如下。

模型变量：设机器 i 加工各种零件的数量分别为 x_{i1}, x_{i2}, x_{i3}（i=1,2,3,4）。

成本函数：$f(X) = 5x_{11} + 6x_{21} + 7x_{31} + 8x_{41} + 8x_{12} + 9x_{22} + 5x_{32} + 7x_{42} + 11x_{13} + 9x_{23} + 12x_{33} + 10x_{43}$。

受到的限制条件：

（1）每种零件的数量限制为

$$\begin{cases}\sum_{i=1}^{4}x_{i1}=6000\\ \sum_{i=1}^{4}x_{i2}=8000\\ \sum_{i=1}^{4}x_{i3}=4000\end{cases}$$

（2）每台机器工作的总工时限制为

$$\begin{cases}0.35x_{11}+0.25x_{12}+0.85x_{13}\leqslant 3200\\ 0.30x_{21}+0.35x_{22}+0.65x_{23}\leqslant 2600\\ 0.25x_{31}+0.25x_{32}+0.65x_{33}\leqslant 3400\\ 0.25x_{41}+0.30x_{42}+0.55x_{43}\leqslant 3800\end{cases}$$

（3）每台机器加工的每一种零件的个数应为正整数。

下面讨论优化模型的标准形式。

设机器 i 加工各种零件的数量分别为 x_{i1},x_{i2},x_{i3}（$i=1,2,3,4$），则可确立模型为

$$\min f(X)=5x_{11}+6x_{21}+7x_{31}+8x_{41}+8x_{12}+9x_{22}+5x_{32}+7x_{42}+11x_{13}+9x_{23}+12x_{33}+10x_{43}$$

$$\text{s.t.}\begin{cases}\sum_{i=1}^{4}x_{i1}=6000\\ \sum_{i=1}^{4}x_{i2}=8000\\ \sum_{i=1}^{4}x_{i3}=4000\\ 0.35x_{11}+0.25x_{12}+0.85x_{13}\leqslant 3200\\ 0.30x_{21}+0.35x_{22}+0.65x_{23}\leqslant 2600\\ 0.25x_{31}+0.25x_{32}+0.65x_{33}\leqslant 3400\\ 0.25x_{41}+0.30x_{42}+0.55x_{43}\leqslant 3800\\ x_{ij}\geqslant 0\text{且}x_{ij}\in\mathbf{N}^{*}(i=1,2,3,4;\ j=1,2,3)\end{cases}$$

【例 5-5】资源利用问题

某企业有 m 种生产资源（各种原材料、动力资源、资金、劳动力等）可用来生产 n 种产品。请问：在制订生产计划时，应如何组织生产，才能使企业的总利润最大？

假定：a_{ij}—— 生产每一种单位产品 B_j 所消耗的资源 A_i 的数量（$i=1,2,\cdots,m$；$j=1,2,\cdots,n$）；

b_i—— 资源 A_i 的总数量（$i=1,2,\cdots,m$）；

c_j—— 单位产品 B_j 的利润（$j=1,2,\cdots,n$）；

d_j—— 产品 B_j 的最低产量（$j=1,2,\cdots,n$）。

建模：设产品 B_j 的生产数量为 x_j，则上述问题归纳为如下的数学问题。

求一组变量 $x_1,x_2,\cdots,x_n$，使其满足

$$\max f(X)=\sum_{j=1}^{n}c_jx_j$$

$$\text{s.t.}\begin{cases}\sum_{j=1}^{n}a_{ij}x_j\leqslant b_i & (i=1,2,\cdots,m)\\ x_j\geqslant d_j & (j=1,2,\cdots,n)\end{cases}$$

2．存储型模型

为了使生产经营系统得以正常运转，储备一定量的资源是必要的。

在保证生产过程顺利进行的前提下，如何合理确定各种所需物资的存储数量，使资源采购费用、存储费用和因缺乏资源影响生产所造成的损失的总和为最小，这就是存储型模型。

代表模型：库存模型和动态规划模型。

3．输送型模型

在一定的输送条件下（如道路、车辆等限制条件），如何使输送量最大、输送费用最省、输送距离最短，这就是输送型模型。

代表模型：图论、网络理论、规划理论。

例如，物资调运规划（又称为运输问题）模型。

该模型一般可以表述为：设某种要调运的物资，有供应点 m 个、需求点 n 个，如果每个供应点的供应量及每个需求点的需求量都已经确定，即第 i 个供应点有 a_i 单位的物资供应，第 j 个需求点有 b_j 单位的物资需求，并且从每一个供应点到每一个需求点的单位运费是已知的，即第 i 个供应点调运到第 j 个需求点的单位运价为 c_{ij}。

物资调运规划的目的是制订一个合理的调运方案，确定 m 个供应点与 n 个需求点之间的供需联系和数量的最优搭配，并确定具体的运输路线，使总的运输费用最低。

$$\min(S)=\sum_{i=1}^{m}\sum_{j=1}^{n}c_{ij}x_{ij}$$

$$\text{s.t.}\begin{cases}\sum_{j=1}^{n}x_{ij}=a_i & (i=1,2,\cdots,m)\\ \sum_{i=1}^{m}x_{ij}=b_j & (j=1,2,\cdots,n)\end{cases}$$

4．等待服务型模型

等待系统由顾客（如领料的工人、待打印的文件、损坏的机器、提货单）和为顾客服务的机构（如仓库、维修车间、发货点）所构成。

如何最优地解决顾客和机构之间的一系列服务问题，了解顾客到来的规律，确定顾客等待的时间，寻求使顾客等待时间最少而机构设置费用最省的优化方案，这就是等待服务型模型。

代表模型：排队模型。

5．指派型模型

任务的分配问题、生产的安排问题及加工顺序问题是企业中常见的问题，如何以最少的费用或最少的时间完成全部任务，这就是指派型模型（数学上称为指派问题和排序问题）。

代表模型：整数规划模型和动态规划模型。

【例 5-6】司机的任务分派

安排 n 个司机去完成 n 项运输任务，每个司机完成其中不同任务的成本不同。每个司机只能完成一项任务，且每一项任务只能由一个司机去完成。

$$\min(Z)=\sum_{i=1}^{n}\sum_{j=1}^{n}c_{ij}x_{ij}$$

$$\text{s.t.}\begin{cases}\sum_{j=1}^{n}x_{ij}=n & (i=1,2,\cdots,n)\\ \sum_{i=1}^{n}x_{ij}=n & (j=1,2,\cdots,n)\\ x_{ij}=0\text{或}1 & (i=1,2,\cdots,n;\ j=1,2,\cdots,n)\end{cases}$$

6．**决策型模型**

在系统设计和运行管理中，需要行之有效的决策技术来支持，如何从各种有利有弊且或多或少带有风险的备选方案中，针对一些重大的经营管理问题做出及时且正确的抉择，找出所需的方案，这就是决策型模型。

代表模型：决策论。

7．**其他模型**

由于物流系统的复杂性，物流系统的模型类别有很多。例如，投入产出模型、布局选址模型、设施选址模型、库存决策模型、运输网络规划模型、物资调拨模型、解释预测模型等。

根据不同的功能、不同的特点，需要选用不同的建模方法。一般来说，决策者所处的层次越高，决策过程中的不确定性因素就越多，如战略层的设施选址决策，不仅要考虑设施建设的成本，还要考虑市场、投资环境、政策、法规等因素，这些因素很难量化，但影响很大，不可忽视。

战略层次的决策问题一般很难用精确的数学模型表达，应该采取与启发式模型、专家系统模型相结合的方法。另外，对于运作层次的物流决策问题，如物资的调拨、短期的库存计划等，可以近似地按照确定型的问题建立数学模型。

5.6　系统建模实例

现以一个实例来说明模型构造的问题。

【例 5-7】库存管理中的变量

设在某库存管理系统中，如果需求量全部不可控，此时需求量相当于环境变量 y。而决定变量 x 代表已采购量（库存量），结果变量 z 为销售量，评价变量 u 代表利润。

设销售单价为 a 元，采购单价为 b 元。此外，如果此商品有季节性特征，在某一段时间内如遇到不畅销时，允许降低价格以 c 元全部卖出（$c<a$），这时销售量 z 可表示为

$$z = y，当 y \leqslant x 时$$

$$z = x，当 y > x 时$$

归纳两式，有

$$z = \min(x, y)$$

该式表示取 x 和 y 之间的最小值。

评价变量代表的利润 u 可表示为

$$u = az + c(x-z) - bx$$

式中：等号右边第一项 az 是正常售价时的销售收入；第二项 $c(x-z)$ 是在某一时期内剩余产品的销售收入；第三项 bx 是总采购费用。

在此模型中，为获得最大利润，对于需求量 y 的预测，必须决定库存量 x 值，它是可控因素变量。

在实际运用中，常会发现通过模型所求得的数值与实际不符的情况，原因如下。

（1）客观世界是经常变动和发展的，分析得到的结果可能已经落后于现实。

（2）在建立模型时所放弃的事项中，可能有对现实系统产生影响的部分，而这部分在模型化时没有被抽象出来。

（3）忽视了人的因素，没有考虑人的熟练性和能动性。

（4）没有考虑系统的稳定性。

模型化过程的好坏，对系统分析的效率有很大影响。但是，判断模型化好坏的标准是很难制定的，这是因为分析的问题不同，分析人员的能力有高有低，以及分析对象的环境不尽一致。为了获得精确模型，就要求分析人员具备渊博的知识、丰富的经验、扎实的研究能力和逻辑思维能力等。

模型化是一种创造性劳动，有人把构造模型看成一种艺术的构思。由于模型的抽象性，它有着广泛的适用性，但是，客观世界往往千变万化，因此模型不可能完全照搬。经常需要对现有模型进行合理的修改，或者构造新的模型。

当然，系统工程的模型常常是推测式的，系统工程的模型精度不能与具有严密理论基础的数学模型相提并论。系统工程的模型也难以试验，但这并不妨碍我们把建模作为物流系统分析的一项重要工作。

5.7 案例分析：考虑具有不同交付选择的物流配送路径问题研究

本文探讨了物流系统建模的重要性及其在城市配送中的应用，尤其是在满足消费者个性化需求与控制配送成本之间的平衡。通过案例分析，本文将详细介绍基于时效约束的多级节点设施运输网络优化模型的构建与算法设计，以提升物流配送效率和客户满意度。

1．问题描述与假设

在城市配送的背景下，随着消费者对购物体验和服务质量要求的提高，顾客对交付方式的个性化需求日益增加，尤其是送货上门（HD）和自提服务（CP）的选择，成为影响顾客整体满意度的关键因素。然而，物流企业在满足这些个性化需求的同时，面临着如何有效控制和最小化配送成本的挑战。传统的配送模式往往未能充分考虑顾客的偏好和需求，导致配送效率低下和成本上升，因此亟须建立一个能够同时考虑顾客交付方式偏好和配送成本的优化模型，以应对日益复杂的城市配送环境，提升服务质量和企业竞争力。

为了便于研究与模型建立，做出如下假设。

（1）客户所提供的交付地址及其对应的时间窗已知的。

（2）配送车辆送货上门时服务时间固定。

（3）自提点的容量已知，且配送人员在自提点服务时间固定。

（4）客户可在 CP 交付及 HD 交付中任选一种配送方式服务。

（5）在配送过程中，企业无法满足客户送货上门需求时采用 CP 交付方式，所产生的影响体现为增加配送成本。

其中：假设（1）表明企业配送前对客户的信息是已知的；假设（2）简化配送流程；假设（3）表明自提点的属性；假设（4）、（5）表明客户的需求必须由 CP 交付或 HD 交付方式满足。

2．模型建立

1）符号及说明（见表 5-4）

表 5-4　符号及说明

	符号	说明
集合	N	节点集合，$N_o \cup N_c \cup N_F : N$
	N_0	配送中心，$N_o \subset N$
	N_c	顾客集合，$N_c = \{1,2,\cdots,n_c\}, N_c \subset N$
	N_F	自提点集合，$N_F = \{1,2,\cdots,n_F\}, N_F \subset N$
	K	车辆集合
	A	弧集，$A = \{(i,j): i,j \in N, i \neq j\}$
变量	d_{ij}	节点 i 到节点 j 之间的距离
	t_{ij}	车辆从点 i 到点 j 的通行时间
	s_i	节点 i 的所需服务时间，$i \in N_F \cup N_c$
	T_i^k	车辆 k 访问节点 i 的时间，$i \in N_C \cup N_F, k \in K$
	E_i	客户 i 要求的最早服务时间
	L_i	客户 i 要求的最晚服务时间
	D_{if}	HD 客户 i 前往对应自提点 f 的距离
	B_f	自提点 f 的容量限制
	q_i	客户 i 的需求
	P	顾客对所选交付方式的偏好程度，$P = \{1,2,\cdots,P_{\max}\}$
参数	c	车辆配送单位距离的运输成本
	λ	使用 CP 交付方式服务 HD 客户的惩罚成本
	ρ	快递员送货上门的服务成本
	∂	需满足的客户偏好程度的最小百分比
	γ	车辆固定成本
	Q	车辆容量
决策变量	x_{ij}^k	车辆 k 从 i 到 j 时 $x_{ij}^k = 1$，否则为 0
	y_{fi}^k	车辆 k 在自提点 f 服务客户 i 时 $y_{fi}^k = 1$，否则为 0
	z_i^k	车辆 k 以 HD 交付方式服务客户 i 时 $z_i^k = 1$，否则为 0

2）建立 VRPDO 的数学模型

$$\min\left(c\sum_{(i,j)\in A}\sum_{k\in K}d_{ij}x_{ij}^k+\gamma\sum_{j\in N}\sum_{k\in K}x_{0j}^k+\lambda\sum_{i\in N_c}\sum_{k\in K}D_{if}y_{fi}^k+\rho\sum_{i\in N_c}\sum_{k\in K}s_iz_i^k\right) \quad (5\text{-}2)$$

$$\sum_{i\in N_c}z_i^k+\sum_{i\in N_c}y_{fi}^k=1 \quad \forall f\in N_F,\forall k\in K \quad (5\text{-}3)$$

$$\sum_{t\in N,t\neq i,j}x_{ij}^k-\sum_{j\in N,j\neq i}x_{ij}^k=0 \quad \forall i\in N,\forall k\in K \quad (5\text{-}4)$$

$$\sum_{(i,j)\in A}\sum_{i\in N_c}x_{ij}^kq_i\leqslant Q \quad \forall k\in K \quad (5\text{-}5)$$

$$\sum_{i\in N_c}y_{fi}^k\leqslant B_f \quad \forall f\in N_F,\forall k\in K \quad (5\text{-}6)$$

$$\sum_{i=1}^{n_c}P_i\geqslant\alpha P_{\max}\left|N_{\mathrm{c}}\right| \quad \forall p\in P \quad (5\text{-}7)$$

$$T_j^k\geqslant T_i^k+t_{ij}+s_i-2T_{\max}(1-x_{ij}^k) \quad \forall i,j\in N,\forall k\in K \quad (5\text{-}8)$$

$$-T_{\max}\sum_{f\in F}y_{fi}^k+E_i\leqslant T_i^k\leqslant L_i+T_{\max}\sum_{f\in F}y_{fi}^k \quad \forall i\in N,k\in K \quad (5\text{-}9)$$

$$\sum_{j\in N}x_{0j}^k=\sum_{i\in N}x_{i0}^k=0 \quad \forall k\in K \quad (5\text{-}10)$$

$$\sum_{(i,j)\in A}x_{ij}^k-\sum_{(i,j)\in A}x_{ji}^k=0 \quad \forall k\in K \quad (5\text{-}11)$$

$$x_{ij}^k\in\{1,0\} \quad \forall i,j\in N_c,\forall k\in K \quad (5\text{-}12)$$

$$y_{fi}^k\in\{1,0\} \quad \forall i\in N_c,\forall f\in N_F,\forall k\in K \quad (5\text{-}13)$$

$$z_i^k\in\{1,0\} \quad \forall i\in N_c,\forall k\in K \quad (5\text{-}14)$$

其中：目标函数式(5-2)是最小化总成本，其中包括车辆的路径成本、车辆使用成本、使用 CP 服务交付 HD 客户时产生的惩罚成本以及使用 HD 交付方式的服务成本；约束式（5-3）表示客户只能被一种交付方式服务，且必须被服务；约束式（5-4）表示路径网络的流量平衡；约束式（5-5）表示车辆载重能力约束；约束式（5-6）为自提点的容量约束；约束式（5-7）为满足客户偏好需求约束；约束式（5-8）为客户的时间约束，表示车辆 k 到达点 j 的时间等于其离开其前一点 i 的时间加上从点 i 行驶到点 j 所需要的时间；约束式（5-9）表示当且仅当选择 HD 配送方式时，才应遵守客户指定的时间窗，而选择 CP 配送方式时，车辆可以在任意时间内访问自提点；约束式（5-10）表示配送车辆均从配送中心出发并最终返回配送中心；约束式（5-11）确保路线的连续性；约束式（5-12）～式（5-14）表示决策变量的取值范围。

3）算法设计

为了解决具有不同交付选择的车辆路径问题（VRPDO），设计了自适应大邻域搜索算法（ALNS）。该算法的具体过程如下。

算法先生成初始解，通过根据客户的偏好程度对客户进行分类，并将偏好送货上门（HD）的客户按时间窗进行排序。基于这个排序，构建一个目标客户集，然后依次选择目标客户形成配送顺序。如果由于时间窗限制无法访问新客户，则开始一条新的配送路径，直到所有客户都被访问完。在此过程中，确保不违反车辆的容量约束和时间窗限制，并在最终形成的路径中随机插入未被访问的客户，以生成一个可行的初始解。

接下来，算法进入破坏阶段，使用不同的破坏算子随机移除部分客户，以形成请求列表。常用的破坏算子包括随机移除、路径移除、最差移除和定向随机移除。如在随机移除中，从当前解中随机选择一定数量的客户进行移除，并将这些客户放入请求列表中。通过选择不同的破坏算子，算法可以探索解空间的不同区域。

然后，进入修复阶段，算法通过选择合适的修复算子将请求列表中的客户重新插入到路径中，以形成新的可行解。修复算子包括随机顺序最佳插入、贪婪最佳插入、遗憾插入和优先最佳插入等。在随机顺序最佳插入中，算法以随机顺序遍历请求列表中的每个客户，找到其在路径中插入成本最小的位置进行插入。通过不同的修复策略，算法能够有效地恢复和改进解的质量。

在每次迭代中，算法还会根据 Metropolis 接受准则判断是否接受新解。如果新解的成本低于当前解，则直接接受；否则，基于新解与当前解的成本差值和当前温度决定是否接受新解。随着迭代的进行，温度逐渐降低，从而减少接受较差解的概率，确保算法在初期广泛探索解决方案空间，在后期集中寻找更高质量的解决方案。

通过以上步骤，自适应大邻域搜索算法（ALNS）能够有效地优化配送路径，提升物流配送的效率和客户满意度。该算法的设计灵活，能够适应不同的配送需求和约束条件。

思考题与习题

1．系统模型的构建通常有哪些基本要求？它的流程是什么？

2．如何理解物流系统建模的含义和主要特征？

3．物流系统模型化的意义主要体现在哪些方面？

4．简述物流系统数学建模的原则、基本方法和建模步骤。

5．物流系统模型可以分为哪几类？试比较它们的优缺点。

6．现有 A_1，A_2，A_3 3 个工厂可供应产量分别为 100 万 t、80 万 t、50 万 t。已知 4 个客户 B_1，B_2，B_3，B_4 的需求量分别为 30 万 t、35 万 t、62 万 t、20 万 t，各个工厂到需求地的运价（元/t）及其他已知条件如表 5-5 所示。请设计一个运输计划，使运输总费用最少。（本小题只要求建立数学模型，不必求解。）

表 5-5　各个工厂到需求地的运价及其他已知条件

工厂	客户				产量/万 t
	B_1	B_2	B_3	B_4	
A_1	2	3	5	3	100
A_2	4	3	6	2	80
A_3	5	1	2	7	50
需求量/万 t	30	35	62	20	—

7．某医院每月需要某种药品 100 箱，每批订货的固定费用为 50 元，药品到达后先存入仓库，每月每箱药品要付 4 元的存储费。每月订购 1 次，订购量为 100 箱是否为最好的办法？

第 6 章　物流系统仿真

本章导读：

系统仿真概述；系统仿真的三项基本活动、类型与一般步骤，系统仿真模型的要素；仿真在物流系统中的应用，物流系统仿真的特点、常用方法、策略与步骤；港口集装箱物流系统仿真，库存系统仿真。

6.1　系统仿真概述

系统仿真概述

6.1.1　系统仿真的概念与起源

系统仿真（System Simulation，SS）（也译作模拟）是利用系统模型在仿真的环境和条件下，对系统进行研究、分析和试验的方法。系统仿真的目的在于利用人为控制的环境条件，改变某些特定的参数，观察模型的反应，研究真实系统的现象或过程。系统仿真方法是一种间接的研究方法。根据系统分析的目的，在分析系统各要素性质及其相互关系的基础上，建立能描述系统结构或行为过程、具有一定逻辑关系或数量关系的仿真模型，据此进行试验或定量分析，以期获得正确决策所需的各种信息。系统仿真作为研究、分析和设计系统的一种有效技术被广泛应用。人们把所有利用计算机在模型上而不是在真实的系统上进行实验、运行的研究方法都叫作仿真。由于物流系统的复杂性，利用计算机进行各种复杂物流过程的模拟和控制越来越普遍，系统仿真已成为物流系统研究的一种日益重要的方法和技术。

系统仿真是 20 世纪 40 年代末以来伴随着计算机技术的发展而逐步形成的一门新兴学科。仿真就是通过建立实际系统模型并利用所建模型对系统进行实验研究的过程。最初，仿真技术主要用于航空、航天、原子反应堆等代价昂贵、周期长、危险性大、实际系统试验难以实现的少数领域，后来逐步发展到电力、石油、化工、冶金、机械等一些主要工业部门，并进一步扩大到社会系统、经济系统、交通运输系统、生态系统等一些非工程系统领域。随着系统科学研究的深入，控制理论、计算技术、信息处理技术的发展，计算机软、硬件技术的突破，以及各个领域对仿真技术的迫切需求，系统仿真技术有了许多突破性的进展，在理论研究、工程应用、仿真工程和工具开发环境等许多方面都取得了令人瞩目的成就，形成了一门独立发展的综合性科学。

可以说，现代系统仿真技术和综合性仿真系统已经成为复杂系统，特别是高技术产业不可缺少的分析、研究、设计、评价、决策和训练的重要手段，其应用范围在不断扩大，效益也日渐显著。由于系统的复杂性、动态性、随机性的特点，系统仿真技术已成为物流系统规划分析、设计监控的重要手段和方法。

6.1.2　系统仿真的发展阶段

系统仿真经历了以下三个发展阶段。

（1）直观模仿。在这个阶段，人们只是对自然物进行直观模仿。其特点在于：模仿自然物的外部几何形状和由几何形状产生的某种功能。直观模仿只能为发展科学提供一些条件，不会产生根本性变革。

（2）仿真实验。在仿真实验阶段，人们将仿真方法用于科学实验，通过仿真模型来认识、研究和改造原型。这一阶段常采用的方法有以物理相似或几何相似为基础的物理仿真和以数学关系为基础的数学仿真。仿真实验的结果必须在实践中得到检验。

（3）功能仿真。功能仿真是以不同对象的功能和行为相似为基础的仿真方法。功能仿真可以利用不同的结构实现相同的功能。计算机可以模拟人脑思维功能，是功能仿真的主要工具。

6.1.3　系统仿真的定义

综合国内外仿真界学者对系统仿真的定义，可将系统仿真理解为：系统仿真是建立在控制理论、相似理论、信息处理技术和计算技术等理论基础之上，以计算机及其他专用物理效应设备为工具，利用系统模型对真实或拟建的系统进行试验，并借助专家经验知识、统计数据和信息资料对试验结果进行分析研究，进而做出决策的一门综合性和试验性的学科。

系统仿真的模型可以是定量的，也可以是定性的；可以是物理的，也可以是数学的，或者是它们的综合。要对某一系统进行研究，可以建立定量的解析模型，也可以通过实验、观测和归纳推理获得其模型结构，并根据专家经验和知识来辨识其参数，还有一部分只能借助于各种信息知识（感性的、理性的、经验的、意念的、行为的等）给予定性描述。

系统仿真的目的在于利用人为控制的环境条件，改变某些特定的参数，观察模型的反应，研究真实系统的现象或过程。用最简单的语言来定义，“仿真就是模拟真实系统”“仿真就是用模型来做实验”。

系统仿真技术是分析和研究系统运动行为、揭示系统动态过程和运动规律的一种重要的手段和方法。

6.1.4　系统仿真的实质

系统仿真的实质体现在以下三个方面。

（1）系统仿真是一种对系统问题求数值解的计算技术。尤其当系统无法通过建立数学模型求解时，仿真技术能进行有效的处理。

（2）仿真是一种人为的试验手段。它和现实系统试验的差别在于，仿真试验不是依据实际环境，而是在作为实际系统映象的系统模型上、在相应的“人造”环境下进行的，这是仿真的主要功能。

（3）仿真可以比较真实地描述系统的运行、演变及其发展过程。

6.1.5　系统仿真的特点和作用

1. 系统仿真的特点

系统仿真的特点主要体现在以下六个方面。

（1）利用仿真模型可将复杂事物抽象化，通过仿真模型了解系统的可行性和可靠性，检验理论的正确性，寻求解决问题的途径。

（2）利用仿真模型可避免在实际系统上试验周期过长的弊病，节省人力、物力、财力。

（3）某些复杂系统既不能用实际试验方法，又不能用解析方法，此时计算机仿真方法是唯一有效的方法。

（4）可以避免对实际系统进行破坏性试验或危险性试验。在这种情况下，仿真方法的优点更为突出。

（5）仿真可以研究单个变量或参数变化对系统整体的影响，并且可以多次重复试验，这在真实系统中是非常困难或不可能的。

（6）仿真方法可用来检验理论分析所得的结果的正确性和有效性，其基本方法较易掌握，仿真的结果直观，便于理解。

2. 系统仿真的作用

系统仿真有以下四个最主要的作用。

（1）仿真的过程也是试验的过程，是系统地收集和积累信息的过程。对于一些复杂的随机问题，应用仿真技术是提供所需信息的唯一令人满意的方法。

（2）对难以建立物理模型和数学模型的对象系统，可通过仿真模型来顺利地解决预测、分析和评价等系统问题。

（3）通过系统仿真，可以把一个复杂系统降阶成若干个子系统以便于分析。

（4）通过系统仿真，能启发新的思想或产生新的策略，还能暴露出原系统中隐藏的一些问题，以便及时解决。

6.2 系统仿真的基本内容

6.2.1 系统仿真的三项基本活动

系统仿真通过三项基本活动把系统、模型和计算机联系起来，这三项基本活动就是系统建模、仿真建模和仿真试验。三项基本活动的关系及过程如图6-1所示。

系统是某些要素按照一定的规律结合起来，相互作用、相互依存的有机体。对于一个具体的系统，通常可以从系统的构成要素、属性特征、要素之间的相互作用等方面进行描述。

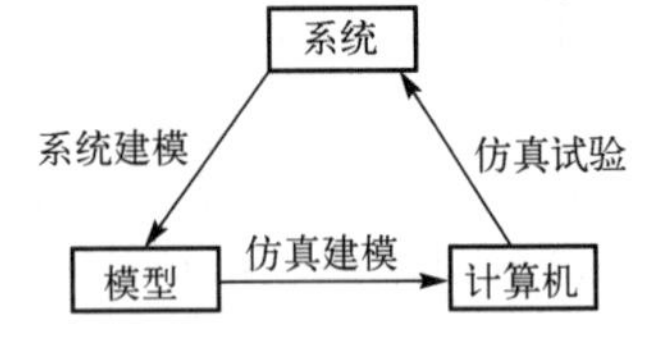

图6-1 三项基本活动的关系及过程

从理论上来说，实际系统是可以用来做试验的。但是出于经济、安全及可能性方面的考虑，尤其是对一个尚未建立的系统而言，要用真实系统做试验，可能存在很大的浪费、困难，甚至根本不可行，因此需要引入系统的模型。模型并不是系统的简单“复现”，它是对系统某种特定性能的一种抽象。系统的本质属性和内在关系可以通过模型来描述。

仿真是指在实际系统尚不存在的情况下对系统或其活动本质的实现。

系统、模型、仿真三者之间有着密切的关系。系统是研究的对象，模型是系统的抽象，仿真通过对模型的试验以达到研究系统的目的。

6.2.2　系统仿真模型的要素

系统仿真模型一般包括以下几个要素。

- 实体（Entities）：组成系统的物理单元。
- 属性（Attributes）：实体共有的属性，但可以通过其值的不同来区分不同的实体。
- 变量（Variables）：反映系统属性的信息。
- 资源（Resources）：实体获得服务所需要的资源。
- 队列（Queues）：实体等待服务而形成的队列。
- 事件（Events）：引起系统变化的行为，包括实体的到达、离开、仿真的结束等。
- 仿真时钟（Simulation Clock）：表示仿真时间变化的时钟。由于系统状态变化是不连续的，在相邻的两个事件发生之间，系统状态不发生变化，因而仿真时钟将跨越这些不活动的周期，从一个事件的发生时刻直接推进到下一个事件的发生时刻。

6.2.3　系统仿真的类型

系统仿真的种类很多，可以从不同的角度加以分类，具体如下。

1．按应用分类

按其应用的领域及作用，系统仿真可分为生产管理仿真、工程技术仿真、军事仿真、科学试验等。

从运筹学的角度，系统仿真又可分为存储仿真、排队仿真、预测仿真、更新仿真、训练仿真等。

2．按结构形式分类

按结构形式的不同，可将系统仿真分为简单式仿真、串联式仿真、扩展式仿真和分析式仿真。

简单式仿真所用模型的结构比较简单，如车间生产作业的仿真；串联式仿真所用模型的结构为相继串联的若干个简单式模型；扩展式仿真所用模型表现为若干个子模型的串联、并联形式，如一个企业的整体仿真；分析式仿真主要是针对一些大而复杂的系统，在仿真这类系统时，先对总系统设计仿真模型，通过粗略仿真，分析出薄弱环节或关键子系统，针对这些薄弱环节或关键子系统构造详细的仿真模型，进一步仿真，以便进行更深入详细的分析。

3．按仿真试验的方法分类

按仿真试验的方法，可将系统仿真分为物理仿真和数学仿真。

物理仿真也称为实体仿真，一般仿真的过程以物理性质和几何形状相似为基础，其他性质不变。数学仿真是以数学方程式相似为基础的仿真方法，它用数学式来表示被仿真的对象。

4．按系统中事件出现的特性分类

按系统中事件出现的特性，可将系统仿真分为随机性仿真和确定性仿真。

如果在系统中，事件的出现是随机的，那么对这种系统所进行的仿真就称为随机性仿真。反之，如果事件的出现是确定的，那么对这种系统所进行的仿真就称为确定性仿真。

在生产管理仿真中，由于搜集数据方面的困难，通常所进行的是确定性仿真。蒙特・卡洛法（Monte Carlo Method）是应用较多的一种随机性仿真方法，它用统计试验法求解一些数学问题，尽管这些问题基本上是确定性的，但由于此方法使用了随机数的缘故，因此通常把它作为随机性仿真的一个类别。

5．按系统中实体活动的动态形式分类

按系统中实体活动的动态形式，可将系统仿真分为连续系统仿真和离散系统仿真。

如果系统变化的主要方面是连续的，对此所进行的仿真就是连续系统仿真。连续系统的模型按其数学描述可分为集中参数系统模型（一般用常微分方程描述）和分布参数系统模型（一般用偏微分方程描述），主要通过改变系统的边界条件与初始值来研究系统的变化。

如果系统变化的主要方面是离散的，对其进行的仿真就是离散系统仿真。离散事件动态系统是指系统状态在某些随机时间点上发生离散变化的系统。离散事件动态系统本质上属于人造系统，简称为 DEDS（Discrete Event Dynamic Systems）。模型可采用数学方程、曲线、图表、计算机程序等多种形式表征。基于系统的模型，可分析系统的行为性能及其与系统结构和参数的关系，研究系统的控制和优化。物流系统就是典型的离散事件动态系统，但是，对一个复杂的离散事件动态系统而言，建立比较完善的模型是很困难的。

离散系统仿真又分为两类：一类是离散时间系统仿真；另一类是离散事件动态系统仿真。离散时间系统仿真是每隔一个规定的时间间隔取一个分析系统的数据点，这种仿真又叫作定时仿真法；离散事件动态系统仿真是将发生事件的瞬间作为分析系统的数据点，这种仿真也叫作事件仿真法。

6．按仿真时钟与实际时钟的关系分类

仿真时钟是表示仿真时间变化的时钟，按仿真时钟与实际时钟的关系，可将系统仿真分为实时仿真、亚实时仿真和超实时仿真。

仿真时钟与实际时钟完全一致的是实时仿真，对物理模型或实物模型必须进行实时仿真。仿真时钟慢于实际时钟的称为亚实时仿真，即模型仿真的速度慢于实际系统运行的速度。模型仿真速度快于实际系统运行速度的称为超实时仿真，如大气环流的仿真、交通系统的仿真、物流系统的仿真等。

6.2.4 系统仿真的一般步骤

系统仿真的一般步骤如图6-2 所示。

（1）定义问题，若确定其适合仿真，且收益大于成本，则可进行规划仿真。

（2）判断系统是否拥有所需的资源且能够定义。若是，则确定系统的参数，建立模型。

（3）收集相关的数据并进行分析，在此基础上建立计算机仿真模型。

（4）对仿真及其结果加以验证，进行试验分析。

（5）分析仿真输出结果。结果分析非常重要，特别是对离散事件动态系统来说，其输出分析甚至决定着仿真的有效性。输出分析既是对模型数据的处理，同时也是对模型的可信性进行验证。

（6）归档并实施。

在实际的仿真中，上述步骤往往需要多次反复和迭代。

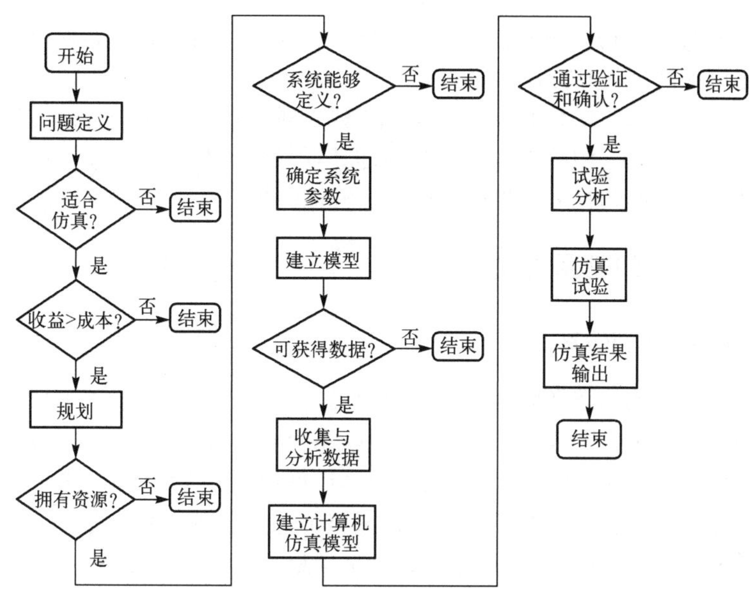

图 6-2　系统仿真的一般步骤

6.3　物流系统仿真方法

6.3.1　物流系统仿真的应用

物流系统是一种典型的离散事件动态系统，它的状态只是在离散时间点上发生变化，而且这些离散时间点一般是不确定的。采用计算机仿真的方法构造模型，可在复杂的物流系统中解决部分难以用数学方法求解的物流问题。

对于新设计的物流系统，可应用计算机仿真对新系统的可行性和效率做出正确的评价判断。

计算机仿真的目的是通过试验实现系统的优化。采用这种方式对控制与决策中所拟订的多个方案进行反复运行，按既定的目标函数对不同的决策方案进行分析比较，从中选择最优方案，进行辅助决策。

仿真的方式有助于对物流系统运行机制进行分析。在仿真模型运行过程中，可根据需要记录有关数据和信息，为物流系统的分析提供依据。

可通过仿真对物流系统的发展战略进行研究。应用计算机模型对从过去到未来的国家、地区或者企业的物流系统的发展规律进行仿真运算，研究系统的因果关系，得出结论，寻找系统改进和发展的方向与途径。

通过建立物流系统的仿真模型，扩展物流系统研究的边界，有助于描述物流系统的各种现象，加强直观感，从而更深刻地理解和分析物流系统。

6.3.2　物流系统仿真的特点

物流系统仿真主要集中于“流”“排队”“人”三个方面。

（1）物流系统中“流”的仿真。物流系统中有多种流：货流、车流、船流、商流、信息流等。可采用动态仿真的方法描述“流”的产生、流动、消失、积累和转换等。

（2）物流系统中“排队”的仿真。由一个或多个服务台和一些等待服务的顾客组成的离散系统称为排队系统。在物流系统中，船舶靠泊码头及车辆运营的仿真等都属于这类仿真。这类仿真大多采用离散型仿真方法来进行。

（3）物流组织中“人”的仿真。物流组织也是一种系统，它是通过人的参与实现的。即使在同样规划下，由于人、组织的不同，物流服务质量和运行效率可能存在较大差异。通过计算机仿真描述人的思维和行为的过程，可给出较优的物流组织方案。

6.3.3 物流系统仿真的常用方法

1．物流系统的连续型仿真

连续系统是指系统的状态在时间上平滑地变化。

一组由状态变量组成的状态方程可以用来反映系统的连续性特征。按一定的规则将仿真时间一步一步向前推移，对方程组进行求解与评价，计算和记录各个状态变量在各个时间点的具体数值。通过连续系统的仿真模型，对系统状态在整个时间序列中的连续性变化进行动态描写。这种方法主要用于物流系统的发展战略研究、运量预测等与时间密切相关的连续系统仿真。

2．物流系统的离散型仿真

离散系统的状态变量仅在离散时间点上有跳跃变化。

离散型仿真在物流系统仿真中有很多应用，具体包括以事件为基础的仿真、以活动为基础的仿真、以进程为基础的仿真。

（1）以事件为基础的仿真：通过定义系统在事件发生时间的变化来实现。

（2）以活动为基础的仿真：通过描述系统实体所进行的活动，以及预先设置导致活动开始或结束的条件来进行仿真。

（3）以进程为基础的仿真：综合了以事件为基础的仿真和以活动为基础的仿真的特点，描述了作为仿真对象的实体在仿真时间内经历的进程。

离散事件仿真的要素包括实体、事件、活动和进程。

1）实体

在离散事件动态系统中的实体可分为两大类：临时实体和永久实体。在系统中只存在一段时间的实体称为临时实体。这类实体的活动过程是：由系统外部到达系统，通过系统，最终离开系统。例如，物流系统中在某一时刻或按一定规律到达，经过一段时间和操作后离开的货物称作临时实体，如靠泊码头的船舶。永久驻留在系统中的实体称为永久实体，如物流系统中的无人搬运车（Automated Guided Vehicle，AGV）、缓冲站、仓库及装卸设备。永久实体是系统活动的必要条件。临时实体按一定规律不断地到达（产生），在永久实体作用下通过系统，最后离开系统，整个系统呈现出动态特性。

2）事件

【例 6-1】配送中心的车辆排队问题

某物流配送中心系统，每天 9:00 开门，17:00 关门。

车辆到达时间一般是随机的，为每辆车的装载时间，即服务时间长度也是随机的。

系统的状态：工作人员的状态（忙或闲）、装载车辆排队等待的队长。

状态量的变化也只能在离散的随机时间点上发生。

事件就是引起系统状态发生变化的行为。

"车辆到达"为一类事件。由于车辆的到达，系统状态发生改变：配送中心工作人员的状态可能从闲变到忙（如果无人排队），或者另一系统状态——排队的车辆数发生变化（队列人数加 1）。

"车辆离去"为一类事件。车辆装好货物后离开系统，配送中心工作人员的状态由忙变成闲，或队列人数减 1。

在事件分析的过程中，可以列出事件表，对系统中的事件进行管理。事件表记录系统中每一个将要发生的事件类型、发生时间，以及与该事件相关的参数。一个系统往往有多个种类的事件，而事件的发生一般与某类实体相联系，某一事件的发生还可能引起另一事件的发生，或者成为另一事件发生的条件，等等。为了实现对系统中事件的管理，以及按时间顺序处理事件，必须在仿真模型中建立事件表。

"系统事件"是指系统中的固有事件；"程序事件"用于控制仿真进程。

可以看出，事件是描述离散型物流系统的一个重要概念。从某种意义上说，这类系统是由事件来驱动的。

3）活动

"活动"用于表示两个可以区分的事件之间的过程，它标志着系统状态的转移。

车辆的到达事件与该车辆开始接受服务事件（装货）之间可称为一个活动。

4）进程

进程由若干事件及若干活动组成。一个进程描述了它所包括的事件及活动间的相互逻辑关系与时序关系。

事件、活动、进程三者之间的关系如图 6-3 所示。

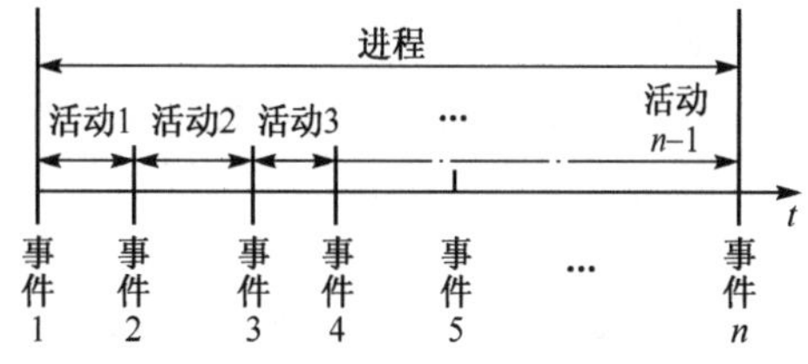

图 6-3　事件、活动、进程三者之间的关系

3．仿真时钟的推进方法

仿真时钟用于表示仿真时间的变化。在离散事件动态系统仿真中，由于系统状态变化是不连续的，在相邻两个事件发生之前，系统状态不发生变化，因而仿真时钟可以跨越这些"不活动"周期，从一个事件发生时刻推进到下一个事件发生时刻。由于仿真实质上是对系统状态在一定时间序列的动态描述，一般认为，仿真时钟是仿真的主要自变量。

仿真时钟的推进方法有三大类：事件调度法、固定增量推进法和主导时钟推进法。

需要注意的是，仿真时钟所显示的是系统仿真所花费的时间，而不是计算机运行仿真模型的时间。因此，仿真时间与真实时间成比例。对于物流系统这样复杂的系统，仿真时间可以比真实时间短很多。真实系统实际运行数天或数月，用计算机仿真可能只需几分钟。

4．统计计数器

某一次仿真运行得到的状态变化过程只不过是随机过程中的一次取样，它们只有在统计意义下才有参考价值。在仿真模型中，需要一个统计计数器，以便统计系统中的有关变量。例如，在单服务台系统中，由于顾客到达的时间间隔具有随机性，服务员为每一位顾客服务的时间长度也是随机的，因而在某一时刻，各次仿真运行时顾客排队的队长或服务员的忙闲情况是不确定的。从分析系统的角度来看，感兴趣的可能是系统的平均队长、顾客的平均等待时间或服务员的利用率。在仿真模型中是需要一个统计计数器的。

6.3.4 物流系统仿真的策略与步骤

1．离散事件动态系统仿真流程

从功能结构的角度来看，离散事件动态系统仿真的程序通常包括以下几个部分。

（1）系统状态变量：用于记录系统在不同时刻的状态。

（2）时钟变量：用于记录当前时刻的仿真时间值。

（3）事件表：按时间顺序记录仿真过程中将要发生的事件，即当前时刻以后的事件。

（4）统计计数器：用于记录有关仿真过程中系统性能的统计信息。

（5）初始化子程序：在仿真运行开始前进行初始化。

（6）时钟推进子程序：由事件表确定下一个事件，然后将仿真时钟推进到该事件发生时间。

（7）调度子程序：将仿真过程中产生的未来事件插入事件表中。

（8）事件子程序：每一类事件对应有一个事件子程序，在相应的事件发生时，就转入该事件子程序进行处理，更新系统的状态，产生新的事件。

（9）统计报告子程序：根据统计计数器的值计算并输出系统性能的估计值。

（10）随机数发生器：产生给定分布随机数。

（11）主程序：调用时钟推进子程序，然后将控制转移到相应的事件子程序，完成仿真程序的总体控制。

在使用通用高级语言进行离散事件动态系统仿真程序设计时需要用户自行编程，工作量大，而仿真语言或仿真软件包提供了上述大部分功能，通过组合可以很快地开发出所需的仿真程序。

图 6-4 给出了离散事件动态系统仿真程序流程结构图。

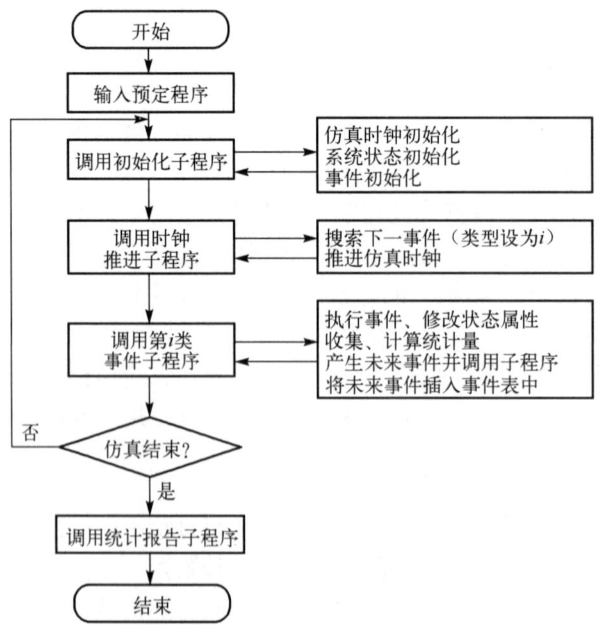

图 6-4　离散事件动态系统仿真程序流程结构图

2．离散事件动态系统仿真策略

离散事件动态系统的状态是由于离散时刻发生的事件而发生改变的，它是由事件驱动的。离散事件动态系统仿真的关键是按随机事件发生的时间顺序构成一个序列。除了初始事件，事件序列中的事件不能在仿真前事先确定，而是在仿真进行中产生的。在复杂系统仿真中，按进程来组织事件可使众多的事件条理清晰，因而成为最通用的方法。离散事件动态系统仿真策略主要有三个，分别为事件调度法、活动扫描法和进程交互法。

1）事件调度法

事件调度法（Event Scheduling）是面向事件的，它以事件为分析系统的基本单元，通过定义事件及每个事件的发生对系统状态的影响，按时间顺序执行每个事件并策划新的事件来驱动模型的运行。

事件调度法的模型主要由若干事件子模块构成。所有事件均放在事件表中，模型中设有一个时间控制程序。仿真的过程是：从事件表中选择发生时间最早的事件，将仿真时钟推进到该事件发生的时间，并调用该事件的子模块处理事件——修改模型状态和策划新的事件，然后返回时间控制程序，重复这一过程，直到满足仿真结束的条件。事件调度法适合于事件发生在明确的预定时间的系统仿真。

2）活动扫描法

活动扫描法（Activity Scanning）是面向活动的，活动的激发与终止是系统状态变化的标志。活动的激发与终止不仅取决于时间因素，还与实体有关，主动成分可以主动产生活动，如排队服务系统中的顾客，他的到达产生排队活动或服务活动；被动成分本身不能产生活动，只在主动成分的作用下才发生状态变化，如排队服务系统中用来实现服务功能的设备。

活动的激发与终止都是由事件引起的，每一个进入系统的主动成分都处于某种活动的状态。活动扫描法在每个事件发生时，扫描系统，检查哪些活动可以被激发，哪些活动继续保持，哪些活动可以被终止。活动的激发与终止都会策划新的事件。

活动的发生必须满足一定的条件，其中活动发生的时间是优先级最高的条件，即首先应判断该活动的发生时间是否满足，然后判断其他条件。

3）进程交互法

进程交互法（Process Interaction）采用进程来描述系统。它将模型中能主动产生活动的实体历经系统时所发生的事件及活动按时间顺序进行组合，从而形成进程表。一个实体一旦进入进程，它将完成该进程中全部的有关活动。

在软件实现时，系统仿真时钟的控制程序采用两张事件表：一是当前事件表（Current Events List，CEL），它包含了从当前时间点开始有资格执行的事件记录，但是该事件是否发生的条件（如果有）尚未判断。二是将来事件表（Future Events List，FEL），它包含在将来某个仿真时刻发生的事件记录，每一个事件记录包括该事件的若干属性，其中必有一个用来表明该事件在进程中所处位置的指针。

当仿真时钟推进时，发生时间不大于仿真时钟的所有事件记录从 FEL 移到 CEL 中，然后对 CEL 中的每个事件记录进行扫描，对于从 CEL 中取出的每一个事件记录，首先判断它属于哪一个进程及它在该进程中的位置。该事件是否发生取决于发生条件是否为真。若发生条件为真，则发生包含该事件的活动，只要条件允许，该进程要尽可能多地连续推进，直到结束；若发生条件为假或仿真时钟要求停止，则退出该进程，然后对 CEL 的下一个事件记录进行处理。CEL 中的所有记录处理完毕后，结束对 CEL 的扫描，继续推进仿真时钟，即把 FEL 中的最早发生事件记录移到 CEL 中，如此直到仿真结束。进程交互法既可预定事件，又可对条件求值，它兼有事件调度法和活动扫描法两者的特点。

3．物流系统仿真步骤

图 6-4 所表达的是一个典型的物流系统仿真步骤及各步骤间的关系。需要说明的是，并非每一次的仿真都包括图 6-4 中所有的步骤，有些研究还可能包括图 6-4 中所没有描述的步骤和内容。

物流系统仿真的一般步骤如图 6-5 所示。仿真方法不一定要严格遵循图 6-5 中的顺序。任一步骤均可根据仿真实际情况转向其他某一步骤。

1）问题描述

以一个货运系统为例来进行仿真过程的分析。

“问题描述”阶段须对货运车辆运营系统进行深入细致的了解，并与车队、车场调度人员反复交换认识，通过反馈使研究者对系统的认识不断深化，描述的系统与实际相符合。

2）设定目标与总体方案

需要明确仿真应回答的问题。

仿真目标是：从物流网络整体考虑，确定运营的改进方向及改进方案，进行多方案的比选，寻求物流网络上各指标间较合理的匹配关系，使物流网络能以较少的车辆和人员配置完成预定的物流量任务。根据这一目标制订总体研究方案，具体包括研究人员的数目、分阶段参加人员的工作天数、投入的研究费用等。

3）建立仿真模型

（1）进行系统的实体及属性分析、活动分析、模型变量分析、系统特征分析、模型指标分析、模型的输入和输出分析，以及仿真模型方法选定分析，通过上述分析确定各组成要素及表征这些要素的状态变量与参数之间的数学逻辑关系，在此基础上建立仿真模型。

（2）系统的实体有货物、车站、车辆。

（3）系统的活动有始发站活动、中途站活动、终点站活动。

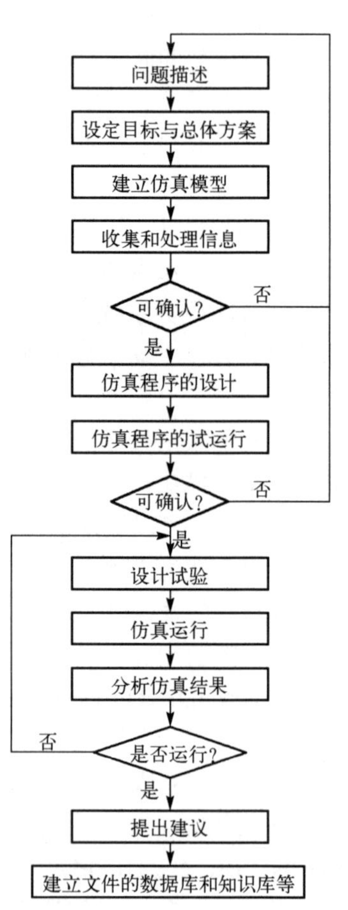

图 6-5 物流系统仿真的一般步骤

（4）模型变量包括各路径车辆行驶里程、各路径正点率、各路径运量、各路径满载率、各路径无车等待时间、各路径等待发车总时间、各路径分类型发车数七个指标。

（5）根据系统现状，把系统中的车站看作服务台、车辆看作顾客，把该系统作为一个顾客不消失、服务台为串联形式的多级排队服务系统。采用离散、动态、随机的仿真方法建立本系统的仿真模型。

4）收集和处理信息

信息的正确性直接影响仿真结果的正确性，正确地收集和处理信息成为系统仿真的重要组成部分。它包括估计输入参数和获得模型中采用随机变量的概率分布。

5）确认

对仿真模型及输入参数的准确程度进行确认，它应贯穿于整个仿真研究过程，尤其第 5）步和第 8）步的确认特别重要，需要进一步与货运车辆、车场调度人员交换信息，增强模型的有效性，并根据决策者的要求对模型进行相应修改，使之更符合实际。

6）仿真程序的设计

通过这一步将仿真分析的思路转化成计算机语言编制的程序。

7）仿真程序的试运行

通过试运行仿真程序来验证程序的正确性。可以构造一些易于被人知道结果的数据，进行模型的试运行，以确认仿真模型的正确性。

8）确认

根据仿真模型试运行的结果，确认模型的正确性，通过对实际系统中行为和仿真过程两者间差异的比较，加深对系统的理解，从而改进模型。

9）设计试验

如果适用于系统的方案不止一个，需要以较少的运行次数获得较优的仿真结果。因此对仿真方案要经过选择，考虑合适的初始运行条件、运行时间及重复次数等。

10）仿真运行

通过仿真运行，输出仿真指标，获得方案比选的信息。

11）分析仿真结果

在经过多方案仿真后，把输出的指标按某种数学方法处理后进行方案的排序，推荐较优的运营组织方案供决策者参考。

12）提出建议

在分析模型结果的基础上，提出对决策者有价值的参考建议，并以文字形式向决策者提出建议。

13）建立文件的数据库和知识库等

这是物流系统仿真过程中的重要阶段，也是为进一步智能化仿真积累知识的有效途径。在物流网络计算机仿真的基础上，使系统更加完善，能够处理更加复杂的问题。

6.4　物流系统仿真应用

6.4.1　港口集装箱物流系统仿真

港口集装箱码头的堆场管理包括集装箱装卸、堆放方式和集装箱装卸搬运设备的配置，这些因素直接关系集装箱的堆场管理效率。如何制定合理的集装箱码头装卸工艺流程，提高堆场利用率，提高装卸船作业效率以及集疏运效率，从而提高港口吞吐能力，是港口集装箱物流系统需要解决的重要课题。港口集装箱物流系统是一个复杂系统，涉及集装箱搬运策略、堆场规划、装卸设备调度、堆场储位配置、人员调度等因素，很难用一个简单的数学模型描述，因此需要借助仿真的工具进行模拟。

1．港口集装箱物流系统的基本概念

集装箱码头的基本组成主要分为码头设施和装卸搬运设备。集装箱码头通常应具备的主要码头设施有泊位、码头前沿、集装箱堆场、货运站、控制室、检查口、维修车间等。根据作业过程，港口集装箱物流系统又可以划分为四个子系统，分别是码头前沿作业系统、水平运输系统、堆场装卸系统和大门检查系统，如图 6-6 所示。码头前沿作业系统：主要功能表现为装卸作业前计划、船舶排队等待服务、船舶在泊接受服务、服务完毕船舶离泊，是一个复杂的、需多方面协同运作的作业过程，具有环节多、连续性强的特点。水平运输系统：集装箱叉车或集卡在码头前沿、堆场区之间进行集装箱的运输。堆场装卸系统：集装箱的存放、集装箱起重机对集装箱的装卸搬运作业以及集装箱的管理等。大门检查系统：对于进出集装箱码头的空车或满车进行检查。

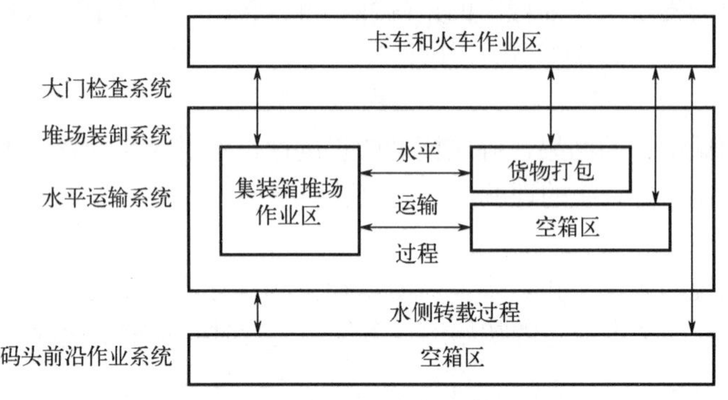

图 6-6　港口集装箱物流系统构成

衡量集装箱码头的整体性能和作业效率的主要评价指标有以下几项。

（1）集装箱吞吐量。它是指经由水路运进、运出港区范围，并经装卸的箱量。它是反映港口船舶装卸任务量的指标。

（2）箱位比。它是指标准箱数与自然箱数的比值，可以粗略反映箱型结构变化情况。比值越大说明大箱的比重越大，反之则越小。

（3）船舶停泊艘次数。它是指统计期内在港停泊船舶艘数的累计数。

（4）船舶平均每次在港停时。它是指船舶从进港时起到离港时止，平均每艘船在港停泊时间数。

（5）泊位利用率。它是指统计期泊位占用小时数占泊位日历小时数的比重，反映泊位综合利用程度。

（6）堆场容量。它是指同一时间内最大安全堆存箱量。计算单位为 TEU。

（7）平面箱位。它是指不考虑堆放层高的集装箱箱位个数。

（8）堆存箱数。它是指统计期内进入堆场的集装箱量的总和。它是反映堆存工作量的指标，但有一定的局限性。

（9）平均堆存期。它是指统计期每箱平均在堆场堆存的天数。它是反映箱在堆场内的滞留时间。

（10）平均每天堆存箱数。它是指统计期平均每天堆存的箱数量。

（11）堆场利用率。它是指统计期平均每天堆存箱数与堆场容量的比值。它是反映堆场容量利用程度的指标。

（12）机械利用率。它是指在装卸机械日历总时间中机械工作时间所占的比重，反映装卸机械的利用程度。

2．港口集装箱物流系统的作业流程

港口集装箱物流系统的作业流程包括五个部分，分别是进港卸船、集装箱分类、堆场运作、货物集卡外运、装船出港。

（1）进港卸船。如果有一艘船舶到港，则岸桥对该船舶进行卸载操作，把卸载的集装箱放在集装箱分类输送线上，等待分类，卸载后的空船离港；如果出现几艘船舶集中到港，由于该港口只有单泊位，只允许同时对一辆船舶进行卸载，所以其他船舶必须在锚地排队等待，码头船舶作业次序依照先来先服务的原则。

（2）集装箱分类。通过集装箱分类输送线，把 4 类不同的集装箱分别传送到 4 个指定的集装箱缓冲区，等待负责该类集装箱搬运的叉车对其进行搬运，集装箱叉车把集装箱由分类缓冲区搬运到堆场的缓冲区。

（3）堆场运作。如果堆场缓冲区不为空，堆场的集装箱起重机按就近原则把缓冲区的集装箱有序地存入堆场。如果有集卡来堆场提取集装箱，则起重机负责提取堆场的集装箱并把它装载到集卡上。

（4）货物集卡外运。外卡到达港口，并去指定的堆场提取集装箱，之后离开港口。

（5）装船出港。内卡把从堆场提取的集装箱运至出港码头的缓冲区，待空船舶到港后，由岸桥对船舶进行装船，装载完成后船舶出港，岸桥对船舶的操作次序仍然按照先到先服务的规则。

3．港口集装箱物流系统的模型分析

集装箱码头物流系统工作环节多，其作业受到许多随机因素的影响，是一个典型的离散事件系统。由两个典型的排队系统组成：一个是到港船舶的排队系统；另一个是堆场集卡的排队系统。

以船舶到港为例，假设有一个提供船舶服务的单泊位，其仿真模型如图 6-7 所示。

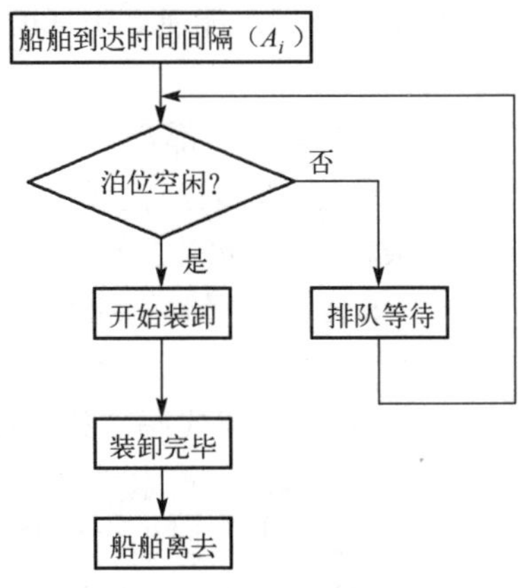

图 6-7　单泊位船舶服务仿真模型

对单泊位的服务系统通常输入是随机型的，即在时间 t 内顾客到达数 $n(t)$服从一定的随机分布。若服从泊松分布，则在时间 t 内到达 n 个顾客的概率为

$$P_{n(t)}=\frac{\mathrm{e}^{-\lambda t}(\lambda t)^n}{n!}\qquad (n=0,1,2,\cdots,N) \tag{6-1}$$

或相继到达的顾客的间隔时间 T 服从指数分布，即

$$P(T\leqslant t)=1-\mathrm{e}^{-\lambda t} \tag{6-2}$$

式中：λ—— 单位时间顾客期望到达数，称为平均到达率。

而集装箱装卸服务时间也是随机型的，服务时间 v 服从一定的随机分布，若服从指数分布，则其分布函数是

$$P(v\leqslant t)=1-\mathrm{e}^{-\mu t}\qquad (t\geqslant 0) \tag{6-3}$$

式中：μ—— 平均服务率。

按这种分布假设可导出下列关系式：

平均排队长度
$$L_s=\frac{\lambda^2}{\mu(\mu-\lambda)} \tag{6-4}$$

平均等待时间
$$W_s=\frac{\lambda}{\mu(\mu-\lambda)} \tag{6-5}$$

4．港口集装箱物流系统的仿真步骤

港口集装箱物流系统的仿真步骤如下。

1）问题的描述

对港口集装箱物流系统仿真时，首先要明确界定仿真的边界，仿真的边界是涉及从泊位到道口的生产作业内容，还是只涉及从泊位到堆场的生产作业内容。在弄清楚研究范围后，对该部分系统功能和作业流程加以分析，然后才能建立仿真模型。

2）设定仿真目标与总体方案

通常建立的港口集装箱物流系统仿真模型中都会涉及以下内容：各种货船、港口基础设施（港口锚地、道口、泊位、堆场、仓库、装卸机械、输送机械等）、人员（驾驶员、检查员等）、货物（散货、集装箱、杂货等）。此外，有些模型还会考虑随机变量，如交通堵塞、队列、船型、货物装卸比率、集装箱闲置时间和集装箱供求、天气、航道条件等。例如，港口集装箱物流系统仿真模型中的对象可能考虑以下内容：集装箱船舶（船舶的长度、宽度、吃水深度、吨位、行（Bay）位规范代码、行位放箱尺寸规定、船舶稳性值范围等）、集装箱（箱号、尺寸、箱类型、箱状态、箱重量等）、集装箱堆场（堆场规范代码、放箱尺寸规定、堆场机械类型、机械在堆场上的操作方向等）、泊位、桥吊等因素。所以，只有明确了仿真目标（即仿真要解决的问题）后，仿真模型需要考虑以上的哪些内容才可以确定下来。

通常，仿真模型被用来解决以下问题：① 码头布局方案；② 作业排队和生产瓶颈问题；③ 集装箱装卸搬运工艺和仓储空间需求；④ 卡车和搬运设备的离开与到达率（调

度)；⑤ 设备（起重机、卡车、叉车等）利用率；⑥ 港口（堆场、泊位和道口）吞吐量、生产能力和操作效率；⑦ 作业费用（船费用、投资费用、管理和劳动力等其他费用），等等。

然后，根据这些目标构造总体研究方案。它包括了研究人员的数目、分阶段参加人员的工作天数、投入的研究费用等。

3）建立仿真模型

在建立仿真模型前，做系统的实体及属性分析、活动分析、模型变量分析、系统特征分析、模型指标分析、模型的输入和输出分析以及仿真模型方法选定分析，通过如上分析确定各组成要素以及表征这些要素的状态变量和参数之间的数学逻辑关系，在此基础上构造仿真模型。港口集装箱物流系统是典型的离散事件系统，对港口集装箱物流系统进行仿真，建立正确的能反映系统本质的系统模型是关键。

4）收集和处理信息

建模和采集所需的输入信息两者是相互联系的， 信息采集的类型取决于研究的目标。信息的正确性直接影响仿真结果的正确性， 正确地收集和处理信息成为系统仿真的重要组成部分。它包括估计输入参数和获得模型中采用随机变量的概率分布。一些研究在建模前要对数据的概率分布进行估计，确定需要的假设和模型参数。例如，岸桥、场桥、空箱区机械装卸时间分布；船靠、离泊时间分布；船到达时间间隔分布；货运量分布及箱型分布；泊位到堆场的距离分布；翻箱率分布；生产线均衡度；集卡的速度等。常涉及的随机服务理论有排队论、蒙特·卡洛仿真、马尔可夫链等。

5）系统仿真模型的确认

确认是对系统仿真模型及输入参数对真实系统描述的准确程度进行认可，它应贯穿于整个仿真研究，但 5）和 8）中的确认特别重要。要根据要求对模型做相应修改，使之更符合实际。

6）仿真模型的程序设计

目的是将仿真分析的思路转化成计算机语言编制的程序，以便于在计算机上运行仿真模型。这时应根据实际需要选择最适合的仿真软件或计算机编程语言，如模型有图形显示，应采取有较强图形功能的计算机语言编程。目前，港口集装箱物流系统仿真常用的仿真软件有 FlexSim、GPSS、SLAM、SIMAN、Witness、eM-Plant 等。

7）仿真模型的试运行

通过试运行仿真程序来验证程序的正确性。可以构造一些易于为人知道结果的数据，进行模型的试运行，以确认仿真模型的正确性。

8）仿真模型的再确认

根据仿真模型试运行的结果，确认模型的正确性，通过对实际系统的行为和仿真过程两者间差异的比较，以加深对系统的理解，从而改进模型。

9）设计试验

当不止一个方案适用于系统的仿真时，需要以较少的运行次数获得较优的仿真结果。因此，对仿真方案要经过选择，考虑仿真的初始运行条件、运行时间及重复次数等。

10）仿真运行

通过仿真运行输出仿真结果，作为备选方案比选的依据。

11）分析仿真结果

港口集装箱物流系统仿真通常所要分析的指标参数有泊位利用率、装卸机械的利用率、堆场利用率等。由于不同的指标体现的系统性能可能是相互矛盾的，因而要对仿真结果，结合工程实际进行综合分析。

6.4.2 库存系统仿真

1. 库存的基本概念

库存是指一切目前闲置、用于未来、有经济价值的资源，具体包括成品、原材料、在制品、在途品、生产前物料、备品备件等。库存的作用在于防止缺货、节省订货费用、改善服务质量、保证生产及销售过程顺利进行、提高生产均衡性、调节季节性需求。库存也有一定弊端，如占用大量资金、产生一定的库存成本、掩盖企业生产经营中存在的问题。

库存既是生产和服务系统合理存在的基础，又为合理组织生产和服务过程所必需。以较低的库存成本保证较高的供货率，不仅在理论上是成立的，在实践方面也是完全可以达到的。

库存控制的主要作用是：在保证生产、经营需求的前提下，使库存量经常保持在合理的水平上；掌握库存量的动态状况，适时、适量订货，避免超货、缺货；减少库存空间占用，降低库存总费用，控制库存资金占用，加速资金周转。

2. 库存系统的基本类型

库存系统中的两个最基本的概念：需求与订货。由于需求与订货的不断发生，库存量呈现动态变化。

库存问题可从不同的角度进行分类，具体如下。

（1）单周期需求库存与多周期需求库存。根据对物品需求的重复度，库存可分为单周期需求库存和多周期需求库存。单周期需求是指偶尔发生的对某种物品的需求，如仅仅发生在比较短的一段时间内或库存时间不可能太长的需求，以及经常发生的对某种生命周期短的物品的不定量需求。多周期需求是指在足够长的时间内对某种物品的重复、连续的需求，其库存需求应不断地补充。

（2）独立需求库存与相关需求库存。独立需求是指用户对某种库存物品的需求与其他种类的库存物品无关，库存需求具有一定的独立性。相关需求是指与其他需求有内在关联的需求，根据这种相关性，企业可以精确地计算出物品的需求量和需求时间，它是一种确定型的需求。

（3）确定型库存与随机型库存。确定型库存系统：物品的需求量是已知和确定性的，需求发生时间也是确定性的，同时，订货量与订货发生时间是确定性的，且从订货到货物入库的时间也都是确定性的。随机型库存系统：比确定型库存系统要复杂得多，一般是指在物品的需求量和补充供应链的前置时间中至少有一个是随机变量。对于随机型库存系统而言，通常只有通过仿真才能进行较深入的研究。

3. 库存系统的仿真

采用仿真的方式对库存系统进行研究，其目的在于确定库存策略，包括在不同的需求情况下如何订货、何时订货、订多少货为宜等。

评价库存策略的优劣一般采用“费用”高低来衡量，其中包括：① 库存保管费；② 订货费；③ 缺货损失费。

库存系统的仿真过程大体分为以下五个步骤。

（1）确定管理目标。库存系统的管理目标是：寻求使总管理费用（库存保管费+订货费+缺货损失费之和）最小的最优解，作为最优库存策略。

（2）按观察得到的累积频率确定需求量和订货前置期（从发出订货到货物到达的时间间隔）的密度函数。在定期订货法等方法中选择某种订货策略，并拟订不同的备选方案，确定仿真参数，如周期时间、订货点、订货量等。

（3）收集已知数据，如库存保管费、订货费及缺货损失费等。

（4）确定仿真时钟推进方法。库存仿真一般采用事件推进法，库存系统中存在三类事件：一是需求事件；二是到货事件；三是重新订货（发出订货单）事件。

（5）将不同方案作为仿真参数输入系统，重复仿真运行过程，比较不同的输出结果，提出决策建议。

一般来说，库存决策的目的是找出一个最好的库存策略，在满足一定的服务水平的情况下，使库存保管费、订货费及缺货损失费之和最小。由于客户需求及订货前置期均为随机变量，用解析法又难以求解，仿真便成了有力的工具。

下面以一个实例来描述库存问题的仿真过程。

【例 6-2】物资仓库的库存问题

某集团公司的物资仓库中的某一种产品，当库存量下降到 P（重新订货点）时就需要订货，订货量为 Q，若某天需求量大于库存量，则产生缺货损失。求最优的库存决策，使其花费的总费用 C 为最小。

已知条件：

① 订货前置期为 3 天。

② 库存保管费为 0.75 元/箱/天，缺货损失费为 1.80 元/箱，订货费为 75 元/次。

③ 需求量为 0～99 箱均匀分布的随机数。

④ 原始库存为 115 箱，假定第 1 天不到货。

解：（1）先制订出 5 种库存决策方案，如表 6-1 所示，以便通过仿真结果进行比选。

表 6-1　库存决策方案

策略	订货点 P/箱	订货量 Q/箱
①	125	150
②	125	250
③	150	250
④	175	250
⑤	175	300

（2）建立仿真模型。本问题可使用运筹学中存储理论的解析法求解，但使用仿真模型通过仿真试验求解比较方便，图 6-8 为本问题的仿真模型图，上述 5 个方案的 C 值为在本例中运行了 150 天的仿真结果值，如表 6-2 所示。

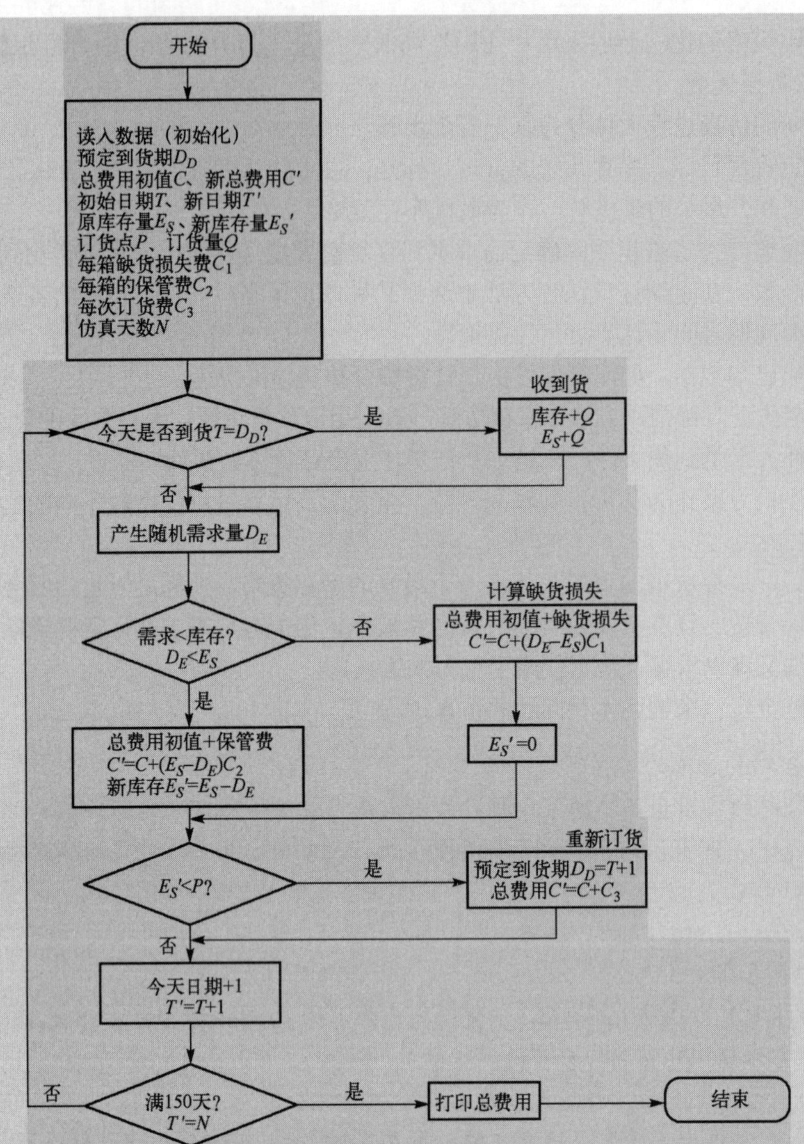

图 6-8　某集团公司库存问题的仿真模型（单一品种）

表 6-2　仿真结果

策略	订货点 P/箱	订货量 Q/箱	C/元
①	125	150	38678.75
②	125	250	31268.25
③	150	250	29699.25
④	175	250	26094.00
⑤	175	300	27773.25

（3）比较仿真的结果，确定采取方案④，即当订货点为 175 箱、订货量为 250 箱时，总费用最小，为 26094 元。

6.5　案例分析：FlexSim 配送中心仿真与分析

配送中心是从事货物配送并组织对用户的送货，以实现销售和供应服务的现代流通设施。它应基本符合下列要求：主要为特定的客户服务；配送功能健全；信息网络完善；辐射范围小；品种多，批量小；以配送为主、储存为辅。

配送中心不同于传统的仓储设施，配送中心具有售货中心与分货中心的职能。为了更有效、更高水平地送货，配送中心往往具有比较强的流通加工能力。

本案例中，为了保证商品准时送达客户手中，配送中心要根据客户订单要求对储存的商品进行拣取归类作业。分拣是配送中心整个作业流程的关键环节，我们利用 FlexSim 仿真对分拣系统进行分析。

1．模型要求

某物流配送中心负责拣选 A、B、C 三种产品，需要根据客户订单（共三类订单）进行打包加工，拣货由三辆叉车进行拣货搬运，拣选该订单所需的所有产品，运送至打包台进行打包，打包完成后，分别通过各自的传送带分拣线离开系统送往目的地暂存区。

请建立合理化的模型并运行（8h），分析设备的利用率和仓库库存问题，并提出改进策略和建议。

2．参数设置

（1）A、B、C 产品的到达时间间隔服从 exponential(0,10,0)分布，为了便于区分把颜色分别设置为红、蓝、白。

（2）产品分别进入对应的货架，货架上产品大于 200 个时停止进货，低于 100 个时开始补货。

（3）打包的托盘到达时间间隔为固定值 50s，根据订单种类随机产生三种类型颜色的托盘。订单详单表如表 6-3 所示。

表 6-3　订单详单表

	订单 1	订单 2	订单 3
产品 A	1	2	0
产品 B	1	2	2
产品 C	2	2	2

（4）打包时间为固定值：20s。

（5）所有暂存区最大容量均为 1000 件。

3．FlexSim 模型的建立

1）在模型中加入实体

从模型中加入 4 个发生器（Source）、3 个运输工具（Transporter）、3 个货架（Rack）、4 个暂存区（Queue）、1 个合成器（Combiner）、4 个传送带（Straight Conveyor）和 4 个决策点（Decision Point）到操作区中。

2）连接端口

根据配送的流程，在三条 A、B、C 产品线上，Source-Rack-Combiner 进行 A 连接；Transporter 与 Rack 进行 S 连接；托盘供应线上，Source4-Queue4-Combiner 进行 A 连接；三条支线传送

带分别与三个 Queue 进行 A 连接；总线决策点 Decision Point 与支线 3 个 Decision Point 进行 A 连接。Queue4 应最先与 Combiner 进行 A 连接，其次才是 Rack 与 Combiner 进行 A 连接。连接后的模型实体布局图如图 6-9 所示。

3）设置模型参数

（1）设置产品发生器 Source 参数。

根据要求 A、B、C 产品的到达时间间隔服从 exponential(0, 10, 0)分布，颜色分别设置为红、蓝、白。因此，将三个 Source 的 Inter-Arrivaltime 设置成 exponential(0, 10, 0)。随后，双击 Source，在 Triggers 选项卡下单击绿色"+"按钮，添加创建触发 On Creation，并添加设置标签 Set Label、设置物体颜色 Set an object's color 两个逻辑，Source1 的 Type 值为 1，Source2 和 Source3 值分别为 2 和 3，完成后单击下方的"Apply"按钮进行保存。Source1 参数设置如图 6-10 所示。

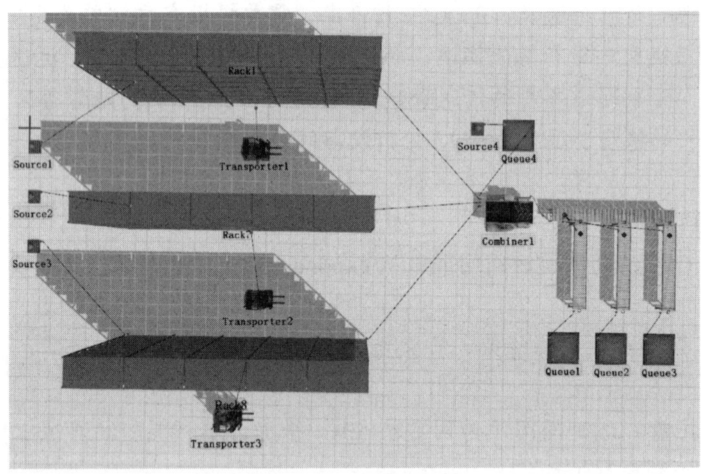

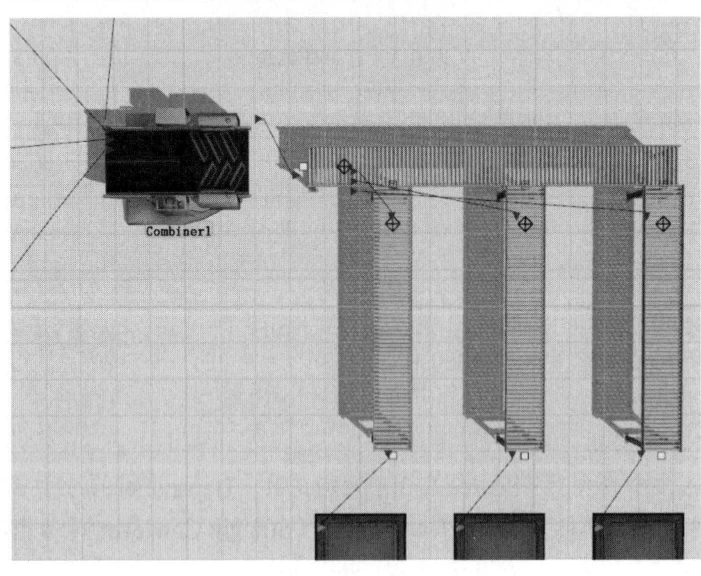

图 6-9　连接后的模型实体布局图

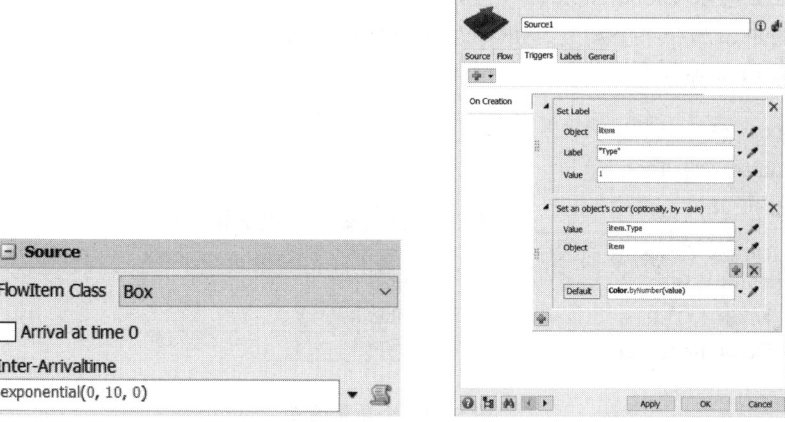

图 6-10　Source1 参数设置

（2）设置 Rack 参数。

为了让拣货由叉车进行搬运，在 3 个 Rack 右侧 Output 选项卡中，勾选 Use Transport。当货架上产品大于 200 个时停止进货。低于 100 个时开始补货的效果同样需要通过触发器中的逻辑来实现。双击 Rack，在 Triggers 中添加进入触发 On Entry 和离开触发 On Exit，以此实现每当包裹进入或离开时都会判断当前 Rack 库存是否需要补货。Rack1～3 参数设置如图 6-11 所示。

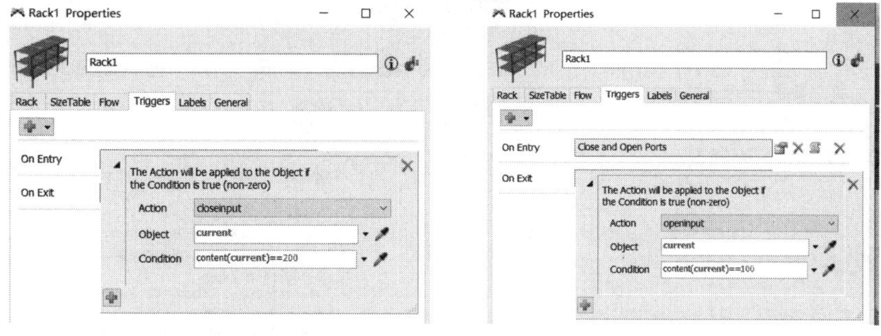

图 6-11　Rack1 ~ 3 参数设置

（3）设置托盘发生器 Source 参数。

将 Source4 的 Inter-Arrivaltime 设置成 50。在 Triggers 中添加创建触发 Set the Item Type and Color，将产生的托盘随机添加值为 1～3 的标签 Type。Source4 参数设置如图 6-12 所示。

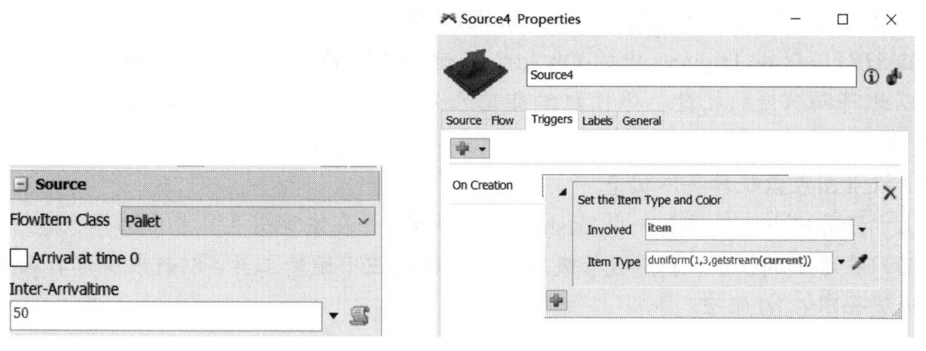

图 6-12　Source4 参数设置

（4）设置全局表 GlobalTable1。

在工具箱中添加一个全局表，并将右侧的 Row 和 Column 更改成 3 行 3 列，并填入订单详单，如图 6-13 所示。

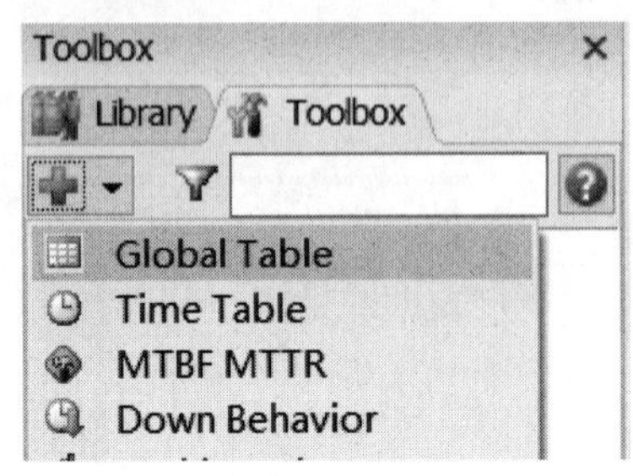

Model　GlobalTable1

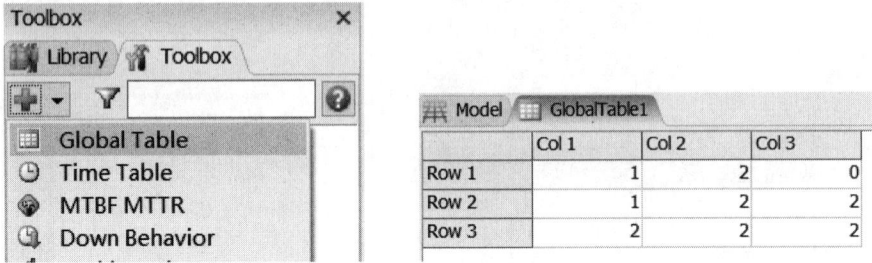

	Col 1	Col 2	Col 3
Row 1	1	2	0
Row 2	1	2	2
Row 3	2	2	2

图 6-13　全局表设置

（5）设置合成器 Combiner 参数。

将 Combiner 的 Process Time 修改成 20，即为打包的时间。在 Triggers 中的 On Entry 选择更新合成列表 Update Combiner Component List，并选择编辑好的全局表 GlobalTable1，让合成器根据全局表的规则来对不同 Type 值的托盘进行码垛。合成器参数设置如图 6-14 所示。

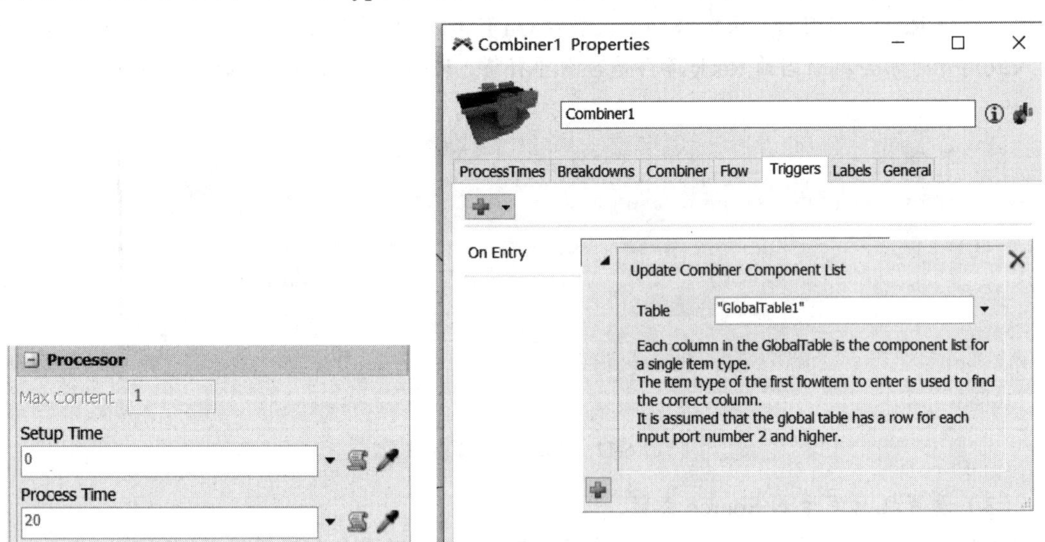

图 6-14　合成器参数设置

（6）设置主线传送带上决策点 Decision Point 参数。

双击 DP1，在其 Triggers 中的 On Arrival 选项下选择根据类型分拨实体 Send Item By Type。以此将码垛好的托盘，根据订单类型来分拨到不同暂存区。DP 决策点参数设置如图 6-15 所示。

（7）设置图表盘统计实体状态。

在上方任务栏中选择添加一个 Dashboard 图表盘，并在左侧图表目录中选择状态饼图 State Pie。随后双击添加的饼图，利用吸管吸取合成器以及三个运输工具，以此来统计其状态占比。图表盘设置如图 6-16 所示。

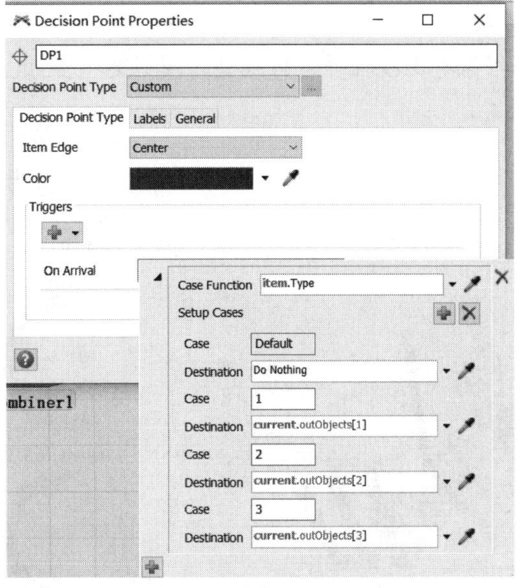

图 6-15　DP 决策点参数设置

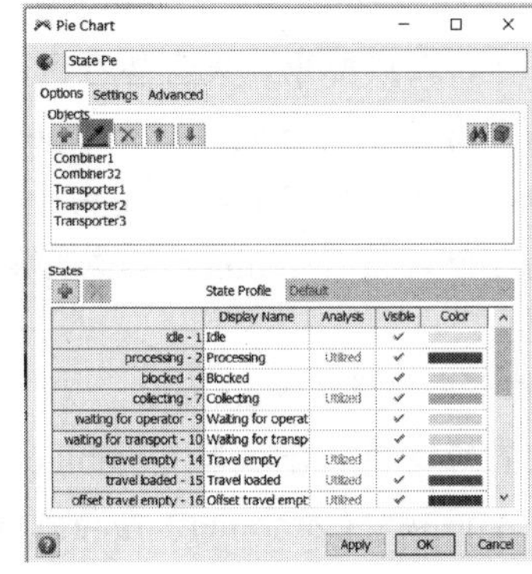

图 6-16　图表盘设置

（8）设置模型运行时间。

在模型上方，单击 Run Time 右侧的下拉按钮，将模型运行时间设为 8h。模型运行时间设置如图 6-17 所示。

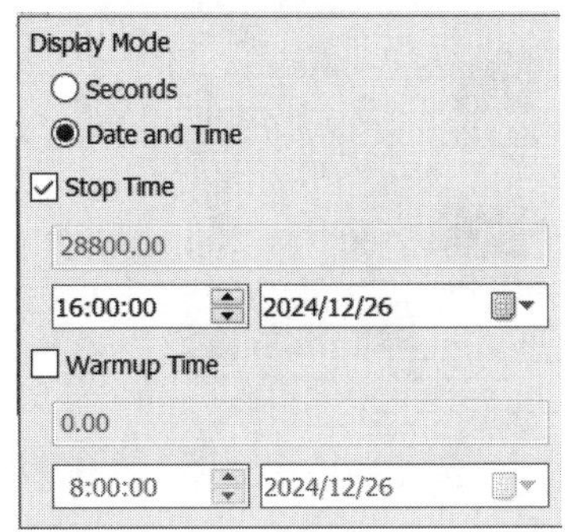

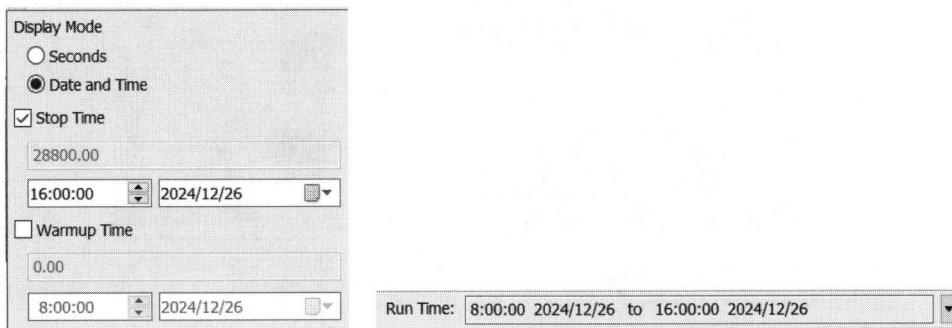

图 6-17　模型运行时间设置

4. 运行模型并分析结果

设置好模型后，单击“保存”按钮并运行模型，模型运行至 8h 后，观察运行结果。模型运行结果如图 6-18 所示。

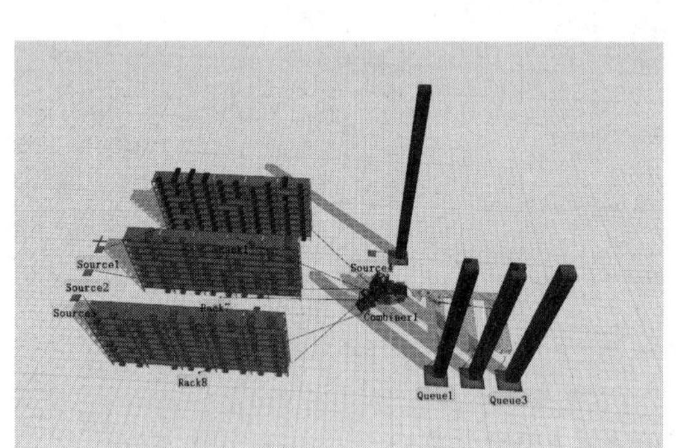

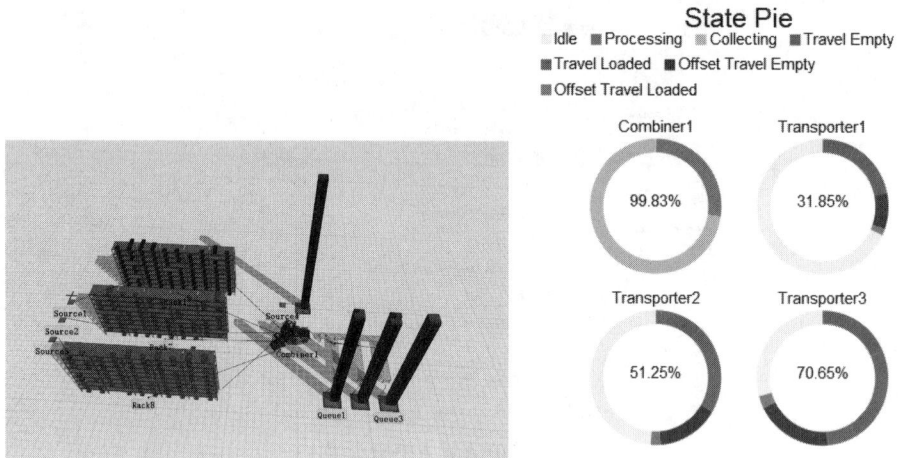

图 6-18　模型运行结果

运行结果显示，在模型中，托盘暂存区 Queue4 有大量托盘未完成分拣，即积压了大量的客户订单。状态饼图显示：合成器 Combiner 工作状态几乎是 100%，属于超负荷运行。

基于以上结果，客户订单的积压是由于一台合成器 Combiner1 效率低下导致的，因此，可以通过增加一台合成器 Combiner 来尝试解决订单积压现状。

5. 优化模型

1）添加第二个合成器 Combiner2

复制以及设置好逻辑的合成器 Combiner1，并依次将 Source4、Rack1、Rack2、Rack3 与 Combiner2 进行 A 连接，Combiner2 再与主线传送带进行 A 连接。双击之前设置好的状态饼图 State Pie，利用吸管把 Combiner2 添加进来。优化后效果如图 6-19 所示。

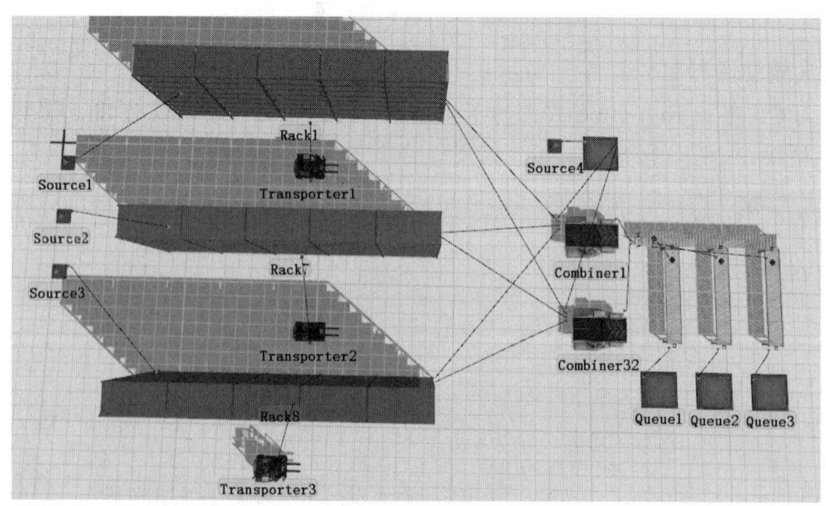

图 6-19　优化后效果

2）运行并观察结果

完成对 Combiner2 的设置后，单击“保存”按钮并运行模型，模型运行至 8h 后，观察运行结果。优化后运行结果如图 6-20 所示。

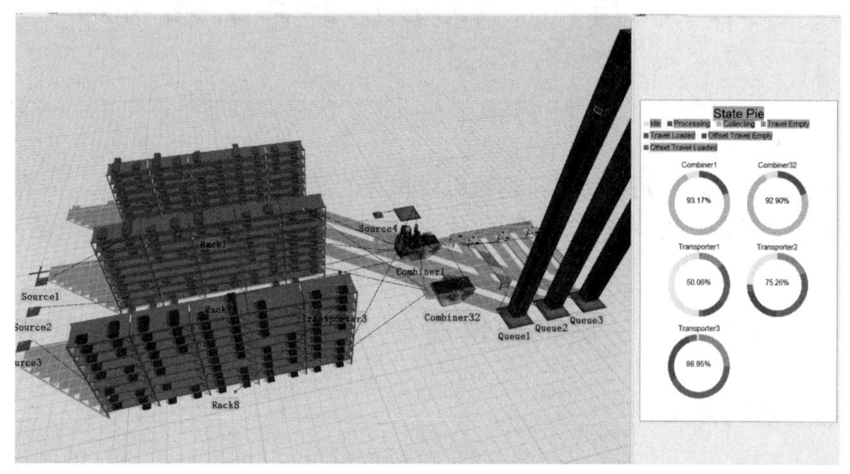

图 6-20　优化后运行结果

运行结果显示：暂存区 Queue4 已不存在积压情况，即当前分拣线可以高效准时完成对客户订单的拣选。

至此，您已完成对配送中心的仿真分析及优化。

思考题与习题

1．试说明物流系统仿真常用的方法及它们的相同点与不同点。

2．仿真时钟在离散事件动态系统仿真中的推进方法有哪几类？有什么区别？

3．有 1 个单服务台排队系统，顾客到达的时间间隔分别为 A_i＝5，6，7，14，6（单位：min，i 表示到达顾客的顺序号），为第 i 个顾客服务的时间分别为 S_i = 12，5，13，4，9（单位：min）。试画出系统中顾客排队的队长随时间变化的情况，并统计计算当仿真运行长度为 40min 时，系统中顾客排队的平均队长和平均等待时间。

4．某库存系统，1 年的总订货量为 3000 件，初始值为 100 件，每月的消耗量相等（按 25 天计算），消耗速度相同，按月订货，每月缺货的天数允许为 3 天，提前期为 5 天，试画出库存量随时间变化的曲线。若每件货物的保管费为 1 元，每次订货费为 5 元，每件货物短缺引起的损失费为 2 元，试计算出全年的总费用及订货点库存水平。

5．在进行终态仿真时，独立运行次数已相当多，但为什么还是难以得到系统的稳态性能？

6．列表比较终止型仿真和稳态型仿真的应用条件、结果分析方法，包括运行次数、基本算法。

7．系统仿真在物流系统分析中的应用主要涉及哪些方面？

第 7 章　物流系统规划

本章导读：

系统规划的含义、原则和特点；物流系统规划的必要性、要素、层次、内容及步骤；物流系统规划的基本方法、三维结构和总体模型；物流网络的规划。

7.1　系统规划的含义、原则和特点

7.1.1　系统规划的含义

系统规划（System Planning，SP）可以理解为对于企业（行业、项目）未来发展的一种特殊意义上的“计划”，一般具有较为长远和宽广的视角。根据系统和组织的战略目标，从企业的现状出发，经过调查找出企业中存在的问题，特别是对于那些与企业发展方向不相符的地方，要寻找可行的解决方案，用系统、科学、发展的观点进行全面规划。它是系统建设成功的关键之一，尤其是对于那些投资大、周期长、复杂度高的系统（包括工程系统和社会系统等），科学地规划可以减少盲目性，使系统具有良好的整体性和较高的适应性，还可以少走弯路、节约费用、避免失败。

7.1.2　系统规划的原则和特点

1．系统规划的原则

系统规划应遵循以下原则：① 支持企业的总目标；② 着眼于企业的战略方向，兼顾高层管理和其他各管理层的要求；③ 不过分依赖现有的组织机构，使规划工作独立于管理层和管理职责进行；④ 采用自上而下的规划方法，自上向下进行规划，自下向上加以实施，以保证系统结构的完整性；⑤ 便于实施。规划方案的选择既要考虑先进性，也要注重实施的可能性。

2．系统规划的特点

系统规划具有以下几个特点。

（1）明确的目标。系统规划的目标应当是明确的，不应当是二义的，其内容应当使人感到振奋和鼓舞。目标要先进，但经过努力可以达到，其描述的语言应当是坚定和简练的。

（2）良好的可执行性。好的规划应当具有良好的可执行性，使各级领导和员工能够确切地了解和执行。

（3）细化的规划方案。规划或企业的战略计划需要逐层落实，直到每个人都能理解规划方案及其详细内容。让每个人明确自己的责任所在，充分调动每个人的积极性，这样可以增加组织的生命力和创造性。

（4）一定的灵活性。一个组织的目标是确定、非时变的，但它的活动范围和组织计划的

形式可能随时会发生改变。从这个意义上说，规划也可能需要进行周期性的校核和评审，要具备一定的灵活性使之容易适应变革的需要。

7.2　物流系统规划概述

物流系统规划概述

7.2.1　物流系统规划的必要性

物流是一个复杂的社会经济系统，它涉及的领域非常广泛，包括交通运输、货运代理、仓储管理、流通加工、配送、信息服务、营销策划等。要使这个系统能够良好地运行，必须做好规划和设计工作。物流系统规划的内容主要有发展规划、布局规划、工程规划三个方面，既有战略层面又有战术层面和运作层面的计划与决策。

进行物流系统规划的必要性主要体现在以下六个方面：① 物流系统涉及面非常广泛，要有各方共同遵循的规划；② 物流过程本身存在“背反”现象，要有规划加以协调；③ 物流领域容易出现严重的低水平重复建设现象，要有规划加以引导；④ 物流领域的建设投资，尤其是基础设施建设的投资规模巨大，要有规划以避免造成经济损失；⑤ 实现我国物流跨越式发展，要有规划进行指导；⑥ 生产企业运行方式改变，要有规划并建立基于供应链的物流系统。

7.2.2　物流系统规划的要素

如 1.1.1 节所述，把一个对象当作系统，意味着要从内部、外部联系中去研究这一对象。规划设计一个物流系统，就需要根据其输入、转换处理、输出三大功能，考虑输入条件、输出结果、评价标准等相关问题。

物流系统规划一般考虑以下四个方面：① 确定物流系统的范围和外部环境；② 明确物流系统的目标任务；③ 确定物流系统优劣的评价标准；④ 运用系统的观点和方法，提出各种规划方案。

1．物流系统的范围和外部环境

物流系统的范围和外部环境也就是物流系统的输入条件。物流是一个开放的复杂巨系统，内部各组成要素之间、内部要素与外部环境之间存在着紧密而复杂的联系，孤立地改善某一个环节（或子系统）不一定能提高整个系统的效率。物流系统的规划设计需要确定系统的范围和外部环境。例如，规划一个仓库必须考虑入库的货源、集中入库还是分散入库、整托盘出库还是零星出库、准备送到附近的装配车间还是供应远方客户等。如果规划设计的是自动化仓库，还需要对出、入库的设备（如输送机和自动导向车等）提出精度要求。工厂的均衡生产要求配套件能及时供应，配套件的供应对厂内物流有很大影响。如果配套件每月或每季供应一次，那么厂内就要设置仓库，储存一月或一季的生产需求量，这样，不仅存在仓库建设的投资，还将占用流动资金，提高了生产成本。准时供应制（JIT）正是根据内部物流系统的要求而提出的。

2．物流系统的目标任务

物流系统的目标任务可以看作物流系统的输出结果。对于任何工程问题，都可能找到多种解决途径，但是它的前提条件（输入）和所需达到的目的（输出）必须明确。物流系统的目标任务通常包括：① 提高物流系统的吞吐能力，以适应产量增长的要求；② 建设一个柔性的物流系统，以适应产品经常变化的情况；③ 对生产过程中可能出现的各种意外情况或随机变化及时做出响应，保持均衡生产；④ 改善劳动条件，减轻工人的劳动强度；⑤ 对物流系统中的货物进行实时跟踪；⑥ 对物流系统的货物进行分类或选配，为随后的处理（加工或包装）提供条件。

对于物流系统中各种具体的目标和任务，还要根据物流系统在生产系统中的地位和作用来确定。

3．物流系统优劣的评价标准

对物流系统优劣的评价是物流系统决策不可缺少的一步。为了对各种可行的方案做出客观公正的评价，应该在提出方案之前就制定出评价的标准。

物流系统优劣的评价可以依据不同的标准来进行，通常评价标准应包括以下内容。

（1）经济性。包括初始投资、每年的运营费用、直接或间接的经济效益、投资回收期、全员劳动生产率等。

（2）可靠性。包括单个环节的可靠性和整个系统的可靠性。影响可靠性的因素包括技术、设备故障率和排除故障所需的时间。

（3）可维护性。包括维护保养所要求的技术水平、备件的供应情况、所需储备的备件数量。

（4）灵活性或柔性。包括适应产品设计更改和产量变化的能力、物流系统各环节与生产节奏相匹配的能力、调整物流路线的可能性。

（5）可扩展性。包括在物流系统的服务范围和吞吐能力方面进一步扩大的可能性。

（6）安全性。包括产品的安全、人员的安全，以及正常运行和事故状态下的安全保障。

（7）劳动强度。包括需要劳动力的数量、劳动者的疲劳程度。

（8）易操作性。操作简单、不易出错，只需少量指令即可使设备和整个系统投入运行。

（9）服务水平。包括对顾客的要求做出快速响应的能力。

（10）环境保护。符合环境保护条例的要求，对周围环境的污染程度低。

（11）敏感性。包括对外界条件变动的敏感程度和适应能力。

对于每一个具体的对象系统，系统规划分析中的重点会有所不同。

4．运用系统的观点和方法，提出各种规划方案

在明确了物流系统的范围、外部环境、目标任务以及评价标准后，需要运用系统的观点和方法，综合考虑各种因素，提出多种可行的物流系统规划方案。这些方案可能涉及物流网络的设计、配送模式的选择、信息系统的建设等多个方面。通过对比和分析这些方案，可以选择出最优的方案。

首先，物流网络的设计是物流系统规划中的核心环节。一个高效的物流网络能够确保货物的快速、准确流转，降低运输成本，提升客户满意度。在设计物流网络时，需要综合考虑地理位置、交通条件、货物类型、流量分布以及仓储设施等多个因素。其次，配送模式的选择也是物流系统规划中不可忽视的一环。在选择配送模式时，企业需要根据自身的业务需求、成本预算、客户要求以及市场环境等因素综合考虑。最后，信息系统的建设在物流系统规划中同样占据重要地位。一个完善的信息系统能够实时收集、处理和分析物流数据，为物流决策提供有力支持。

在提出多种可行的物流系统规划方案后，需要运用系统的评价方法对这些方案进行全面的对比和分析。通过综合考虑各个方案的优缺点，可以选择出最优的方案。在实施方案过程中，还需要注重方案的灵活性和可调整性，以应对外部环境的变化和内部需求的调整。

7.2.3 物流系统规划的层次及内容

按照物流范围的不同，物流系统可以构成一个完整的层次秩序，从最高一级的“国家级物流系统”到“省、市级物流系统”，直到“企业物流系统”。高一级的物流系统通常包含低一级的物流系统，在进行物流规划时应该体现出这种层次性。

从物流系统的作用地位看，可分为战略层物流规划、战术层物流规划和运作层物流规划；从规划所涉及的行政级别和地理范围看，又可分为国家级的物流规划、区域级的物流规划、经济运行部门的物流规划、企业的物流规划等。不管哪一级别的物流规划，都有战略层、战术层和运作层的规划问题。物流战略问题涉及部门或企业的长远规划，物流战术问题涉及管理层的中期目标，物流运作问题涉及各个具体环节的高效运行问题。下面按行政级别介绍物流系统规划的内容。

1. 国家级的物流规划

国家级的物流规划重点在于以物流基础设施和物流基础网络为主要内容的物流基础平台规划，应当与国家基础设施建设的国策保持一致。从基础设施和基础网络的角度来分析，国家级的物流规划包括交通运输系统的规划，如铁路和公路的线路规划、不同运输方式及其有效衔接、不同线路的合理布局等，还包括综合物流节点——物流基地的规划，以及相应的综合信息网络的规划。

2022 年 12 月，国务院办公厅印发《“十四五”现代物流发展规划》。该规划是我国现代物流领域第一份国家级五年规划，对于加快构建现代物流体系、促进经济高质量发展具有重要意义。该规划明确，按照“市场主导、政府引导，系统观念、统筹推进，创新驱动、联动融合，绿色低碳、安全韧性”原则，到 2025 年，基本建成供需适配、内外联通、安全高效、智慧绿色的现代物流体系，物流创新发展能力和企业竞争力显著增强，物流服务质量效率明显提升，“通道+枢纽+网络”运行体系基本形成，安全绿色发展水平大幅提高，现代物流发展制度环境更加完善。展望 2035 年，现代物流体系更加完善，具有国际竞争力的一流物流企业成长壮大，通达全球的物流服务网络更加健全，对区域协调发展和实体经济高质量发展的支撑引领更加有力。

2. 区域级的物流规划

为实现区域经济社会的可持续发展，需要对区域物流进行统筹协调、合理规划、整体控制，实现区域物流各要素的系统最优。

区域物流中的“区域”是具有特定经济意义的地区范围，也可称之为经济区域。区域物流作为区域经济活动的重要组成部分，是区域功能得以发挥的有力支柱。区域物流的价值取向是区域经济社会的协调及可持续发展。

区域物流涉及物资在区域内的实体流动、在区域内的货物集散过程，影响区域内的社会生产和国民经济的发展。

区域物流系统的结构可以归纳为三大服务领域（国际物流、区域物流、市域物流）、两个基础平台（物流基础设施平台、物流基础信息平台）、一个企业群体（构成物流行业主体的物流服务相关企业群）和一个产业宏观发展的政策环境。一个区域物流系统的竞争优势取决于四项基本要素：产业发展环境（包括政府的产业政策、市场管理法规、部门协同工作机制等）、物流系统的生产要素（包括物流基础设施和物流信息平台）、企业组织与企业战略、市场需求情况。

做好区域物流的规划，解决区域内的物流系统优化问题，保障整个区域的物流活动满足生产活动、消费生活的需要，可以提高区域经济运行质量，促进区域经济协调发展。在经济社会发展过程中，区域物流发展呈现网络系统化态势，深刻影响着区域工农业生产、居民生活和经济社会的正常运行。

3．经济运行部门的物流规划

在物流基础平台之上，将有大量的企业和经济事业单位进行运作，包括供应、分销、配送、供应链、连锁经营等，要使这些运作做到合理化和协调发展，需要规划的指导，如重要企业、重要产品的供应链规划，以现代物流和配送支持的分销及连锁规划，等等。经济运行部门的物流规划应着重于现代物流和本部门运行的特点。

经济运行部门的物流规划，应当着重于地区物流基地、物流中心、配送中心三个层次的物流节点，以及综合的物流园区规模和布局的规划。物流基地、物流中心、配送中心三个层次的物流节点是省、市物流外结内连的不同规模、不同功能的物流设施，也是较大规模的投资项目。这三个层次物流节点的规划是省、市物流运行合理化的重要基础。

4．企业的物流规划

生产企业，尤其是大型生产企业，从“营销支持”和“流程再造”角度进行物流系统的建设规划，有效地提高企业的素质，增强企业的运营能力。

贯穿于生产和流通全过程的物流，在降低企业经营成本、创造第三利润源泉的同时，也在全球的市场竞争环境下发挥着举足轻重的作用，物流成为企业经营主角的时代已经到来。越来越多的企业认识到发展物流的潜力，要获得高水平的物流绩效，创造顾客的买方价值和企业的战略价值，必须了解企业物流系统的各组成部分如何协调运转与整合，在此基础上制订物流战略规划与设计。

7.2.4 物流系统规划的步骤

物流系统规划的基本步骤为：① 确定物流系统的范围和外部环境；② 明确物流系统的目标任务；③ 确定物流系统优劣的评价标准；④ 确定各项评价标准的加权值；⑤ 收集物流系统的原始数据；⑥ 提出各种可供选择的方案；⑦ 明确方案中的可控变量和不可控因素；⑧ 调整可控变量以求最佳结果；⑨ 变动不可控因素以考察系统的敏感性；⑩ 进行方案比较并做出抉择。

7.3 物流系统规划的基本方法、三维结构和总体模型

当运用系统工程的方法论去指导物流系统的规划设计时，要注意以下三个方面。

（1）要把握全局观：从总体协调的需要来确定最佳方案。

（2）要坚持系统动态性原则：在动态变化中求得系统整体优化。

（3）要坚持系统创造性思维原则：借鉴别人的经验，结合实际，创造性地提出自己的规划方案。

7.3.1　物流系统规划的基本方法

物流规划的系统分析方法，指的是在进行物流系统的规划工作时，要按照系统工程处理问题的基本方法，根据系统的概念、构成和性质，把对象作为系统进行了解和分析，将分析结果加以综合，使之最有效地实现系统的目标。

在物流系统规划中，处理各种问题所用到的基本方法包括分析、综合和评价，其关系如图 7-1 所示。

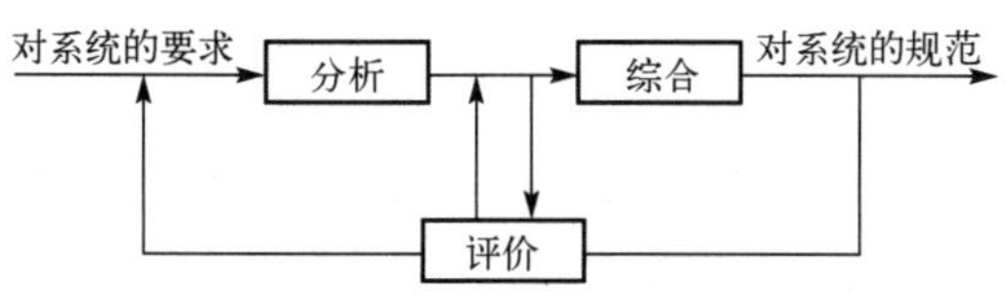

图 7-1　物流系统规划的基本方法

在规划工作过程中，分析、综合和评价的方法是综合运用的，无明显的界限划分。

1．系统分析——提出方案

系统分析是指为研制系统搜集必要且足够的信息，针对拟出的几种备选方案，用各种手段分析对象系统的要求、结构及功能等，弄清系统的特性，取得系统内外的有关信息，并考虑环境、资源、状态等约束条件，根据评价准则对分析结果进行评价，以得到若干较为满意的解。

系统分析以系统整体效益为目标，以寻求解决问题的最优策略为重点，运用定性分析和定量分析的方法，给决策者以价值判断的依据，做出决策。系统分析的工作步骤如图 7-2 所示。

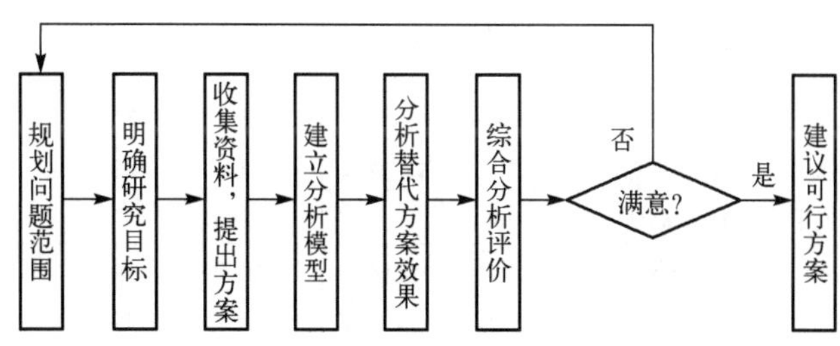

图 7-2　系统分析的工作步骤

2．系统综合——规范方案

系统综合是指充分研究系统分析的结果，根据特定解和评价结果，把系统的组成和行为方式组合起来，拟定系统规范的过程。系统综合的工作步骤如图 7-3 所示。

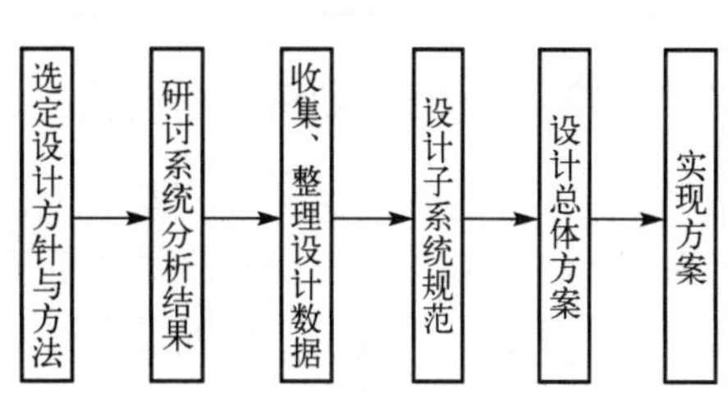

图 7-3　系统综合的工作步骤

3．系统评价——优化选择

系统评价是对设计出来的可供选择的方案，用技术、环境和经济的观点进行综合评价，审查系统设计的合理性与实现系统设计的风险性，从而选择可行方案。系统评价一般按照性能、费用、时间三个因素来进行，通常会把时间换成费用来考虑。系统评价的工作步骤如图 7-4 所示。

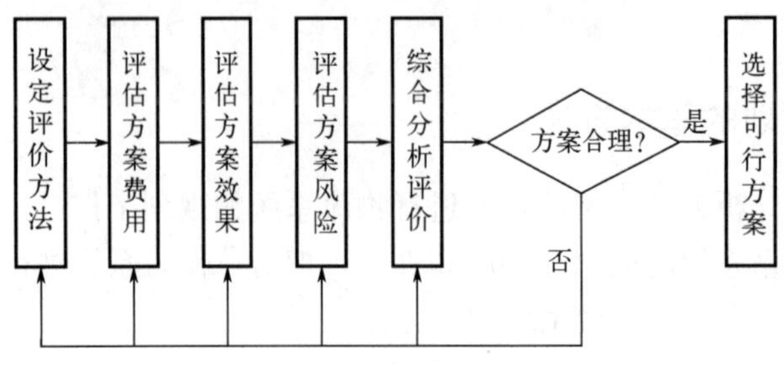

图 7-4 系统评价的工作步骤

7.3.2 物流系统规划的三维结构

物流系统规划可按筹备、系统诊断与分析、战略研究与设计、总体规划与优化和决策制定与实施五个阶段来进行。物流系统规划的步骤与阶段、内容及方法如表 7-1 所示。

表 7-1 物流系统规划的步骤与阶段、内容及方法

步骤与阶段	总体模型	技术路线	方法
	内容	内容	
(1) 筹备阶段	① 工程规划；② 准备理论；③ 准备物资；④ 设立组织领导机构；⑤ 明确指导思想和基本原则；⑥ 完成模型构思、系统状态的描述；⑦ 划分时空边界；⑧ 确立课题	① 确定课题目标；② 设立组织机构；③ 培训人员	系统分析、系统综合、系统评价
(2) 系统诊断与分析阶段	① 调查、收集、整理历史及现状资料；② 系统诊断与分析；③ 系统诊断模型（问题、优势、劣势、机会、威胁）；④ 诊断报告；⑤ 评审	① 系统分析的主要内容；② 系统分析的步骤；③ 系统分析应注意的几个问题	
(3) 战略研究与设计阶段	① 战略研究（发展预测模型、目标及论证模型）；② 战略思想、战略目标、战略重点、战略措施、项目开发；③ 物流发展模式；④ 战略研究报告；⑤ 评审	① 战略指导思想；② 战略目标；③ 战略结构；④ 战略重点；⑤ 战略步骤；⑥ 战略措施	系统分析、系统综合、系统评价
(4) 总体规划与优化阶段	① 总体规划；② 各子系统优化；③ 重点项目优化；④ 总体优化方案匹配（仿真）；⑤ 方案确定、规划报告；⑥ 评审	① 物流载体子系统的设计；② 物流技术子系统的设计；③ 物流管理子系统的设计；④ 模型的建立	
(5) 决策制定与实施阶段	① 总结工作；② 分析期望效能与不良后果；③ 领导意见、群众意见、专家评审；④ 决策；⑤ 规划文本及图表；⑥ 实施计划	① 系统评价；② 实施规划	

7.3.3 物流系统规划的总体模型

物流系统规划的总体模型是对物流规划过程的总体描述。以工作的时间维为主线，可把物流系统规划工作分为如图 7-5 所示的五个阶段，在某些阶段的中间所加上的评审环节，就是要检查前一步骤的工作是否到位，其内容与方法列于表 7-1 中。

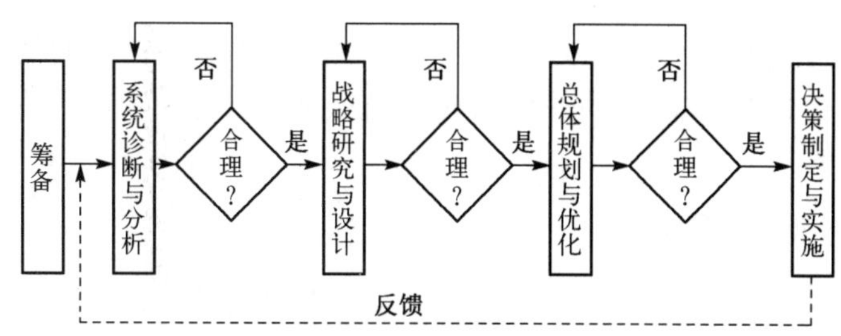

图 7-5　物流系统规划的总体模型

总体规划与优化的工作步骤如图 7-6 所示。

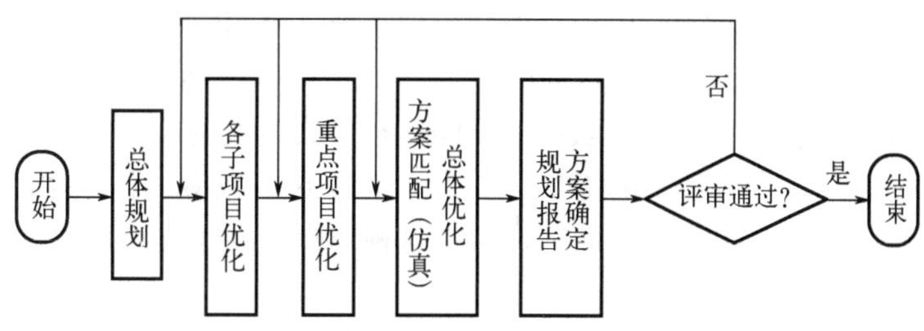

图 7-6　总体规划与优化的工作步骤

7.4　物流网络的规划

7.4.1　物流网络及其规划特点

1．物流网络及其基本要素

物流是由多个运动和相对停顿的过程组成的。一般情况下，两种不同形式的运动过程或相同形式的两次运动过程中间都有一定时间的停顿，物流的过程便是由多次的“运动—停顿”组成的。运动的过程是运输（或配送），在线路上进行；停顿的场所是各级存储点（物流中心、配送中心、仓库等）。停顿是相对的，因为在存储点还需要对货物进行分装、流通加工、搬运、装卸、分拣等功能活动。

执行运动使命的“线路”和执行停顿使命的“节点”这两个基本元素组成了物流网络。物流网络水平的高低、功能的强弱，取决于在网络中两个基本元素的性能及其配置方式。

图 7-7 所示为产品流动网络图。将产品流动全过程所经过的线路和节点连接起来，就构成了一个物流网络。线路与节点之间的相互关系、相对配置、组成和联系方式的不同，决定了物流网络的不同特点与不同功效。

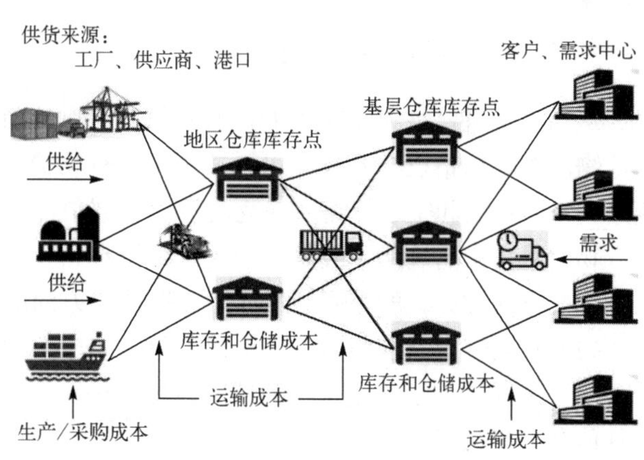

图 7-7　产品流动网络图

需求方可以从所在地仓库和销售点得到产品，也可以直接从产品的供应源头（工厂或总经销商）购买，中转仓库可以从区域销售中心或直接从供应源头获得产品，所以网络的结构形式是有很多变化的。

2．物流网络的节点及分类

节点通常是完成物流活动的场所，也是对运输、配送等物流活动进行调度的地方。在铁路运输领域中，节点包括货运站、专用线货站、货场、转运站、编组站等；在公路运输领域中，节点包括货场、车站、转运站、交通枢纽等；在航空运输领域中，节点包括货运机场、航空港等；在商贸领域中，节点包括流通仓库、储备仓库、转运仓库、配送中心、分货中心等。

物流节点一般具备衔接功能、信息功能和管理功能。根据物流节点主要功能的不同，可将物流网络中的节点分为以下四种基本类型。

（1）转运型节点。转运型节点是以连接不同运输方式为主要职能的节点。铁路运输线上的货站、编组站、车站，水运线上的港口、码头，空运中的空港，不同运输方式之间的转运站、终点站等都属于此类节点。一般而言，由于这种节点处于运输线上，又以转运为主，所以货物在这种节点上停滞的时间较短。

（2）储存型节点。以存放货物为主要职能的节点称为储存型节点，货物在这种节点上停滞时间较长。在物流系统中，储备仓库、营业仓库、中转仓库、货栈等都属于此种类型的节点。

（3）流通型节点。流通型节点是以组织物资在系统中运动为主要职能的节点，在社会系统中是一种以组织物资流通为主要职能的节点。现代物流中的流通仓库、流通中心、配送中心就属于这类节点。

（4）综合性节点。在物流系统中，综合性节点就是一个节点全面实现两种或两种以上主要功能，并且在节点中并非独立完成各个功能，而是将若干功能有机地结合为一体，通过完善的设施和统一的管理，实现有效衔接和协调供应的集约型节点。这种节点是为适应物流大量化、复杂化、精益化、高效化的要求而出现的，它是现代物流系统中节点的主要发展方向。

现代物流网络中的节点不仅执行一般的物流职能，而且越来越多地执行指挥调度、信息管理等神经中枢的职能，这正是整个物流网络的中心所在。物流系统化的观念越强，就越强调总体的协调与顺畅。系统的总体水平往往通过节点的功能体现出来。

3．物流网络的线路及分类

从广义上讲，物流线路指的是所有可以行驶或航行的陆上、水上、空中路线。从狭义上讲，物流线路仅指已经开辟、可以按规定进行物流运营的路线和航线，包括铁路线路、公路线路、水运线路和空运线路。在物流管理领域中，线路一般指后者。

物流网络中的线路一般具有如下六个特点。

（1）方向性。一般在同一条线路上有两个方向的物流同时存在。

（2）有限性。节点是靠线路连接起来的，一条线路具有起点和终点。

（3）多样性。线路是一种抽象的表述，公路、铁路、水路、航空路线、管道等都是线路的具体存在形式。

（4）连通性。不同类型的线路必须通过载体的转换才能连通，并且任何不同的线路之间都是可以连通的，线路之间的转换一般在节点上进行。

（5）选择性。两点之间具有多种线路可以选择，既可以在不同的载体之间进行选择，又可以在同一载体的不同具体路径之间进行选择。物流系统理论要求两点之间的物流流程最短，因此，需要进行线路和载体的规划。

（6）层次性。物流网络的线路包括干线和支线。不同类型的线路，如铁路和公路，都有自己的干线和支线，各自的干线和支线又分为不同的等级，如铁路一级干线、公路二级干线等。根据载体类型可以将物流线路划分成铁路线、公路线、水路线、航空线、管道线五类。

点和线本来都是孤立、静止的，但是通过系统的方法将节点和线路有机地结合起来，就构成了物流网络，能发挥其应有的功效。节点与线路之间如何联系才能发挥最大作用，正是物流网络规划所要解决的问题。

4．物流网络规划的内容和特点

物流网络规划是对线路和节点，具体而言，是对企业（工厂、配送中心、营销中心、第三方物流提供商）自身及物流网络内部的传统的业务功能及策略进行系统性、战略性的调整和协调，提高物流网络整体的长远业绩，由此保证网络相关企业能够形成长期稳固的互利合作。物流网络规划是为了更加有效地进行物流活动，充分、合理地实现物流系统的各项功能，使物流网络在一定内部和外部条件下达到最优化，对影响物流系统内部、外部各要素及其之间的关系进行分析、权衡，确定物流网络的设施数量、容量和用地等。总的目标是网络总成本最小化，包括库存持有成本、仓储成本和运输成本的最小化，同时满足客户对反应时间和服务质量的要求。

物流网络的规划和优化通常是在满足客户反应时间要求的前提下，使分销设施数目尽可能地减少，在库存持有成本与运输成本之间达到平衡。

按照图 7-7 所示的产品流动网络图，对某种货物类型的物流网络进行规划，就是确定最佳的网络分销层次数目、分销设施数目、各分销设施的位置和任务、各分销设施的供应商和主要客户分布范围，以及网络中的存货配置等。简单地讲，就是确定网络中的节点数目、相对位置及连接关系。

7.4.2　物流网络规划所需的数据及其来源

物流网络是指物流过程中相互联系的组织和设施的集合。由于进行物流作业的组织和设施的数量、规模及地理关系等都直接影响向顾客提供服务的能力和成本，因此，一个结构合理的物流网络对物流系统的效率和效益的影响就显得十分重要。

1．物流网络规划所需的数据

物流网络规划需要很多具体的数据的支持，包括：① 产品线上的所有产品清单；② 顾客、存货点、原材料供应源的地理分布；③ 每一区域的顾客对每种产品的需求量；④ 运输成本和费率；⑤ 运输时间、订货周期、订单满足率；⑥ 仓储成本和费率；⑦ 采购、制造成本；⑧ 产品的运输批量；⑨ 网络中各节点的存货水平及控制方法；⑩ 订单的频率、批量、季节波动；⑪ 订单处理成本与发生这些成本的物流环节；⑫ 顾客服务目标；⑬ 在服务能力限制范围内设备和设施的可用性；⑭ 产品配送模式。

2．物流网络规划所需数据的来源

实施物流网络规划，需要从企业内、外部各环节收集数据。主要的数据来源包括经营运作文件、会计报告、物流研究、公开出版物及互联网等。

（1）经营运作文件。企业的经营业务管理中会产生一些业务报告文件，这些文件可以为物流网络规划提供原始数据。例如，可以从销售订单处理系统中获取有关顾客地理分布，各个市场产品的历史销售数据、运输批量、存货水平，以及订单满足率和顾客服务水平等重要数据。

（2）会计报告。会计数据的重点在于提供包括物流活动在内的所有经营业务活动的成本。从会计报告中可以找到物流管理人员所关心的库存维持成本和库存损失成本等重要数据。

（3）物流研究。通过物流研究可以明确系统中一些重要的关系，如销售与服务的关系、运输费率与运输距离的关系等。物流研究可以由企业内部人员，企业外部的咨询机构、大学及研究机构进行。国外一些专门的研究机构经常开展行业性的物流研究，其研究报告也是物流数据的来源。

（4）公开出版物。物流行业杂志、研究报告、学术期刊等都包含了大量关于物流成本、产业发展趋势、物流技术新进展、物流活动业务水平以及预测等方面的重要信息，从中可以获得很多有价值的分析数据。

（5）互联网。在信息化时代，互联网已经成为信息的重要而丰富的来源。虽然在目前的情况下，信息的安全性和可靠性还存在一定的问题，但随着信息技术的发展和社会的进步，网络信息会发挥越来越重要的作用。

7.4.3 物流网络规划的步骤

物流网络规划的一般步骤是：① 考虑企业本身的能力与资源状况，利用多目标规划方法得到各种不同组合的解；② 利用多准则评估方法，加入相关的量化考虑因素，在多组可行解中找出最佳的可行方案。

将以上两个步骤进一步细化：

（1）找出物流网络规划的约束条件，具体包括：① 总采购、配送及仓储成本；② 最小运送时间；③ 平均顾客服务水平。

（2）根据约束条件构造物流网络符合的模型。

（3）将物流网络符合的模型转化成数学模型，求出多组可行解。

（4）利用可行的评估方法或准则，对求出的多组可行解进行评估、排序，以选取最适合的规划方案。

7.4.4 物流网络结构的优化

物流网络的规划包括网络结构的优化、设施选址、运输系统的规划等任务，不同任务适用的方法是不同的。本节先介绍对网络结构进行优化的常用方法，即最短路径法和中国邮递员问题。

1．最短路径法

在物流系统中，忽略其他因素，一般认为路线最短的方案为最经济的方案。在如图 7-8 所示的网络图中，共有 10 个节点：A、B_1、B_2、B_3、C_1、…、E。要从 A 节点到 E 节点经过所有节点铺设道路，将两点间的距离写在其连线上（单位为 km）。

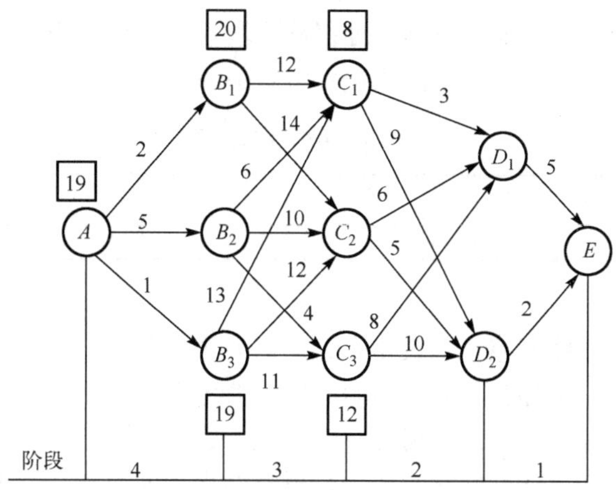

图 7-8　多阶段动态决策网络图

如何选择一条从 A 节点到 E 节点的最短路径？穷举法显然可以解决这个问题。从 A 节点到 E 节点共有 16 条可能的路线，逐一计算出 16 条路线的总距离，然后进行比较，可知结果是：$A \to B_2 \to C_1 \to D_1 \to E$ 的距离最短，为 19 km。但是，当网络复杂、节点特别多时，计算量会剧增，穷举法的应用局限性很明显。下面介绍两种有效的求解最短路径的方法：多阶段动态决策法和最小树图法。

1）多阶段动态决策法

将整个线路网络分成 4 个阶段，对每个阶段的决策问题进行求解。决策过程按从终点到起点逆序进行，决策阶段按逆序进行编号。对照着图 7-8，先进行阶段 1 的决策，从 E 节点开始，有两个可选节点 D_1 和 D_2。阶段 2，从 C_1、C_2、C_3 节点中选择一个节点，使其经过 D_1 节点到达 E 节点的距离最短（显然是 C_1 节点，距离=8 km)；再从中选择一个节点，使其经过 D_2 节点到达 E 节点的距离最短（C_2 节点，距离=7 km)。阶段 3，分别从 B_1、B_2、B_3 节点中选择一个节点，使其经过 C_1 或 C_2 或 C_3 节点到达 E 节点的距离最短（可能的部分最短路径是 $B_2 \to C_1$、$B_2 \to C_2$、$B_2 \to C_3$，对应的最短距离分别是 14 km、17 km、16 km，即这一阶段的决策点都是 B_2 节点)。阶段 4，选择 A 节点，使 A 节点经过 B_1 或 B_2 或 B_3 节点到达 E 节点的总距离最短，结果是 $A \to B_2$，距离=(5+14) km=19 km。

图 7-8 中标在节点边上方框中的数字表示从该节点到终点 E 节点的最短距离，决策的过程可用表 7-2 说明。

表 7-2　多阶段决策过程

输入节点	决策路径	输出节点	到 E 节点的最短距离/km
D_1	$D_1 \to E$	E	5
D_2	$D_2 \to E$	E	2
C_1	$C_1 \to D_1$	D_1	8
C_2	$C_2 \to D_2$	D_2	7
C_3	$C_3 \to D_2$	D_2	12
B_1	$B_1 \to C_1$	C_1	20
B_2	$B_2 \to C_1$	C_1	14
B_3	$B_3 \to C_2$	C_2	19
A	$A \to B_2$	B_2	19

将图 7-8 和表 7-2 结合起来，按顺序过程从阶段 4 依次到阶段 1，就可得到从 A 节点到 E 节点的最短路径，如表 7-3 所示。最短路径为(5+6+3+5) km=19 km。

表 7-3　最佳决策路径

阶　段	4	3	2	1
决策路径	$A \to B_2$	$B_2 \to C_1$	$C_1 \to D_1$	$D_1 \to E$

2）最小树图法

图 7-9 所示为一个线路网络，代表 1 个工厂有 6 个车间 V_1、V_2、…、V_6。欲将 6 个车间连成供电或通信的网络。已知各车间之间的距离，求线路总长的最小架设方案。

采用运筹学中网络技术求解最小树的方法。“树”是无圈的连通图，这里的车间就是节点，两节点的连线称为边，边上的数字称为权，这里指两点间的距离。最小树就是总权重最小的连通图，如图 7-9 所示为两种不同的求解方法。

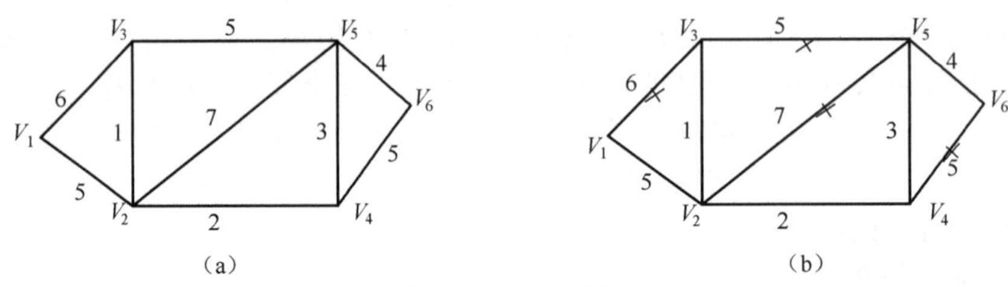

图 7-9　最小树图

方法一（见图 7-9（a））：从任意多边形（或称为圈）中选 1 条最小权的边，再从余下的边中选 1 条最小权的边，使之与已选边不构成圈，继续在其他圈中做类似的选择，让各节点连成网络。重复上面的步骤直到无圈为止。最后保留的边为 V_2V_3、V_2V_4、V_4V_5、V_5V_6、V_1V_2，由它们构成的网络就是最优方案，总长为 15。

方法二（见图 7-9（b））：任选 1 圈，从圈上去掉 1 条最大权的边，在余下的圈中重复这个步骤，直到无圈为止，即在 $V_1V_2V_3$ 圈中去掉 V_1V_3 边，在 $V_3V_2V_5$ 圈中去掉 V_2V_5 边，在 $V_3V_2V_4V_5$ 圈中去掉 V_3V_5 边，再在 $V_4V_5V_6$ 圈中去掉 V_4V_6 边，最后留下的线条构成的网络与方法一的结果相同。

2．中国邮递员问题

中国邮递员问题是著名图论的问题之一。邮递员从邮局出发送信，要求对辖区内每条街都至少通过一次，再回到邮局。在此条件下，怎样选择一条最短路线？此问题由中国数学家管梅谷于 1960 年首次研究并给出算法，故得此名。这一问题类似于 TSP（Traveling Salesman Problem）问题，即旅行商问题，这是数学领域中的著名问题之一。假设有一个旅行商人要拜访 N 个城市，他必须选择所要走的路径，路径的限制是每个城市只能拜访一次，而且最后要回到原来出发的城市。路径的选择目标是要求所得的路径为所有路径之中的最小值，这是一个 NP 问题（非确定性多项式难题）。TSP 最早的描述是 1759 年欧拉研究的骑士周游问题，即对于国际象棋棋盘中的 64 个方格，走访 64 个方格一次且仅一次，并且最终返回起始点。

用图论的概念将问题描述为如图 7-10 所示的欧拉图（连通网络图）。“顶点”表示某对象（如地点或单位等）；“边”表示对象之间的某种特性（如距离）；边上的非负数字称为“权”；

以 V 为顶点的边的数目称为顶点 V 的“次”；次为奇数的点，称为“奇点”；次为偶数的点，称为“偶点”；由点、边交替构成的序列称为“链”；起点与终点相同的链称为“圈”。

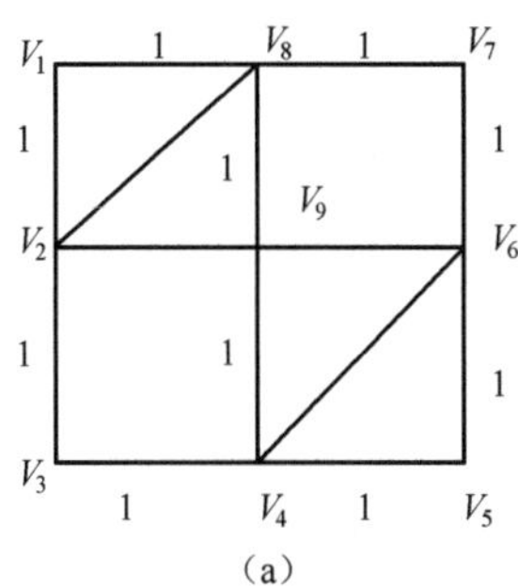

（a）

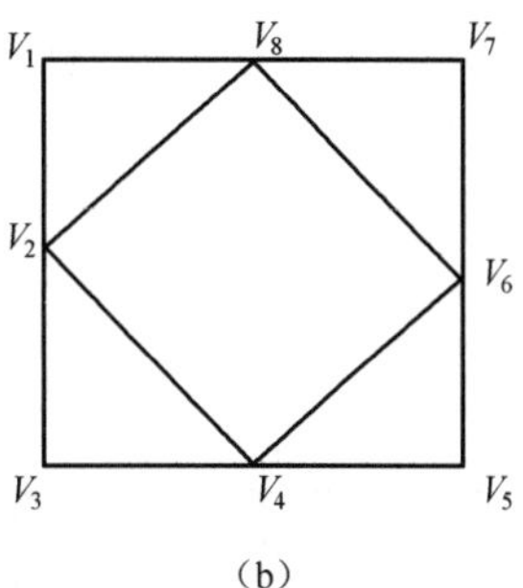

（b）

图 7-10　欧拉图

若一个圈中没有重复的边，这个圈就是欧拉圈；一个图中含有欧拉圈，此图就是欧拉图。当且仅当图中每一个顶点都是偶点时，该图才是欧拉图。显然，欧拉图是能一笔画出的图。

在中国邮递员问题中，由街道构成的图中没有奇点，邮递员就可以从邮局出发，走过每条街道一次且仅一次，最后回到邮局，这样的路径无疑是最短路径。如果有奇点存在（见图 7-11），就必须在某些边上重复走一次或多次（这样奇点就成了偶点）。问题就在于：重复哪些边总路程最短？

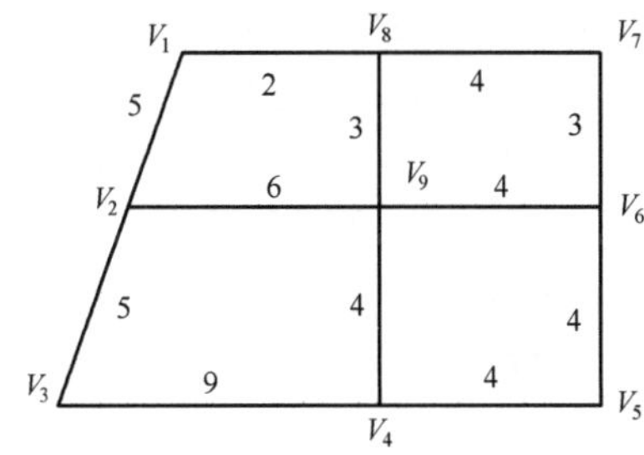

图 7-11　街道图

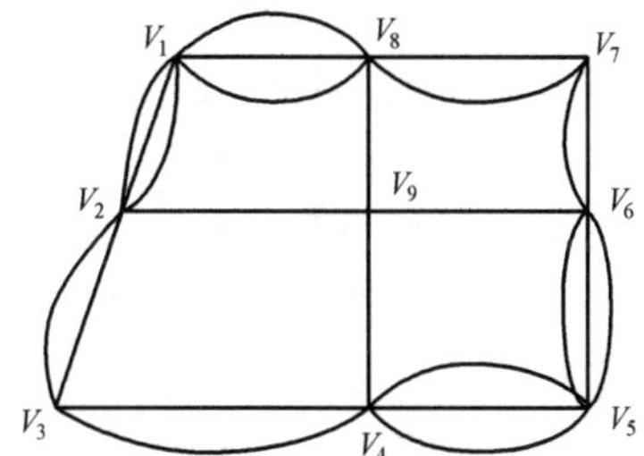

图 7-12　加重复边后的街道图

设图 7-11 中的 V_1 为起点（邮局）。用奇偶点图上作业法确定邮递路线最短方案。

（1）确定可行方案。由图论的理论可知，任何一个图中的奇点个数必为偶数。图 7-11 中有四个奇点 V_2、V_4、V_6、V_8，任意分成两对，如 V_2 和 V_4、V_6 和 V_8。V_2 和 V_4 之间有多种连接方式，如 $V_2 \to V_1 \to V_8 \to V_7 \to V_6 \to V_5 \to V_4$ 就是其中之一；把边 V_2V_1、V_1V_8、V_8V_7、V_7V_6、V_6V_5、V_5V_4 作为重复边加到图中。同样，任取 V_8 与 V_6 之间的一种连接方式 $V_8 \to V_1 \to V_2 \to V_3 \to V_4 \to V_5 \to V_6$，把边 V_8V_1、V_1V_2、V_2V_3 也作为重复边加到图中，于是得到图 7-12。这是一个没有奇点的欧拉图，故可作为一个可行方案。

（2）判断最优方案。在两个奇点之间加重复边有多种方案，有两条标准可以判断出哪种方案最优：一是图中每条边上最多有一条重复边；二是图中每个圈上重复边的总权不大于该圈总权的一半。

按第一条标准判断，图 7-12 中的边 V_1V_2、V_1V_8、V_4V_5、V_5V_6 上的重复边多于一条，如果只保留一条重复边，将多余的重复边去掉，剩下的仍是一个可行方案，如图 7-13（a）所示，这时的总长度下降了。

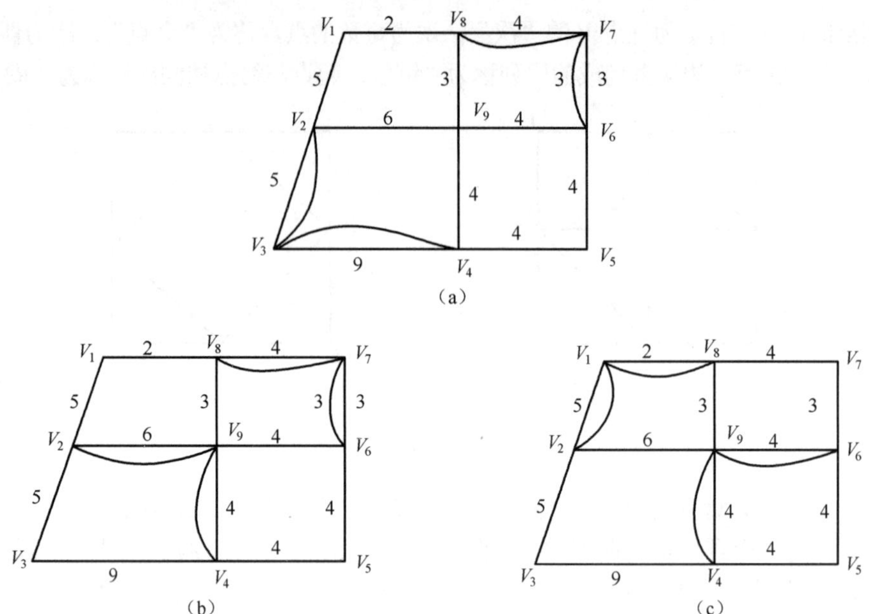

图 7-13　调整方案图

按第二条标准判断，在图 7-13（a）中，$V_2V_3V_4V_9V_2$ 圈的总长度为 24，但重复边权之和为 5+9=14，大于该圈总长度的一半，不满足第二条要求，需要进行调整。以边 V_2V_9、V_9V_4 上的重复边代替边 V_2V_3、V_3V_4 上的重复边，如图 7-13（b）所示，重复边权之和为 10。依此再检验图 7-13（b）中的其他圈，如 $V_1V_2V_9V_6V_7V_8V_1$、$V_8V_7V_6V_5V_4V_9V_8$ 等，直到任一个圈都能满足第二条标准，得到的方案才是最佳的。图 7-13（c）就是一个符合条件的最优方案。

这种求最短运送路线的方法，通常称为奇偶点图上作业法。该方法的主要问题是需要判断第二条标准，需要对每一个圈进行检验。当圈的结构复杂时，需要检验的圈数急剧增加。例如，“日”字形图有 3 个圈，而“田”字形图就有 13 个圈。所以当圈的个数很多时，就要借助于计算机建立数学模型。

7.4.5　物流网络规划中的设施选址

物流网络规划是要确定产品从原材料起点到市场需求终点的整个流通渠道的结构。设施的选址决策在物流网络规划中十分重要。

1．设施选址的重要性

设施选址是建立和管理企业的第一步，其重要性显而易见。设施选址对设施建成后的设施布置、投产后的生产经营费用、产品和服务质量及成本都有极大而长久的影响。一旦选择不当，带来的不良后果不是通过建成后的加强和完善管理等其他措施就可以弥补的。因此，在进行设施选址时，必须充分考虑多方面因素的影响，慎重决策。除新建企业的设施选址问题外，随着经济的发展、城市规模的扩大，以及地区之间的发展差异，很多企业面临着迁址的问题等。可见，设施选址是现代企业生产运作管理中很多企业都需要解决的一个重要问题。

2．设施选址的问题

设施选址是影响企业效益的一个决定性因素。设施是指保障生产运作过程得以进行的硬件手段，通常是由工厂、办公楼、车间、设备、仓库等物质实体所构成的。设施选址是指运用科学的方法决定设施的地理位置，使之与企业的整体经营运作系统有机结合，以便有效、经济地达到企业的经营目的。

设施选址包括两个层次的问题：第一，选位，即选择什么地区（区域）设置设施，沿海还是内地，南方还是北方，等等。在当前经济全球化的大趋势之下，或许还要考虑是国内还是国外。第二，定址，地区选定以后，具体选择在该地区的什么位置设置设施，也就是说，在已选定的地区内选定一片土地作为设施的具体位置。设施选址还包括两类问题：一是选择一个单一的设施位置；二是在现有的设施网络中布新点。

3．设施选址的战略目标

对于一个特定的企业，其最优选址取决于该企业的类型。工业选址决策主要是为了追求成本最小化；而零售业或专业服务性组织机构一般都追求收益最大化；至于仓库选址，可能要综合考虑成本及运输速度的问题。总之，设施选址的战略目标是使选择的地址能给企业带来最大化的收益。

4．设施选址影响因素的权衡

设施选址中需要进行影响因素的权衡。

（1）必须仔细权衡所列出的因素，决定哪些是与设施选址紧密相关的，哪些虽然与企业经营或经营结果有关，但是与设施位置的关系并不大，这样就能在决策时分清主次，抓住关键。否则，列出的影响因素太多，在具体决策时容易主次不分，难以做出最佳决策。

（2）在不同情况下，同一影响因素会有不同的影响作用。因此，不可生搬硬套任何原则条文，也不可完全模仿照搬已有的经验。

（3）对于制造业和非制造业的企业来说，要考虑的影响因素及同一因素的重要程度可能有很大不同。一项在全球范围内对许多制造业企业所做的调查表明，企业认为下列五个因素是在进行设施选址时必须考虑的：① 劳动力条件；② 与市场的接近程度；③ 生活质量；④ 与供应商和资源的接近程度；⑤ 与其他企业设施的相对位置。

制造业企业在进行设施选址时，需要更多地考虑技术力量与地区因素。对于服务业来说，更需要考虑接近终端市场与客户。例如，对于一个洗衣店或一个超级市场而言，设施周围的人群密度、收入水平、交通条件等，都将在很大程度上决定企业的经营收入；对于一个仓储或配送中心来说，与制造业的工厂选址一样，需要考虑运输费用的因素，但如何能够快速地接近市场可能更为重要，因为这样可以缩短交货时间，提高系统的运作效率与效益。此外，制造业在选址时一般不太考虑竞争对手的相对位置，对于服务业来说，这可能是一个非常重要的问题。服务型企业在进行设施选址时，不仅需要考虑竞争者的现有位置，还需要估计他们对新设施的反应，在选址时可能需要考虑尽量避开竞争对手。但商店、快餐店的情况又不一样，在竞争者附近设址有更多的好处，因为“聚焦效应”可能会吸引来更多的顾客。

5．设施选址的原则

大量的成功案例证明，在选址问题上，定性分析更为重要。定性分析是定量分析的前提。在进行定性分析时，需要确定如下四条选址原则。

（1）费用原则。企业是经济实体，经济利益对于企业来说是重要的。建设初期的固定费用、投入运行后的变动费用、产品出售后的年收入等都与选址有关。

（2）集聚人才原则。人才是企业最宝贵的资源，企业地址选得合适有利于吸引人才。反之，因企业搬迁造成员工生活不便而导致员工流失的事常有发生。

（3）接近用户原则。对于服务业来说，几乎无一例外都需要遵循这条原则。许多制造企业也把工厂建到消费市场附近，以降低运费和损耗。

（4）长远发展原则。企业选址需要站在战略的高度，全面考虑生产力的合理布局和市场开拓的问题，要有利于获得新技术和新思想，有利于参与国际上的竞争。

表 7-4 为物流网络末端设施选址的主要决定因素。

表 7-4　物流网络末端设施选址的主要决定因素

人口与购买力	是否靠近公路干线	商家的联合促销	城市规划区
当地的人口构成	道路堵塞程度	店址特征	土地租借限
当地居民的收入水平	零售结构	泊车位数量	商店的运作与维护
交通便利程度	本地区竞争者的数量	地块的大小和形状	租借的限制性条款
车流量	本地区零售店的数量和类型	现有建筑物的情况	当地商家的行规
行人流量	与邻近商店的互补性	出入口的情况	法律和成本因素
大量运输的可能性	与邻近商店形成群体优势	是否靠近商业区	

6．设施选址的方法

对于单一设施选址和设施网络选址，采用的方法是不同的。

（1）单一设施选址。单一设施选址是指独立地选择一个新的设施地点，其运营不受企业现有设施网络的影响。在有些情况下，所要选择位置的新设施是现有设施网络中的一部分，如某餐饮公司要新开一个餐馆，但它是独立于其他餐馆运营的，这种情况也可看作单一设施选址。

单一设施选址又分以下几种方法：负荷距离法、因素评分法、盈亏分析法、选址度量法和重心法。其中，重心法是一种布置单个设施的方法，这种方法要考虑现有设施之间的距离和要运输的货物量，它经常用于中间仓库的选择。在最简单的情况下，这种方法假设运入和运出的成本是相等的，并未考虑在非满载的情况下增加的额外运输费用。

（2）设施网络选址。设施网络中新址的选择比单一设施选址问题更复杂，因为在这种情况下决定新设施的地点位置，还必须同时考虑新设施与其他现有设施之间的相互影响与关联。如果规划得好，各个设施之间会相互促进，否则就会起到负面作用。设施网络选址具体包括以下几个方法：简单的中线模式法、德尔菲分析模型、启发式方法、模拟方法和优化方法。

此外，运输表法实际上就是一种优化方法，虽然只是某一方位问题的最优。这种方法求出的不是可行解、满意解，而是最优解，即在所有可能的方案中，不会有比它更好的。但是由于这种方法要从理论上证明是最优的，所以它在使用上有以下两大局限性。

（1）模型必须较抽象、较简单，否则得不出解。但由此而使模型的描述和实际差别大。

（2）很多定性因素被忽略，因此不可能得出在考虑定性条件下的很多结论。

7.4.6　物流中心建设方案成本分析

物流中心的选址既要研究成本模型的问题，也要尽可能全面地分析与选址相关的影响因素。

1．建立决策成本费用模型

物流中心选址涉及的成本费用相当复杂，在研究过程中，那些对于选址决策没影响或影响不大的成本费用不用考虑，如中心管理人员的工资、中心信息处理费、燃料费、不可预见费、设施设备维修费等，不变或变化不大的因素对方案的影响较小，可将成本费用模型进行简化，只考虑那些对决策影响大的成本费用。

1）物流中心设施投资的固定成本费用（FC）模型

物流中心设施投资的固定成本费用包括建筑物、设备、机械的折旧费及购买土地的投资利息。一旦物流中心建成，无论它的经营状况如何，都要支付这些固定费用。这部分固定费用与物流中心建成所服务的物流量有一定的关系，在建立物流中心过程中，这部分成本对于任何一个选址方案都是必须的，要根据它所服务的物流量的多少来确定建筑物的大小、设备的自动化程度等。因此，在建立固定成本费用模型时，将它考虑为一个与物流量成正比的函数，而不是给出具体的数值。

$$\mathrm{FC} = v_{\mathrm{FC}} W \tag{7-1}$$

式中：v_{FC}——物流中心的固定成本费用率，它与该物流中心建成的现代化程度、当地土地价格等有关；

W——建成的物流中心所通过的物流量。

2）物流中心运作成本费用（SC）模型

物流中心运作成本费用是指存储成本和搬运成本的结合，它是物流中心分派需求的结果。存储成本是用存储费率乘以估计的物流中心内的平均库存量。其模型可表示为

$$\mathrm{SC}' = \mathrm{SR}(26)(11.3D^{0.58}) \tag{7-2}$$

式中：SC'——物流中心的年存储成本；

SR——物流中心的存储费率；

D——物流中心的年吞吐量。

搬运成本是物流中心吞吐量的函数，搬运费率乘以吞吐量就得到搬运成本。其模型可表示为

$$\mathrm{HC} = \mathrm{HR} \cdot D \tag{7-3}$$

式中：HC——物流中心的年搬运成本；

HR——物流中心的搬运费率。

因此，物流中心运作成本费用模型为

$$\mathrm{SC} = \mathrm{SC}' + \mathrm{HC} = \mathrm{SR}(26)(11.3D^{0.58}) + \mathrm{HR} \cdot D \tag{7-4}$$

3）运输成本费用（TC）模型

$$\mathrm{TC} = v_{\mathrm{TC}} W \tag{7-5}$$

式中：TC——运输成本费用模型；

v_{TC}——物流中心的运输成本费用率；

W——建成的物流中心所通过的物流量。

4）物流中心管理和经营费用（MC）模型

物流中心管理和经营费用与物流中心所通过的物流量的大小有直接的关系。

$$\mathrm{MC} = v_{\mathrm{MC}} W + q\sqrt{W} \tag{7-6}$$

式中：W——建成的物流中心所通过的物流量；

v_{MC}——物流中心管理和经营费用中与物流量成正比的费用；

q——有规模效益的费用。

2. 物流中心选址的相关影响因素

物流中心选址需要考虑如下因素。

1）自然环境影响因素（N）

（1）气象条件（N_1）。在物流中心选址过程中，主要考虑的气象条件有温度、风力、降水量、无霜期、冻土深度、年平均蒸发量等指标。例如，在选址时要避开风口，因为建在风口会加速露天堆放商品的老化。

（2）地质条件（N_2）。物流中心是大量商品的集结地，某些容重很大的建筑材料堆码起来会对地面造成很大压力。如果在物流中心地面以下存在着淤泥层、流沙层、松土层等不良地质条件，那么会对受压地段造成沉陷、翻浆等严重后果。因此要求土壤的承载力要高。

（3）水文条件（N_3）。物流中心选址须远离容易泛滥的河川流域与上溢地下水的区域。需要认真考察近年的水文资料，地下水位不能过高，洪泛区、内涝区、故河道、干河滩等区域绝对禁止使用。

（4）地形条件（N_4）。物流中心的地势应较高或平坦，且具有适当的面积与外形。选在平坦的地形上是最理想的；选择稍有坡度或起伏的地方；对于山区应该完全避开陡坡地段；在外形上可选长方形，不宜选择狭长或不规则形状。

2）交通条件（T）

（1）是否靠近交通主干道（T_1）。

（2）是否有完善的道路运输网络（T_2）。

3）地理位置条件（L）

（1）是否靠近货运枢纽点（L_1）。

（2）是否靠近大企业（L_2）。

（3）周围是否有足够的土地发展空间（L_3）。

4）公用设施状况（C）

（1）通信设施是否齐全（C_1）。

（2）是否有充足的供电、水、热、燃气能力（C_2）。

（3）场所周围是否有污水、固体废弃物的处理能力（C_3）。

5）当地产业政策及劳动力情况（P）

（1）物流中心所在地区是否有优惠的物流产业政策（P_1）。

（2）是否有数量充足、素质较高的劳动力条件（P_2）。

7.4.7 重心法设施选址实例

1. 费用模型

1）目标——总费用最省

$$C=F+E+G+H$$

式中：F——固定费用，物流中心的投资、建筑费用（征地费、建设费等）、设备费（机械设备等)、固定资产折旧、办公费、工资等，与运营时的物流量大小无关；

E——经营费用，存储费、装卸搬运费、信息费等；

G——工厂到物流中心的运输费，与物流量及运输距离有关；

H——物流中心到需求点的配送费，与物流量及运输距离有关。

2）约束条件

约束条件为需求量及供给量一定且有限。

3）选址问题的重心法的几个模型

（1）单个物流中心选址，只考虑运输费及配送费，即 G 和 H。

（2）多个物流中心选址，只考虑配送费，即 H。

（3）多个物流中心选址，只考虑运输费及配送费，即 G 和 H。

（4）多个物流中心选址，考虑总费用，即 $F+E+G+H$。

2．只考虑运输费及配送费的单个物流中心选址问题

已知条件：如图 7-14 所示，已知工厂的地点、数目及供给量，需求点的地点、数目及需求量。

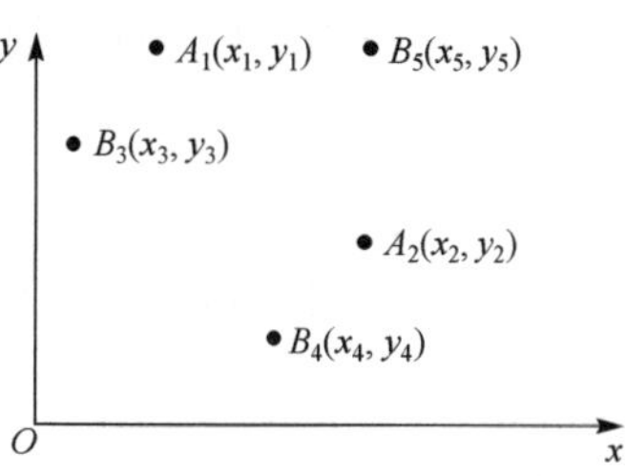

图 7-14　单个物流中心的选址

其中，A 表示工厂，B 表示需求点，C 表示从工厂到物流中心的运输费率或从物流中心到需求点的配送费率，w 表示通过的物流量。

$$
\begin{array}{lll}
A_1(x_1,y_1) & C_1 & w_1 \\
A_2(x_2,y_2) & C_2 & w_2 \\
B_3(x_3,y_3) & C_3 & w_3 \\
B_4(x_4,y_4) & C_4 & w_4 \\
B_5(x_5,y_5) & C_5 & w_5
\end{array}
$$

1）解题思路

（1）总费用与物流量及运输距离成正比，当物流量为定值时，应节省运输距离。

（2）先按地理位置选一个初始地点 $D_0(x_0,y_0)$，得出一个费用 C_0，再逐步向费用最省的地方逼近。

（3）初始地点的求法——所有物资均经过物流中心 D，可把 D 看成物体的重心。

2）解题步骤

（1）建立费用模型。

$$C=\sum_{j=1}^{n} C_j w_j \sqrt{(x-x_j)^2+(y-y_j)^2} \qquad (7\text{-}7)$$

式中：(x,y) ——物流中心的坐标，则 $\sqrt{(x-x_j)^2+(y-y_j)^2}$ 为物流中心到工厂或需求点的距离；

C_j——运输费率或配送费率（元/（t • km））；

w_j——发出或接收的物流量（t），j 为工厂或需求点的代号（j=1,2,3,4,5）。

（2）把 $C_j w_j$ 看成各个质点的重量，(x_j,y_j) 为该质点的坐标，利用求物体重心的方法确定一初始地点 $D_0(x_0,y_0)$。

$$x_0 = \frac{\sum_{j=1}^{5} C_j w_j x_j}{\sum_{j=1}^{5} C_j w_j} \qquad y_0 = \frac{\sum_{j=1}^{5} C_j w_j y_j}{\sum_{j=1}^{5} C_j w_j}$$

（3）求出 C_0。

$$C_0 = \sum_{j=1}^{n} C_j w_j \sqrt{(x_0 - x_j)^2 + (y_0 - y_j)^2} \tag{7-8}$$

（4）对费用函数求偏导数，求出使 C 为最小的坐标(x, y)，令

$$\frac{\partial C}{\partial x} = 0 \qquad \frac{\partial C}{\partial y} = 0$$

从 C 的函数中可以看出是复合函数求导的问题，若

$$Y = f(u) \qquad u = \varphi(V)$$

则

$$\frac{\mathrm{d}Y}{\mathrm{d}x} = f'(u)\varphi'(V)$$

另外

$$(u+V)' = u' + V' \qquad (x^n)' = nx^{n-1}$$

这里

$$u = \sqrt{(x-x_j)^2 + (y-y_j)^2} \qquad V = (x - x_j)^2$$

则

$$\frac{\partial c}{\partial x} = \sum_{j=1}^{n} c_j w_j \left\{ \frac{1}{2}\left[(x-x_j)^2 + (y-y_j)^2\right]^{\frac{1}{2}-1} \cdot 2(x-x_j) \right\}$$

$$= \sum_{j=1}^{n} c_j w_j \frac{(x-x_j)}{\sqrt{(x-x_j)^2 + (y-y_j)^2}} = \sum_{j=1}^{n} \frac{c_j w_j (x-x_j)}{d_{ij}}$$

式中：$d_{ij} = \sqrt{(x-x_j)^2 + (y-y_j)^2}$（为了简写，另外避免重复计算）。

同理

$$\frac{\partial c}{\partial y} = \sum_{j=1}^{n} c_j w_j \frac{(y-y_j)}{d_{ij}}$$

并令

$$\frac{\partial c}{\partial x} = 0$$

得

$$\sum_{j=1}^{n} \frac{c_j w_j x}{d_{ij}} - \sum_{j=1}^{n} \frac{c_j w_j x_j}{d_{ij}} = 0$$

即

$$x=\frac{\sum_{j=1}^{n}c_j w_j x_j/d_{ij}}{\sum_{j=1}^{n}c_j w_j/d_{ij}} \tag{7-9}$$

同理得

$$y=\frac{\sum_{j=1}^{n}c_j w_j y_j/d_{ij}}{\sum_{j=1}^{n}c_j w_j/d_{ij}} \tag{7-10}$$

（5）由于 d_{ij} 中有 x,y，因而用式（7-9）仍未求得真正的 x 及 y，只能用迭代的方法求解，即用 x_0,y_0 代入 x,y，求出 C_0，再将 x_1,y_1 代入求出 C_1。

（6）再求出 C_2，反复比较每次得出的 C，若多次迭代后 C 接近相等，则 C_n 所相应的 x_n,y_n 为最优解。

【例 7-1】 物流中心的位置设计

已知：两个生产厂：$A_1(3,8),A_2(8,2)$。

三个零售店：$B_3(2,5),B_4(6,4),B_5(8,8)$。

相应的供给量（单位：t）：$w_1=2000,w_2=3000$。

相应的需求量（单位：t）：$w_3=2000,w_4=1000,w_5=1500$。

相应的运输费率及配送费率（单位：元/（t·km））$C_1=0.5,C_2=0.5,C_3=0.75,C_4=0.75,C_5=0.75$。

求：只设一个物流中心，求其最佳位置。

解：（1）利用重心法求 x_0,y_0。

$$x_0=\frac{\sum_{j=1}^{5}C_j w_j x_j}{\sum_{j=1}^{5}C_j w_j}=\frac{C_1w_1x_1+C_2w_2x_2+\cdots+C_5w_5x_5}{C_1w_1+C_2w_2+\cdots+C_5w_5}$$

$$=\frac{0.5\times2000\times3+0.5\times3000\times8+\cdots+0.75\times1500\times8}{0.5\times2000+0.5\times3000+\cdots+0.75\times1500}=5.36$$

同理求得

$$y_0=5.19$$

（2）计算费用 C_0。

将 x_0,y_0 代入式（7-8），然后求解

$$C_0=\sum_{j=1}^{5}C_j w_j\sqrt{(5.36-x_j)^2+(5.19-y_j)^2}$$

$$=0.5\times2000\times\sqrt{(5.36-3)^2+(5.19-8)^2}+0.5\times3000\times\sqrt{(5.36-8)^2+(5.19-2)^2}+\cdots+$$

$$0.75\times1500\times\sqrt{(5.36-8)^2+(5.19-8)^2}=20279.67$$

（3）把 x_0,y_0 的值代入式（7-9）、式（7-10），求 x_1,y_1 的值，得 $x_1=5.33,y_1=5.03$。

（4）用 x_1,y_1 的值代入式（7-7）得出 C_1。

（5）把 x_1,y_1 的值代入式（7-9）、式（7-10），求 x_2,y_2 的值。

（6）再次求出 C_2。

经多次迭代，若 $C_n - C_{n-1} \leqslant \delta$（$\delta$ 为一个预定小数），则求出的 x_n,y_n 及 C 为最优解：

$$x_n = 5.47 \qquad y_n = 4.82 \qquad C = 20225.33\text{（元）}$$

重心法的特点：能得到新的解，但由于未综合考虑地理环境条件的限制，该中心位置未必可行。因此，还应该根据实际情况进行调整。

7.4.8 基础设施规划与设计的原则

在解决选址问题后，还需要对物流系统的基础设施进行规划与设计。在基础设施建设中应坚持如下原则。

（1）整体综合原则。对物流路线和设备布局、配送中心选址、运输简便程度等各个方面进行综合考虑。

（2）充分利用空间、场地的原则。无论生产区域还是储存区域的空间安排，无论垂直方向还是水平方向，在安排设备、人员、物料时应给予适当配合，充分利用空间并保证各个设备有适当的空间。

（3）生产力均衡的原则。维持各种设备、各个缓冲区间的均衡，使各个部分能够维持一个合理的速度运行。

（4）柔性的原则。在进行各种硬件设施的布置规划时，应考虑各种因素变化可能带来的变化，以便于后期的调整和扩充。

（5）最小移动原则。保持仓库内各种操作之间的距离、配送中心各种设备搬运的距离最经济，物料和人员的距离能省则省，尽量缩短，以节省物流时间，降低物流费用。要求设备的安排、操作流程能使物料搬运和储存按自然顺序逐步进行，避免迂回和倒流。

（6）流动性原则。良好的设施布置应使在制品在生产过程中流动顺畅，消除无谓的停滞，力求生产流程连续化。

（7）安全性原则。应考虑使作业人员有安全感、方便舒适。

7.5 案例分析：盒马物流系统规划

盒马鲜生是阿里巴巴集团旗下的新零售品牌，成立于2016年，以数据和技术为驱动，结合线上与线下购物体验，致力于打造全渠道零售体系。其业务模式包括“到店+到家”，通过线下门店和线上App提供快速配送服务，确保消费者可以获得便捷的购物体验。盒马鲜生以生鲜食品为主打商品，特别强调新鲜度和高品质，提供包括水果、蔬菜、海鲜在内的丰富商品种类，同时还提供餐饮服务和社区化的一站式购物体验。

1. 盒马的产业领域规划

盒马鲜生作为新零售业态的先锋，其独特的市场定位建立在多重消费需求的基础之上。首先，盒马鲜生以“品质商品供给”为核心，通过线上线下全渠道一体化的服务架构实现了高效的消费体验。其市场分析显示，随着居民生活水平的提高和消费观念的转变，消费者对生鲜产品的高品质和新鲜度的要求日益增强，这为盒马鲜生的发展提供了有利的市场环境。

对于行业背景，生鲜电子商务市场近年来发展迅猛，吸引了众多资本投入，竞争环境逐渐加剧。一方面，大型零售企业的强力竞争使得这些传统品牌在体验与渠道布局上逐渐探索线上电商的可能性；另一方面，众多初创企业也在争夺市场份额，他们以高性价比吸引游客。由于生鲜产品的特殊性，导致企业在物流、冷链以及供应链管理等环节面临更高的运营压力。除了产品质量的把控，配送速度、维修服务的及时性也成为影响消费者选择的重要因素。

盒马鲜生在与源头生鲜农产品供应商建立直接采购关系的同时，增强了冷链物流的建设，这一体系不仅保障了产品在运输过程中的新鲜度，还提高了与供应商的合作效率。消费者在购买生鲜产品时，更加看重其来源和处理过程，因此，盒马鲜生采取通过数字化供应链的建设来实现“从田间到餐桌”的一体化服务。通过直接采购减少中间环节，完善冷链体系，确保了生鲜产品的新鲜度，为消费者提供了一种值得信赖的购物体验。

在分析市场竞争的基础上，盒马鲜生还注意到消费者的需求是多样化的，这要求其在品类选择时不仅要关注产品的新鲜度和品质，更要考虑产品的种类布局、市场竞争情况及当地的消费习惯。因此，盒马通过使用大数据分析工具及用户反馈，逐步完善其产品组合，使得每一类产品都能够满足市场需求和消费者的口味偏好。

2. 盒马的供应链模式规划

1）供应链三点三段结构

盒马鲜生的供应链结构采用了“三点三段”的模式，这种设计为其在生鲜电商领域的运营提供了有力支撑。具体来看，盒马的供应链分为三个核心中心和三个功能段，具体如下。

（1）产地直采中心：这一中心直连源头生鲜农产品供应商，通过直接采购减少了中间环节，不仅降低了采购成本，还确保了生鲜产品的新鲜度和安全性。每个产地直采中心负责特定区域的产品，能够有效控制产品的来源和质量，以满足消费者对高品质的需求。

（2）供应链中心（仓配中心、加工中心）：盒马鲜生的供应链中心负责物流的存储、分拣与配送功能，具备强大的仓储和冷链管理能力。通过建立现代化的仓配中心，盒马能够更快捷地响应市场需求，提升 24 h 内对消费者订单的处理能力。同时，供应链中心与产地直采中心保持紧密对接，确保了货物运输过程中的冷链环境，进一步保证了生鲜产品在运输中的新鲜与安全。

（3）零售门店：作为最后一个环节，盒马的零售门店不仅是消费者购买生鲜产品的场所，更是供应链的一个重要反馈点。门店通过与前端生产及后端仓配的无缝对接，能够迅速反馈市场信息，影响整体的供应链决策。门店的设计也提高了运营的灵活性，通过线下体验增强顾客黏性。

这种三点三段的供应链结构有效促进了盒马整体物流效率。由于直接采用产地直采与集中的供应链管理机制，盒马实现了快速的新鲜产品配送，从而在激烈的市场竞争中占有一席之地。此外，冷链物流系统的完善，使产品在运输过程中的新鲜度得到保障，为消费者提供了可靠的购物体验。

2）店仓一体化

盒马鲜生的店仓一体化模式是其供应链运作的核心所在，该模式将仓储功能与线下门店结合，实现了高效的资源整合与调配。具体实现过程依赖于数字化管理系统，使线下门店不仅是销售点，更是配送中心。

盒马通过精准的选址策略，将门店设在大型居民区或商圈的中心位置，确保了与消费者的接近性。门店被赋予了仓储的功能，储存部分产品以满足快速响应的需求。当消费者通过

App 下单时，门店能够快速拣货并实施配送，实现“3 km 30 min”的目标。这种布局有效减少了外部物流环节中不必要的时间损耗，同时也防止了生鲜产品在运输过程中的品质下降。

在数字化管理方面，盒马引入了 SEA 智能化系统，实现了实时数据的共享与处理。通过该系统，门店可以实时监控库存情况，并与后端仓库进行高效的资源调度，如出现缺货，系统会自动提示进行补货。利用这样的技术，盒马的配送员在进行分拣时能够减少错误率，迅速处理消费者订单，提升配送效率。这种信息流的良好沟通还使得运营决策能够更具响应速度，满足瞬息万变的市场需求。

店仓一体化不仅提升了配送效率，也提供了良好的购物体验。消费者可即时锁定所需产品，享受自提或配送的灵活选择。这种便捷的选项促进了顾客的购买频率与满意度。此外，由于店仓模式能够承载多种生鲜产品，盒马也在丰富产品品类的同时，巩固了自身在市场上的竞争优势。

3. 盒马的品类及服务规划

1）核心品类选择

盒马鲜生在品类及服务规划方面显示出独特的战略眼光，核心品类的选择围绕生鲜、熟食和奶制品等重点品类展开，旨在为消费者提供多样化的高品质选择。在生鲜品类中，盒马强调对产品的新鲜度和来源的严格把控，采取直采模式与供应商合作，从源头保障食品质量，同时配合强大的冷链物流管理，确保产品在运输和存储过程中的新鲜度。熟食和奶制品同样遵循相似的标准，盒马注重产品的口感和营养成分，通过创新加工工艺，提高产品的附加值。

为了保持生鲜产品的持续更新与丰富，盒马利用大数据分析深入挖掘消费者的需求与偏好，实时调整产品种类和库存结构。此外，通过定期推出季节性产品和自有品牌专项活动，确保消费者在不同时间段都能体验到新鲜感和惊喜感。这种敏锐的市场洞察力不仅增强了与消费者之间的互动，还能有效构建起消费者的忠诚度。

2）自有品牌与创新

在自有品牌建设方面，盒马鲜生不断通过市场调研和消费者反馈，积极进行产品创新，以满足市场多样化需求。盒马的自有品牌“盒马鲜生”，不仅在品质上严格把关，同时在创新方面也勇于探索，推出了一系列独特的生鲜产品。例如，盒马在传统品类中加入新风味，推出具有地域特色的生鲜食品，深受消费者欢迎。这一策略有效提升了品牌的市场认知度，并使其产品在品类上实现差异化竞争。

盒马鲜生还在服务创新方面有所突破。通过线上线下结合的方式，推出宅配到家、即买即送等灵活服务选项，方便了消费者的购买决策，这些举措使得盒马在生鲜电商领域中稳占一席之地。通过自有品牌和产品创新，盒马不仅提升了销量，也为品牌带来了更高的附加值。

3）供应链灵活性与应变能力

面对市场变化，盒马鲜生展示出极强的供应链灵活性与应变能力。通过建立以数据驱动为核心的供应链系统，盒马能够快速响应消费者的需求变化和市场动态。这种灵活性使得盒马在新品类上线时能够更快地进行市场测试，根据反馈实时调整产品组合，以确保能有效满足消费者不断变化的偏好。

在调配策略上，盒马通过分析销售数据，制订实时补货计划。当某项产品的销售迅速上升时，供应链管理系统可以快速调集相应的货源，以确保产品的及时供应。而对市场需求的变化，盒马通过建立以客户反馈为导向的机制，将消费者的建议直接融入品类规划中，从而实现产品迭代的优化。

4. 盒马的产能规划

1）产能与门店布局

首先，盒马鲜生运用大数据分析，深入挖掘用户需求与消费习惯。通过分析各个区域的市场数据，盒马能够识别出消费者在生鲜购物时的偏好，包括产品种类、价格敏感度及购买频率等。随后，针对潜在开店区域，盒马会评估其居住密度、居民的消费能力、交通状况等关键因素，确保选址的科学性与合理性。例如，在大型居民区或商业中心附近开设门店，可以最大程度吸引周边的消费者，增强门店的客流量。

其次，盒马鲜生在门店规划过程中，依循“目标规划”与“商圈规划”的层次分明流程。从整体经营目标出发，制定区域生意目标，再将目标逐步细化到核心城市以及具体商圈。这种方法的实施确保了每一步的选址决策都是数据驱动的，有效降低了市场风险。新开门店的数量与规模也得到了合理规划，确保在客户需求增大时，能够提供足够的产品选择以维持高效的运营。

进一步而言，盒马还根据竞争环境的评估来调整其市场策略。在扩展大城市市场时，盒马不仅要分析周边竞争者的情况，还要考虑产品配送的便捷性，使得消费者能够在最短的时间内享受到高品质的生鲜产品。同时，盒马会在大城市市场中灵活调整产品品类与货源配置，确保门店的产品组合与当地市场需求相匹配，提高市场渗透率。

2）产能与产品丰富性的协调

盒马鲜生在面对高损耗率的考验时，通过一系列高效的管理手段来协调产能与产品丰富性之间的关系。一方面，通过建立订单农业体系，盒马将产量与市场需求紧密相连。数字化工具让盒马在消费需求升高之前，实时完成市场需求预测，并引导农户提前种植合适的产品，从而降低了对过剩产量的依赖，减少了损耗。

另一方面，盒马在库存管理上也注重动态调整，确保在销售趋势变化时快速响应。通过实时分析销售数据，盒马能够及时调整库存与货源配置。当某一产品的需求激增时，盒马会迅速调动周边仓库的资源，确保门店能够获得足够的新鲜产品。这种快速调配的能力，不仅提升了运营效率，还维持了供应的稳定性。

使得产能与产品丰富性协调的另一个关键是通过冷链物流系统来保障产品的品质。盒马通过建设完善的冷链仓库与配送体系，确保生鲜产品在运输与存储过程中始终保持最佳温度，有效延长其货架期，降低了因产品过期导致的损耗。

5. 盒马的仓网规划及物流网络规划

1）仓储布局与区域规划

盒马鲜生在仓网布局策略上，采取了科学合理的规划方式，将仓储网络与市场需求紧密结合。从建立之初，盒马便着眼于通过数据驱动的方法，实现区域内物流效率的最大化。其仓储布局涉及多个类型的仓库，包括冷链仓、加工中心和配送中心等，这些仓库在功能上具有明显的分工，同时又构成了紧密衔接的整体结构。例如，冷链仓专注于保持生鲜产品的新鲜度，确保生鲜在运输过程中的质量。而加工中心则负责对生鲜产品进行初步加工和深加工，将产品的附加值提升，最终为消费者提供更具竞争力的商品。配送中心做到高效配送，保障生鲜快速送达。

2）实现高效冷链物流

为了实现高效冷链物流，盒马鲜生在冷链技术的采用与实施细则上采取了一系列综合措施。在冷链物流方面，盒马建立了从源头到消费者的全面冷链配送体系，这是其保证生鲜产品质量与时效性的关键所在。具体来说，盒马在冷链物流中强调对温度的严格把控，每个环节必须保持在规定的温控范围内。

盒马采用数字化管理系统，对冷链过程中的重要指标进行实时监测与调整，例如，实时跟踪仓库内的温湿度，确保生鲜产品在运输和存储过程中不受到温度变化的影响。此外，各个仓库之间实施的无缝衔接，使得在急单情况下，能够迅速采取措施调动货源，确保生鲜产品能够快速而又安全地到达消费者手中。

在具体实践中，盒马的冷链配送在新年年货期间表现得尤为突出。通过提前增加对热门生鲜产品的库存，并合理调配各个仓库之间的货源，盒马确保了在消费高峰期间，依然能够实现快速、准确的配送服务。这一系列冷链技术的应用，不仅保证了产品的新鲜度，也提升了消费者的满意度和信任感，形成了其在竞争激烈的市场中的优势。

盒马凭借其独特的新零售模式和强大的物流系统规划，成功地在生鲜电商市场中占据了一席之地。通过数字化管理与高效的供应链结构，结合冷链物流的优势，盒马不仅满足了消费者对高品质新鲜产品的需求，还提供了便捷的购物体验。面对激烈的竞争环境，盒马持续优化其业务方向和服务策略，以应对市场变化，增强品牌忠诚度与客户满意度，展现了新零售时代的巨大潜力与活力。

思考题与习题

1．物流系统规划有哪四个系统要素？

2．简述物流系统规划的必要性和基本方法。

3．物流节点一般具有什么功能？通常可分为哪些基本类型？

4．在进行物流网络规划时，通常需要哪些数据的支持？试说明这些数据的来源。

5．假设有 5 家工厂，其坐标分别为 $P_1(1,2)$, $P_2(7,4)$, $P_3(3,1)$, $P_4(5,5)$, $P_5(2,6)$。现在要建立 1 个中心仓库为这 5 家工厂提供原料配送服务，各工厂到中心仓库的运输由货车完成，运量按车次计算，分别为每天 3、5、2、1、6 次。确定中心仓库的最佳位置。

6．物流设施选址对供应链的运营具有什么重要作用？它主要受哪些因素的影响？

7．评述重心法选址的优点和局限性。

8．试述物流资源整合的目标、原则及实现物流资源整合的途径。

第 8 章　物流系统评价

本章导读：

系统评价概述；物流系统评价的重要性、目的和关键步骤，物流系统的主要特征值；评价指标及评价指标体系，物流系统评价的指标类别，评价指标的数量化方法，综合评价指标的主要方法；单目标评价方法，多目标评价方法，交叉影响评分法，层次分析法。

8.1　系统评价概述

8.1.1　评价与系统评价

系统评价概述

系统理论告诉我们，大系统由许多子系统组成，而每个子系统由更小的子系统和要素组成。通过对系统间以及系统内部结构与要素的分析，可使问题层次化、简单化，从而达到解决问题的目的。以系统理论来分析绩效评价问题，提高评价质量，对于系统解决方案的形成无疑是有好处的。

评价（Evaluating，Assessing）意为评估价值，通过详细、仔细地研究和评估，确定对象的意义、价值或者状态。评价有两层最基本的含义：第一，评价的过程是对评价对象进行判断的过程；第二，评价的过程是包括综合计算、观察和咨询等方法在内的复合分析过程。评价本质上是一个非常复杂的判断、处理过程，在人类认知过程中，评价和思考是最为复杂的两项活动。通过评价者根据评价标准对评价对象的各个方面进行量化和非量化的测量过程，最终得出一个符合逻辑的可靠结论。其中，评价者是对某个对象进行评价的主观能动体。

评价有三个最基本的功能：① 诊断功能；② 导向功能；③ 激励功能。

评价最基本的内容：① 确立评价标准；② 决定评价情境；③ 设计评价手段；④ 利用评价结果。

系统评价具有相对性与可分性的特点。

8.1.2　系统评价的要点

系统评价需要重点关注以下两个方面。

1．正确、合理地选择评价因素

评估一个系统或方案的优劣，需要依据一组明确的评价标准。用来作为评价标准的指标通常有投资费用、效益成本、投资收益率、返本期、劳动生产率、时间、质量和品种的改善、技术的先进性和可靠性、劳动强度的改善、公害等。系统评价指标虽然很多，但基本上是按照性能、费用、时间三大类来考虑的。

在选择评价指标时，不一定要把所有的指标因素都考虑进去，而应重点挑选那些最能够反映系统或方案优劣的主要指标，并剔除那些与系统或方案关系不大或不重要的次要指标。

系统评价的主要指标与次要指标是根据系统的目的来确定的。

2．系统评价指标的“价值”化

在系统评价指标确定后，需要将各个评价指标统一到一个共同的评价尺度上，这就是系统评价指标的“价值”化。

在众多的评价指标中，有些指标只能被定性地描述，有些指标可以用数量来定量化描述。如果单位不一致，没有一个标准的尺度，就无法进行比较和评价。利用“价值”的概念，把每一个评价指标对系统的贡献或“价值”逐一地评定出来，才有可能做出科学的评价。

系统评价的步骤

8.1.3 系统评价的原则和步骤

1．系统评价的原则

系统评价需要遵循客观性原则、可比性原则、系统性原则和评价方法与评价手段相结合的原则。

2．系统评价的步骤

系统评价的步骤如图 8-1 所示，具体阐述如下。

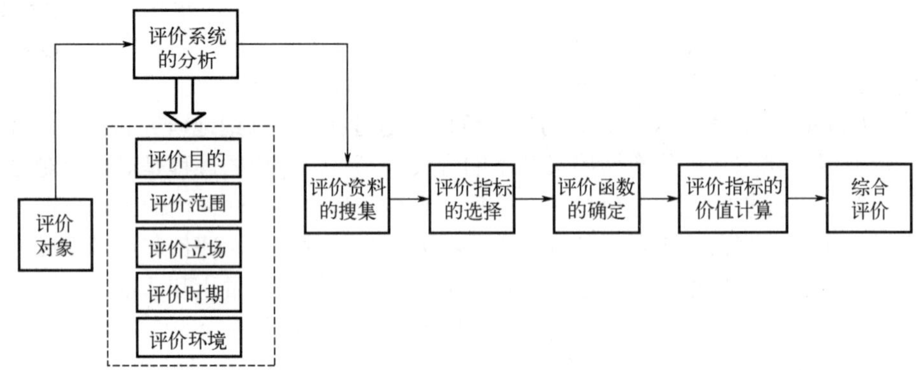

图 8-1 系统评价的步骤

1）评价系统的分析

在正式进行系统评价前，首先要弄清评价对象，将其放到评价系统中进行如下分析：① 明确评价系统的目的；② 界定评价系统的范围；③ 明确评价立场；④ 决定评价时期；⑤ 分析评价系统的环境。

2）评价资料的搜集

搜集资料是进行系统评价的重要基础，准确和完整的资料能够保证评价工作顺利进行。在搜集资料时，要有明确的目的和计划，确保资料的可靠性、代表性、完整性和连续性。

3）评价指标的选择

评价指标的选择是由评价目标与实际情况共同决定的，在选择过程中应注意以下四点：① 评价指标必须与评价目的和目标密切相关；② 评价指标应当构成一个完整的体系，全面地反映评价对象的各个方面；③ 评价指标总数应当尽可能少，以降低评价负担；④ 科学、客观、尽可能全面地考虑各种因素。

4）评价函数的确定

评价函数是使评价定量化的一种数学模型。不同问题使用的评价函数可能不同，同一个评价问题也可以使用不同的评价函数。因此，有必要先对评价函数本身进行评估。一般应选用能更好地达到评价目的的评价函数。评价函数本身是多属性、多目标的。在需要形成统一意见或进行群体决策时，对评价函数的确定可能产生不同的看法。因此，在对系统进行评价之前，有关人员应该进行充分且无拘束的讨论，否则难以获得有效的评价方向与结论。

5）评价指标的价值计算

根据选定的评价函数对单项指标进行价值计算，查明方案在各项评价指标上的实现程度，然后将各个单项评价指标进行综合，得出某一大类指标的价值。在进行指标价值计算之前，一般还需要确定各个评价指标的权重。评价尺度和评价项目的权重应保证评价的客观、正确和有效。

6）综合评价

综合评价就是对系统的技术、经济、社会等各个方面进行全面评价，提出评价结论。评价的侧重点可能有所不同，需要根据具体的评价对象而定。以一个企业开发新产品为例，一个完整的综合评价体系大致包括以下几个方面：经营管理方面、技术方面、市场方面、时间方面、经济方面、体制方面和社会方面等。综合评价的方法大体可归纳为三类：① 基于经验的综合评价方法；② 基于数值和统计的综合评价方法；③ 基于决策和智能的综合评价方法。

8.1.4 不同阶段的系统评价

根据所处阶段划分，系统评价可分为事前评价、事中评价、事后评价和跟踪评价。

（1）事前评价。事前评价是在计划阶段进行的评价，由于实际系统尚未建成，一般只能参考已有资料或者用仿真的方法进行预测评价，有时也用投票表决的方法，综合人们的直观判断来进行评价。

（2）事中评价。事中评价是在计划实施阶段进行的评价，着重检验是否按照计划实施，如用计划协调技术对工程进度进行评价。

（3）事后评价。事后评价是在系统完成之后，评价系统是否已达到预期目标。因为可以对实际系统的性能进行测定，所以做出评价较为容易。对于系统有关社会因素的定性评价，也可通过调查系统有关人员或实际使用者的意见来进行。

（4）跟踪评价。跟踪评价是指对系统投入运行后对其他方面造成的影响的评价。例如，大型工程完成后对生态、环境等方面造成的影响。

8.1.5 系统评价的类别

1. 四种不同的系统评价方法

系统评价方法一般可分为以下四种。

（1）专家评估。专家评估是由专家根据本人的知识和经验直接做出判断与评价。常用的有德尔菲法、评分法、表决法和检查表法等。

（2）技术经济评估。技术经济评估是以价值的各种表现形式来计算系统的效益，从而达到评价的目的，如净现值法（Net Present Value，NPV）、利润指数法（Profits Index，PI）、内部报酬率法（Internal Rate of Return，IRR）和索别尔曼法等。

（3）模型评估。模型评估是用数学模型在计算机上仿真来进行评价，如可采用系统动力学模型、投入产出模型、计量经济模型和经济控制论模型等数学模型。

（4）系统分析。系统分析是用对系统各个方面进行定量和定性的分析来进行评价，如成本效益分析、决策分析、风险分析、灵敏度分析、可行性分析和可靠性分析等。

2．硬评价方法与软评价方法

1）硬评价方法

硬评价是相对软评价而言的。硬评价方法以统计数据为基础，把统计数据作为主要评价信息，建立评价数学模型，以数学手段求得评价结果，并以数量形式表示出来。

（1）硬评价方法的特征。

① 可靠性高，只要数学模型和统计数据没有变化，无论谁去评价、何时评价，评价的结果都是一样的；② 对基础性工作要求较高，硬评价的工作质量取决于统计数据，因此应对统计工作进行严格控制，而且所用的数学方法要科学合理，应慎重选择；③ 可以借助现代先进工具辅助统计及运算，如统计软件包 SPSS（Statistical Package for the Social Science，社会科学统计软件包）、各种应用软件等都可作为系统硬评价的工具。

（2）硬评价方法的优缺点。

硬评价方法的优点主要有两个方面：① 可以摆脱个人经验和主观意识的影响，具有较高的客观性和可靠性；② 对于复杂或多变的过程，还可借助现代先进工具来解决庞大数据复杂运算问题，提高评价的可行性和时效性。

硬评价方法的缺点体现在两个方面：① 在数据不够可靠或者难以量化的项目中，硬评价结果就难以做到客观和准确；② 硬评价过程不够灵活，难以发挥人的智力对评价的作用。

2）软评价方法

软评价也称为专家评价，是利用专家的知识和经验对评价对象做出判断和评价，主观因素占主导地位，判断结果往往是模糊的，很难精确地做出判定。由于模糊数学的发展，专家的这种评价思维过程可以实现定量化，使得软评价技术的科学性更强，更容易被人们所接受。第4章中讨论的专家会议法、德尔菲法都是可用于系统评价的软评价方法。

（1）软评价方法的特性。

软评价方法的特性包括综合性、智能性、模糊性和相对性。

① 综合性主要表现在多因素、多视角的综合，以及多种方法和多种思维的综合。由于软评价不需要完全依靠统计数据就可以发挥人的智力，从更多的角度来认识评价对象，并把评价对象当作一个整体，采用定性和定量分析相结合的方法，将多种思维进行综合，不仅有分析、判断、综合、推理、演绎等抽象思维，而且还有形象思维和灵感思维。

② 智能性的含义在于：软评价主要依靠专家的知识、经验、智慧和思维判断能力，在了解和熟悉评价对象的基础上，对各种复杂现象进行分析透视，抓住事物的本质和要害，对事物做出评价。这个过程与专家的内行程度和本身的素质、知识水准有很大的关系。

③ 模糊性是指在客观事物差异的过渡中存在不分明性，很难对事物做出非此即彼的判定。在评价过程中，往往要求以数量的形式来表达结果，这是一个定性分析定量化的过程，模糊性理论解决了难以用精确数学的方法进行评价的许多问题，更显示出软评价的优越性。

④ 相对性指的是对同一评价对象，不同的专家有不同的评价结果，这就形成了评价结果和客观实际之间的相对性，包括稳定程度的相对性和准确程度的相对性。

（2）软评价方法的优缺点。

软评价方法的优点主要在于：① 不受统计数据的限制；② 可以充分发挥人的智慧和经验，把问题考虑得更加全面，避免或减少统计数据可能产生的片面性和局限性；③ 当评价所需的数据很不充分、不可靠或评价指标难以量化时，软评价能做出更有效的判断。

软评价方法的缺点体现在：① 评价结果容易受到评价者主观意识与经验局限的影响；② 评价结果的稳定性不够，尤其在那些不够民主的环境中，可能造成严重的不公平。

8.2　物流系统评价概述

物流系统指的是由物流活动各要素组成，为实现物流目的、功能和作用所形成的一个有机统一体，是在一定时间和空间内由所需要位移的物资、包装设备、装卸机械、运输工具、仓储设施、人员和信息联系等若干互相制约的动态要素所构成的有机整体。要对这样一个内容丰富、外延模糊、联系复杂的系统进行综合评价，是一件困难而又重要的工作。

8.2.1　物流系统评价的重要性

物流系统评价是系统分析中复杂且重要的一个环节。它是利用模型和各种数据，从系统的整体观点出发，对系统现状进行评价，为物流系统的决策提供依据。系统评价的任务是围绕系统的目标，根据评价尺度，采取合适的方法对评价主体进行价值测定，以获得对多数人来说均可接受的评价结果，为正确决策提供所需的信息与结论。系统评价是系统决策的重要依据，没有正确的评价就不可能有正确的决策。

8.2.2　物流系统评价的目的

对物流系统进行综合评价是为了从总体上寻求物流系统的薄弱环节，明确物流系统的改善方向。因此物流系统评价的目的主要有以下两个方面。

（1）在明确物流系统目标的基础上，提出技术上可行、财务上有利的多种方案，按照预定的评价指标体系，详细评价这些方案的优劣，从中选出一个可以付诸实施的优选方案。物流系统评价工作的好坏将决定选择物流系统决策的正确程度。

（2）在物流系统建立后，定期的评价也是必不可少的。通过对物流系统的评价，可以判断物流系统方案是否达到了预定的各项性能指标、环境的变化对系统提出了哪些新的要求、能否在满足特定条件的情况下实现物流系统的预定目的，以及系统如何改进等。通过评价可以便于理解问题的结构，把握改善的方向，寻求主要的改善点。

8.2.3　物流系统的主要特征值

对物流系统的评价需要通过一定的量化指标来进行。一般把衡量系统状态的技术经济指标称为特征值，它是系统规划与控制的信息基础。对物流系统的特征值进行研究，建立一套完整的特征值体系，有助于对物流系统进行合理的规划和有效的控制，准确反映物流系统的合理化状况，评价改善的潜力与效果。

物流系统最主要的两个特征值为物流生产率和物流质量。

1．物流生产率

物流生产率是衡量劳动消耗和占用（投入）与服务（产出）之间关系的指标。物流系统的投入包括人力资源、物质资源、能源和技术，各项投入在价值形态上统一表现为物流成本。物流系统的产出就是为生产系统和销售系统提供的服务。衡量物流系统投入产出转换效率的指标称为物流生产率，它是物流系统特征值体系的重要组成部分。

$$物流生产率=\frac{物流系统的总产出}{物流系统的总投入}\times 100\%$$

物流生产率通常包括实际生产率、利用率、行为水平、成本和库存五个方面的指标。

2．物流质量

物流质量是对物流系统产出质量的衡量，一般分为物料流转质量和物流业务质量。一般从运输、仓储、库存管理、生产计划与控制四个方面加以衡量。

1）运输

$$物品损坏率=\frac{年货损总额}{年货运总额}\times 100\%$$

$$正点运输率=\frac{年正点运输次数}{年运输总次数}\times 100\%$$

$$运力利用率=\frac{年实际运输量（t\cdot km）}{年运输能力（t\cdot km）}\times 100\%$$

2）仓储

$$物品完好率=\left(1-\frac{年物品损坏变质金额}{年储备总金额}\right)\times 100\%$$

$$物品盈亏率=\frac{年物品盘盈额+年物品盘亏额}{年物品收入总额+年物品发出总额}\times 100\%$$

$$仓容利用率=\frac{年储存物品实际数量或容积}{年可储存物品数量或容积}\times 100\%$$

3）库存管理

$$库存结构合理性=\left(1-\frac{一年以上无需求动态物品额+积压物品额}{库存物品总额}\right)\times 100\%$$

$$在制品库存定额=生产周期\times 日产量$$

$$供应计划实现率=\frac{实际供应额}{计划供应额}\times 100\%$$

$$物流中断率=\frac{后阶段物料需求量-前阶段物料供应量}{后阶段物料需求量}\times 100\%$$

$$销售合同完成率=\frac{实际按期供货额}{合同供货额}\times 100\%$$

4）生产计划与控制

（1）生产率指标：

$$费用预算比=\frac{生产费用}{预算}$$

$$产能利用率=\frac{年实际产值}{年可能产值}\times 100\%$$

$$劳动生产率=\frac{年总产值}{生产工人平均人数}\times 100\%$$

（2）质量指标：

$$生产计划完成率=\frac{年实际产值}{年计划产值}\times 100\%$$

$$生产均衡率=\frac{年完成产量计划天数}{年生产天数}\times 100\%$$

8.2.4　物流系统评价的关键步骤

物流系统评价是根据明确的目标来测定对象系统的属性，并将这种属性变为客观定量的计算值或主观效用的行为过程。它包括三个关键步骤：一是设定评价基准；二是建立评价指标体系；三是选择评价方法和模型。

1．设定评价基准

对物流系统进行综合评价，就是为了从总体上把握物流系统现状，寻找物流系统的薄弱环节，明确物流系统的改善方向。因此，应将物流系统各项评价指标的实际值与设定的基准值进行比较，以显现二者的差别。基准值的设定通常有下列三种方式。

（1）以物流系统运行的目标值为基准值，评价物流系统对预期目标的实现程度，寻找实际系统与目标的差距所在。

（2）以物流系统运行的历史值为基准值，评价物流系统的发展趋势，从中发现薄弱环节。

（3）以同行业的标准值、平均水平值或先进水平值为基准值，评价物流系统在同类系统中的地位，从而寻找出改善物流系统的潜力。

2．建立评价指标体系

从系统的观点来看，系统的评价指标体系是由若干单项评价指标组成的、相互关联的有机整体。它应反映出评价目的和要求，并尽量做到全面、合理、科学、实用。在建立物流系统综合评价的指标体系时，应选择有代表性的物流系统特征值指标，以便从总体上反映物流系统的现状，发现存在的主要问题，明确改善方向。

3．选择评价方法和模型

（1）物流系统的评价指标和划分层次通常很多，可通过逐级评价得出对各部分的评价结果及对系统的总体评价结果。

（2）由于管理基础工作等方面的原因，有些指标无法精确量化；同时由于物流系统是多属性的复杂系统，评价结果用一个数值来表示难以做到全面和精确，因此对物流系统的评价一般采用综合评价方法。对各指标进行等级评价具有一定的模糊性，多运用模糊集理论来进行评价。

8.3 物流系统评价指标体系

8.3.1 评价指标及评价指标体系

1. 评价指标

物流系统评价指标体系

指标通常为一个数量概念，也就是用一定的数量概念来综合反映社会现象某一方面的状况，这个数量概念可以是绝对数，也可以是相对数或平均数。

物流系统评价指标是用来度量物流系统某一方面特性的一种尺度，它是度量、分析物流系统优劣的重要工具。

相互联系，相互补充，从各个不同方面、不同范围、不同层次来全面衡量、评价物流系统方案的一整套指标，即物流系统评价指标体系。

【例 8-1】物流园区综合评价指标体系的构建

对物流园区进行综合评价，可选择由社会效益、经济效益和技术效能三个一级指标及"园区所在地交通状态"等二十三个二级指标所构成的综合评价指标体系，如表 8-1 所示。

表 8-1 物流园区的综合评价指标体系

一级指标	二级指标	评价标准
社会效益	园区所在地交通状态	交通便利程度能满足采购与销售的需要
	区域发展规划	符合区域发展规划中的用地、发展目标的要求
	污染状态	尽可能减小对环境的污染、最大限度地实现与环境相容
	对当地居民生活的影响	尽可能减轻对城市居民出行、生活等的干扰，要求减轻或消除噪声等负影响
	地质、气候等自然环境的状态	能满足物流园区内的建筑、生活等要求
经济效益	当地消费容量与水平	接近消费市场，有充足的消费容量与消费购买力
	运输成本	要求运输成本低
	地价因素	具有低地价区位优势
	周边企业状况	周边企业环境和谐，企业聚集程度适中
	劳动力成本与技术水平	具有成本合适、数量充足、素质较高的劳动力资源
	公用设施状态	具有充足的供电、供水、排水等基本公用设施，便利的通信设备，合适的污水、固体废弃物处理能力
	资金落实程度	融资环境良好
	效益费用比	效益费用比合理
	投资收益率	投资收益率较好
技术效能	功能设计的完备、可靠性程度	功能完备，同时具有较高的可靠性
	多式联运	多式联运运作协调、方便、可达性较好
	利用现有设施	与现有的物流设施兼容
	靠近交通主干道	靠近交通主干道，特别是高等级公路的主干道出入口
	靠近货运枢纽	靠近公路货运集散中心，同时力求与铁路货运中心、港口中心及航空中心等的距离最短
	道路运输网络	具有完善的道路运输网络
	总建筑面积满意度	能满足园区中长期发展的需要
	总站场面积满意度	能满足规划的中长期发展的需要
	土地面积利用率	土地面积利用率较高

2. 评价指标体系建立的原则

物流系统评价指标体系建立的原则主要体现在以下六个方面。

（1）要保证指标的科学性。

（2）要有严密的逻辑性、层次性。

（3）要保证指标的独立性。

（4）要确保指标数量得当。

（5）要有可操作性。

（6）要与特定的评价对象和评价要求相结合。

3. 指标的权重分析

权重体现了价值的相对性。决定事物相对价值的环境因素有任务环境、作用对象的环境、自然地理环境、资料环境、技术环境、需求环境、时间和社会环境、对自然环境和社会环境的增益和损害等。例如，在制订一个钢铁联合企业的筹建方案时，除了要考虑冶炼技术、冶炼设备、生产线布局等与生产能力有关的因素，也要考虑气候、地质、资源、地理等自然条件，以及产品的市场要求、可能产生的环境污染、物流条件与资源等各种问题，还要考虑建厂的工程组织自身的各种因素。这些问题的解决就涉及价值的相对性问题。

系统由多个要素组成。每个要素就是一个价值因素，各要素之间的相互联系共同决定着系统的总价值。系统的评价因素通常有性能、进度、成本、可靠性、实用性（安装、维修）、寿命、质量、体积、兼容性、适应性、生存能力、技术水平、竞争能力、组织生产的连续性、外观，以及能量消耗等。根据相对价值的原理，每一个价值因素可按其在系统中所处的地位和重要程度来评定顺序（序值），以不同的权重值加以量化，形成系统的有序集合。

图 8-2 所示是对一个城市物流系统所做的评价，选择了物流服务水平、城市物流效益、物流基础设施、信息化、交通、先进技术应用、环境和资源等作为主要指标，分析每一个指标在特定任务下所具有的地位，赋予其不同的权重值，进而求出系统的综合评价值，通过对各种不同方案进行比较，确定最优方案。

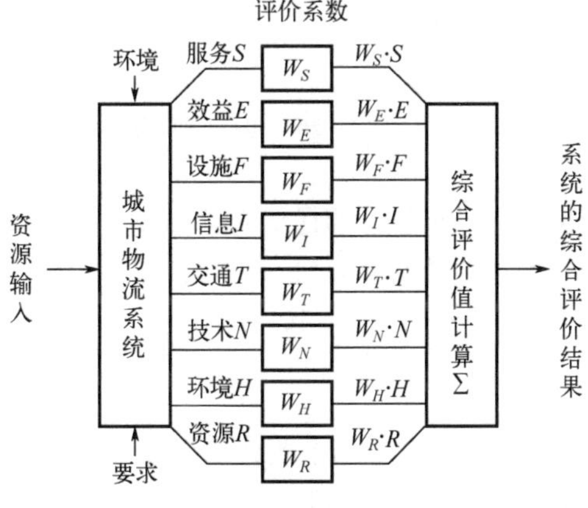

图 8-2　综合评价过程示意图

8.3.2　物流系统评价的指标类别

系统评价的指标体系是由若干单项评价指标所组成的整体，它反映了系统所要解决问题的各项目标要求。指标体系要实际、完整、合理、科学，并基本上能为相关人员和部门所接受。评价指标通常包括政策性、技术性、经济性、社会性、资源性和时间性六个类别。

（1）政策性指标。政策性指标包括政府发布的有关物流产业和物流系统方面的方针、政策、法律法规、标准、发展规划等方面的内容，这是物流系统的规划和建设的方向与指南。

（2）技术性指标。技术性指标包括物流系统的可靠性、安全性、快捷性，以及仓储、运输、搬运、包装等子系统的设施、设备的技术性能指标。对于物流工程项目，还需要包括地质条件、建筑物等技术指标要求。

（3）经济性指标。经济性指标主要指方案成本、利润和税金、投资额、流动资金占有量、回收期、建设周期等内容，包括物流系统方案成本的分析，或物流系统生命周期总成本的分析、财务评价、国民经济评价、区域经济影响分析等。既要考虑经济效益，也要考虑社会效益。经济效益还有企业内部效益和外部效益之分。

（4）社会性指标。社会性指标主要指物流系统对国民经济大系统的影响，包括社会福利、社会节约、综合发展、就业机会、污染、生态环境等。

（5）资源性指标。资源性指标主要指物流系统的建设对人、财、物等资源的保证程度，具体包括物流系统或物流项目对人力、财力、物力、能源、水源、土地资源占用等方面的影响。

（6）时间性指标。时间性指标包括系统实施的进度、时间节约、调试周期、物流系统的生命周期等方面的指标。

上述六个方面是物流系统评价一般可能要考虑的大类指标，每一类指标中又可包含许多中类、小类指标，可根据具体条件有所选择。评价指标体系的组成随具体问题而异，不同的系统，其组成的指标因素有可能大不相同。

8.3.3 评价指标的数量化方法

一般来说，各评价指标在实现系统的目标和功能上的重要程度是不一样的，这个重要程度就称为指标的权重。常用的系统评价指标数量化（权重确定）的方法主要有排队打分法、体操计分法、专家评分法、两两比较法、连环比率法等。

1．排队打分法

如果指标（如汽车的时速、油耗、工厂的产值、利润、能耗等）已有明确的数量表示，就可以采用排队打分法。

设有 m 种方案，可采取 m 级计分制，即最优者计 m 分，最劣者计 1 分，中间各方案可以等步长计分（步长为 1 分），也可以不等步长计分，灵活掌握；或者各项指标均采用 10 分制，最优者满分为 10 分。以此对多种方案进行排队。

2．体操计分法

体育比赛中的许多计分方法也可以用到系统评价工作中。例如，体操计分法是请 6 位裁判员各自独立地对表演者按给定的计分法（如 10 分制）进行评分，然后舍去最高分和最低分，将中间的 4 个分数取平均值，就得到表演者最后的分数。

3．专家评分法

专家评分法是一种利用专家经验和感觉的评分法。由调查人事先制定调查内容的表格，然后根据调查内容选择有权威的人作为调查对象，请他们发表意见并填入调查表，最后由调查人汇总，求得各指标的权重值。这种方法的关键在于事先选择好足够数量、足够分量的专家，同时要求专家背靠背自主完成，不互相影响。

例如，要对多台叉车的操作性进行评价，可以请若干位专家，即有经验的实际操作者来试车，专家们根据主观感觉和经验对每台叉车按一定的计分制来打分，再将每台叉车的得分相加，求和并除以操作打分者的人数，就得到了各台设备的分数值。

调查表的设计也很重要，最好采用简单的打分比较法，依靠专家的感觉和经验评分。如果觉得第一次调查得到的数字出入较大，还可以反复进行，即将调查结果经过整理发给专家进一步征求意见，直到认为满意为止。

4．两两比较法

两两比较法也叫作相对比较法，这是一种感觉（经验）评分法。它把针对一个目标的所有评价指标列出来，组成一个方阵，根据方案的两两比较来打分，然后将每一方案的得分求和，并进行正规化处理。打分时可以采用 0-1 打分法、0-4 打分法或多比例打分法等。

1）0-1 打分法

设有 n 个评价指标，把它排成一个 $n\times n$ 矩阵，其元素 a_{ij} 表示第 i 项指标相对于第 j 项指标的重要性，取值为

$$a_{ij}=\begin{cases}1 & \text{当指标}i\text{比指标 }j\text{重要时}\\0.5 & \text{当指标}i\text{与指标 }j\text{同样重要时}\\0 & \text{当指标}i\text{不如指标 }j\text{重要时}\end{cases}$$

式中：a_{ij} 总是表示第 i 个方案得到的分数。

一般情况下，在矩阵的对角线（a_{ii} 处）不填元素，或画“×”。

2）0-4 打分法

这种打分法比 0-1 打分法分级更细。

当两个方案 i 与 j 同等优越时，记 $a_{ij}=a_{ji}=2$；当方案 i 比 j 稍微优越时，令 $a_{ij}=3$，$a_{ji}=1$；当方案 i 比 j 显著优越时，令 $a_{ij}=4$，$a_{ji}=0$。

3）多比例打分法

0-4 打分法可以看成一种比例打分法，两个方案的得分分别是如下比例：4:0，3:1，2:2，两者得分之和为 4。

在多比例打分法中，两者得分之和为 1，其比例如下：1:0，0.9:0.1，0.8:0.2，0.7:0.3，0.6:0.4，0.5:0.5，这样的分档就更细了。

5．连环比率法

连环比率法是一种确定得分系数或加权系数的方法，用表 8-2 来说明。

表 8-2　连环比率法应用举例

方案	暂定分数	修正分数	得分系数 f_i
A_1	2.0	4.50	0.33
A_2	0.5	2.25	0.16
A_3	3.0	4.50	0.33
A_4	1.5	1.50	0.11
A_5	1.0	1.00	0.07
$\sum$	—	13.75	1.00

连环比率法可分成以下三个步骤进行。

1）填写暂定分数列（由上而下）

对比 A_1 与 A_2，设 A_1 的优越性是 A_2 的两倍，对应的 A_1 填写 2.0；对比 A_2 与 A_3，设 A_2 的优越性仅为 A_3 的一半，对应的 A_2 填写 0.5；类似地，对应的 A_3 与 A_4 填写 3.0 与 1.5；最后 A_5 填写 1.0。

2）填写修正分数列（由下而上）

取 A_5 为基础值，其修正分数为 1.00；用 1.00 乘以 A_4 的暂定分数 1.5，得到 A_4 的修正分数 1.50；用 1.50 乘以 A_3 的暂定分数 3.0，得到 A_3 的修正分数 4.50；类似地，得到 A_2 与 A_1 的修正分数 2.25 与 4.50。

3）计算得分系数 f_i

$$f_i = \frac{A_i\text{的修正分数}}{\sum\limits_i (A_i\text{的修正分数})}$$

当用连环比率法确定权系数时，只需要把“优越性”的比较换为“重要性”的比较即可。

6．判断矩阵法

从本质上讲，判断矩阵法也是一种相对比较法，它采用了一种更精确的计分方法，并可对人在判断时的一致性进行检验，因而近几年得到更广泛的应用。

在使用该法时，首先将 m 个评价指标排成一个 $m \times m$ 的方阵，其中的元素值大小通过两个指标相比来确定。将“极端重要”“强烈重要”“明显重要”“稍微重要”“同样重要”分别赋值 9、7、5、3、1。反之赋值 1/9、1/7、1/5、1/3、1。这样，对于一个判断矩阵，只须判定主对角线以上（下）的元素值就可以了，然后按行相加（或相乘）并进行正规化，所求的特征向量就是要求的权重值。

8.3.4 综合评价指标的主要方法

将各个评价指标数量化，在得到各个可行方案所有评价指标无量纲的统一得分以后，采用下述各种方法进行指标的综合，就可以得到每一方案的综合评价值，再根据综合评价值的高低就能排出方案的优劣顺序。

1．加权平均法

加权平均法是综合指标的基本方法。它具有两种形式，分别称为加法规则与乘法规则。

设方案 A_i 的指标因素 F_j 的得分（或得分系数 f_i）为 a_{ij}，第 j 项指标的权重为 w_j，将 a_{ij} 排列成如表 8-3 所示的评价矩阵。

表 8-3 加权平均法的评价矩阵

指标因素		F_1 F_2 ⋯ F_n	综合评价值 φ_i
方案 A_i	A_1	a_{11} a_{12} ⋯ a_{1n}	
	A_2	a_{21} a_{22} ⋯ a_{2n}	
	⋯		
	A_m	a_{m1} a_{m2} ⋯ a_{mn}	

1）加法规则

将某一方案中各指标因素 F_j 的得分 a_{ij} 乘以该指标的权重 w_j，求和，得到该方案的综合评价值 V_i，每一个方案所对应的综合评价值全部求出后，即可根据排序的结果确定各方案的优劣顺序。

设某物流系统共有 n 个方案，第 i 个方案的评价值记为 V_i （$1 < i < n$），则

$$V_i = \sum W_j S_{ji} \qquad (1 < i < n)$$

式中：n——物流系统性能或评价因素个数；

W_j——第 j 个评价因素的重要性权数；

S_{ji}——第 i 个方案对第 j 个评价因素的满足程度。

在比较这 n 个方案时，最大的 V_i 对应的第 i 个方案是最优方案。W_j，S_{ji} 可用 5 分制、10 分制或环比评分制等多种方法确定。

2）乘法规则

乘法规则采用如下公式计算各个方案的综合评价值 φ_i：

$$\varphi_i = \prod_{j=1}^{n} a_{ij} w_j \qquad (i = 1, 2, \cdots, m) \tag{8-1}$$

$$\lg \varphi_i = \sum_{j=1}^{n} w_j \lg a_{ij} \qquad (i = 1, 2, \cdots, m) \tag{8-2}$$

式中：a_{ij}——方案 i 的第 j 项指标的得分；

w_j——第 j 项指标的权重。

3）乘法规则与加法规则的区别

加权平均法中乘法规则与加法规则的区别在于：乘法规则使用的场合要求各项指标尽可能取得较好的水平，才能使总的评价值相同；在加法规则中，各项指标的得分可以线性地互相补偿，一项指标的得分比较低，其他项指标的得分都比较高，总的评价值仍然比较高。

2．主次兼顾法

设系统具有 n 项指标 $f_1(x), f_2(x), \cdots, f_n(x)$，$x \in R$，若其中某一项最为重要，设为 $f_1(x)$，希望它取最小值，则可以让其他指标在一定约束范围内变化，来求 $f_i(x)$的极小值，也就是说，将问题化为单指标的数学规划：

$$\min f_1(x), \quad x \in R$$

$$R = \{x \mid \min f_i \leqslant f_i(x) \leqslant \max f_i,\ i = 2, 3, \cdots, n,\ x \in R\}$$

例如，一个化工厂，要求产品成本低、质量好，同时还要求污染少。如果降低成本是当务之急，那么可以让质量指标和污染指标满足一定的约束条件而求成本的极小值；如果控制污染、保护环境是当务之急，那么可以让成本指标和质量指标满足一定的约束条件而求污染的极小值，等等。

3．效益成本法

在系统评价中，所有的评价指标可以划分为两类：一类是效益；另一类是成本。前者是实现方案后能够获得的结果，后者是为了实现方案必须投入的资金。将每个方案的效益与成本分别计算后，再比较其他方案的效益与成本的比值，就可评价出方案的优劣。显然，效益与成本的比值愈大，方案愈好。

【例 8-2】厂房扩建的方案设计

某厂为了扩大生产，准备建新的厂房，为此提出三个方案。表 8-4 从造价、建成年限、建成后需流动资金、建成后发挥效益时间、年产值、产值利润率和环境污染程度七个方面列出了三个方案的不同指标数值。已知建成后发挥效益的时间是十年，对三个方案进行评价。

表 8-4　配送中心方案指标比较

序　号	指　标	单　位	方案Ⅰ	方案Ⅱ	方案Ⅲ
1	造价	万元	100	86	75
2	建成年限	年	5	4	3
3	建成后需流动资金	万元	45.8	33.3	38.5
4	建成后发挥效益时间	年	10	10	10
5	年产值	万元	260	196	220
6	产值利润率	%	12	15	12.5
7	环境污染程度	—	稍重	最轻	轻

三个方案各有优缺点。在系统评价中最关心的是成本和效益两大类，因此把目标适当集中于这两类指标。计算出三个方案在十年内的总利润及全部投资额，分为总利润额、全部投资额、利润高于投资的余额和投资利润率四类指标列于表 8-5 中。

表 8-5　配送中心各方案投资利润率比较

指　标	单　位	方案Ⅰ	方案Ⅱ	方案Ⅲ
总利润额	万元	312	294	275
全部投资额	万元	145.8	119.3	113.5
利润高于投资的余额	万元	166.2	174.7	161.5
投资利润率	%	214	246	242

从表 8-5 可看出，方案Ⅰ、方案Ⅱ、方案Ⅲ的投资利润率分别为 214%、246%、242%，方案Ⅱ是最理想的。虽然方案Ⅰ的总利润额高于方案Ⅱ、方案Ⅲ，但投资额也相应较高，结果导致投资利润率低于方案Ⅱ和方案Ⅲ。另外，方案Ⅰ的环境污染也较严重，因此，应放弃方案Ⅰ。进一步分析方案Ⅱ和方案Ⅲ，可见方案Ⅱ确为最佳。

4．分层系列法

分层系列法又称为指标分层法，其基本思想是把多指标评价问题转换为一串单指标评价问题来处理。其主要做法是，把指标按其重要程度排好顺序，重要的排在前面，然后依顺序求其最优。例如，设指标已排成$f_1(x), f_2(x), \cdots, f_m(x)$，先对第一个指标求最优，找出所有最优解的集合，用$R_1$表示；再在$R_1$内求第二个指标的最优解，把这时的最优解集合用$R_2$表示；用这样的方法一直做下去，直到求出第 m 个指标的最优解为止。最后得到的结果对所有指标都是最优的。

8.4　常用的物流系统评价方法

8.4.1　单目标评价方法

多目标评价需要在单目标评价的基础上进行。单目标评价分为经验评分法和相对系数评分法两类，其中经验评分法又分为模糊评分法和 0-1 累计评分法。

1．经验评分法

1）模糊评分法

模糊评分法用在模糊目标的评价上。对重要性、可靠性、稳定性等模糊目标的评价只能依靠专家的经验，并通过模糊评分加以量化。具体工作步骤如下。

（1）给出明确的单目标。

（2）确定一组待评方案。

（3）请 20 位以上有实践经验的专家背靠背模糊打分，计分标准可以是 1 分、5 分、10 分、100 分。

（4）将评分结果集中起来，并根据下式求出每个方案的平均得分。

$$d_i=\frac{1}{p}\sum_{k=1}^{p}d_{ik}(i=1,2,\cdots,n) \tag{8-3}$$

式中：d_i——第 i 个方案得分；

d_{ik}——第 k 位专家对第 i 个方案的评分；

p——参加评分人数；

n——待评方案数。

（5）根据 d_i 的大小给出方案优劣排序。

【例 8-3】专家对仓库设计方案的打分评价

请 10 位专家采用 100 分制为 5 种仓库设计方案打分，评价结果汇总于表 8-6 中。

表 8-6　5 种仓库设计方案的模糊评分汇总表

仓库方案评分	专家序号										平均得分	优劣排序
	1	2	3	4	5	6	7	8	9	10		
方案 1	75	80	90	80	70	75	78	75	80	75	77.8	3
方案 2	80	70	88	75	80	90	92	80	84	76	81.5	1
方案 3	85	90	75	90	75	80	78	88	75	75	81.1	2
方案 4	70	75	60	85	60	75	75	70	90	80	74.0	4
方案 5	65	70	75	80	75	70	70	75	80	76	73.6	5

将专家的打分求和并取平均值，得到每一种方案的分值。按照得分的高低来判断，5 种方案的优劣排序：方案 2、方案 3、方案 1、方案 4、方案 5。

2）0-1 累计评分法

【例 8-4】专家对物流中心设备配置方案的打分评价

已知某物流中心的设备配置有 4 个方案 G_i（$i=1,2,3,4$），试求出 4 个方案的优劣排序。具体工作步骤如下。

（1）聘请若干位评判专家（本例请 10 位专家）。

（2）绘 0-1 评分矩阵表，分发到每位评判专家手中。

（3）详细交代评分方法，并采取背靠背的方法进行 0-1 评分。

其中某位专家给出的评分结果列于表 8-7 中。

表 8-7　0-1 评分矩阵表

方案	G_1	G_2	G_3	G_4	累计得分
G_1	×	1	0	1	2
G_2	0	×	1	0	1
G_3	1	0	×	1	2
G_4	0	1	0	×	1
合计					Q=6

在表 8-7 中，G_1 与 G_1 不比较，做标记“×”；G_1 与 G_2 相比，G_1 相对重要些，计“1”分；G_1 不如 G_3 重要，计“0”分；G_1 与 G_4 相比，G_1 又相对重要些，计“1”分，以此类推。将每个方案的得分加起来便得到累计得分（q_{ik}），它代表每位专家对不同方案相对重要性的认可。0-1 评分矩阵表最后一行的合计得分数 Q（本表 $Q=6$）代表一张评分表的总分数，同一个问题不同评分表的总分数是相同的。可根据总分数多少来判定评分表是否有效。Q 的计算公式为

$$Q=\frac{n(n-1)}{2}=\sum_{i=1}^{n}q_{ik}(k=1,2,\cdots,p)$$

式中：q_{ik}——第 k 位专家为第 i 个方案评的分数；

n——评价方案数。

（4）将 0-1 评分矩阵表集中起来汇总成 0-1 综合评分矩阵表（见表 8-8），然后计算总累计得分、重要性系数，并依此进行重要性排序。

表 8-8　0-1 综合评分矩阵表

方案	G_1	G_2	G_3	G_4	总累计得分	重要性系数 μ_i	重要性排序
G_1	×				19	19/60	1
G_2		×			17	17/60	2
G_3			×		16	16/60	3
G_4				×	8	8/60	4
合计					60	1	

总累计得分和重要性系数分别用下式计算：

$$q_i=\sum_{k=1}^{p}q_{ik}$$

$$\mu_i=\frac{q_i}{\sum_i q_i}=\frac{\sum_k q_{ik}}{\sum_i\sum_k q_{ik}}$$

0-1 累计评分法作为单目标系统评价方法，应用领域非常广泛，如系统功能分析、多目标排序、指标权重确定、系统问题诊断以及工程建设投资合理性评价分析等。

0-1 累计评分法在实际应用中，还可采取集体亮分的评分方法，收到事半功倍的效果。具体工作步骤如下。

① 在黑板上画出集体 0-1 评分矩阵表，如表 8-9 所示。

表 8-9　集体 0-1 评分矩阵表

方案	G_1	G_2	G_3	G_4	总累计得分	重要性系数μ_i	重要性排序
G_1	×	6	7	6	19	19/60	1
G_2	4	×	5	8	17	17/60	2
G_3	3	5	×	8	16	16/60	3
G_4	4	2	2	×	8	8/60	4
合计					60	1	

② 请 10 位专家集体进行 0-1 评分，并且只进行右上角评分。例如，G_1 与 G_2 进行比较，若认为 G_1 重要则举手，表示计“1”分，否则不举手，表示计“0”分。由表 8-9 可知，同意 G_1 重要的有 6 人，计 6 分，反之 G_2 得 4 分。同理，G_1 与 G_3 进行比较，G_1 得 7 分，G_3 得 3 分，以此类推，直到全部评分完毕为止。

2．相对系数评分法

当一组方案在给定的目标下都有确定的取值时，采用相对系数评分法可对其进行无量纲处理。具体分为以下两种情况。

（1）对极大化问题，按下式计算各方案得分：

$$d_i = \frac{q_i}{q_{\max}} \times 100 \qquad (i = 1, 2, \cdots, n)$$

$$q_{\max} = \max\{q_i \mid i = 1, 2, \cdots, n\}$$

式中：d_i——第 i 个方案相对评分；

q_i——第 i 个方案实际取值。

（2）对极小化问题，按下式计算各方案得分：

$$d_i = \frac{q_{\min}}{q_i} \times 100 \qquad (i = 1, 2, \cdots, n)$$

$$q_{\min} = \min\{q_i \mid i = 1, 2, \cdots, n\}$$

式中：d_i——第 i 个方案相对评分；

q_i——第 i 个方案实际取值。

8.4.2　多目标评价方法

1．简单综合法

简单综合法是一种简单的多目标评价方法，具体包括直接求和法、算术平均值法和几何平均值法。简单综合法的一般表达式如表 8-10 所示。不同的方法有其自身的特点，需要正确选用。

表 8-10　简单综合法的一般表达式

方案	目标				简单综合法		
	G_1	G_2	…	G_n	直接求和法	算术平均值法	几何平均值法
P_1	d_{11}	d_{12}	…	d_{1n}	$\sum_{j=1}^{n} d_{1j}$	$\frac{1}{n}\sum_{j=1}^{n} d_{1j}$	$\sqrt[n]{\prod_{j=1}^{n} d_{1j}}$

续表

方案	目标				简单综合法		
	G_1	G_2	…	G_n	直接求和法	算术平均值法	几何平均值法
P_2	d_{21}	d_{22}	…	d_{2n}	$\sum_{j=1}^{n} d_{2j}$	$\frac{1}{n}\sum_{j=1}^{n} d_{2j}$	$\sqrt[n]{\prod_{j=1}^{n} d_{2j}}$
…							
P_m	d_{m1}	d_{m2}	…	d_{mn}	$\sum_{j=1}^{n} d_{mj}$	$\frac{1}{n}\sum_{j=1}^{n} d_{mj}$	$\sqrt[n]{\prod_{j=1}^{n} d_{mj}}$

1）直接求和法

将每个方案对应几个目标的评分累加起来，然后根据累计得分的多少给出方案优劣排序，这种方法称为直接求和法。该法简单实用，但是，如果评价目标个数不相等，就不能再用直接求和法，而应采用算术平均值法。

2）算术平均值法

将每个方案对应几个目标的评分累加起来取平均值，并根据平均值的大小给出方案优劣排序的方法称为算术平均值法。这种方法适用于目标个数相等或不相等的两种情况，其实质是等权重的思想。当目标个数相等时，直接求和法与算术平均值法给出的排序结果是相同的。

3）几何平均值法

将每个方案对应几个目标的评分连乘再开几次方作为每个方案的综合得分，并依此给出方案优劣排序，此法称为几何平均值法。这种方法不仅适用于目标个数相等或不相等两种情况，还可把不同目标，但评分比较集中的方案选为最好方案。

【例8-5】分销仓库设计方案的评价

对分销仓库的三个设计方案，通过A、B、C、D四个目标来进行综合评判。得分值列于表8-11的第二列至第五列中。按算术平均值法和几何平均值法分别计算总的得分，可以看出：应用算术平均值法计算时，三个方案得分相同，分不出优劣。而采用几何平均值法计算时，方案Ⅲ对应不同目标的评分非常集中，所以该方案是最优的。

表8-11　三个不同方案的综合评价得分表

方案	指标				算术平均值法		几何平均值法	
	A	B	C	D	得分	排序	得分	排序
Ⅰ	1	3	5	11	5	1	$\sqrt[4]{165}$	3
Ⅱ	3	4	6	7	5	1	$\sqrt[4]{504}$	2
Ⅲ	5	5	5	5	5	1	$\sqrt[4]{625}$	1

2．关联矩阵法

关联矩阵法是指用矩阵形式来表示各备选方案有关评价项目的数据值，计算各方案评价值的加权和，再通过分析比较，评价值加权和最大的方案即最优方案。应用关联矩阵法的关键在于确定各评价指标的相对重要度，即权重，以及由评价主体给定的评价指标的评价尺度。

表8-12所示的关联矩阵法可用于各备选方案间互相没有干涉和影响的情况下。

表 8-12　关联矩阵法应用举例

方案	指标				综合评价值
	G_1	G_2	…	G_n	
	a_1	a_2	…	a_n	
P_1	d_{11}	d_{12}	…	d_{1n}	$\sum_{j=1}^{n} a_j d_{1j}$
P_2	d_{21}	d_{22}	…	d_{2n}	$\sum_{j=1}^{n} a_j d_{2j}$
…					
P_m	d_{m1}	d_{m2}	…	d_{mn}	$\sum_{j=1}^{n} a_j d_{mj}$

表 8-12 中的 P_i 是参与评价的方案，G_j 是评价指标，a_j 是评价指标 G_j 的权重，d_{ij} 是评价方案 P_i 在评价指标 G_j 下的评分值，评价方案 P_i 的综合评价值为

$$W_i = \sum_{j=1}^{n} a_j d_{ij}$$

根据 W_i 值的大小进行比较，可选出最优方案。

【例 8-6】制剂厂分厂选址的方案评价

为了扩大市场，某医药制剂厂拟建分厂，现对分厂的选址提出了 A、B、C 三个方案，须对其进行评价。主要评价指标有建厂成本、交通条件、市场需求量、年收益、环境污染程度。经过深入调查和预测，三个方案的指标数值如表 8-13 所示。

表 8-13　三个方案的指标数值

方案	指标				
	建厂成本/万元	交通条件/级	市场需求量/万元	年收益/万元	环境污染程度/级
A	200	1	50	250	5
B	175	2	40	210	3
C	150	3	35	160	2

将交通条件和环境污染程度皆分为 6 级，最好为 1 级，最差为 6 级。另外，根据专家的分析，建厂成本、交通条件、市场需求量、年收益、环境污染程度五项指标的权重分别为 0.2、0.1、0.15、0.3 和 0.25。根据以上条件进行方案的选优。

解决此问题的第一步是要进行单目标的评价。根据已知条件拟定如表 8-14 所示的评分标准。

表 8-14　评分标准

分数	指标				
	建厂成本/万元	交通条件/级	市场需求量/万元	年收益/万元	环境污染程度/级
5	120 以下	1	70 以上	300 以上	1
4	120～140	2	60～70	250～300	2

续表

分数	指标				
	建厂成本/万元	交通条件/级	市场需求量/万元	年收益/万元	环境污染程度/级
3	140～160	3	50～60	200～250	3
2	160～180	4	40～50	150～200	4
1	180～200	5	30～40	100～150	5
0	200 以上	6	30 以下	100 以下	6

第二步，对照评分标准对各方案的各项指标进行打分，使不同量纲的指标值转化为统一无量纲的标准值，如表 8-15 所示。

表 8-15　综合评分表

指标	建厂成本/万元	交通条件/级	市场需求量/万元	年收益/万元	环境污染程度/级	综合评价值	排序
权重	0.2	0.1	0.15	0.3	0.25		
方案 A	1	5	3	4	1	2.6	3
方案 B	2	4	2	3	3	2.75	1
方案 C	3	3	1	2	4	2.65	2

第三步，建立关联矩阵，计算综合评价值，给出方案的优劣排序，列于表 8-15 中。

从表 8-15 中可以看出，三个方案中，方案 B 的排序是在第一位的，它是首选方案。方案 C 为第二方案，方案 A 最不可取。

系统的综合评价有时需要将多种方法结合起来灵活运用。

【例 8-7】 节能加热装置的评价

某厂生产车间拟安装一套节约能耗的加热装置，初步确定三种供热途径为煤气加热、蒸汽加热和喷油加热。对三种供热途径的评价准则定为节能量、操作性能和对产品的质量保证。目标树为 3 层结构，如图 8-3 所示。

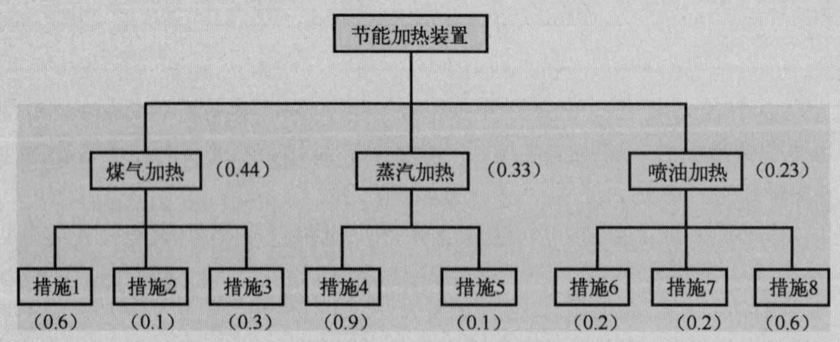

图 8-3　供热方式树状图

经专家组讨论，确定这些准则的相对重要程度：节能量∶操作性能∶质量 =0.6∶0.3∶0.1。现用相关数进行综合评价，如表 8-16 所示。

表 8-16　供热方案综合评价表

评价准则	评价系数	项目与得分		
		煤气加热	蒸汽加热	喷油加热
节能量	0.6	0.6	0.3	0.1
操作性能	0.3	0.2	0.4	0.4
质量	0.1	0.2	0.3	0.5
合计	1.0	0.44	0.33	0.23

经计算，在三种供热途径中以选煤气加热为最好，蒸汽加热次之，最好不采取喷油加热。

3．**模糊评价法**

在现实生活中，要对某一评价目标进行精确描述往往是很困难的，这就提出所谓模糊目标的问题。例如，“改善服务态度，让顾客满意”“把企业办得更好”“创建一流物流企业”等，这时的评价标准多由决策人主观确定。因此，应该采用一定的评价函数用来度量。

模糊评价法是运用模糊集理论对系统进行综合评价的一种方法。通过模糊评价，能获得系统各备选方案优先顺序的有关信息。它是常用的一种综合评价方法，其具体工作步骤如下。

（1）确定评价因素集合 U。类似于前面讲的评价指标，$U=\{u_1,u_2,\cdots,u_n\}$，如对技术人员进行技术考核，评价因素集可设定为 U={再现能力,发现能力,创造能力,…}。

（2）确定评语集合 V。对评价对象可能做出的评语，$V=\{v_1,v_2,\cdots,v_m\}$，如采取四级评分制，评判集 V={优秀,良好,及格,不及格}。

（3）建立模糊评价矩阵。一个由因素集 U 到评判集 V 的模糊映射，其中元素 r_{ij} 表示从第 i 个因素着眼，对某一对象做出第 j 种评语的可能程度。固定 i，$(y_{i1},y_{i2},\cdots)$就是 V 上的一个模糊集，表示从第 i 个因素着眼，对某对象所做出的单因素评价。在这里，y_{ij} 一般是通过对若干位专家给出的评语进行统计而得到的，如邀请 10 位专家，对某位仓库管理员的创造能力进行评价，其中，5 人认为该管理员为优秀，3 人认为是良好，2 人认为是及格，该评价因素在 V 上的一个模糊集为(0.5,0.3,0.2,0)。模糊评价矩阵的通式为

$$\boldsymbol{R}=\begin{bmatrix} r_{11} & r_{12} & \cdots & r_{1m} \\ r_{21} & r_{22} & \cdots & r_{2m} \\ \vdots & \vdots & \ddots & \vdots \\ r_{n1} & r_{n2} & \cdots & r_{nm} \end{bmatrix}$$

（4）确定评价因素的权重$\{\boldsymbol{A}(u_i)\}$（$i=1,2,\cdots,n$）。这实际上是 U 中各元素 u_i 的权重。用模糊理论来解释：U 中各因素之间有不同的权衡，人们对这个问题的认识可以表现为 U 上的一个模糊子集 $\boldsymbol{A}$，U 中元素 u_i 对 $\boldsymbol{A}$ 的隶属度为 $\boldsymbol{A}(u_i)$，叫作因素 u_i 被分配的权重，一般都令

$$\sum_{i=1}^{n} A(u_i)=1$$

（5）进行模糊变换。若已给出评价矩阵 $\boldsymbol{R}$，又给定了权重 $\boldsymbol{A}$，则模糊变换的综合评价模型为

$$\boldsymbol{B}=\boldsymbol{A}\cdot\boldsymbol{R}$$

根据 $\boldsymbol{B}$ 的结果，便可对某一对象做出评判和识别。

【例 8-8】 对某配送中心员工素质的模糊综合评价

对员工的整体素质做出客观、合理的评价是人力资源部门的工作内容之一，其目的在于确定和调整企业的工作计划和员工的培训计划。传统的评价主要依靠各级管理干部对员工的印象及对其平时表现的考察，由于考察时间的局限、接触的分散和认识的片面，往往导致评价上的偏差。为避免这种偏差，可以采用模糊综合评价的方法，实现评价工作的定量化与科学化。

根据专家的意见，设：$U=\{u_1,u_2,u_3,u_4\}$={工作效率,履行职责,创新精神,遵守纪律}，$\boldsymbol{A}=\{a_1,a_2,a_3,a_4\}$={很好,较好,一般,不好}={0.5,0.2,0.2,0.1}。

在配送中心调查和有关人员调查的基础上，确定了某员工的评价矩阵：

$$\boldsymbol{R}=\begin{bmatrix}0.4 & 0.5 & 0.1 & 0\\0.6 & 0.3 & 0.1 & 0\\0.1 & 0.2 & 0.6 & 0.1\\0.1 & 0.2 & 0.5 & 0.2\end{bmatrix}$$

其中对评价因素 u_1 的评价向量为(0.4,0.5,0.1,0)，表示在调查对象中，有 40%的人认为该员工的工作效率很高，50%的人认为该员工的工作效率较高，10%的人认为该员工的工作效率一般，没有人说不好。其他方面的评价也按这样的方法来进行。

对该员工所做的综合评价模型为

$$\boldsymbol{B}=\boldsymbol{A}\cdot\boldsymbol{R}$$

$$=(0.5,0.2,0.2,0.1)\begin{bmatrix}0.4 & 0.5 & 0.1 & 0\\0.6 & 0.3 & 0.1 & 0\\0.1 & 0.2 & 0.6 & 0.1\\0.1 & 0.2 & 0.5 & 0.2\end{bmatrix}=(0.35,0.37,0.24,0.04)$$

进行归一化处理

$$(0.35+0.37+0.24+0.04)=1$$

所以

$$\boldsymbol{B}=(0.35,0.37,0.24,0.04)$$

按隶属原则，该员工的工作效率评为较高（取最大值 0.37）。

8.4.3 交叉影响评分法

大多数的评价方法都假定了各方案之间是没有相互影响的。但在项目实践中，当某一方案被采用后，可能会影响其他方案的价值，各方案之间既互相依赖又互相约束。

【例 8-9】 两种投资方案的评价

投资方在某地区投资有两个备选的方案。方案一是建立一个大型钢结构厂，方案二是建立一个发电厂。

如果选择方案一，面临的难题就是电力缺乏。在目前情况下，该地区的电力供给基本能满足需求，但是钢结构厂需要消耗大量的电能，有可能出现电力的缺口，因而方案一不被看好。

若选择方案二，建立一个发电厂，由于该地区没有用电大户，发出来的电有可能卖不出去，供过于求也是一种浪费。因而方案二也不是好方案。

若把两个方案结合起来考虑，同时建立钢结构厂和发电厂，两个方案就都成为好的方案了。这就是不同项目之间的交叉影响（Cross Impact）。

交叉影响评分法是在前述各种方法（如加权评分法）的应用中，考虑不同方案之间存在相互影响的可能性，在求出每一个方案自身的价值 V_i 之后，确定各方案之间的影响系数 β_{ij}，β_{ij} 表明第 j 个方案对第 i 个方案的影响程度。

一般情况下，β_{ij} 不等于 β_{ji}。如果 $\beta_{ij}>0$，表明第 j 个方案对第 i 个方案有促进作用；如果 $\beta_{ij}<0$，表明第 j 个方案对第 i 个方案有抑制作用。影响系数值的大小一般取 1，2，4，8，16 等，即 2 的整数次幂。

根据 β_{ij} 的数值，对原评价值 V_i 进行修正，修正后的新平均值用 V_i* 表示，则有

$$V_i^* = \frac{1}{2}\left(V_i + \frac{\sum \beta_{ij} V_j}{\sum\limits_i \sum\limits_j \beta_{ij} V_j}\right)$$

8.4.4 层次分析法

层次分析法（Analytic Hierarchy Process，AHP）是对一些较为复杂、相对模糊的问题做出决策的常用方法。它是运筹学家 T. L. Saaty 教授于 20 世纪 70 年代初期提出的一种简便、灵活而又实用的多准则决策方法，特别适用于那些难以完全定量分析的问题。目前，该方法在国内已得到广泛的推广，既可应用于处理复杂的社会、政治、经济和技术等方面的评价问题，也可应用于方案的选择和优化，特别在确定指标权重上具有独到之处，是一种常见、实用的评价方法。

1．层次分析法的特点与作用

层次分析法是对复杂问题做出决策的一种简易的新方法，特别适用于那些难以完全用定量进行分析的复杂问题。在很多应用场合中，如生产者要针对消费者和竞争对手做出最佳经营决策、消费者要从众多的商品中做出最佳购买决策、研究单位要合理地选择科研课题等。显然，影响决策的因素很多，有些是定量指标，可以度量，更多的是非定量指标，只有定性关系。

层次分析法是指在对复杂的决策问题的本质、影响因素及其内在关系等进行深入分析的基础上，利用较少的定量信息使决策的思维过程数学化，从而为多目标、多准则或无结构特性的复杂决策问题提供简便的决策方法，尤其适合于对决策结果难以直接准确计量的场合。在对复杂系统问题做决策时，往往需要考虑很多方面的因素或判断准则。这些因素相互制约、相互影响，且各因素的相互比较大多无法定量描述，因此，需要将半定性、半定量的问题转化为定量计算问题。层次分析法是解决这类问题行之有效的方法，它可将复杂的决策系统层次化，通过逐层比较各种关联因素的重要性来为分析、决策提供定量依据。

物流系统的评价属于多目标、多判据的综合评价。如果缺乏定量分析依据，仅靠评价者的定性分析和逻辑判断来评价系统方案的优劣，显然是不够理想的。尤其对于物流系统的社会经济评价，精确地定量分析是很困难的。层次分析法综合了人们的主观判断，是一种简明实用、定性分析与定量分析相结合的系统分析与评价的方法。它可以使人们的思维过程层次化，逐层比较多种关联因素，为分析、预测、决策或控制事物的发展提供定量的依据。

2．层次分析法的基本原理

层次分析法的基本思路体现了先分解后综合的系统思想。人们在进行社会、经济，以及科学管理领域问题的系统分析中，经常面临一个由相互关联、相互制约的众多因素构成的复杂且缺少定量数据的系统。评价者常常需要权衡各个因素的实际大小，协调各个因素的实际意义。层次分析法为这类问题提供了一种简捷而实用的解决方法。

应用层次分析法进行系统评价可按下面的步骤进行。

（1）建立递阶层次结构模型，即对构成评价系统的目的、评价指标（准则）及备选方案等要素建立多级递阶的层次结构模型。

（2）构造各层次中所有的判断矩阵。对同属一级的要素以上一级的要素为准则进行两两比较，根据评价尺度确定其相对重要度，据此建立判断矩阵 $\boldsymbol{A}$。

（3）计算判断矩阵的特征向量以确定各要素的相对重要度。

（4）对判断矩阵做一致性检验。

（5）最后通过综合重要度的计算，对各种方案要素进行排序，从而为决策提供依据。

3．多级递阶的层次结构

用层次分析法进行系统分析，首先要把问题层次化。根据问题的性质和想要达到的总目标，将问题分解为不同的组成因素，并按照因素间的相互影响及隶属关系，将因素按不同层次聚集组合，形成一个多层次的分析结构模型。

【例 8-10】设备采购方案的评价

某物流企业需要采购一台设备，需要从功能、价格与维护性三个角度进行评价，考虑应用层次分析法对三个不同品牌的设备进行综合分析评价和排序，从中选出能实现系统总目标的最佳设备。

解：对设备的选择方案主要从设备的功能、价格、维护性三个方面进行评价。当然，如何评价功能、维护性等，还会用更细一级的指标来衡量。这里为分析简便，省略了更详细的指标。这样，可建立对设备方案进行比较的层次分析结构图，如图 8-4 所示。

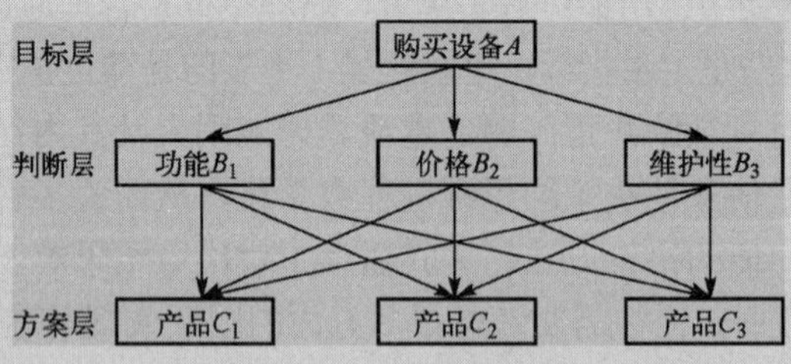

图 8-4　方案比较层次分析结构图

图 8-4 中的最高层是目标层，该层只有一个元素，一般为分析问题的预定目标或理想结果。

中间层包括判断层和指标层（这里省略了指标层），表示采取某一方案来实现预定总目标所涉及的中间环节。即选择每一种设备方案，都要以功能、价格、维护性三个指标来评价，无论是功能、价格还是维护性都与三种设备方案有关。

底层是方案层，这一层包括了为实现目标可供选择的各种措施、决策方案等。这里有三个备选方案。

在排序计算中，每一层次的要素相对上一层次某一要素的单排序问题，又可简化为一系列成对因素的比较判断。从最上层要素开始，依次以上层要素为依据，对下一层要素两两比较，可建立判断矩阵。

4．判断矩阵

判断矩阵是层次分析法的基本信息，也是进行权重计算的重要依据。

如上所述，判断矩阵 $\boldsymbol{A}$ 中元素 a_{ij} 表示要素 i 与要素 j 相对重要度之比，且有下述关系：

$$a_{ij}=1/a_{ji} \qquad (i,j=1,2,\cdots,n)$$

显然，比值越大，要素 i 的重要度就越高。

为了便于将比较判断定量化，引入 1-9 标度法，规定用 1、3、5、7、9 分别表示根据经验判断要素 i 与要素 j 相比的结果："一样重要""稍微重要""较强重要""强烈重要""绝对重要"，而 2、4、6、8 表示上述两相邻判断要素的中间值，如表 8-17 所示。

表 8-17　1-9 标度法

标度	定义（比较要素 i 和 j）
1	要素 i 与 j 一样重要
3	要素 i 比 j 稍微重要
5	要素 i 比 j 较强重要
7	要素 i 比 j 强烈重要
9	要素 i 比 j 绝对重要
2、4、6、8	两相邻判断要素的中间值
倒序	当比较要素 j 和 i 时

在例 8-10 中，选定的三个评价准则为功能、价格、维护性，若以购置设备为比较基准，根据经验对这三个指标进行两两比较，其结果如表 8-18 所示。

表 8-18　指标比较结果

重要度	B_1	B_2	B_3
B_1	1	1/3	2
B_2	3	1	5
B_3	1/2	1/5	1

该结果表明：对物流企业的设备配置而言，价格比功能稍微重要（$a_{ij}=1/3$），功能比维护性较重要（$a_{ij}=2$），价格比维护性较强重要（$a_{ij}=5$），其他可以照此类推。

5．相对重要程度（权重）的计算

从理论上讲，对以某上层要素为准则的同一层次要素的相对重要程度，可以通过计算判断矩阵 $\boldsymbol{A}$ 的特征值获得。但因计算方法较为复杂，且实际上只能获得对矩阵 $\boldsymbol{A}$ 粗略的估计，因此，计算其精确的特征值是没有必要的。在实践中可以采用求和法或求根法计算特征值的近似值。

1）求和法

（1）将判断矩阵 $\boldsymbol{A}$ 按列归一化（列元素之和为 1）：$b_{ij}=a_{ij}/\sum a_{ij}$。

（2）按行求和：$v_i = \sum_j^i b_{ij}$。

（3）归一化：$w_i^0 = v_i / \sum v_i$，$i = 1, 2, \cdots, n$。

所得 $w_i^0 (i = 1, 2, \cdots, n)$ 即 $\boldsymbol{A}$ 的特征向量的近似值。

2）求根法

（1）计算判断矩阵各行元素的乘积 m_i。

（2）求其 n 次方根 $v_i = \sqrt[n]{m_i}$。

（3）归一化：$w_i = v_i / \sum v_i$，$i = 1, 2, \cdots, n$。

对例 8-10 中的矩阵 $\boldsymbol{A}$ 分别用求和法、求根法计算的权重向量如下：

$$\boldsymbol{A} = \begin{bmatrix} 1 & 1/3 & 2 \\ 3 & 1 & 5 \\ 1/2 & 1/5 & 1 \end{bmatrix}$$

求和法：

$$\boldsymbol{B} = \begin{bmatrix} 0.222 & 0.218 & 0.250 \\ 0.667 & 0.652 & 0.625 \\ 0.111 & 0.130 & 0.125 \end{bmatrix} \quad \boldsymbol{V} = \begin{bmatrix} 0.690 \\ 1.944 \\ 0.336 \end{bmatrix} \quad \boldsymbol{W} = \begin{bmatrix} 0.230 \\ 0.648 \\ 0.122 \end{bmatrix}$$

求根法：

$$\boldsymbol{V} = \begin{bmatrix} 0.874 \\ 2.466 \\ 0.464 \end{bmatrix} \quad \boldsymbol{W} = \begin{bmatrix} 0.230 \\ 0.648 \\ 0.122 \end{bmatrix}$$

6．判断矩阵的一致性检验

在实际评价中，评价者只能对判断矩阵进行粗略判断，难免出错。例如，出现了 A 事物比 B 事物极端重要，而 B 事物比 C 事物极端重要，但 C 事物却比 A 事物极端重要的判断，这肯定是违反常识的，一个没有逻辑的判断矩阵会失去对用户的向导作用。因此，需要对判断矩阵进行一致性检验。

根据层次法原理，利用矩阵 $\boldsymbol{A}$ 的理论最大特征值 $\lambda_{\max}$ 与 n 之差检验一致性。

一致性指标：$\mathrm{CI} = \dfrac{\lambda_{\max} - n}{n - 1}$；$\lambda_{\max} = \dfrac{1}{n} \sum_i \left(\dfrac{(\boldsymbol{AW})_i}{w_i} \right)$。

当判断矩阵完全一致性时，CI=0。CI 的值越大，判断矩阵的一致性偏差度就越高。一般来讲，当 CI ＜ 0.1 时，就认为判断矩阵的一致性可以接受，否则，将返回上层，重新进行重要性两两比较，直到取得一致性。

判断矩阵的维数也影响了矩阵的一致性。维数 n 越大，判断矩阵的一致性也越差。因此，放宽对维数大的矩阵的一致性要求，引入修正值 RI（见表 8-19），对 CI 进行修正，令修正平均值 CR=CI/RI，将此更为合理的 CR 作为衡量判断矩阵一致性的指标。同理，CR< 0.1，就认为该判断矩阵基本符合一致性要求。

表 8-19　同阶平均随机一致性指标

矩阵阶数	1	2	3	4	5	6	7	8	9	10	11	12	13	14	15
RI	0	0	0.58	0.90	1.12	1.24	1.32	1.14	1.45	1.49	1.52	1.54	1.56	1.58	1.59

在例 8-10 中：

$$\boldsymbol{AW}=\begin{bmatrix}1 & 1/3 & 2\\ 3 & 1 & 5\\ 1/2 & 1/5 & 1\end{bmatrix}\begin{bmatrix}0.230\\ 0.648\\ 0.122\end{bmatrix}=\begin{bmatrix}0.690\\ 1.948\\ 0.367\end{bmatrix}$$

$$\lambda_{\max}=\frac{1}{n}\sum_i\left(\frac{(\boldsymbol{AW})_i}{w_i}\right)=\frac{1}{3}\left[\frac{0.690}{0.230}+\frac{1.948}{0.648}+\frac{0.367}{0.122}\right]=3.005$$

一致性检验有 $\mathrm{CI}=\dfrac{\lambda_{\max}-n}{n-1}=\dfrac{3.005-3}{3-1}\approx 0.003$，查询同阶平均随机一致性指标（见表 8-19）得 RI=0.58，故 $\mathrm{CR}=\mathrm{CI}/\mathrm{RI}=0.005<0.1$。

7．综合重要度计算

获得同一层次各要素之间的相对重要度后，就可自上而下地计算各级要素对总体的综合重要度。设 P 级共有 m 个要素 $P_1, P_2,\cdots, P_m$，它们对总值的重要度为 $w_1, w_2, \cdots, w_m$；下一层次 Q 级有 $Q_1, Q_2, \cdots, Q_n$ 共 n 个要素，若要素 Q_i 对 P_j 的重要度为 v_{ij}，则 Q 级要素 Q_i 的综合重要度为

$$W_i'=\sum_j w_j v_{ij}$$

依据各方案综合重要度的大小，即可对方案进行排序、决策。

在例 8-10 中，通过对三个产品的功能、价格、维护性进行分析和比较，可建立方案层的判断矩阵。因为这一层有三个准则，故有三个判断矩阵，如表 8-20～表 8-22 所示。然后，按照求根法，可计算出各方案在不同准则下的重要度，将重要度值列于相应表中的最后一列。

表 8-20　判断矩阵 B_1-C

功　能	C_1	C_2	C_3	重 要 度
C_1	1	1/3	1/5	0.105
C_2	3	1	1/3	0.258
C_3	5	3	1	0.637

表 8-21　判断矩阵 B_2-C

价　格	C_1	C_2	C_3	重 要 度
C_1	1	2	7	0.592
C_2	1/2	1	5	0.333
C_3	1/7	1/5	1	0.075

表 8-22　判断矩阵 B_3-C

维 护 性	C_1	C_2	C_3	重 要 度
C_1	1	3	1/7	0.149
C_2	1/3	1	5	0.066
C_3	1/7	1/5	1	0.785

在得到三个产品对功能、价格、维护性三个指标的重要度值后，可按照功能、价格、维护性对总目标的重要度，求出三个产品对总目标的综合重要度，如表 8-23 所示。

表 8-23　各方案的综合重要度

准则	B_1	B_2	B_3	综合重要度
权重	0.230	0.648	0.122	
C_1	0.105	0.592	0.149	0.426
C_2	0.258	0.333	0.066	0.283
C_3	0.637	0.075	0.785	0.291

计算过程如下。

产品 C_1 的重要度：

$$W_1' = 0.230\times0.105+0.648\times0.592+0.122\times0.149 = 0.426$$

产品 C_2 的重要度：

$$W_2' = 0.230\times0.258+0.648\times0.333+0.122\times0.066=0.283$$

产品 C_3 的重要度：

$$W_3' =0.230\times0.637+0.648\times0.075+0.122\times0.785 = 0.291$$

根据综合重要度的比较，三个产品的优劣顺序：C_1，C_3，C_2，且产品 C_1 明显优于其他两个产品的设备。

8.5　案例分析：港口综合能源系统评价

1. 案例背景

港口物流是全球贸易的关键枢纽，对促进全球贸易发展有着举足轻重的作用。目前，港口物流正处于稳步增长阶段，货物吞吐量和集装箱吞吐量持续增长。根据联合国发布的2024年《海运评述》，2023年全球海上贸易增长了2.4%，达到了123亿t。中国作为全球贸易的“稳定器”，连续7年保持了货物贸易第一大国的地位，全球海运贸易量增量的三分之一来自中国。根据统计，2023年，中国外贸海运量占世界海运量的30.1%，较2022年上升2.2个百分点。全球港口货物吞吐量和集装箱吞吐量排名前十的港口中，中国港口占了7席。由此可见，我国港口在世界贸易中扮演着至关重要的角色。

然而，港口发展在推动全球贸易和经济增长的同时，也面临着严峻的环境挑战。由于港口作业过程中装卸机器、运输卡车、靠港船舶等设备的运行主要依赖化石燃料，其运输活动会产生大量的温室气体和大气污染物，导致港口城市的空气污染问题尤为突出。为了响应我国的“双碳”战略目标，各省市政府也出台了一系列发展规划和标准规范，如《绿色交通“十四五”发展规划》《减污降碳协同增效实施方案》等，强调了推动港口能源结构转型的重要性，要求港口加快新能源和清洁能源的推广应用，并推进多能互补的港口分布式可再生能源微电网推广应用，促进港口与新能源融合发展。

在“双碳”目标的指引下，某港口建设综合能源系统，对风能、光伏、氢能等多种可再生清洁能源进行资源整合和优化利用，可以有效减少港口对化石能源的使用，降低空气污染物的排放量，提高清洁能源的使用率，实现港口节能减排。

2. 港口综合能源系统

得益于港区丰富的风能资源和充足的日照条件，风光发电系统表现出了较高的发电效率和环境效益，为港区内部的港区负荷、靠港船舶提供电能。综合能源系统一般由能源层、控制层、电网层以及负荷层构成，采用多元电源互补模式，为港区用能供能系统提供了更安全、高效、环保、可持续的运行环境。

在能源层，风光互补发电系统是主要的新能源发电模块；外部电网可以消纳富余电能，补充不足电能，提高系统可靠性。能源层还包括能量型和功率型的储能系统。蓄电池/超级电容等储能模块可储存多余的电能和短期内平抑电网的波动；氢能系统可进行较长时间尺度下的能量储存，其制得氢气可供给氢动力设备，也可利用氢燃料电池模块发电。

在控制层，能源管理系统负责综合多能源系统的能量调度管理，根据实时负荷和风光出力情况，调控蓄电池/超级电容的充放电状态和大小，最大限度地利用风光资源，确保系统安全、经济、稳定地运行。

在电网层，港口微电网可分为交流型、直流型以及交直流混联型。交流微电网目前应用最多，但其转换环节多，运行控制复杂。直流微电网线路成本小，电网运行可靠性更高，但大多数用电负荷为交流负荷，需要通过逆变装置给交流负荷供电，且直流电升降压转换较复杂。因此，将二者结合的交直流混联系统是微电网的发展趋势。

在负荷层，综合能源系统能够为港口多种负荷类型提供能源供给，涵盖了以电能为主要能源形式的基础设备，如岸桥、轮胎式龙门吊、轨道式龙门吊和电动集卡等，以及氢能驱动的港口流动机械。随着港口电气化和氢能产业化水平提升，使用电能和氢能的港口流动机械将成为主流。

3. 港口综合能源系统评价指标体系

1）环境指标

（1）碳排放和碳回收周期。港口综合能源系统由风电系统、光伏系统、锂电池储能系统、制氢系统和并网系统五个子系统组成，每个子系统考虑从生产制造、运输、建造、运维到退役五个阶段。综合能源系统的生命周期碳排放可以通过下式计算。

$$E = E_{\text{Wind}} + E_{\text{PV}} + E_{\text{Hydro}} + E_{\text{Battery}} + E_{\text{Grid-connection}}$$

$$E_k = E_{\text{Manufacture}} + E_{\text{Transport}} + E_{\text{Construction}} + E_{\text{Operation}} + E_{\text{Decommission}}$$

式中：E——港口综合能源系统的碳排放总量；

$E_{\text{Wind}}, E_{\text{PV}}, E_{\text{Hydro}}, E_{\text{Battery}}$ 和 $E_{\text{Grid-connection}}$——风电系统、光伏系统、制氢系统、锂电池储能系统和并网系统的碳排放量；

$E_{\text{Manufacture}}, E_{\text{Transport}}, E_{\text{Construction}}, E_{\text{Operation}}$ 和 $E_{\text{Decommission}}$——某一个子系统的生产制造、运输、建造、运维和退役阶段的碳排放量。

回收周期是衡量一个投资项目的回报时间的重要指标。本指标从碳排放量方面评估了港口综合能源系统的碳回收周期(T_{em})。可以通过下式计算。

$$\text{EM} = \begin{cases} \text{EM}_{\text{Initial}} - \sum_{t=1}^{t} (Q_t \text{CI}_t), & t \subseteq [0, T_{\text{em}}) \cap (T_{\text{em}}, L] \\ 0, & t = T_{\text{em}} \end{cases}$$

式中：EM——累计的碳排放量；

$\text{EM}_{\text{Initial}}$——该能源系统初始的碳排放，涵盖生产制造、运输和建设阶段；

Q_t——该港口综合能源系统第 t 年的电力供给量；

CI_t——当地电网的第 t 年的度电碳强度；

T_{em}——碳回收周期，当 $t=T_{em}$ 时，EM 等于 0，即当 EM 为 0 时，所求的 t 即为回收周期；

L——该港口综合能源系统的使用寿命。

（2）生命周期度电碳强度。生命周期碳排放量是衡量其碳强度（Carbon Intensity，CI）的重要指标，也被称作“产品碳标签”或者“产品碳足迹”。港口综合能源系统生命周期度电碳强度可用下式计算。

$$\mathrm{CI}=\frac{E}{\sum_{t=1}^{L}Q_t}$$

式中：CI——港口综合能源系统的生命周期度电碳强度；

E——港口综合能源系统的碳排放总量；

Q_t——港口综合能源系统第 t 年的电力供给量；

L——港口综合能源系统的使用寿命。

（3）减碳效益。港口综合能源系统的减碳效益由两部分组成：一部分是该能源系统在退役阶段回收过程生产有价值的产品产生的；另一部分是该能源系统产生的绿色低碳的电力导致的。港口综合能源系统的电力是由光伏系统和风力机组提供的，相比于当地电网供应的以火力发电为主的高碳强度的电力，能够大幅减少二氧化碳等温室气体的排放。这一部分的减碳效益可以通过下式计算。

$$\sum D_t=\sum(\mathrm{CI}_t Q_t)-E$$

式中：D_t——该港口综合能源系统第 t 年的减碳效益；

CI_t——当地电网的第 t 年的度电碳强度；

Q_t——该港口综合能源系统第 t 年的电力供给量；

E——该港口综合能源系统的生命周期碳排放量。

电网的度电碳强度与其电力结构是息息相关的。中国电力结构是国际能源署基于既定政策情境（Stated Policies Scenario，STEPS）和已宣布政策情境（Announced Pledges Scenario，APS）进行预测得到的。考虑综合能源系统运行期间电网度电碳强度的变化，动态电网度电碳强度计算如下。

$$\mathrm{CI}_t=\sum_{z}(P_{z,t}\mathrm{CI}_z)$$

式中：CI_t——当地电网的第 t 年的度电碳强度；

$P_{z,t}$——当地电网的电力结构中第 t 年第 z 种发电方式的比例；

CI_z——第 z 种发电方式的度电碳排放强度。

2）能源指标

通过港口综合能源系统生命周期清单，可以评估其生命周期的初次能源需求。能源回收周期（Energy Payback Time，EPBT）是广泛用于评估能源系统可持续性的能效指标，是指能源系统累计生产的电力量与其生产、运输、建设和运行阶段的能源初次需求相同时的时间。

$$\mathrm{EN}=\begin{cases}\mathrm{EN}_{\mathrm{Initial}}-\sum_{t=1}^{t}Q_t, & t\subseteq[0,T_{en})\cap(T_{en},L]\\ 0, & t=T_{en}\end{cases}$$

式中：EN——系统能源净值，是指在某个特定时间段内，港口综合能源系统的能源产出与能源投入之间的差值，反映了系统在运行过程中能源的净收益或净消耗情况；

$EN_{Initial}$——该能源系统的初次能源需求；

Q_t——该港口综合能源系统第 t 年的电力供给量；

T_{en}——能源回收周期，当 $t=T_{en}$ 时，EN 等于 0，即当 EN 为 0 时，所求的 t 即为回收周期；

L——该港口综合能源系统的使用寿命。

3）经济指标

在经济效益分析方面。首先，选取可有效反馈经济效益的指标。其次，计算分析各子系统的经济效益。最后，计算分析系统整体的经济效益。其中，经济效益指标包括折现回收期、投资回报率、内部收益率、总投资收益率。各指标计算公式如下。

（1）折现回收期（DPP）。折现回收期（DPP），是指衡量一项投资在考虑时间价值的情况下，能够收回初始投资所需的时间。通过将未来的现金流折现到当前时点，可以更准确地反映投资的风险和回报情况。折现回收期的计算公式为

$$\sum_{i=1}^{t}\frac{C_i}{(l+r)^i}=0$$

式中：t——折现现金流累计为正的年份（DPP 折现回收期）；

C_i——第 i 年的现金流；

r——折现率。

（2）投资回报率（ROI）。投资回报率（ROI），是指衡量投资所产生的回报相对于投资成本的比例。表示每单位投入所带来的收益，用于评估投资的盈利能力。投资回报率的计算公式为

$$\text{ROI}=\frac{P-C}{C}\times 100\%$$

式中：P——投资收益；

C——投资成本。

（3）内部收益率（IRR）。内部收益率（IRR），是指使净现值等于零的折现率。可表示投资的潜在收益率，用于比较不同投资项目的盈利能力。内部收益率的计算公式为

$$\sum_{t=1}^{n}\frac{C_t}{(1+r)^t}=C_0$$

$$\text{IRR}=r$$

式中：r——净现值为 0 时的折现率；

C_t——第 t 年的现金额；

C_0——初始投资金额；

n——投资期数。

（4）总投资收益率（TROI）。总投资收益率（TROI），是指衡量整个投资期间的总回报率。可反映投资在整个持有期内的总体收益情况，TROI 常用于评估长期投资的整体表现。总投资收益率的计算公式为

$$\text{TROI}=\frac{V_f-V_i}{V_i}\times 100\%$$

式中：V_f——最终投资价值；

V_i——初始投资成本。

4）社会效益指标

（1）安全性。该系统通过分布式能量管理系统的协调控制，实现了各分布式能源模块的优势互补和协调配合，确保港区在各种能源供应条件下的稳定运行，显著提高了能源的利用效率，最大化利用可再生能源，减少能源浪费，提升港区整体能源利用效率。有效降低了对传统化石燃料的依赖，提升了港区的用能安全。

（2）设备故障率。设备故障率是衡量港口综合能源系统中设备运行可靠性与稳定性的重要指标，通过统计该综合能源系统中的设备在一定运行周期内发生故障的频率或故障时间占总运行时间的比例来评估。它能反映设备的性能状态和系统的维护需求，对该港口综合能源系统的可靠性、安全性以及运行效率具有重要影响。

（3）用户满意度。用户满意度是直接反映社会效益的关键指标，反映了港口能源系统是否满足用户需求，包括船舶运营方、港口企业、政府以及社区居民等。高用户满意度意味着港口能源系统能够切实提升用户体验和便利性，同时体现了社会对系统的接受程度。用户满意度可以反映服务质量、能源成本、稳定性以及系统运行对环境的正面影响。

（4）项目适应性。项目适应性反映了港口能源系统在不同社会、经济和环境条件下的灵活性和可持续发展能力。适应性强的项目通常更能满足社会需求并带来长远的社会效益。该系统能够适应多种能源需求，能够适用新技术和政策，具有较高的社会价值。

4. 指标测算与综合评价

本文主要采用生命周期评价方法对该港口能源系统的全过程进行资源和环境影响分析与评价。生命周期评价涉及大量的数据计算，本文主要基于该港口综合能源系统的相关数据并采用 GaBi v10.0 及其数据库，优先选用中国区域的背景数据，以 Ecoinvent 数据库、CLCD 和文献数据作为补充建立评价数据库，并基于此进行计算，计算结果如表 8-24 所示。

表 8-24 港口综合能源系统评估指标

指标类型	评估指标	数值	单位
环境指标	港口综合能源系统硬件生命周期碳排放	8.73×10^3	tCO_2 eq
	港口综合能源系统硬件生命周期度电碳强度	16.2	gCO_2 eq/kWh
	港口综合能源系统生命周期累计碳排放（STEPS 情境）	-2.82×10^5	tCO_2 eq
	港口综合能源系统碳回收周期（STEPS 情境）	0.625	年
	港口综合能源系统减碳量	25863	t
能源指标	港口综合能源系统初次能源需求总量	1.43×10^5	GJ
	港口综合能源系统初次能源回收周期	1.725	年
经济指标	港口综合能源系统投资成本	1.98	亿元
	港口综合能源系统折现回收期（DPP）	5.8	年
	港口综合能源系统投资回报率（ROI）	193%	
	港口综合能源系统内部收益率（IRR）	13.86%	
社会效益指标	安全性	良好	
	设备故障率	良好	
	用户满意度	优秀	
	项目适应性	优秀	

由表 8-24 可知，相较于行业水平，该港区综合能源系统的环保性达到了一个较好的水平。尽管港区的货物吞吐量逐年递增，但碳排放量成功维持在了一个较低的水平。

港区的综合能源系统全年平稳运行，无论是各类温室气体的排放量，还是整个综合能源系统的成本，已经达到了一个很低的水平。该港区综合能源系统带来的效益是显著的。

根据以上评估得到，该系统的评价结果为良好，处于行业中等偏上水平，可以满足国家的各项法律法规和行业标准，同时也有改进和提升的空间。评价结果与其他同行对该系统的评价结果一致。

思考题与习题

1. 何为系统评价？如何进行系统评价？
2. 物流系统评价的目的和意义是什么？物流系统有哪些主要特征值？
3. 目前对物流系统进行评价主要采取哪些方法？试比较这些方法之间的区别及优缺点。
4. 物流系统评价指标应具备哪些特点？物流的评价指标应如何选择？
5. 简述物流系统的一般评价指标体系。
6. 评价指标的数量化方法及评价指标综合的主要方法有哪些？
7. 层次分析法和模糊评价法有何异同？
8. 对一个第三方物流企业，如何建立其客户服务满意度评价的指标体系？
9. 某厂新建工程拟订了 4 个方案，各方案的主要指标如表 8-25 所示，请用效益成本法帮助该厂领导做出正确评价和选择（提示：评价方案应着重考虑投资效益）。

表 8-25　各方案的主要指标

序　号	指 标 项 目	单　位	方案Ⅰ	方案Ⅱ	方案Ⅲ	方案Ⅳ
1	工程投资	万元	5000	4200	3500	3000
2	建成年限	年	8	6	5	4
3	年产值	万元	12000	10500	9000	8400
4	产值利润率	%	15	13	17	14
5	使用寿命	年	12	12	12	12
6	环境污染程度	—	较轻	一般	轻	最轻
7	建成后需流动资金数	万元	2000	1500	1400	1200

第 9 章　物流系统决策

本章导读：

物流系统决策的角色与地位；决策的概念、作用与基本属性，决策的基本原则，决策的分类，决策的过程与影响因素；物流系统决策的典型问题、特点和基本类别，多目标决策；物流战略决策；第三方物流决策；不确定型物流决策；风险型物流决策。

9.1　物流系统决策的角色与地位

物流系统决策概述

物流系统决策（Logistics System Decision）是本书最后一章的内容，它与前述各章之间存在紧密的联系。

在完成了系统的分析、建模、规划和评价之后，就要将各种行动方案及其后果信息提供给决策者，让他们在这些信息的基础上根据经验和直感做出决策。物流系统决策与其他环节之间的关系如图 9-1 所示。

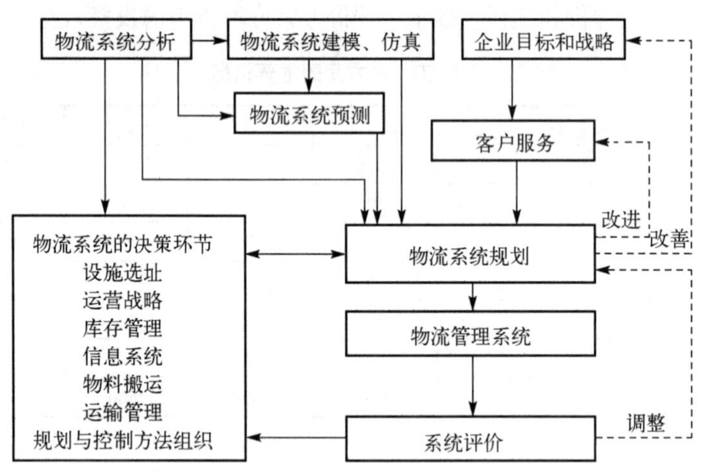

图 9-1　物流系统决策与其他环节之间的关系

物流系统决策是各层次物流管理者在日常工作中不可缺少的部分，如企业物流战略的决策、存储水平的决策、运输路线的选择等。物流系统决策正确与否、合理与否，小则关系预期的目的能否实现，大则影响企业的战略目标能否实现，甚至决定企业的成败，关系部门或区域经济的盛衰。因此，掌握科学的决策原理和方法对物流系统工作者至关重要。

9.2　系统决策概述

9.2.1　决策的概念、作用与基本属性

1．决策的概念

决策，从广义上讲，就是做出决定，即人们为实现一定的目标所做的行为设计及其抉择。从这个角度来看，决策存在于社会生活的各个领域和各个层面。从狭义上讲，决策是指社会组织在管理活动中所做的决定，是社会组织为实现一定的目标或解决面临的问题制订行动方案并加以优化选择的过程。

给决策下一个定义，所谓决策，就是为了实现某一特定目标，借助于一定的科学手段和方法，从两个或两个以上的备选方案中选择一个最优方案，并组织实施的全部过程。

决策的目标必须清楚，且必须有两个或两个以上的备选方案。从本质上讲，决策是一个循环过程，贯穿于整个管理活动的始终。

现代决策的特点主要体现在如下四个方面：① 决策系统的规模扩大；② 决策活动的频率加快；③ 决策活动包含的信息量猛增；④ 决策主体的构成发生改变。

2．决策的作用

决策主要具有以下三个方面的作用：① 科学决策是现代管理的核心，决策贯穿管理活动的全过程；② 决策是决定管理工作成败的关键，决策是任何有目的的活动发生之前必不可少的一步，不同层次的决策有不同程度的影响；③ 科学决策是现代管理者的主要职责。

3．决策的基本属性

决策一般具有下列特点或属性。

1）决策的前提——要有明确的目的

决策是为实现组织的某一目标而开展的管理活动，没有目标就无从决策，没有问题就无须决策。决策的目标可以是一个，也可以是相互关联的几个形成的一组。在进行决策前，要解决的问题必须十分明确，要达到的目标必须具体、可衡量、可检验。

2）决策的条件——有若干备选方案可供选择

决策最显著的特点之一就是在多个备选方案中选择最优方案，“多方案抉择”是科学决策的重要原则。决策要以备选方案为依据，决策时不仅要有若干方案来相互比较，而且各方案必须是可行的。

3）决策的重点——方案的比较分析

决策过程实际上是一个选择的过程，选择性是决策的重要特征之一。必须对每个方案进行综合分析与评价，确定它们对目标的贡献程度和可能带来的潜在问题。相互比较与权衡是选择方案的基础。

4）决策的结果——选择一个满意方案

目标确定之后，就要寻求有效的途径，即提出各种备选的行动方案。通过综合比较和评估，所选择的满意方案，就是在现实条件下，能使主要目标得以实现，其他次要目标也足够好的可行方案。

5）决策的实质——主观判断过程

决策或多或少会带有决策者的主观意志。决策有一定的程序和规则，但又受到诸多价值观念和决策者经验的影响。在分析判断时，参与决策人员的价值判断与经验会影响决策目标的确定、备选方案的提出、方案优劣的判断及满意方案的抉择。因此，从本质上而言，决策是决策者或管理者基于客观事实的主观判断与抉择的过程。

9.2.2 决策的基本原则

决策的基本原则主要包括差距、紧迫和“力及”原则，瞄准和差异原则，“两最”、预后和时机原则，跟踪和反馈原则，以及外脑和经济原则等。

1．差距、紧迫和“力及”原则（在确定决策目标时运用）

（1）差距。现实与需要之间的差距问题。

（2）紧迫。决策目标不但是需要解决的差距性问题，并且具有紧迫性，是影响工作的主要矛盾。

（3）“力及”。所提出的解决方案是力所能及的、主客观条件允许的、有实施可能性的。

2．瞄准和差异原则（在准备备选方案时运用）

（1）瞄准。方案必须瞄准决策目标。

（2）差异。备选方案所采取的路线、途径和实施方法必须是互不相同的。

3．“两最”、预后和时机原则（在方案选优时运用）

（1）“两最”。利益最大、损失最小，或可靠性最大、风险最小。

（2）预后。有应变性的预防措施，对可能出现的威胁能够进行预测和提出对策。

（3）时机。应该在信息充分或根据充足的时机做出决策。

4．跟踪和反馈原则（在决策实施过程中运用）

（1）跟踪。在决策实施后要随时检验查证。

（2）反馈。决策与客观情况一旦有不适应，就要及时采取措施进行必要的修改和调整。

5．外脑和经济原则 （在决策的全过程中必须运用）

（1）外脑。在决策过程中必须重视利用参谋、顾问、智囊团等。发挥集体智慧，防止个人专断，把决策建立在科学的基础上。

（2）经济。决策全过程要求节约人力、财力和物力。

现代科学决策还强调系统原则、信息原则、可行性原则和满意原则。

（1）系统原则。应用系统理论进行决策。

（2）信息原则。掌握充分的信息作为决策的基础。

（3）可行性原则。决策能否成功，取决于主客观等方面是否成熟，科学决策不仅要考虑市场的组织发展的需要，还要考虑组织外部环境和内部条件各方面是否有实施决策的可行性。

（4）满意原则。由于决策者不可能掌握很充分的信息并做出十分准确的预测，对未来的情况也不能完全肯定，因此，决策者很难做出“最优”的决策，可用“满意”的概念取而代之。

9.2.3　决策的分类

从不同的角度，可将决策分为不同的类型。

1．按决策的作用分类

（1）战略决策。战略决策是指直接关系组织的生存和发展，关系系统全局、长远性、方向性的决策。风险大；一般需要长时间才可看出决策结果；所需要解决的问题通常很复杂，环境变动较大；不过分依赖于数学模式和技术；通常是定性与定量并重；对决策者的洞察力和判断力要求高。战略决策通常由高层管理人员制定。

（2）战术决策，又称为管理决策。为保证企业总体战略目标的实现而解决局部问题的重要决策，是战略决策过程的具体决策，会影响组织目标的实现和工作效率的高低。通常由中层管理人员做出。

（3）运行决策，又称为执行性决策。运行决策是指基层管理人员为解决日常工作和作业任务中的问题，提高生产效率、工作效率所做的决策。涉及范围较小，只对局部产生影响。

2．按决策的重复性分类

（1）程序化决策。程序化决策是指经常重复发生，能按常规的程序、处理方法和标准进行的决策。

（2）非程序化决策。非程序化决策是指偶然发生或首次出现而又较为重要的非重复性决策。

3．按决策问题的可控程度分类

（1）确定型决策。确定型决策是指在决策所需的各种情报资料已完全掌握的条件下做出的决策。

（2）风险型决策。决策方案未来的自然状态不能预先肯定，可以预估出几种状态，对每种状态发生的概率做出客观估计，但不管哪种方案都有风险。

（3）不确定型决策。资料无法加以具体测定，而客观形式又必须要求做出决定的决策。在可供选择的方案中存在两种或两种以上的自然状态，而且这些自然状态所发生的概率是无法估计的。

4．按决策问题的规律性分类

（1）结构化决策。结构化决策是指对某一决策过程的环境及规则，能用确定的模型或语言来描述，以适当的算法产生决策方案，并能从多种方案中选择最优解的决策。

（2）非结构化决策。非结构化决策是指决策过程复杂，不可能用确定的模型或语言来描述其决策过程，更无所谓“最优解”的决策。

（3）半结构化决策。半结构化决策是介于以上二者之间的决策，这类决策可以建立适当的算法产生决策方案，使决策方案得到较优的解。

此外，按决策权限的制度安排，可以分为个人决策与群体决策；按后来决策与先前决策的一致性程度，可以分为激进型决策与保守型决策；按决策影响的时间长短，可以分为长期决策、中期决策和短期决策；按决策者在管理系统中所处的层级不同，可以分为高层决策、中层决策和基层决策；按决策思维的方法不同，可以分为直觉决策、经验决策和推理决策等。

9.2.4 决策的过程与影响因素

决策过程是指从提出问题到确定方案所经历的过程。决策是一项复杂的活动，有其自身的工作规律性，需要遵循一定的科学程序。在现实工作中，导致决策失败的原因之一就是没有严格按照科学的程序进行决策，因此，明确和掌握科学的决策过程是管理者提高决策正确率的一个重要方面。

一般来说，决策过程大致包括如图 9-2 所示的六个步骤，分别为识别机会、明确目标、拟订方案、筛选方案、实施方案和评估效果。

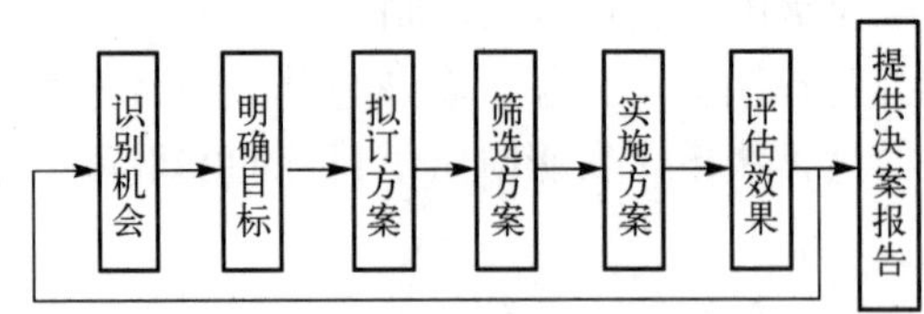

图 9-2 决策过程示意图

1．识别机会

所谓识别机会，其实也就是界定问题。决策为了解决现实中提出的需要解决的问题或者为了达到期望的目标。决策是围绕着问题而展开的。没有问题，就不需要决策；若问题不明，则难以做出正确的决策。

决策的正确与否首先取决于判断的准确程度，因此，认识和分析问题是决策过程中最为重要的环节，也是最为困难的环节。一个组织中总会存在各种各样的问题，如怎样在市场竞争中发展自己、如何提高物流服务的效率、新系统开发的资金如何筹措等。提出并分析问题，找到造成问题的真正原因，这是决策的第一步。

2．明确目标

决策目标是指在一定的环境和条件下，根据预测，对一个问题所希望得到的结果。目标的确定十分重要。同样的问题，由于目标不同，决策方案也会大不相同。目标的确定要经过调查和研究，掌握系统准确的统计数据和事实，并进行整理分析，还要结合组织的价值准则和系统的实际条件使决策的目标得以明确。

3．拟订方案

决策实际上是对解决问题的种种行动方案进行选择的过程。应遵循“满意原则”来拟订多个备选方案，既注重科学性，又要有创造性。运用定性与定量相结合的方法，充分发挥集体的智慧才能，制订出来的备选方案往往会更有针对性和创新意义。

4．筛选方案

在决策过程中需要依据科学的准则对各个备选方案进行逐一评价和筛选，列出各个备选方案满足决策准则的程度和限制因素、所需成本支出，以及相应的后果。根据分析和比较的结果，提出推荐的决策方案。

5．实施方案

在对各个方案进行理性分析比较的基础上，决策者要选择一个满意方案并付诸实施。不要一味地追求所谓最佳方案。由于环境的多变性和决策者预测能力的局限性，以及信息的完备性方面的缺陷，绝对完美的决策是不存在的，只能做出一个相对满意的决策。

决策方案的实施要有全体成员的积极参与，并协调和解决不断出现的新问题。

6．评估效果

决策过程中的影响因素很多，最主要的有四个，分别是环境因素、过去的决策、决策者的风险态度，以及组织成员对组织变化所持的态度。

决策者应该通过信息的反馈来衡量决策的效果。在决策的实施过程中，由于形势的发展和条件的变化，在一些不可控因素的作用下，可能出现某些新的情况，这就需要对决策方案做出调整。决策者应全面掌握决策实施的各种信息，及时发现新问题，并对原决策进行必要的修订、补充或完善，确保决策方案的科学性、合理性和实用性。

决策过程的流程如图 9-3 所示。在现实问题分析的基础上确定系统的决策目标，设计不同的备选方案，对方案的效果进行评估，并确定其概率和重要性（权重），而后对各个方案进行全面衡量，决定最终采取的方案。

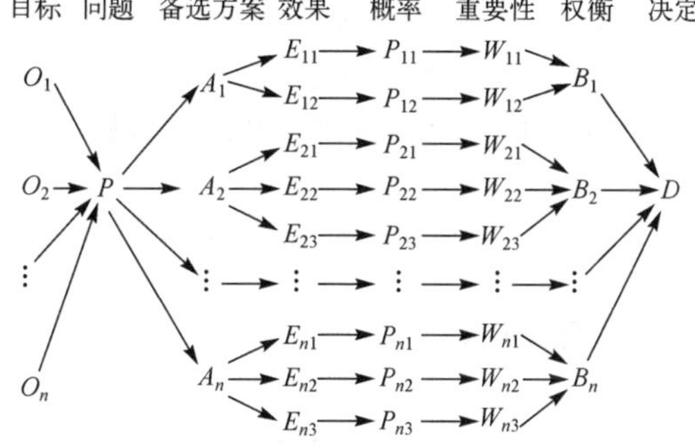

图 9-3　决策过程的流程

9.3　物流系统决策的基本内容

9.3.1　物流系统决策的典型问题

物流系统的决策是一个多目标、多约束的综合优化问题。物流系统决策中包含很多重要的内容，从企业未来的发展，到运输方式的选择、配送中心与仓库的选址、货物配送路径的优化、仓库布局的设计、最优库存量的确定、信息系统的建设、物流服务指标的明确与承诺等。

企业产品与项目开发的决策，需要在可用资源约束和需求约束条件下，寻求利润最大的产品或项目。构建运输模型时的目标是在一定的供应条件下，使运输费用成本最小化。仓库选址与布局模型的设计是要决定在一定区域内设置仓库的数目及其地址以使物流费用进一步减少。仓库库容的确定需要考虑企业生产能力、市场需求、营销能力等多方面因素。

如前所述，物流系统的决策问题可分为战略决策、战术决策和运作决策三个不同的层次。可以说，战略是本，战术是纲，运作是目。表 9-1 中列出了物流战略层次、战术层次和运作层次的决策问题。

表 9-1　物流战略层次、战术层次和运作层次的决策问题

决策类型	决策的层次		
	战略层次	战术层次	运作层次
选址	制定设施选址的方针	确定设施的数量与规模	选定设施位置
运输	确定运输方式与服务内容	选择承运人	制定运输路线与计划
订单处理	选择和设计订单，并录入系统	订单处理排序	发出订单
客户服务	制定客户服务的方针	设计客户服务的指标体系	履行服务承诺
仓储	布局，选择地点	选定存储空间与设备	收货与储存
采购	制定采购政策	选择供应商	发出订单

9.3.2　物流系统决策的特点

物流系统决策的特点及其相互依赖关系主要包括以下五个方面。

（1）目标性。目标可以是具体的数量指标，如利润最大、损失最小等，也可以是非数量指标，如解决某些定性的问题等。

（2）实施性。物流系统决策总是要付诸实施的，不准备实施的决策是多余的。

（3）条件限制性。物流系统决策是在某种条件下，寻找优化目标和优化地实现目标的手段。

（4）动态性。物流系统决策是指选定备选方案及确定目标，制订、选定、实施方案直到目标的实现。

（5）效益背反性。在物流系统决策过程中存在“效益背反”现象。

9.3.3　物流系统决策的基本类别

如上文所述，按决策问题的可控程度将决策问题分为确定型、风险型和不确定型三种情形。在物流系统决策问题中，运作层次的问题（如存储问题）可近似地按确定型问题的一般解决思路，依据经验和惯例，或利用运筹学中的线性规划、非线性规划等方法来处理。其他问题，如区域性的物流战略或企业长远的物流战略具有风险性和不确定性。决策分析着重研究的是风险型和不确定型的决策。

在确定型决策中，决策者面对确定的未来环境和条件，掌握了完备信息，所以决策程序只需要按技术或经济的常规方法进行。具体包括三类：直接选优决策法、简单模型选优决策法和价值分析决策法。例 9-1、例 9-2 和例 9-3 分别为不同方法的应用。

【例 9-1】企业技术改造投资方案的决策

投资方为一企业技术改造投资，要考虑投资费用与销售增长额的效益，选择最大效益的方案作为最优方案。5 种备选方案的费用、销售增长额和效用列于表 9-2 中。

表 9-2　投资方案的决策分析

方案	费用/万元	销售增长额/万元	效用（销售增长额/费用）
1	1.80	1.78	0.989
2	2.00	2.02	1.010
3	2.25	2.42	1.076
4	2.75	2.68	0.975
5	3.25	3.24	0.997

由表 9-2 可见，各种备选方案对应的费用与销售增长额是自然状态的，所以这是一个确定型问题，很显然，选择方案 3 是满足目标要求的最优决策。

【例 9-2】企业贷款方案的决策

某企业生产的某种产品在市场上畅销，但该厂由于资金不足而不能增加产量，需要向银行贷款，年利率为 7%。请问：当该厂资金利润为 18%时，贷款 500 万元是否可行?

解：由于有贷款与不贷款两种备选方案，可列出数学模型分别计算两种不同方案的收益情况：

当贷款 500 万元时，收益增长值为 $500\times(18\%-7\%)=55$（万元）。

当不贷款时，收益增长值为 $0\times18\%=0$（万元）。

可见，在贷款年利率为 7%的情况下，采取贷款方案能使收益增加。因此，贷款 500 万元的方案是可行的。

【例 9-3】西瓜运输方案的决策

Z 公司考虑从 1800km 外的 B 地采购一批西瓜，共 400 t。购进价为 0.12 元/kg。运往 Z 公司的方案有如表 9-3 列出的 A_1 和 A_2 两种方式。

表 9-3　西瓜采购的方案决策

	A_1：普通车运输	A_2：空调车运输
平均运价	0.04 元/（t • km）	0.06 元/（t • km）
损耗率	20%	2%
平均售价	0.20 元/kg	0.24 元/ kg

公司规定总利润超过 2000 元才可以采购。在销售不成问题的情况下，请问：公司是否应采购这批西瓜？若采购，应采用哪种运输方式？

解：本决策问题属于确定型的问题。策略空间 A 含有三个因素：① 用普通车运输购进；② 用空调车运输购进；③ 不采购。

计算可知，它们的收益分别为

$$v_1=-12800（元）;\ v_2=2880（元）;\ v_3=0（元）$$

即最好的决策方案为第②个，用空调车运输采购的这批 400 t 的西瓜。

9.3.4　多目标决策

1．多目标决策的概念

对于物流这类复杂系统，经常需要对多个目标进行综合决策，这是在社会、经济、科学研究和工程建设活动中经常遇到的问题。例如，新建一个物流系统，既要考虑系统的先进性，又要考虑投资尽量少，这是一个双重目标的问题。又如，选择一个新的厂址，要考虑的因素包括运输费用、原材料的供应、投资、能源、环保等因素，这就是多目标的决策。

一般来说，对于有多个决策目标的决策问题，要使多个目标同时达到最优值是不可能的，在数学上的求解也非常困难。

2．物流系统多目标决策的数学模型

设物流系统所有备选方案的集合为 D，每个方案都有 m 个目标函数 $f_i(X)$，$1 < i < m$；每个方案的目标函数统一表示为 $F(X)$，则多目标决策问题可以表示为

$$\max F(X)，\quad X \in D \subset R^n$$

式中：$D = \{X \mid g_i(X) \geqslant 0\}$；

$F(X) = [f_1(X), f_2(X), \cdots, f_m(X)]^T$。

最优解 X^*：若对于备选方案集合 D 中的任何 X，有 $F(X^*) > F(X)$，则称 X^*为最优解。

非劣解 X_0：若对于备选方案集合 D，不存在属于 D 的任何 X，使 $F(X) > F(X_0)$，则称 X_0 为非劣解。

3．多目标决策的简化方法

对多目标问题的求解一般需要将其简化为单目标决策问题或双目标决策问题。

1）主要目标法

找出主要目标，并适当兼顾其他目标的要求。

设有 m 个目标 $f_1(X), f_2(X), \cdots, f_m(X)$要实现，可以确定其中一个目标为主要目标，要保证此目标的实现，而对其他目标只在一定的程度上满足即可。

例如，确定 $f_1(X)$为主要目标，其余的目标设定为

$$f_{i1}(X) \leqslant f_i(X) \leqslant f_{i2}(X)$$

多目标决策问题转化为单目标决策问题：

$$\begin{aligned} &\max f_1(X)，\quad X \in D \\ &\text{s.t. } f_{i1}(X) \leqslant f_i(X) \leqslant f_{i2}(X)，\quad 2 \leqslant i \leqslant m \end{aligned}$$

2）线性加权法

若有 m 个目标函数，分别给予它们不同的权重，然后重新构造一个新的目标函数，则原多目标决策问题转化为下面的单目标决策问题：

$$\max U(X) = \sum_{i=1}^{m} w_i f_i(X),\ X \in D \tag{9-1}$$

式中：w_i——第 i 个目标函数的权重。

3）平方加权法

利用目标函数与规定值的差值最小来构造一个新的函数。

设 m 个目标函数的规定值分别为 $f_1^*, f_2^*, \cdots, f_m^*$，要求目标函数的规定值尽可能小，同时对目标函数的重要性有不同要求（权重不一样），可以构造新的函数如下：

$$\max U(X) = \sum_{i=1}^{m} w_i [f_i(X) - f_i^*]^2,\ X \in D \tag{9-2}$$

式中：w_i——第 i 个目标函数的权重；

f_i^*——规定值。

4）多目标模糊规划法

利用模糊数学将多目标决策问题转化为一个或一系列单目标决策问题。

4. 多目标决策的应用实例

当采用 9.3.3 节中的价值分析决策法时，若决策目标不止一项，方案也具有多种功能。计算方案价值系数的公式为

$$V = \frac{F_1 + F_2 + \cdots + F_n}{C} \tag{9-3}$$

按各项功能的相对重要性来确定各项功能的权重，并统一用金额来衡量。综合价值系数计算公式为

$$V = \sum_{i=1}^{n} \frac{F_i w_i}{C} \text{ 或 } V = \sum_{i=1}^{n} M_i w_i \tag{9-4}$$

式中：w_i——第 i 个目标函数的权重；

M_i——第 i 个目标函数的得分值；

F_i——第 i 个功能的价值；

n——功能数。

【例 9-4】企业年度生产计划编制的决策

某企业在编制年度生产计划时，有三个目标：① 增加利润总额；② 增加销售额；③ 扩大市场占有率。为了实现这三个目标，制订了三种方案，每种方案对各项目标的价值都各不相同，试针对各个方案做出决策。

表 9-4 是各项目标的权重和各个方案对各项目标的预计价值。

表 9-4　各项目标的权重和各个方案对各项目标的预计价值

目标	利润总额/万元	市场占有率/%	销售额/万元
权重	0.5	0.2	0.3
方案 1	6	3	8
方案 2	2	7	9
方案 3	5	6	10

利用式（9-4）计算综合价值系数为

$$v_1 = 0.5 \times 6 + 0.2 \times 3 + 0.3 \times 8 = 6$$
$$v_2 = 0.5 \times 2 + 0.2 \times 7 + 0.3 \times 9 = 5.1$$
$$v_3 = 0.5 \times 5 + 0.2 \times 6 + 0.3 \times 10 = 6.7$$

由于 $v_3 = 6.7$ 最大，即方案 3 的综合价值系数最大，所以，将方案 3 定为最优方案。

9.4　物流战略决策

物流战略决策

战略是企业根据内外环境及可取得资源的情况，为求得企业生存和长期稳定的发展，对企业发展目标、达到目标的途径和手段的总体谋划。它是企业经营思想的集中体现，是一系列战略决策的结果，同时又是制订企业规划和计划的基础。

战略决策是解决全局性、长远性、战略性的重大决策问题的决策，一般由高层决策者制定。战略决策是企业经营成败的关键，它关系企业的生存和发展。

9.4.1　战略决策的基本概念

战略决策是一种宏观的决策。决策者以相对宏观的视角，洞察行业整体走向及业态竞争变化，充分认识消费需求演变规律，进而对行业机会、竞争格局、企业定位、发展目标、竞争策略及资源整合做出前瞻性的思考和战略谋划。它要求决策者具有战略头脑和战略思维。

战略决策要综合各项信息来确定企业的未来发展方向及相关方案。战略实施更详细地分解展开各项战略部署，实现战略决策的意图和目标。决策正确可以使企业沿着正确的方向前进，提高竞争力和适应环境的能力，取得良好的社会经济效益。反之，决策失误就会给企业带来巨大损失，甚至导致企业破产。

战略决策三要素是指在战略制定过程中所涉及的三个影响战略决策的因素，即战略背景、战略内容、战略过程。

（1）战略背景：战略执行和发展的环境。

（2）战略内容：战略决策包括的主要活动。

（3）战略过程：当战略面对富于变化的环境时，各项活动之间的变化与联系。

企业战略目标通常有以下六个：① 获利能力；② 产出能力；③ 竞争地位；④ 技术领先；⑤ 员工发展；⑥ 社会责任。

企业战略目标的制定需要遵循八条基本原则：① 关键性原则；② 平衡性原则；③ 权变性原则；④ 系统性原则；⑤ 可行性原则；⑥ 挑战性原则；⑦ 定量化原则；⑧ 易懂性原则。

战略决策可分为战略定位决策、战略指标决策、业务战略决策三个阶段。

9.4.2　物流战略的基本内容

物流业的内外环境不断变化，物流业已从分销物流、一体化物流发展到物流战略阶段。物流业必须站在全局的角度，以全程的视野、全球的范围、全新的高度思考战略发展的问题。

物流战略（Logistics Strategy）是指企业在充分了解市场环境和物流环境及分析自身物流条件的基础上，为适应未来环境的变化，以求得长期生存和不断发展，对企业物流发展目标、实现物流发展目标的途径和手段所进行的总体谋划。

如图9-4所示，物流战略是从属于企业战略的，要低一个层次，与制造战略、营销战略、财务战略同处于职能管理层次。它们的关系是在企业战略的指导下，制定职能部门的战略，以支持企业战略的实现。

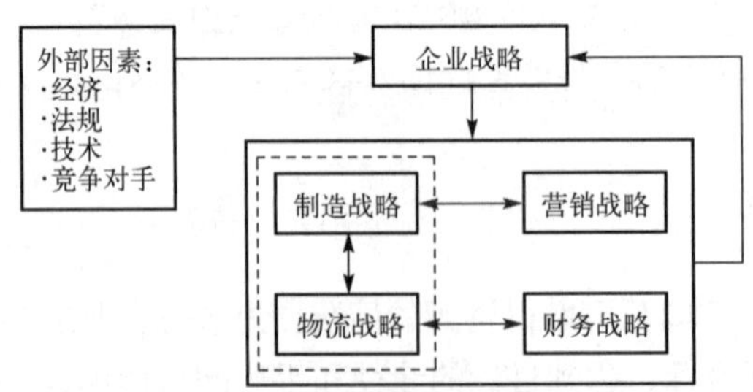

图9-4　企业战略结构

物流战略包括很多方面的问题，如物流战略目标、物流战略优势、物流战略态势、物流战略措施和物流战略步骤等。其中，物流战略目标、物流战略优势和物流战略态势是物流战略设计的基本要点。

9.4.3　物流战略的类型与原则

环境变化和新型营销体制的确立已经成为物流企业在战略上不断求新、求变、追求竞争优势的压力和动力。企业根据自身的经营特点，适时、有效地设计和选择物流战略，已经成为决定企业长久发展的重要议题。物流战略的类型主要有即时物流战略、协同或一体化物流战略、全球化物流战略和绿色物流战略。

企业在制定物流战略时应遵循如下原则。

（1）一般企业可根据自己的目标和战略，确定客户的服务需求，对物流系统中的资源、环节进行整体规划，支持实现客户服务需求和企业的战略目标。

（2）以低成本为战略的企业，决策重点是节约资源，减少浪费，采用准时生产方法。

（3）以差异化为战略的企业，对市场环境的变化快速反应可能比减少浪费更加重要。

9.4.4　物流战略决策的目标和内容

罗纳德·巴罗（Ronald H.Ballou）将物流的目标概括为三类：降低成本、减少资本、改进服务。

（1）降低成本（Cost Reduction）。战略实施的目标是将与运输和存储相关的可变成本降到最低，利润最大化是其首要目标。

（2）减少资本（Capital Reduction）。战略实施的目标是使物流系统的投资最小化，其根本出发点是投资回报最大化。

（3）改进服务（Service Improvement）。制定与竞争对手截然不同的服务战略，使得由此引起的收入增长超过改进服务引起的成本上涨。

理查德·韦达针对不同的物流目标提出以下五种物流战略类型：① 成本最小化战略，全面降低物流成本；② 增值战略，物流活动和渠道成员之间的协调；③ 渠道整合战略，渠道各成员密切合作以获利；④ 快速响应战略，强调快速反应；⑤ 企业整体化战略，整合整体以获得最大绩效。

物流战略决策常用如图 9-5 所示的物流决策三角形表示。

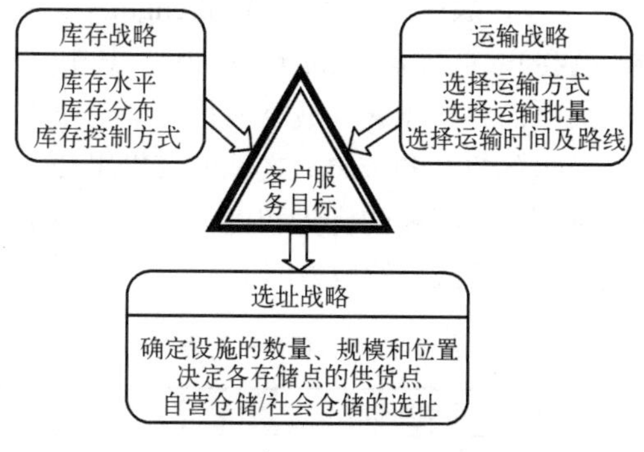

图 9-5　物流决策三角形

三角形的正中是客户服务目标，所有的决策工作都应该围绕着这一主题来进行。三角形的三条边分别是库存战略、运输战略和选址战略。在进行物流战略决策时应当权衡三条边的因素，从而使物流目标（物流三角形面积）最大化。

（1）客户服务目标。客户服务目标是物流战略规划的首要任务。客户服务水平对物流系统的影响比其他任何因素都重要。如果客户服务水平较低，可以考虑在较少的存储地点集中存货，利用较廉价的运输方式；当客户服务水平较高时，应考虑广泛的存储网络的铺陈，利用更快速可靠的运输方式；当客户服务水平接近企业上限时，物流成本上升比服务水平上升更快。因此，物流战略规划的首要任务是确定适当的客户服务水平。

（2）选址战略。三角形底边为选址战略，包括确定设施的数量、规模和位置，决定各存储点的供货点，以及自营仓储或社会仓储的选址。需要考虑所有产品的移动过程及相关成本，通过不同的渠道来满足客户需求，如直接由工厂供货、由供货商或港口供货商供货，或由选定的存储点供货等，寻求成本最低或利润最高的需求分配方案。

（3）库存战略。三角形左边为库存战略，指的是存货管理的方式，包括库存水平、库存分布、库存控制方法等。“拉式战略”是指将库存由下至上汇总到总部，通过补货自发拉动库存。“推式战略”是指将库存自上而下分配到各个存储点。库存战略决策还包括产品系列中不同品种分别选在工厂、地区性仓库或基层仓库存放，以及运用各种方法来管理永久性存货的库存水平。企业采用何种库存战略将影响选址决策。

（4）运输战略。三角形的右边为运输战略，包括运输方式、运输批量、运输时间及路线的选择。受仓库、客户及仓库与工厂之间距离的影响，反过来又会影响仓库选址决策。另外，库存水平也会通过影响运输批量进而影响运输决策。

客户服务目标、选址战略、库存战略和运输战略是物流决策的主要内容，直接影响着企业的盈利能力、现金流和投资回报率，而且每个方面的决策都与其他决策互相关联，甚至存在背反关系，应放在一个系统的框架内统一考虑。

9.4.5 物流战略决策模型

1. SWOT 分析模型

SWOT 模型（也称为 TOWS 分析法、道斯矩阵）即态势分析法，是 20 世纪 80 年代初问世的一种企业内部分析方法，核心思想是通过对企业外部环境与内部条件的分析，明确企业可利用的机会和可能面临的威胁，并将这些机会和威胁与企业的优势和劣势结合起来，形成企业成本控制的不同战略措施。在表9-5中，S 代表 Strength（优势），W 代表 Weakness（劣势），O 代表 Opportunity（机会），T 代表 Threat（威胁），其中，S、W 是内部因素，O、T 是外部因素。按照企业竞争战略的完整概念，战略应是一个企业“能够做的”（组织的优势和劣势）和“可能做的”（环境的机会和威胁）之间的有机组合。它将对企业内外部条件各方面内容进行综合和概括，进而分析组织的优势和劣势、面临的机会和威胁，帮助企业把资源和行动聚集在自己的强项和有最多机会的地方。

表 9-5 SWOT 分析表

	对达成目标有帮助的	对达成目标有害的
内部 （组织）	优势	劣势
外部 （环境）	机会	威胁

SWOT 分析的基本步骤如下。

（1）分析企业的内部优势、劣势，既可以是相对企业目标而言的，也可以是相对竞争对手而言的。

（2）分析企业面临的外部机会与威胁，可能来自外部环境因素的变化，也可能来自竞争对手力量与因素的变化，或二者兼有，但关键的外部机会与威胁应予以确认。

（3）将外部机会和威胁与企业内部优势和弱点进行匹配，形成可行的战略。

SWOT 分析有四种不同类型的组合：优势—机会（SO）组合、劣势—机会（WO）组合、优势—威胁（ST）组合、劣势—威胁（WT）组合。

SO 战略是一种发展企业内部优势与利用外部机会的战略，这是一种理想的战略模式。WO 战略是利用外部机会来弥补内部劣势，使企业改劣势而获取优势的战略。ST 战略是指企业利用自身优势，回避或减轻外部威胁所造成的影响的战略。WT 战略是一种旨在减少内部劣势，回避外部环境威胁的防御性技术。

2．BCG 矩阵模型

BCG 矩阵是制定企业战略最流行的方法之一，是由波士顿咨询集团（Boston Consulting Group，BCG）在 20 世纪 70 年代初开发的。BCG 矩阵将复杂的企业行为通过两个重要的衡量指标分为四种类型，标在二维的矩阵图上，通过业务的优化组合实现企业的现金流量平衡。

图 9-6 所示的 BCG 矩阵图根据企业的相对市场占有率和市场增长率情况，区分出以下四种业务组合。

图 9-6　BCG 矩阵图

（1）问题型业务（Question Marks，指高增长、低市场份额）。公司必须慎重回答“是否继续投资发展该业务”问题。选择那些符合企业长远发展目标、企业具有资源优势、能够增强企业核心竞争力的业务作为企业发展的战略。

（2）明星型业务（Stars，指高增长、高市场份额）。明星型业务可以视为高速成长市场中的领导者，市场在高速成长，企业必须继续投资，并击退竞争对手。明星型业务要发展成为金牛型业务，适合采用增长战略。

（3）金牛型业务（Cash Cows，指低增长、高市场份额）。金牛型业务享有规模经济和高边际利润的优势，是成熟市场中的领导者，是企业现金的来源。适合采用稳定战略，不必大量投资来继续扩展市场规模。

（4）瘦狗型业务（Dogs，指低增长、低市场份额）。这类业务是微利甚至是亏损的，绩效改进无望，且占用很多资源。适合采用收缩战略，出售或清算业务，把资源转移到更有利的领域。

BCG 矩阵的精髓在于把战略规划和资本预算紧密结合起来，以应对复杂的战略问题。图形中部的箭头代表了企业努力发展的方向。

3. PEST 分析法

PEST 分析法也叫作宏观环境分析法，它是战略外部环境分析的基本工具，针对物流战略决策，可以从政治、经济人口、社会文化和技术自然的角度分析环境变化对本企业的影响，是企业制定战略目标的基础。PEST 分析的框架如图 9-7 所示。

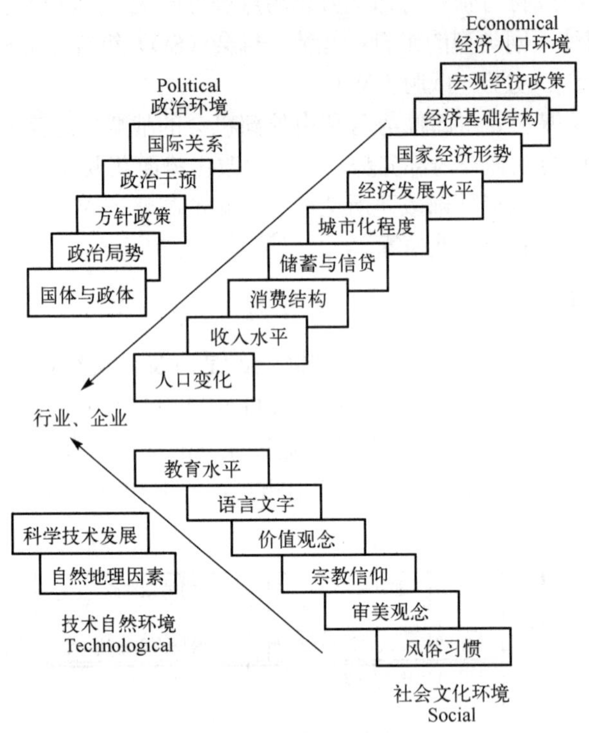

图 9-7　PEST 分析的框架

（1）政治环境。包括国际关系、政治干预、方针政策、政治局势、国体与政体等。

（2）经济人口环境。包括宏观经济政策、经济基础结构、国家经济形势、经济发展水平、城市化程度、储蓄与信贷、消费结构、收入水平、人口变化等。

（3）社会文化环境。包括风俗习惯、审美观念、宗教信仰、价值观念、语言文字、教育水平等。

（4）技术自然环境。包括科学技术发展与自然地理因素。

除以上分析方法与模型之外，GE 矩阵（GE Matrix/Mckinsey Matrix）（又称为通用电器公司法、麦肯锡矩阵）、波特五力模型等也是企业战略决策中常用的方法。

9.5 第三方物流决策

9.5.1 第三方物流的内容与意义

第三方物流是指供方与需方以外的物流企业提供物流服务的业务模式。与第一方（由卖方、生产者或供应方组织的）物流和第二方（由买方、销售者组织的）物流不同，第三方物流是由专业的物流组织进行的物流。提供部分或全部物流功能的“第三方”具有明显的资源优势，在特定的时间段内按照特定的价格向使用者提供个性化的系列物流服务。第三方物流是一种社会化、专业化、合同化的物流。随着现代企业生产经营方式的变革和市场外部条件的变化，第三方物流这一新兴的物流形态已经得到人们的高度重视。

第三方物流包括两种基本类型：一是资源型（Asset-based），一般是指运输业者、仓储业者、航空货运公司等；二是非资源型（Non-asset-based），大多数为货代公司。

第三方物流的利益来源包括：① 作业利益；② 经济与财务利益；③ 服务利益；④ 管理利益；⑤ 战略利益。

9.5.2　物流外包的决策依据

企业物流外包的决策依据有以下几个方面。

1．物流对企业战略的影响

企业应分析价值链中每项活动的内容及其对企业的贡献。如果物流不是企业的核心力量，并难以达到最佳，从战略上考虑，应确保核心业务，而将物流业务转给第三方企业来完成。

2．物流对企业降低成本的影响

第三方物流提供商拥有规模、专业优势和管理经验，可有效降低成本。调查表明，降低成本已成为企业选择第三方物流的首要原因。

物流总成本的计算公式为

$$D = T + S + L + F_W + V_W + P + C \tag{9-5}$$

式中：D——物流系统总成本；

T——系统运输总成本；

S——库存维持费用；

L——批量成本；

F_W——系统总固定仓储费用；

V_W——系统总变动仓储费用；

P——订单处理和信息费用；

C——客户服务费用。

3．物流对企业提高服务水平的影响

服务水平与物流成本存在一种博弈关系。企业使用第三方物流的目的在于以更少的成本达到更高的服务水平，或增加少量成本，以实现服务水平的大幅提升。

4．物流外包对企业形象的影响

将物流外包给第三方物流供应商，可以使客户得到优质的物流服务，缩短备货周期，满足顾客多样化的需求，全面提升客户服务质量，提高顾客满意度，对于企业正面形象的建立是有益的。

5．物流外包对企业经营风险分担的影响

制造企业选择物流外包，可分散风险，利用第三方物流供应商的专业和规模优势对物流进行整合，可更好地控制其生产经营活动，使企业的物流成本和总成本都达到最低。

制造企业将物流业务外包给第三方物流公司已经成为一种潮流和趋势，但其中也存在着以下五个方面的潜在风险。

（1）外包控制不足。外包可能使企业失去对一些产品或服务的控制，从而增加了企业正常生产的不确定性。

（2）增大外包依赖风险。对某个第三方物流服务商的长期依赖可能影响企业的控制能力。

（3）内部员工抵制。物流外包可能影响企业的内部业务流程和员工的利益，从而对企业的生产经营产生负面影响。

（4）降低用户满意度。企业对物流活动的失控可能阻碍核心业务与物流活动之间的联系而降低用户满意度。

（5）企业利益受损。如果第三方物流服务商抬高价格或降低服务质量，都会使企业遭受损失。

因此，企业在进行物流决策时需要全面考量，以降低企业的风险，取得更好的综合效益。

需求方与供给方选择第三方物流的动因分别如表 9-6 和表 9-7 所示。

表 9-6　需求方选择第三方物流的动因

作业成本的降低	服务水平的改进	核心业务的集中	雇员的减少	资产的减少
62%	62%	56%	50%	48%

表 9-7　供给方选择第三方物流的动因

运输	车辆维护
存储	托盘化
分装	包装/重新包装
集运	贴标签
订单分拣	质量控制/产品试验
存货控制	客户化
分拣包装	售后服务
货物跟踪	咨询服务

9.5.3　物流运作方式的决策

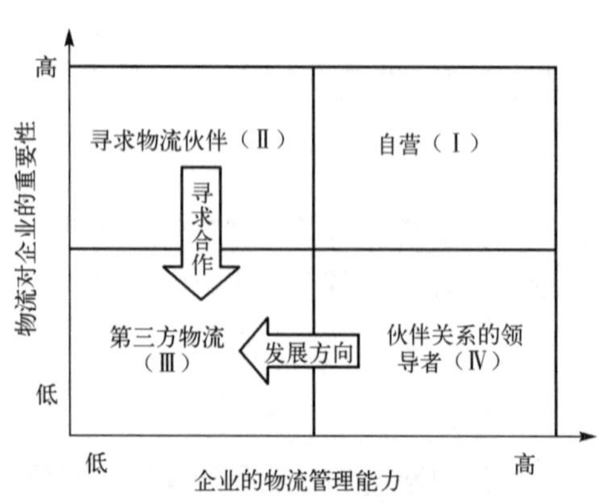

图 9-8　物流模式决策模型

企业的物流运作方式有自营物流、完全使用第三方物流、部分使用第三方物流等多种选择。

物流运作方式的选择取决于两个因素的平衡：一是物流对企业的重要性；二是企业的物流管理能力，包括物流设施和资金能力、物流服务水平及物流运作成本。图 9-8 以这两个因素作为纵坐标和横坐标，分别列出了四种不同的选择，这就是 Ballow 二维决策模型。

（1）如果物流对于企业非常重要，且企业已经具备较好的物流管理能力，那就应该选择自营物流（选择Ⅰ），如沃尔玛。

（2）如果物流并不是企业的核心战略，且企业内部物流管理的水平也不高，那么将物流活动外包给第三方物流供应商更有利于降低成本、提高客户服务质量（选择Ⅲ），如戴尔。

（3）如果物流是企业战略的核心，但企业现有的物流管理能力较低，寻找物流伙伴就会给企业带来很多收益，达到较高的服务管理水平（选择Ⅱ）。

（4）如果企业具有较高的物流服务和管理能力，但物流并非企业的核心业务，那么可利用物流方面的优势，在与其他企业的物流合作中成为领导者（选择Ⅳ）。

Ballow 二维决策模型考虑了选择物流运作方式的两个最主要的因素。物流方式的选择面临着很多不确定的因素，如未来的经营环境是否可以控制、第三方物流服务提供方是否可靠、物流失败的风险有多大等，需要在一个复杂的矛盾体中求得平衡。同时，决策的过程还会受主观因素和经验的左右。图 9-9 所示为物流决策的一般流程图。

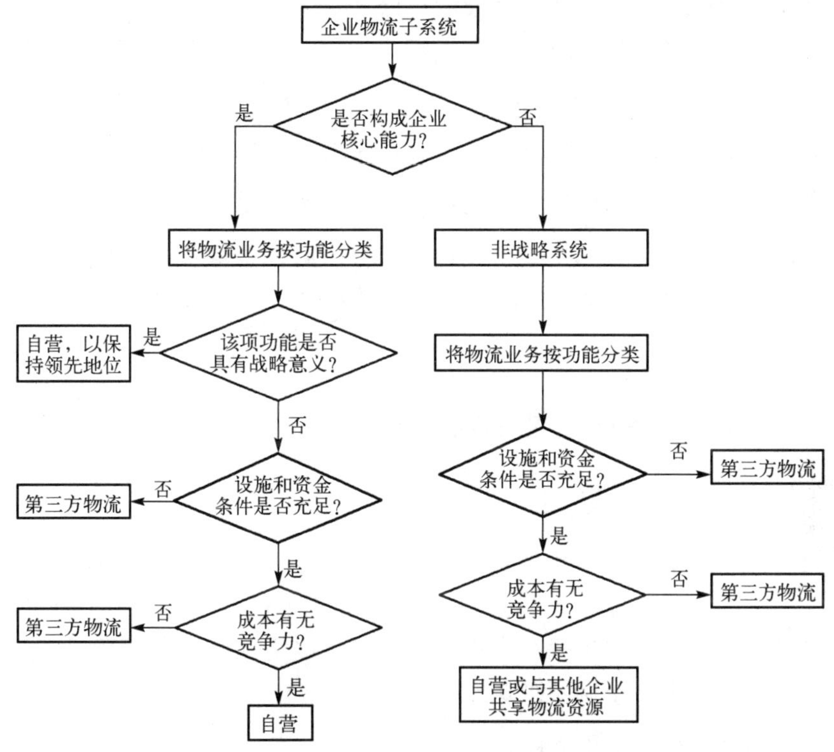

图 9-9　物流决策的一般流程图

9.5.4　物流外包的决策过程

第三方物流的业务开发模式：商务沟通与谈判—制订业务计划—收集信息—选择承包商—提供解决方案—签订合同—准备运行—试运行—正式运行—客户反馈—服务改进。

企业在选择第三方物流服务商时，应从质量、费用、递送能力、网络覆盖率、服务商的声誉、业务范围、长期发展能力等方面制定标准，同时关注财务实力、信息系统架构、操作和定价上的弹性、专业管理技术的深度和文化差异等方面的问题，对众多物流企业进行调查、分析和评价，建立潜在供应商名单，并在进一步调研、沟通的基础上，筛选 3～5 家作为备选对象。

确定评价指标，并赋以不同的权重。可由企业决策层会同有关专家，充分考虑企业各部门与物流相关活动的结合，从企业整体出发，确定每项指标的权重 w_i。

为每个供应商打分 X_i，并计算出各自的分值：$X=\sum w_i X_i$。

比较各供应商的得分，选出满意方案。

【例 9-5】物流外包方案的决策

某企业要将物流外包给 A、B、C、D 四个备选供应商中的一个，确定的评价指标分别为物流成本、作业质量、信息网络和服务质量。在征询专家意见后，将四个指标的权重分别确定为 0.35、0.2、0.25 和 0.2。将四个供应商的打分结果列于表 9-8 中。

表 9-8 供应商选择评价表

评价指标	权重	备选供应商			
		A	B	C	D
物流成本	0.35	80	75	85	90
作业质量	0.20	82	78	90	90
信息网络	0.25	78	80	89	85
服务质量	0.20	90	85	86	82
加权和	1.00	81.9	78.85	87.2	87.15

经计算可得，供应商 C 得分最高。因此，确定供应商 C 为物流服务供应商。

对于指标较多的决策问题，如有多个供应商，可以采取设置最低指标值法进行决策，即对某些评价指标设置最低值，任何方案的相应指标若低于这个最低值，则该方案被淘汰。

9.6 不确定型物流决策

不确定型物流决策

9.6.1 问题概述

不确定型决策是指决策人无法确定未来各种自然状态发生的概率的决策，是在不稳定条件下进行的决策。只要可供选择的方案不止一个，决策结果就存在不确定性。一般情况下，愈是高层、关键的决策，愈可能是不确定型决策。

【例 9-6】集装箱船的空舱量决策

根据以往的资料，一艘集装箱船舶每个航次从天津港至厦门港所需的舱位数可能是下面数量中的某一个：100，150，200，250，300，而其概率分布不知道，若一个舱位空着，则在开船前 24 h 起以 80 美元低价运输。每个舱位预定的运价为 120 美元，每个舱位的运输成本是 100 美元。假定所准备的空舱量为所需要量中的某一个。

方案 1：准备的空舱量为 100。

方案 2：准备的空舱量为 150。

方案 3：准备的空舱量为 200。

方案 4：准备的空舱量为 250。

方案 5：准备的空舱量为 300。

设需求量为 a_i，准备量为 b_i，损益值为 c_{ij}，根据计算可得到各个方案的损益矩阵并列于表 9-9 中。

表 9-9　损益矩阵

准备的空舱量	需求量				
	a_1（100）	a_2（150）	a_3（200）	a_4（250）	a_5（300）
b_1（100）	2000	2000	2000	2000	2000
b_2（150）	1000	3000	3000	3000	3000
b_3（200）	0	2000	4000	4000	4000
b_4（250）	−1000	1000	3000	5000	5000
b_5（300）	−2000	0	2000	4000	6000

这是一个不确定型决策问题。由于不同的决策者对未来所遇到的不确定状态的估计常有不同的考虑。因此，在不确定状态下进行决策分析，各决策者所依据的决策准则也有所不同。

常用的有如下准则：平均准则、悲观准则、乐观准则、折中准则、后悔值准则等。

9.6.2　平均准则

平均准则也称为拉普拉斯（Laplace）准则，它是一种等可能性法。这种准则的出发点是：既然不能肯定哪一种状态比另一种状态更可能出现，只好认为各种结局出现的概率相等。

通过比较每个方案的损益平均值来进行方案的选择，在利润最大化的目标下选择平均利润最大的方案，在成本最小化目标下选择平均成本最小的方案。

1．决策步骤

（1）编制决策损益表。

（2）计算每一个方案的平均收益值。

（3）从每一个方案的平均收益值中找出一个最大的平均收益值对应的方案为备选方案。

2．算例

仍以例 9-6 为例说明。在进行决策分析前，可大致观察一下各个方案的收益值，若发现某一个方案相对于另一个方案在任何一种自然状态下都处于不利的地位，则认为该方案相对于另一个方案为劣势方案，可马上淘汰。决策将在剩下的方案中选择一个最佳方案。

分别计算五个方案的平均收益值，将结果列于表 9-10 中。

表 9-10　平均收益值的计算 1

准备的空舱量	需求量					平均收益值
	a_1（100）	a_2（150）	a_3（200）	a_4（250）	a_5（300）	
b_1（100）	2000	2000	2000	2000	2000	2000
b_2（150）	1000	3000	3000	3000	3000	2600
b_3（200）	0	2000	4000	4000	4000	2800
b_4（250）	−1000	1000	3000	5000	5000	2600
b_5（300）	−2000	0	2000	4000	6000	2000

显然，方案 b_3 的平均收益值最高，因此，根据平均准则，方案 b_3 为最优方案。

根据平均准则，在决策矩阵中，若增加或减少一种状态，则会使原方案的优劣发生改变，说明这种准则对信息掌握的依赖性较强。

从表 9-11 的数据可见，该决策问题有两种自然状态，经过调查研究发现还可能存在第三种状态，两种方案在这第三种状态下的收益值也可得到，如表 9-12 所示。

表 9-11　平均收益值的计算 2

方案	各自然状态下的损益值		
	状态 A	状态 B	平均收益值
1	5	2	3.5
2	–3	7	2

表 9-12　平均收益值的计算 3

方案	各自然状态下的损益值			
	状态 A	状态 B	状态 C	平均收益值
1	5	2	3	3.3
2	–3	7	8	4

显然，增加了一种状态，最优方案就从原来的方案 1 改变为方案 2。

9.6.3　悲观准则

悲观准则（Wald 准则或 max-min 准则）是一种避险型决策准则。这种准则处理问题的思路是从最不利的结果出发，以在最不利的结果中取得最有利的结果的行动作为最优行动。

1．决策步骤

（1）编制决策损益表。

（2）计算并找出各个方案的最小收益值。

（3）在这些最小的收益值对应的决策方案中，选择一个收益值最大的方案作为备选方案。因此，这种准则也称为最大-最小准则（max-min 准则）或坏中求好准则。

2．算例

同例 9-6，首先考虑每一个方案的最小收益值，再选取最大的最小收益值，如表 9-13 所示。

表 9-13　最小收益值的计算 1

准备的空舱量	需求量					最小收益值
	a_1（100）	a_2（150）	a_3（200）	a_4（250）	a_5（300）	
b_1（100）	2000	2000	2000	2000	2000	2000
b_2（150）	1000	3000	3000	3000	3000	1000
b_3（200）	0	2000	4000	4000	4000	0
b_4（250）	–1000	1000	3000	5000	5000	–1000
b_5（300）	–2000	0	2000	4000	6000	–2000

可见，方案 b_1 为最优方案。事实上，这种方法就是选取最不利情况下的最有利方案。

显然，这种准则所得到的决策结果最为保险，无论自然状态如何，总能保证得到这一准则的决策结果。其缺点是过于保守。以表 9-14 的有关数据说明。

表 9-14　最小收益值的计算 2

方案	各自然状态下的损益值			
	状态 A	状态 B	状态 C	最小收益值
1	12	80	100	12
2	15	20	25	15

按悲观准则，应选方案 2 为最优方案，但直观上明显可见，在状态 A 下，两个方案的收益值相差无几，而状态 B 和状态 C 下的方案 1 的收益值远高于方案 2，由于决策者的过分保守而放弃了可能得到 80 或 100 的较高收益值的方案。

9.6.4　乐观准则

乐观准则又称为最大-最大准则（max-max 准则），这是一种趋险型决策准则。这种准则处理问题的思路与悲观准则相反，决策者对未来持乐观态度，首先确定每个方案在最佳自然状态下的收益值，然后对其进行比较，选择其中最大收益值对应的方案作为最优方案。根据这种准则，决策可能有最大亏损的结果，因而称之为冒险准则。

1．决策步骤

（1）编制决策损益表。

（2）计算并找出各个方案的最大收益值。

（3）在这些最大的收益值对应的决策方案中，选择一个收益值最大的方案作为备选方案。因此，这种准则也称为大中取大准则。

2．算例

对例 9-6 用乐观准则选择方案的过程，如表 9-15 所示。

表 9-15　最大收益值的计算 1

准备的空舱量	需求量					最大收益值
	a_1（100）	a_2（150）	a_3（200）	a_4（250）	a_5（300）	
b_1（100）	2000	2000	2000	2000	2000	2000
b_2（150）	1000	3000	3000	3000	3000	3000
b_3（200）	0	2000	4000	4000	4000	4000
b_4（250）	−1000	1000	3000	5000	5000	5000
b_5（300）	−2000	0	2000	4000	6000	6000

由表 9-15 可见，方案 b_5 为最优方案。

这种方法期待今后出现的情况是最有利的情况，因此，过分乐观容易引起冒进，容易出现不合理现象。以表 9-16 中的数据进行说明。

表 9-16 最大收益值的计算 2

方案	各自然状态下的损益值			
	状态 A	状态 B	状态 C	最大收益值
1	10	20	100	100
2	80	70	90	90

按乐观准则，方案 1 是最优方案，但实际上，方案 2 因在不同状态下的收益值均较大，相对而言，方案 2 较优。

9.6.5 折中准则

折中准则（Hurwicz 准则），又叫作乐观系数准则，其基本思路是对最大-最小准则和最大-最大准则进行折中。决策者确定一个乐观系数 a，据此算出各方案的乐观期望值，并选择期望值最大的一个方案。乐观系数 a 的数值根据决策者的个性和经验来选取，然后，对每一方案按乐观、悲观两个方面算出一个折中收益值。

1．决策步骤

（1）编制决策损益表。

（2）计算各个方案的折中收益值：

$$折中收益值=a\times 最大收益值+(1-a)\times 最小收益值$$

式中：a 为乐观系数，取值范围为 $0\leqslant a\leqslant 1$，可自行主观选定。a 越大，最大收益值对方案评价的结果影响越大。若 $a=1$，则为最大-最大收益值法；若 $a=0$，则为最大-最小收益值法。

（3）在这些折中收益值对应的决策方案中，选择一个最大折中收益值对应的方案为决策方案。

2．算例

若取 $a=0.3$，则例 9-6 的决策过程如表 9-17 所示。

表 9-17 折中值的计算

准备的空舱量	需求量					最大收益值	最小收益值	折中值
	a_1（100）	a_2（150）	a_3（200）	a_4（250）	a_5（300）			
b_1（100）	2000	2000	2000	2000	2000	2000	2000	2000
b_2（150）	1000	3000	3000	3000	3000	3000	1000	1600
b_3（200）	0	2000	4000	4000	4000	4000	0	1200
b_4（250）	−1000	1000	3000	5000	5000	5000	−1000	800
b_5（300）	−2000	0	2000	4000	6000	6000	−2000	400

由表 9-17 可知，方案 b_1 为最优方案。

9.6.6 后悔值准则

后悔值准则（Savage 准则）也叫作最小-最大后悔值准则。通常，在决策做出之后，若客观情况的发展与决策时的估计相差较大，决策者便有后悔的感觉。后悔值法的思路是希望找到一个方案，当此方案执行后，无论自然状态如何变化，决策者产生的后悔感都为最小。后悔情绪的大小用后悔值表示。每一个自然状态下，每一个方案收益值与该状态的最大收益值之差，叫作后悔值，也叫作机会成本。

1．步骤

（1）找出各个自然状态的最大收益值，将其定为该状态下的理想目标。

（2）将该状态下的其他收益与理想目标之差称为该方案的后悔值，将它们排列成一个矩阵，称之为后悔矩阵。

（3）找出每一个方案的最大后悔值。

（4）在这些最大后悔值中选出最小值，该值对应的方案为决策方案。

2．算例

例 9-6 的后悔矩阵如表 9-18 所示。

表 9-18　最大后悔值的计算

准备的空舱量	需求量					最大后悔值
	a_1（100）	a_2（150）	a_3（200）	a_4（250）	a_5（300）	
b_1（100）	0	1000	2000	3000	4000	4000
b_2（150）	1000	0	1000	2000	3000	3000
b_3（200）	2000	1000	0	1000	2000	2000
b_4（250）	3000	2000	1000	0	1000	3000
b_5（300）	4000	3000	2000	1000	0	4000

根据表 9-18 可知，方案 b_3 为最优方案。

以上几种方法均为不确定型决策问题的决策评价方法。假定决策目标是收益最大，因此，均以最大收益值的方案为最优方案。若决策目标是损失最小，则最优方案应为损失值最小的方案。显然，在处理不确定型问题时，不同的决策准则所得结论可能不同，而决策准则的选择因对具体问题的估计和决策者对风险的偏好程度不同而不同。目前，还不能证明哪个准则最为合理。

9.7　风险型物流决策

对于未来事件可能出现的结果不能做出充分肯定。在此情况下，根据各种可能结果的客观概率做出的决策，叫作风险型决策。

9.7.1　问题概述

决策者对决策对象的自然状态和客观条件并不十分清楚，但各种状态出现的概率是已知的，这种条件下的决策称为风险型决策，实现决策目标需要冒一定风险。

风险型决策是以概率或概率密度为基础的，具有随机性。例如，一个厂家不知道新型组合家具投产后的实际购买率如何，但可以根据历史资料得到几种可能的购买率及其相应的概率，这对于生产厂家进行决策是有帮助的。由于各种自然状态的发生与否是与概率相关联的，而决策又是根据概率做出的，因而这种决策具有一定的风险，称之为风险型决策、随机型决策或统计型决策。

风险是经济发展的伴生物，通常是无法回避的，但采用科学的方法，可以尽量降低风险系数，最大限度地减少风险损失，实现企业的经营目标。

风险型决策必须满足以下五个条件：① 存在决策人希望达到的一个明确的目标（如收益最大或损失最小）；② 存在两种或两种以上的自然状态；③ 存在可供决策人选择的两个以上的决策方案；④ 不同的备选方案在不同状态下的损益值可以计算出来；⑤ 在多种自然状态中，究竟哪一种状态会出现，决策人不能肯定，但是各种自然状态发生的概率事先可以根据历史数据或经验判断或计算出来。

上述第④条中的损益值是指在不同自然状态下相应方案所产生的损失或收益状态，收益用正数表示，损失用负数表示。例如，针对新产品投产问题，对于产品销路好、产品销路一般、产品销路差三种自然状态，如果采取不生产、小批量生产、大批量生产三种方案，就会有九种不同的经济效益状况，这就是损益值，它们构成的矩阵称为损益矩阵或风险矩阵。

【例 9-7】仓储规模的决策 1

某物流公司考虑租用仓库经营仓储业务，共有三种方案可供选择，分别是选择大型仓库、中型仓库和小型仓库，年租金分别为 48 万元、28 万元和 12 万元，估计物流市场在近几年可能出现几种情况：前景较好、前景一般、前景差。不同市场前景下的损益值如表 9-19 所示。

表 9-19　不同市场前景下的损益值

状态		前景较好	前景一般	前景差
概率		0.5	0.3	0.2
损益值/万元	租大型仓库	120	70	45
	租中型仓库	60	50	40
	租小型仓库	40	35	25

根据对物流市场前景的调查分析，估计市场前景较好的概率是 0.5，市场前景一般的概率是 0.3，市场前景差的概率是 0.2。试进行方案决策。

这是一个风险型决策问题。可采用两种准则进行决策判断：最大可能收益值准则、期望值准则，其中期望值准则更为常用。

9.7.2 最大可能收益值准则

最大可能收益值准则主张以最可能状态作为在选择方案时考虑的前提条件。所谓最可能状态，指的就是在状态空间中具有最大概率的那一种状态。按照最大可能收益值准则，在最可能状态下，可实现最大收益值的方案为最佳方案。

最大可能收益值准则是将风险条件下的决策问题简化为确定条件下的决策问题。只有当最可能状态的发生概率明显大于其他状态时，应用该准则才能取得较好的效果。

最大可能收益值准则的决策过程非常简单。首先，从各种自然状态的概率值中选出最大值对应的状态，其余状态不予考虑；其次，再根据在最大可能状态下各方案的损益值进行决策。下面利用最大可能收益值准则对例 9-7 进行决策。

从表 9-19 中可以看出，在各种自然状态中，“物流市场前景较好”的概率最大，因此，该状态为最可能状态。在物流市场前景较好的状态下，租大型仓库可以获得最大的收益。所以，根据最大可能收益值准则，应选择租用大型仓库。

最大可能收益值决策法适合于某一状态的发生概率明显大于其他状态的发生概率的情况。若各种状态的概率相差不大，就不能使用这种方法。

9.7.3 期望值准则

风险型物流的决策标准主要是期望值标准。具体步骤如下：首先，利用自然状态发生的概率分布，计算出每种方案的期望收益值；其次，比较其大小。期望值的计算公式为

$$E(A_i) = \sum_{j=1}^{n} c_{ij} P_j \tag{9-6}$$

式中：$E(A_i)$——第 i 个方案的期望值；

c_{ij}——第 i 个方案在第 j 种状态下的损益值；

P_j——第 j 种状态发生的概率。

期望值法实际上包括了期望值的两种状态，即期望收益最大、期望损失最小。若决策目标是收益最大，则期望收益最大的方案为最优方案；若决策目标是损失最小，则取期望损失最小的方案为最优方案。

期望值法其实还包括了第三种，也就是机会均等决策法。机会均等决策假设各种自然状态发生的概率值相等。当决策者手中的信息资料缺乏、情况不明时，就假设各种状态发生的概率为相同值。

期望值法的决策过程可以在决策表上进行，也可以通过决策树法来完成。下面分别用两种表示方法对例 9-7 进行期望值准则决策。

1. 决策表法

决策表法是指将决策问题的基本要素，如方案、自然状态及发生概率、损益值等统一表示在一个表格之中，表中的数据就是一个决策矩阵。根据决策矩阵求出各个方案的期望收益值，经过比较做出决策。方案的期望收益值是指该方案在各种自然状态下的损失值或者收益值与相应状态发生概率的乘积之和。

如表 9-20 所示，首先，按各行计算各种状态下的损益值与概率值乘积之和，得到期望收益值；其次，比较各行的期望收益值；最后，根据期望收益值的大小和决策目标选出最优者，对应的方案就是决策方案。

表 9-20　决策表

状态		前景较好	前景一般	前景差	期望收益值 $E(A_i)$
概率		0.5	0.3	0.2	
损益值/万元	租大型仓库	120	70	45	0.5×120+0.3×70+0.2×45 − 48=42
	租中型仓库	60	50	40	0.5×60+0.3×50+0.2×40 − 28=25
	租小型仓库	40	35	25	0.5×40+0.3×35+0.2×25 − 12=23.5
		$\max\{42,25,23.5\} = 42 = E(A_1)$			

例 9-7 中期望收益值最大的方案是租用大型仓库的方案。

2. 决策树法

决策树法利用一种树形图作为分析工具，通过对各种方案在各种结果条件下损益值的计算比较，为决策者提供决策依据。

决策树的结构比较简单，如图9-10所示。

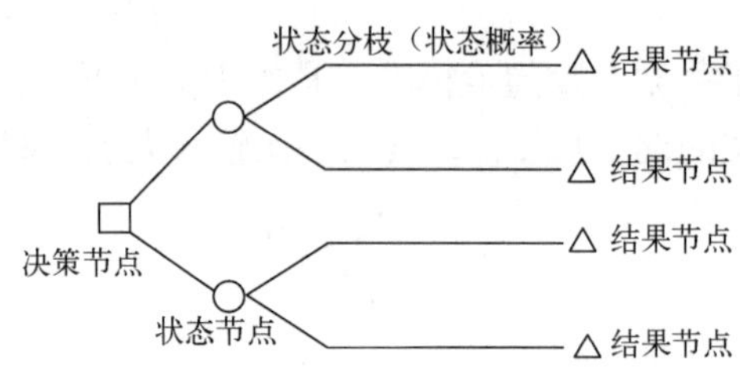

图9-10　决策树的结构

1）决策树的结构

决策树由节点和分枝组成。节点有以下三种。

（1）决策节点，用符号□表示。

决策节点表示此时的行为是决策者在自己能够控制的情况下进行分析和选择的。从决策节点引出的分枝叫作方案分枝，分枝数反映可能的方案数目。

（2）状态（方案）节点，用符号○表示。

状态节点表示此时的行为是决策者在自己无法控制的一种状态下进行选择的。从状态节点引出的分枝叫作状态分枝，每一枝代表一种自然状态。分枝数反映可能的自然状态数目。

在每条分枝上标明自然状态及其可能出现的概率。

（3）结果节点，用符号≥表示。

它位于状态分枝的最末端。节点后面的数字是方案在相应结局下的损益值。

2）决策树的画法与求解

（1）从左到右，从决策节点开始，依次列出各方案。

（2）列出状态节点下可能的自然状态（概率、费用、结果节点）。

（3）从右到左求解决策树。

应用决策树进行决策，需要从右向左逐步进行。根据右端结果节点的损益值和状态分枝的概率，计算出期望损益值的大小，确定方案的期望结果，然后根据不同方案的期望结果做出决策。方案的舍弃叫作修枝，被舍弃的方案在其状态分枝上做上标记“≠”。最后在决策节点留下一条树枝，即最优方案。

【例9-8】仓储规模的决策2

用期望值准则和决策树法求例9-7中的最优决策方案。

解：

1）绘制决策树

方案一：租大型仓库，年租金为48万元。据初步估计，当市场前景较好时，每年可收益120万元；当市场前景一般时，每年可收益70万元；当市场前景差时，每年可收益45万元。

方案二：租中型仓库，年租金为28万元。据初步估计，当市场前景较好时，每年可收益60万元；当市场前景一般时，每年可收益50万元；当市场前景差时，每年可收益40万元。

方案三：租小型仓库，年租金为 12 万元。据初步估计，当市场前景较好时，每年可收益 40 万元；当市场前景一般时，每年可收益 35 万元；当市场前景差时，每年可收益 25 万元。

根据对物流市场前景的调查分析，估计市场前景较好的可能性是 50%，市场前景一般的可能性是 30%，市场前景差的可能性是 20%。

依据以上数据，仿照图 9-10 建立决策树，在树上直接进行计算、比较、修剪，方案决策结果如图 9-11 所示。

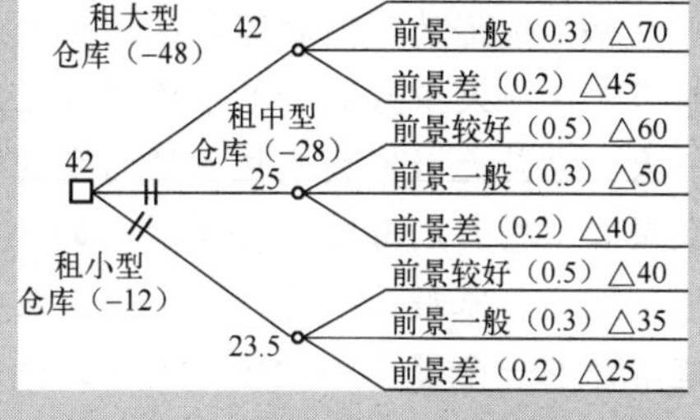

图 9-11 例 9-8 的决策树表示法

2）计算期望收益值

$E_1 = 0.5×120+0.3×70+0.2×45 − 48=42$（万元）

$E_2 = 0.5×60+0.3×50+0.2×40 − 28=25$（万元）

$E_3 = 0.5×40+0.3×35+0.2×25 − 12=23.5$（万元）

3）优选

比较 E_1、E_2、E_3，租大型仓库方案的年收益最高，因此，排除租中型仓库方案和租小型仓库方案。

对于风险型物流决策，还可以选择贝叶斯决策法、灵敏性分析决策法、部分期望决策法、马尔可夫决策法和效用分析决策法等方法。

在实际应用中，可以采用不同方法分别进行计算，然后进行综合分析，以减小决策的风险性。

9.8 案例分析：联邦国际快递的运营特色

总部设于美国田纳西州，成立于 1971 年的联邦国际快递 FedEx（Federal Express）（简称联邦快递）是一家国际性速递集团，提供隔夜快递、地面快递、重型货物运送、文件复印及物流服务。在联合包裹服务公司（UPS）和美国运通公司等同行巨头的前后夹击下迅速成长壮大起来的联邦快递是全球最具规模的快递运输公司，为全球超过 235 个国家及地区提供快捷、可靠的快递服务，设有环球航空及陆运网络，通常只需一至两个工作日就能迅速运送时限紧迫的货件，确保准时送达。

1. 整体解决方案

作为一家全球快运业巨擘，联邦快递是在小件包裹速递、普通递送、非整车运输、集成化调运管理系统等领域占据大量市场份额的行业领袖，并跃入世界 500 强。在 2012 年 6 月 12 日上海举行的第 26 届“亚洲货运与供应链大奖”颁奖典礼上，联邦快递获得“最佳全货运航空公司”殊荣，该奖项共设 39 个奖项类别，全面涵盖物流业的各个范畴。每个奖项的入围名单均由 *Cargonews Asia* 杂志的读者通过投票提名及选出。投票的读者均为亚太地区主要的业界领袖。最终获奖者由独立审计公司确认。2021 年在世界 500 强的排名中，联邦快递由 2016 年的 148 名提升到第 135 名，呈逐年上升状态。

2023 年 8 月，联邦快递以 93512 百万美元的营业收入入选 2023 年世界 500 强排行榜，排名第 114 位。

FedEx 主推“服务、技术、与顾客协同拓展市场”的营业理念，成为在当今快速、竞争、经济全球化市场上，率先向顾客提供其需要的“综合性物资调运解决方案”的企业。FedEx 将其卖点建立在智能化服务体系上，深度介入客户的物资调运业务中，提供能与之协同运作的“整体解决方案”，让客户与股东都能获得更大的收益，在强大的对手面前领先一步，并不断地发展壮大。从 FedEx 的网站设计中便可看出，公司注重与客户，尤其是企业客户间的亲和力，这对发挥其智能化运输控制系统作用是至关重要的，网站力推“整体大于部分之和”的营销理念，设计并提供综合型物资调运解决方案，谋求与客户的协同运作，共谋最佳效益。

2. 个性化特色服务

联邦快递为不同的客户提供个性化的特色服务。一个令客户感到温暖的服务案例是在“母亲节”这一天中为成千上万的家庭送去充满人情的“FedEx 之盒”。这是全美餐馆最为繁忙的一天，也是无数家庭表达亲情与爱的重要日子，但许多家庭却因临时找不到餐馆空位无法完成聚餐心愿。FedEx 与全美最大的一家餐饮调查公司联手，运用其智能系统，根据各餐馆订座、距离、家庭人数等情况编排出应去哪家餐馆使用哪个餐位的计划，连同公司的祝贺词一道灌录在一个绿色小盒中，递送到千家万户，真正体现了“礼轻情意重”的服务要旨。越来越多的美国人已经把“交给联邦快递”等同于遵守诺言，这与企业一直的努力是分不开的。正如 FedEx 电子贸易营销经理布朗所说：“无论顾客是通过电话、亲自上门，还是通过国际互联网，我们的目标都是要保持百分之百的顾客满意。”

3. 无纸化通关

响应中国海关总署关于 2014 年全面实行无纸化清关的统一部署，2013 年 4 月，联邦快递北京地区进出口服务率先对资信情况良好的（A/AA/B 类）经营企业正式报关货件试行无纸化通关。2024 年 7 月，联邦快递通知报关件统一实行无纸化申报，要求每票报关抬头需要和海关签约无纸化。

无纸化通关为客户带来的益处包括：客户可以直接提供 PDF 格式的电子图像，快速传输至报关单位；不必再打印纸质随附单证，减少纸张使用量，推动低碳环保；可凭海关电子放行信息或打印的《通关无纸化查验/放行通知书》提取/发运货物，海关不再加盖放行章，节省来往海关业务现场和监管场所的人力与时间成本；减少多个作业环节。进一步压缩低风险货物的通关环节和贸易成本、提高通关效率。AA 类企业可以委托报关单位代为保存清关单据，节省上传图像至海关的步骤，达到最快速的通关模式，将现场海关放行时间从 8 h 降低为 0.5 h。同时，使用无纸化通关可以尽快提升企业的海关资质至 AA 类，以享受更多通关优惠。

4. SWOT 分析

联邦快递的优势、劣势、机会和威胁体现在以下几个方面。

（1）优势（S）：A. 产品创新能力强，产品类型多元化；B. 良好的财务结构；C. 强大的技术应用系统；D. 独特的企业文化；E. 科学的员工管理。

（2）劣势（W）：F. 较高的定价；G. 运营成本。

（3）机会（O）：1. 人民生活水平的提高；2. 电子商务发展；3. 需求市场潜力巨大；4. 对个性化服务的关注增强；5. 品牌知名度。

（4）威胁（T）：6. 邮政法规的限制；7. 网络发展速度；8 .本地人才供应；9. 本地航空公司进入。

在此基础上，提出了不同的战略组合方案。

（1）SO 战略。

① A+1、2：用优质服务满足人们对高质量生活的追求，量身订制个性化服务。

② C+2：加大技术创新和研发力度，建立适用于市场需求的信息技术体系。

③ D+5：建设先进而独特的企业文化，打造优秀服务团队，提高品牌知名度。

④ E+5：实施科学的员工管理，制定丰厚的员工福利政策，树立良好的业界形象。

（2）WO 战略。

① F+1、2、3：充分考虑新的快递需求，制定经济合理的定价，争取更多的市场份额。

② F+4：在技术支持下提供个性化服务，取得规模经济效益，获得更大的定价调整空间。

（3）ST 战略。

① C+7：将先进技术融入网络中，加快网络的覆盖速度。

② D+8：加强优秀专业技术人才的培养，以满足业务扩张计划的需求。

（4）WT 战略。

① F+8：加快人才培训，树立良好的品牌形象，提高知名度，扩大市场空间。

② G+7：制定经济型服务标准，适当调整价格，在国内市场上赢得更多客户，平衡成本支出。

5. 社会责任与公益行动

联邦快递作为一个知名品牌，不仅在业务质量和终端服务的高水准方面获得世界各国客户的认可，还因热衷公益受到各方的好评。

"联邦快递物流携手中国听力发展基金会在银川顺利开展贫困听障儿童救助行动""联邦快递携手全球儿童安全组织在重庆启动'儿童安全步行'主题教育干预项目""奥比斯和联邦快递在广东省启动综合眼科项目"，新闻不断报道着联邦快递的公益行动，将善举坚持几十年，FedEx 不间断地履行自己的社会责任。

2016 年，作为联邦快递全球年度志愿者项目"联邦快递关爱行动"的一部分，联邦快递中国区员工通过组织和参与一系列公益活动，为所在社区提供志愿服务。超过 270 名联邦快递中国区的员工志愿者在全国 10 个城市开展了 19 个公益项目，提供了 1000 多个小时的义务服务，传递出"联邦快递关爱行动"的正能量。与往年不同，联邦快递中国区把"关爱行动"的时间从往年的一周延长到一个月。自 2020 年以来，通过中国大陆的 "AnQ 唤醒云课堂"的 430 堂课，让超过 3 万名 3～9 岁的儿童，以及他们的家人和照顾者受益。通过在全球社区多年的努力，在这半个世纪的里程碑到来前，联邦快递已经超越了帮助 5000 万人的目标。联邦快递中国区总裁陈嘉良表示："志愿者精神是联邦快递的核心价值观之一。联邦快递在中国能持续健康发展，一个重要的因素就是我们的员工能够实践企业的价值观，为所服务和生活的社区带来积极的改变。"在一个月的时间里，员工们自发联系当地社区或公益机构，开展了包括培养青少年沟通能力、向儿童智能训练中心捐赠计算机并提供电教设备调试和网络维护、探访弱势家庭、敬老行善、关注留守儿童。

思考题与习题

1. 物流系统的战略决策、战术决策、运作决策三者之间有什么区别与联系？各包含哪些决策内容？

2. 简述物流系统决策的特点和基本内容。

3. 简述物流决策三角形的具体内容。

4. 物流战略决策有哪些模型？它们的应用范围和基本思路分别是什么？

5. 企业应当怎样进行物流外包的决策？

6. 某港口有桥吊 3 台，以往的装卸情况是：一到夏季，来船明显增多，3 台桥吊能轻松完成其装卸任务（其实只要 2 台桥吊满负荷运转就足以满足来船装卸需要）。但到了冬季，有时可能连续几个星期都没有船来，造成了 3 台桥吊的浪费。由于今年航运市场特别兴旺，当夏季来临时，到港船只明显大幅增加，3 台桥吊即便是全部满载也不能满足实际的来船装卸需要，致使部分船只不得不延长在港停泊的时间，造成了港口资金白白流失；到了冬季也基本上保证了每天都有船的进港。于是港口领导想扩大生产能力，再购置 1 台桥吊，但同时也害怕市场有变，于是出现了 3 种方案：S_1（维持 3 台）、S_2（增加 1 台）、S_3（减少 1 台）。未来的航运市场前景可能出现 3 种情况：N_1（上升）、N_2（持平）、N_3（下降）。在 3 种方案下港口增加的收益如表 9-21 所示。

表 9-21　在 3 种方案下港口增加的收益

方案	市场行情		
	N_1	N_2	N_3
S_1	10	0	−5
S_2	20	10	−15
S_3	5	−5	−2

试用平均准则、悲观准则、乐观准则、折中准则、后悔值准则进行决策。

7．某物流中心计划新建 1 个分装加工车间。现提出了两个规划方案：方案 1 需要投资 300 万元；方案 2 需要投资 160 万元，均考虑 10 年的经营期。据预测，在未来 10 年的经营期内，前 3 年市场前景好的概率为 0.7；若前 3 年市场前景好，则后 7 年市场前景好的概率为 0.9；若前 3 年市场前景差，则后 7 年市场前景肯定差。另外，每年两个规划方案的损益值如表 9-22 所示，要求用决策树法确定应采用哪种方案。

表 9-22　每年两个规划方案的损益值

规 划 方 案	投产后的年损益值/万元	
	市场前景好	市场前景差
1	100	20
2	40	10

参 考 文 献

[1] 汪应洛. 系统工程[M]. 4 版. 北京：机械工业出版社，2013.
[2] 杜志平. 物流系统工程[M]. 北京：中国财富出版社，2014.
[3] 齐二石，方庆琯. 物流工程[M]. 北京：机械工业出版社，2019.
[4] 谭跃进，陈英武，罗鹏程. 系统工程原理[M]. 2 版. 北京：科学出版社，2018.
[5] 王长琼. 物流系统工程[M]. 3 版. 北京：中国财富出版社，2014.
[6] 刘军，阎芳，杨玺. 物流工程[M]. 北京：清华大学出版社，2014.
[7] 田凤权，沈向东. 物流管理案例分析[M]. 北京：电子工业出版社，2010.
[8] 王忠伟. 物流工程导论[M]. 北京：高等教育出版社，2013.
[9] DAGANZO C F. 物流系统分析[M]. 张庆英，岳卫宏，程丹，译. 北京：电子工业出版社，2010.
[10] 张庆英. 物流案例分析与实践[M]. 3 版. 北京：电子工业出版社，2018.
[11] 蒋长兵，胡立夏. 物流系统工程[M]. 北京：电子工业出版社，2011.
[12] 侯玉梅，许良，马利军. 物流工程[M]. 北京：清华大学出版社，2011.
[13] 邱祖荣. 现代物流运输系统工程[M]. 北京：人民交通出版社，2011.
[14] 周溪召. 物流系统工程[M]. 2 版. 北京：上海财经大学出版社，2010.
[15] 王之泰. 新编现代物流学[M]. 3 版. 北京：首都经济贸易大学出版社，2012.
[16] 丁立言，张锋. 物流系统工程[M]. 北京：清华大学出版社，2000.
[17] 鲍尔索克斯. 物流管理：供应链过程的一体化[M]. 林国龙，译. 北京：机械工业出版社，2004.
[18] 吴群. 物流案例分析[M]. 北京：北京大学出版社，2014.
[19] 张潜. 物流系统工程与应用[M]. 北京：清华大学出版社，2011.
[20] 田振中，丁玉书. 物流系统工程[M]. 北京：清华大学出版社，2012.
[21] 肖田元，范文慧. 系统仿真导论[M]. 2 版. 北京：清华大学出版社，2010.
[22] 谢如鹤，罗荣武，张得志. 物流系统规划原理与方法[M]. 北京：中国物资出版社，2007.
[23] 王勇. 物流管理概论[M]. 北京：机械工业出版社，2016.
[24] 王秀娥. 第三方物流管理[M]. 北京：清华大学出版社，2017.
[25] 王斌义. 物流学[M]. 北京：机械工业出版社，2011.
[26] 崔忠付. 我国物流信息化的发展现状及趋势[J]. 物流技术，2014（24）：10-13.
[27] 刘玉宏. 现代物流业发展的现状及路径初探[J]. 企业导报，2015（20）：12-13.
[28] 杨雷. 现代物流发展方向探究[J]. 中外企业家，2016（2）：44.
[29] 程永生. 物流系统分析[M]. 北京：清华大学出版社，2015.
[30] 张中强. 物流系统规划与设计[M]. 北京：清华大学出版社，2011.
[31] 李欣苗. 决策支持系统[M]. 北京：清华大学出版社，2012.
[32] 刘伟华. 细节服务：微利时代中国物流企业竞争优势再造的必由之路[J]. 上海海事大学学报，2006（1）：1-8.
[33] 刘明国. 系统的五个基本特性辨析[J]. 教育研究与评论：技术教育，2010（5）：64-66，83.
[34] 葛显龙，刘小宁，梁永宏. 考虑具有不同交付选择的物流配送路径问题研究[J]. 计算机应用研究，2023，

40（7）：1964-1975.

[35] 蔡倩晓. 基于盒马村模式的生鲜供应链网络优化研究[D]. 南京：南京财经大学，2022.

[36] 王珂，万志鹏，王城婕. 对生鲜电商线下门店产品配送网络体系规划的研究：以盒马鲜生为例[J]. 物流工程与管理，2018，40（9）：107-109.

[37] 孟凡齐，陆芬. 基于组合预测的安徽省物流需求预测分析[J]. 物流科技，2024（21）：104-108.

[38] 魏庆琦，陈金迪. 考虑完全拆分的拣选分批与拣选路径集成优化模型[J]. 数学的实践与认识，2020，50（6）：16-25.

[39] 师玉贵，赵海江. 物流规划在生产企业中的应用[J]. 中国物流与采购，2020（6）：62-63.

[40] 郝旭，王怡，黄翰，等. 基于多指标面板数据聚类分析的京津冀物流规划与设计[J]. 河北水利电力学院学报，2019（4）：50-55，64.

[41] 姜旭. 多维度物联网的发展推进物流与供应链的变革[J]. 中国物流与采购，2019（20）：33-34.

[42] 王玉. 精益时代的汽车线边物流规划与发展[J]. 物流技术与应用，2019，24（10）：92-95.

[43] 王舒琪. 区域物流发展水平差异性驱动因素分析[J]. 商业经济研究，2020（8）：132-135.

[44] 王有远，袁越，王博. 汽车制造产业集群与区域物流协同度测度及影响因素研究：以江西省为例[J]. 科技和产业，2020，20（4）：9-13.

[45] 徐子涵，王向前，范金梅. 基于灰色聚类法的区域物流能力评价研究[J]. 湘南学院学报，2020，41（2）：53-58.

[46] 闫军，王杰，徐旦. 基于云模型的区域物流指数综合评价[J]. 统计与决策，2020，36（4）：22-26.

[47] 张旭，袁旭梅，王亚娜，等. 基于云 PDR 的区域物流能力评价研究[J]. 北京交通大学学报（社会科学版），2020，19（2）：108-117.

[48] 李细霞. 物流仿真实验教学模式改革：与实践教学基地建设相结合[J]. 教育现代化，2018，5（6）：103-105.

[49] 陈香莲. 基于物流系统仿真的集装箱港口数据拟合优化研究与实践[J]. 物流工程与管理，2017，39（11）：67-68.

[50] 秦成，程学生，张道兴，等. 基于 FlexSim 的挂车组装生产线物流系统仿真研究[J]. 自动化与仪器仪表，2016（10）：151-152.

[51] 舒波，芦珊. 区域物流系统网络仿真、剥离优化及实证[J]. 系统科学学报，2016，24（3）：72-76.

[52] 林秋平，李元辉. 物流系统仿真建模类实验课程教学探索[J]. 实验技术与管理，2016，33（1）：215-217，231.

[53] 刘晓波. 电子商务物流系统的综合评价[J]. 科协论坛（下半月），2010（6）：142，191.

[54] 邓志龙. 数据挖掘在物流管理中的应用[J]. 陕西青年职业学院学报，2009（4）：43-45.

[55] 杨明欣，王敏，瞿英. 应急物流救援系统的 Petri 网建模与性能分析[J]. 河北科技大学学报，2017，38（3）：269-277.

[56] 方艳. 基于灰色系统模型的河源市物流需求研究[J]. 枣庄学院学报，2017，34（2）：138-144.

[57] 侯东亮. 基于 FlexSim 的集装箱码头物流作业系统建模与仿真[J]. 物流科技，2016，39（12）：70-72.

[58] 黄圣晶，马晓旦，夏晓梅. 我国生鲜农产品第三方冷链物流系统模型研究[J]. 物流工程与管理，2015，37（11）：191-193.

[59] 聂晶晶. 物流需求量的灰色系统预测分析[J]. 中国商贸，2011（15）：150-151.

[60] 肖文兴，陆臻尧. 基于 AHP 的湖南省绿色物流系统分析[J]. 淮阴工学院学报，2020，29（1）：84-90.

[61] 赵英男. 基于电子商务的企业物流系统分析与研究实践思考[J]. 商场现代化，2020（1）：38-39.

[62] 王凯. 生命周期视角下港口综合能源系统的能源-环境-经济评估研究[D]. 杭州：浙江大学，2024.

[63] MUCHANGOS L S d, TOKAI A, HANASHIMA A. Application of Material Flow Analysis to Municipal Solid Waste in Maputo City, Mozambique[J]. Waste Management & Research, 2017, 35(3): 253-266.

[64] DACHYAR, MUHAMMAD. Business process re-engineering of logistics system in pharmaceutical company[J]. Journal of Engineering and Applied Sciences, 2016, 11(7): 4539-4546.

[65] JUDD J D, SARIN S C, CUNDIFF J S. Design, modeling, and analysis of a feedstock logistics system[J]. Bioresource Technology, 2012, 103(1): 209-218.

[66] WIĘCEK D, KURIC I, et al. Evaluation of the Effectiveness of Implementing Production Logistics Automation Systems Supported by Computer Simulation Tools[J]. MATEC Web of Conferences, 2019 (299): 1-6.

[67] MINH N, NARAMETH N. Integrated Production and Distribution with Perishability Management in Logistics System[J]. GlobalIlluminators, 2016(3): 120-127.

[68] PERBOLI G, ROSANO M, GOBBATO L, et al. Decision Support System for Collaborative Freight Transportation Management: a Tool for Mixing Traditional and Green Logistics[C]. International Conference on Information Systems, 2016: 1-8.

[69] TURNER A P, SAMA M P, MCNEILL L S, et al. A Discrete Event Simulation Model for Analysis of Farm Scale Grain Transportation Systems[J]. Computers and Electronics in Agriculture, 2019, 167: 1-18.

[70] BRUNNER P H, RECHBERGER H. Practical Handbook of MATERIAL FLOW ANALYSIS[M]. New York: LEWIS PUBLISHERS, 2004.